DIE ROMANOWS
DAS LETZTE KAPITEL

ROBERT K. MASSIE

Die Romanows

DAS LETZTE KAPITEL

AUS DEM AMERIKANISCHEN
VON BARBARA CONRAD

BERLIN VERLAG

Verlag und Übersetzerin danken Dr. Detlef Bartelt, Dr. Dietrich Conrad und Prof. Dr. Gerhard Sauer für hilfreichen Rat.

2. Auflage 1995
9. bis 11. Tausend

Die Originalausgabe erschien 1995
unter dem Titel
The Romanows. The Final Chapter
bei Random House, New York

Umschlaggestaltung: Nina Rothfos und Patrick Gabler, Hamburg
Gesetzt aus der Goudy Old Style durch
psb – presse service berlin
Druck & Bindung: Franz Spiegel Buch GmbH, Ulm
Printed in Germany 1995
ISBN 3-8270-0070-X

Gedruckt auf chlor- und säurefreiem Papier

FÜR CHRISTOPHER

INHALT

TEIL I

Die Gebeine

ERSTES KAPITEL
DREIUNDZWANZIG STUFEN NACH UNTEN

Um Mitternacht kam Jakow Jurowski, der Anführer des Exekutionskommandos, die Treppe herauf, um die Familie zu wecken. In der Tasche hatte er einen Colt und Ladestreifen mit sieben Kugeln, unter der Jacke eine langläufige Mauserpistole mit hölzernem Schaft und einen Ladestreifen mit zehn Kugeln. Auf sein Klopfen erschien Dr. Jewgeni Botkin, der Arzt der Romanows, der die sechzehn Monate Haft und Gefangenschaft bei ihnen ausgeharrt hatte, an der Tür. Botkin hatte nicht geschlafen, er hatte einen Brief an seine Familie geschrieben – den letzten, wie sich erweisen sollte.

Leise erklärte Jurowski die Störung: »Wegen der unsicheren Lage in der Stadt sind wir genötigt, die Familie nach unten zu verlegen. Der Aufenthalt in den oberen Räumen wäre zu gefährlich, wenn es zu Schießereien auf der Straße kommt.« Botkin verstand das; eine antibolschewistische Armee von Weißen, unterstützt durch Tausende ehemaliger tschechischer Kriegsgefangener, näherte sich der sibirischen Stadt Jekaterinburg, wo die Romanows seit siebenundachtzig Tagen festgehalten wurden. Sie hatten schon in den vergangenen Nächten das ferne Grollen von Artilleriefeuer und in der Nähe Revolverschüsse gehört. Jurowski bat darum, daß die Familie sich so rasch wie möglich ankleiden solle. Botkin ging sie aufwecken.

Sie brauchten vierzig Minuten. Nikolai, der fünfzigjährige Exkaiser, und sein dreizehnjähriger Sohn Alexej, der frühere Zarewitsch und Thronfolger, trugen schlichte Uniformhemden, Hosen, Stiefel und Schirmmützen. Alexandra, die Exkaiserin, sechsundvierzig Jahre alt, und ihre Töchter – Olga, dreiund-

Kaiserin Alexandra

zwanzig, Tatjana, einundzwanzig, Maria, neunzehn, und Anastasia, siebzehn – hatten Kleider ohne Hut und Mantel angezogen. Jurowski erwartete sie vor ihrer Tür und führte sie die Treppe hinunter in einen Innenhof. Nikolai ging hinter ihm, er trug seinen Sohn, der nicht laufen konnte: Alexej, durch seine Hämophilie gehbehindert, war ein dünner, drahtiger Halbwüchsiger von etwa achtzig Pfund, aber der Zar schaffte es ohne Stolpern. Nikolai war von mittlerer Größe und kräftig gebaut, mit breitem Oberkörper und starken Armen. Die Kaiserin, etwas größer als

Nikolai II. Gemälde von W. A. Serow

ihr Mann, folgte als nächste; sie hatte Mühe beim Gehen wegen ihres Ischias; schon im Schloß hatte sie deshalb viele Jahre auf der Chaiselongue verbracht und während der Haft im Bett oder im Rollstuhl. Hinter ihr kamen die vier Töchter, zwei von ihnen trugen kleine Kissen, Anastasia, die jüngste und kleinste, hielt ihr Schoßhündchen Jemmy, einen King-Charles-Spaniel, an sich gepreßt. Den Schluß bildeten Dr. Botkin und die drei anderen, die die Haft mit der Familie geteilt hatten: Trupp – Nikolais Leibdiener –, Demidowa – Alexandras Zofe – und der Koch Charitonow. Auch Demidowa hielt krampfhaft ein Kissen umklammert: tief innen zwischen den Federn verborgen, enthielt es ein Kästchen mit Juwelen; Demidowa hatte Weisung, dies Kissen nicht aus den Augen zu lassen.

Jurowski konnte keinerlei Anzeichen von Zögern oder Argwohn entdecken; »es gab keine Tränen, kein Schluchzen, keine Fragen«, sagte er später. Er brachte die Gefangenen über den Hof in ein kleines Souterrainzimmer an der Seite des Hauses. Das Zimmer war nur knappe 4 mal 4,5 Meter groß und hatte ein einziges Fenster hoch oben an der Außenwand, das mit einem schweren Eisengitter gesichert war. Der Boden war gelb gestrichen, die Möbel hatte man alle ausgeräumt. Hier nun bat Jurowski die Gefangenen zu warten. Beim Anblick des leeren Zimmers fragte Alexandra sofort: »Wie? Keine Stühle? Darf man sich nicht einmal setzen?« Jurowski, immer zuvorkommend, ging, um zwei Stühle holen zu lassen. Der Posten, der mit diesem Auftrag losgeschickt wurde, sagte zu einem Kameraden: »Der Thronerbe braucht einen Stuhl ... er will auf einem Stuhl sterben.«

Die beiden Stühle wurden gebracht. Alexandra nahm den einen, Nikolai setzte Alexej auf den anderen. Die Töchter stopften ihrer Mutter ein Kissen in den Rücken, ein zweites ihrem Bruder. Dann gab Jurowski seine Anweisungen: »Sie stellen sich bitte hierhin und Sie da ... so ist's recht, in einer Reihe.« So verteilte er sie vor der Rückwand des Zimmers. Er erklärte ihnen, er brauche ein Foto, denn in Moskau mache man sich Sorgen, daß sie geflohen seien. Als er fertig war, hatten sich die elf Gefangenen in zwei Reihen aufgestellt: Nikolai stand neben dem Stuhl seines Sohnes in der Mitte der vorderen Reihe, Alexandra saß auf ihrem Stuhl an der Wand, hinter ihr standen ihre Töchter, die anderen hinter dem Zaren und dem Zarewitsch.

Zufrieden mit dieser Anordnung, rief Jurowski sodann – nicht einen Fotografen mit Kamera, Stativ und schwarzem Tuch, sondern elf mit Revolvern bewaffnete Männer: fünf waren Russen wie Jurowski, sechs Letten. Zuvor hatten sich zwei Letten geweigert, die jungen Mädchen zu erschießen, und Jurowski hatte sie durch zwei andere ersetzt. Als sich die Männer durch die Doppeltür hinter ihm drängten, stand Jurowski vor Nikolai, die rechte Hand in der Hosentasche, in der linken ein kleines Blatt Papier, von dem er abzulesen begann: »Angesichts der Tatsache, daß Ihre Verwandten den Angriff auf Sowjetrußland fortsetzen, hat der Ural-Gebietssowjet beschlossen, Sie zu erschießen.« Nikolai wandte sich rasch zu seiner Familie um, dann blickte er Jurowski ins Gesicht und fragte: »Wie? Was?« Jurowski wiederholte kurz, was er gesagt hatte, dann riß er den Colt aus der Tasche und schoß dem Zaren direkt ins Herz.

Augenblicklich eröffnete das ganze Kommando das Feuer. Jedem war zuvor gesagt worden, wen er zu erschießen hatte und daß aufs Herz gezielt werden sollte, um übermäßiges Blutvergießen zu vermeiden und die Sache schnellstens zu beenden. So feuerten die zwölf Männer drauflos, manche dem Vordermann über die Schulter, und standen dabei so dicht gedrängt, daß einige von ihnen Schmauchspuren davontrugen und vorübergehend nichts mehr hörten. Die Kaiserin und ihre Tochter Olga versuchten noch, sich zu bekreuzigen, doch blieb ihnen dazu keine Zeit mehr. Alexandra starb sofort, noch auf dem Stuhl sitzend. Olga starb schnell. Ebenso Botkin, Trupp und Charitonow.

Alexej, die drei jüngeren Schwestern und Demidowa lebten noch. Die den Mädchen gegen die Brust gefeuerten Kugeln schienen abzuprallen, sie spritzten wie Hagel durchs Zimmer. Verwirrt, dann voller Entsetzen und fast hysterisch schossen die Männer immer weiter. Kaum noch zu sehen im dichten Rauch, drückten sich Maria und Anastasia gegen die Wand, kauerten, den Kopf mit den Armen schützend, bis die Kugeln sie niedermähten. Alexej lag auf dem Boden, bewegte den Arm, um sich abzuschirmen, dann versuchte er, seines Vaters Hemd zu packen. Einer der Schergen versetzte ihm mit dem schweren Stiefel einen Tritt gegen den Kopf. Alexej stöhnte. Da trat Jurowski hinzu und feuerte seine Mauser zweimal direkt ins Ohr des Jungen.

Demidowa hatte die erste Salve überlebt, die Männer holten, statt nachzuladen, die Gewehre aus dem Nebenzimmer und verfolgten sie mit ihren Bajonetten. Schreiend und an der Wand hin- und herlaufend wie ein Tier in der Falle, versuchte sie, ihre Verfolger mit dem gepanzerten Kissen abzuwehren. Das Kästchen fiel heraus, da packte sie mit beiden Händen eines der Bajonette, um es von sich wegzuhalten. Als sie endlich zusammenbrach, stießen ihr die aufgebrachten Mörder die Bajonette mehr als dreißigmal in den Leib.

In dem von Pulverqualm erfüllten Zimmer wurde es still. Überall waren Blutspritzer und -lachen. Jurowski begann hastig, die Leichen umzudrehen und den Puls zu kontrollieren. Mußte doch der Lastwagen, der inzwischen vor der Eingangstür des Ipatjew-Hauses wartete, die Stadt verlassen haben, bevor in ein paar Stunden die sibirische Julisonne aufging. Laken von den Betten der vier Großfürstinnen wurden gebracht, um die Leichen hinauszutragen und zu verhindern, daß das Blut auf den Boden und den Hof tropfte. Nikolais Leiche kam zuerst dran. Plötzlich schrie eins der jungen Mädchen auf, als man sie auf das Laken legte. Die Horde stürzte sich mit Bajonetten und Gewehrkolben auf sie, und einen Moment später war sie still.

Als die ganze Familie schon mit einer Plane verhüllt auf dem Lastwagen lag, entdeckte jemand Anastasias kleinen Hund, dessen Kopf von einem Schlag mit dem Gewehrkolben zertrümmert war. Auch dieser kleine Leichnam wurde auf den Laster geschleudert.

Die »ganze Prozedur« inklusive Pulskontrolle und Verladen auf den Laster dauerte, wie Jurowski später schilderte, zwanzig Minuten.

* * *

Zwei Tage vor der Exekution war Jurowski mit einem seiner Leute, dem Jekaterinburger Bolschewistenführer Pjotr Jermakow, in den Wald gegangen, um eine Stelle ausfindig zu machen, wo man die Leichen begraben könnte. Etwa zwölf Meilen nördlich von Jekaterinburg, in einem Gebiet voller Sümpfe, Torfmoore und verlassener Grubenschächte, gab es einen Ort, der als »Vier Brüder« bekannt war, weil hier früher einmal vier riesige Kiefern alles überragt hatten. Bei den Stümpfen dieser einstigen Riesen und unter den Birken und Kiefern, die da inzwischen wuchsen, gab es mehrere leere Gruben, manche flach, andere tief, wo man früher einmal Kohle gewonnen und Torf gestochen hatte. Inzwischen waren einige mit Regenwasser gefüllt und zu kleinen Tümpeln geworden. Die größte, ein flacher Teich, hieß Ganins Grube, nach einem Torfstecher aus dem Dorf. Die kleineren Gruben hatten keine Namen. Das war der Ort, an den Jurowski die Leichen brachte.

Als Jurowskis Lastwagen in der Dunkelheit über den zerfurchten, matschigen Weg holperte, traf er plötzlich tief im Wald auf einen Trupp von fünfundzwanzig Mann, einige zu Pferd, viele in Bauernkarren, die meisten betrunken. Es waren Fabrikarbeiter aus der Stadt, einige davon Mitglieder des neuen Ural-Gebietssowjets; ihr Kamerad Jermakow hatte ihnen den Tip gegeben, daß die kaiserliche Familie auf dieser Straße kommen würde. Doch hatten sie erwartet, die Familie lebend zu sehen; Jermakow hatte seinen Freunden die vier Großfürstinnen versprochen sowie als besondere Attraktion, daß sie den Zaren töten dürften. »Warum habt ihr sie nicht lebend gebracht?« schrien sie.

Jurowski blieb beherrscht, er beschwichtigte die aufgebrachten Männer und wies sie an, die Leichen vom Lastwagen in die Karren zu verfrachten. Als sie die Kleider und Taschen der Opfer zu plündern begannen, schritt er ein und drohte ihnen mit sofortiger Erschießung. Nicht alle Leichen paßten in die kleinen Karren, einige blieben auf dem Laster; und so setzte diese makabre Prozession ihren Weg durch den Wald fort.

In der Dunkelheit konnten sie die »Vier Brüder« im dichten Kiefern- und Birkenwald nicht finden. Jurowski schickte in beide Richtungen Reiter aus, die die Abzweigung zu der Stelle suchen sollten. Erst als die Sonne aufging und es im Wald heller wurde, entdeckten sie sie. Es ging jetzt über einen schmalen Pfad, und bald blieb der Laster endgültig zwischen zwei Bäumen stecken. Sie häuften weitere Leichen in die Karren. Um sechs Uhr morgens erreichten sie die »Vier Brüder«. In Ganins Grube, die etwa drei Meter tief war, stand das Wasser dreißig Zentimeter hoch. Nicht weit davon war ein schmalerer Grubenschacht, der über neun Meter in die Erde ging und trocken zu sein schien.

Jurowski ließ die Leichen ins Gras legen und entkleiden. Zwei Holzhaufen wurden aufgeschichtet. Als die Männer das eine Mädchen entkleideten, fanden sie ihr Korsett von Kugeln zerrissen. Aus dem aufgeschlitzten Stoff schimmerten mehrere Reihen dicht aneinandergenähter Diamanten – der »Panzer«, der sie zunächst gegen die Kugeln abgeschirmt und die Männer so verwirrt hatte. Der Anblick der Juwelen erregte die Leute; und wieder reagierte Jurowski rasch: er entließ fast alle und schickte sie zurück. Das Entkleiden ging weiter. Etwa acht Kilo Diamanten kamen zusammen, zumeist aus den Korsetts von drei der

Großfürstinnen. Bei der Kaiserin fand man einen Gürtel aus mehreren in Leinen eingenähten Perlenketten. Jedes der Mädchen trug ein Amulett mit einem Foto von Rasputin und einem Gebet dieses bäuerlichen »Heiligen« um den Hals. Juwelen, Amulette und alle Wertgegenstände wurden in Säcke gestopft, alles übrige einschließlich der Kleidung verbrannt.

Die nackten Leichen lagen im Gras. Sie waren grausam zugerichtet. Irgendwann während des Gemetzels hatte man ihnen die Gesichter mit Kolbenschlägen zermalmt – sei es in rasender Wut, sei es in der Absicht, die Leichen unkenntlich zu machen. Und dennoch, als die sechs Frauen – vier davon jung und zwölf Stunden zuvor noch wunderschön – auf dem Boden lagen, wurden ihre Körper betastet. »Ich habe die Kaiserin selbst angefaßt, sie war noch warm«, sagte einer aus der Gruppe später. Ein anderer meinte: »Jetzt kann ich in Frieden sterben, wo ich die Kaiserin gekniffen habe, in ihren ...« Der Rest in diesem Dokument ist ausgestrichen.

Nachdem die Leichen entkleidet, die Juwelen gesammelt und die Kleider verbrannt waren, war für Jurowski fast alles geschafft. Er ließ die Leichen in den schmaleren, tieferen Grubenschacht werfen. Dann schleuderte er ein paar Handgranaten hinterher, um den Schacht zum Einsturz zu bringen. Um zehn Uhr morgens war die Arbeit getan. Jurowski kehrte nach Jekaterinburg zurück, um dem Exekutivkomitee des Ural-Sowjets Bericht zu erstatten.

* * *

Acht Tage nach dem Mord fiel Jekaterinburg an die Weißen, und eine Gruppe von Offizieren stürzte zum Ipatjew-Haus. Das Gebäude war fast leer. Zahnbürsten, Haarnadeln, Kämme, Bürsten und zertrümmerte Ikonen lagen über den Boden verstreut. Leere Kleiderbügel hingen in den Wandschränken. Alexandras Bibel war noch da, mit vielen Unterstreichungen, zwischen den Seiten waren Blumen und Blätter gepreßt, außerdem fanden sich noch andere religiöse Werke, ein Exemplar von *Krieg und Frieden*, drei Bände Tschechow, eine Biographie Peters des Großen, ein Band der *Tales from Shakespeare* und die Fabeln von La Fontaine. In einem Schlafzimmer entdeckten die Offiziere ein Brett mit abgeschliffenen Kanten, an dem der Zarewitsch im Bett gegessen und

Der Kellerraum des Ipatjew-Hauses mit den Verwüstungen durch das Massaker

gespielt hatte. Nicht weit davon lag ein Handbuch für das Balalaikaspiel. Im Eßzimmer beim Kamin stand ein Rollstuhl.

Der Kellerraum bot einen unheimlichen Anblick: An den Fußleisten gab es Spuren von getrocknetem Blut, der gelbe Boden war zwar gründlich gescheuert und geschrubbt, aber voller Kerben und Kratzer durch Kugeln und Bajonettstöße, die Wände mit Einschlägen übersät, und wo die Familie gestanden hatte, fehlten große Stücke Verputz.

Die sofort eingeleitete Suche nach der Familie führte zu nichts. Erst sechs Monate später, im Januar 1919, begann eine gründliche Untersuchung, als Admiral Koltschak, »oberster Herrscher« der Weißen Regierung in Sibirien, Nikolai Sokolow, einen sechsunddreißigjährigen Ermittlungsbeamten, mit dieser Aufgabe betraute. Sowie die Schneeschmelze einsetzte, nahm Sokolow die Arbeit bei den »Vier Brüdern« auf. Der Weg durch den Wald war immer noch voll tiefer Radspuren von Karren und Lastwagen, der Boden bei den Gruben von Pferdehufen zerstampft. Auf Ganins Grube und dem schmalen Grubenschacht schwammen abgehauene Äste und verkohltes Holz. Die Wände der tieferen

Grube zeigten Spuren von Granatexplosionen. An zwei Stellen fand man Feuerreste: am Rand der schmaleren Grube und mitten auf dem Waldweg.

Sokolow ließ Ganins Grube und den namenlosen Grubenschacht auspumpen und begann mit der Grabung. In Ganins Grube fand er nichts, aber aus der anderen förderte er zahlreiche Bruchstücke und Gegenstände zutage. Bei dieser schrecklichen Arbeit assistierten ihm zwei Hauslehrer der Zarenkinder, Pierre Gilliard, der Französisch, und Sidney Gibbes, der Englisch unterrichtet hatte. Sie waren in Jekaterinburg zurückgeblieben, als die Zarenfamilie ins Ipatjew-Haus verbracht wurde. Unter den Beweisstücken, die diese untröstlichen Männer identifizierten und katalogisierten, waren die Gürtelschnalle des Zaren; die Gürtelschnalle der Kinderuniform, die der Zarewitsch getragen hatte; ein zerkratztes Emaillekreuz, Geschenk der Kaiserinmutter Maria an Alexandra; ein Perlohrring von dem Paar, das Alexandra immer getragen hatte; das Ulmkreuz, ein mit Saphiren und Diamanten verziertes Jubiläumsabzeichen, Geschenk von Ihro Majestät Ulanengarde an die Kaiserin; ein metallenes Etui, in dem Nikolai ein Foto seiner Frau bei sich zu tragen pflegte; drei kleine Ikonen, die die Großfürstinnen getragen hatten; das Brillenetui der Kaiserin; sechs Damenkorsetts; Teile der Schirmmützen von Nikolai und seinem Sohn; Schuhschnallen der Großfürstinnen; Brille und obere Gebißplatte mit vierzehn künstlichen Zähnen von Dr. Botkin. Auch zweiundvierzig verkohlte Knochenstücke wurden ausgegraben, teilweise durch Säure zerstört, aber immer noch mit Spuren von Axthieben; außerdem Revolverkugeln und ein abgetrennter menschlicher Finger, schmal und manikürt, wie einst die Finger von Alexandra gewesen waren.

Sokolow fand außerdem diverse Nägel, Stanniol, Kupfermünzen und ein kleines Schloß – lauter Dinge, die ihm rätselhaft schienen, bis sie Gilliard gezeigt wurden. Der Lehrer identifizierte sie sofort als Teil des Krimskrams, den der Zarewitsch immer in seiner Tasche gehabt hatte. Schließlich fanden die Ermittler am Boden der Grube, verstümmelt, aber unverbrannt, den verwesten Kadaver von Anastasias Spaniel Jemmy.

Doch bis auf den Finger und die verkohlten Knochenreste konnte Sokolow weder Leichen noch Knochen in der Grube entdecken. Er grub das ganze Gelände um, fand aber nichts. Er verhörte ein Mitglied des Exekutionskommandos, dazu zahlreiche Zeugen, und stellte fest, daß im Ipatjew-Haus elf Personen getötet worden waren. Er wußte, daß die Leichen zu den »Vier Brüdern« gebracht worden waren. Er erfuhr, daß am Tag nach den Morden zwei weitere Lastwagen, die drei Fässer geladen hatten, auf der Straße nach Koptjaki in den Wald gefahren waren. Er fand heraus, daß zwei dieser Fässer Benzin enthalten hatten und eines Schwefelsäure. Folglich hatte Jurowski, so schloß Sokolow, am 18. Juli, dem Tag nach der Exekution, die Leichen vernichtet, indem er sie mit Äxten zerstückelt, mehrfach mit Benzin und Schwefelsäure übergossen und dann in der Nähe der Grubenschächte zu Asche verbrannt hatte. Diese Asche und diese Knochen also, so behauptete er, seien die sterblichen Überreste der kaiserlichen Familie und die Feuerstellen ihr Grab.

Ehrfurchtsvoll verwahrte Nikolai Sokolow die physischen Ergebnisse seiner Ermittlung – die verbrannten Knochen, den Finger und die wichtigsten persönlichen Gegenstände – in einem hölzernen Kasten. Im Sommer 1919, als die Rote Armee wieder nach Jekaterinburg zurückbrandete, reiste Sokolow durch Sibirien zum Pazifik und schiffte sich nach Europa ein. Der Kasten, der später zum Objekt von Geheimniskrämerei und Streit werden sollte, fuhr mit ihm.

Als Sokolow 1924 seine Schlußfolgerung veröffentlichte, argumentierten Skeptiker gegen ihn, es sei unmöglich, elf Leichen restlos auf einem Holzfeuer zu verbrennen. Dennoch wurde seine Geschichte durch eine schlichte Feststellung gestützt, die nicht zu bestreiten war: es gab keine Leichen.

Das war es, was die Welt fast das ganze zwanzigste Jahrhundert hindurch glaubte.

ZWEITES KAPITEL
VON MOSKAU GEBILLIGT

Moskau hat die Vernichtung der Romanows – daß man sie ermordete und ihre Leichen verschwinden ließ – von Anfang an gebilligt. Noch im Juni 1918 war man in der bolschewistischen Führung uneins, was mit der kaiserlichen Familie geschehen sollte. Der Ural-Sowjet, der die Gefangenen in Jekaterinburg in seiner Gewalt hatte, setzte sich leidenschaftlich für ihre Exekution ein. Lew Trotzki, der quecksilbrige rote Kriegskommissar, wünschte ein öffentliches Gerichtsverfahren gegen den Exzaren in Moskau, das vom Rundfunk über das ganze Land ausgestrahlt werden sollte und bei dem er als Ankläger auftreten wollte. Lenin, stets pragmatisch, zog vor, die Familie als Faustpfand bei seinem Spiel gegen die Deutschen in der Hand zu behalten. Im April hatte Sowjetrußland den Vertrag von Brest-Litowsk mit dem Deutschen Reich unterzeichnet und den Frieden damit erkauft, daß es ein Drittel seines europäischen Territoriums und die gesamte Westukraine deutscher Besetzung überließ. Millionen Russen waren schockiert über diese Entscheidung, die sie als Verrat ansahen. Eine Zeitlang hatte Lenin gehofft, Nikolai zur Unterzeichnung oder zumindest Billigung des Vertrages überreden zu können und so das Dokument teilweise zu legitimieren und die Empörung zu dämpfen. Eine andere Komplikation bestand darin, daß Kaiserin Alexandra eine deutsche Prinzessin und Cousine ersten Grades von Kaiser Wilhelm war. Jetzt, wo Rußland nicht mehr Krieg führte, hatte der neue deutsche Botschafter in Moskau, Graf Wilhelm Mirbach, die Besorgnis seiner Regierung um die Sicherheit Alexandras und ihrer vier Töchter zum Ausdruck gebracht. Lenin wollte die Deutschen keinesfalls verprellen, vor allem nicht in diesem Moment.

Anfang Juli bedrohten Bürgerkrieg und ausländische Intervention die Herrschaft der Bolschewiki über Rußland. Zusätzlich zu den Deutschen im Westen und Süden landeten im Norden bei Murmansk amerikanische Matrosen und britische Soldaten. In der Westukraine stellten die Generäle Alexejew, Kornilow und Denikin eine weiße Freiwilligenarmee auf. In Sibirien eroberte eine unabhängige tschechische Legion von fünfundvierzigtausend Mann – ehemalige Kriegsgefangene der österreichisch-ungarischen Armee – Omsk und rückte nach Westen gegen Jekaterinburg vor. Als die Bolschewiki Frieden schlossen, stimmte Trotzki zu, daß die gestrandeten Tschechen Rußland über Wladiwostok und den Pazifik verlassen dürften, um nach Europa zurückzukehren und für ihre tschechische Heimat zu kämpfen. Sie waren bereits in Sibirien und in mehreren Eisenbahnzügen auf dem Weg nach Osten, als sich der deutsche General Staff ihrer Durchreise energisch widersetzte und verlangte, die Bolschewiki sollten sie stoppen und entwaffnen. Die Bolschewiki versuchten das, aber nun schlugen die Tschechen zurück und gewannen, unterstützt durch antibolschewistische russische Offiziere und Soldaten, mehr und mehr die Oberhand. Der Vormarsch dieser tschechisch-weißgardistischen Armee auf Jekaterinburg nun war es, der Lenin und den zweiten Mann im Staate, Swerdlow (Trotzki war an die Front gerufen worden), dazu zwang, ihre Pläne in bezug auf den Exzaren und seine Familie, die im Ipatjew-Haus gefangengehalten wurden, zu ändern.

Am 6. Juli traf die Bolschewiki ein weiterer Schlag: In Moskau ermordeten zwei linke Sozialrevolutionäre, die den Vertrag von Brest-Litowsk leidenschaftlich ablehnten, den deutschen Botschafter Graf Mirbach. Lenin und Swerdlow fürchteten, deutsche Truppen könnten in die Hauptstadt vordringen. In diesem ganzen Durcheinander schien das Gerede von einem Schauprozeß gegen Nikolai verfehlt, der Gedanke, ihn zur Unterzeichnung des Vertrages zu überreden oder seine Familie als Verhandlungsmasse zu benutzen, unsinnig. Die Romanows selbst wurden allmählich überflüssig, fast zu einer Belastung. Swerdlow beschrieb diese Situation seinem Freund Tschaja Goloschtschokin, einem Mitglied des Ural-Gebietssowjets, der sich in dieser Woche zufällig in Swerdlows Haus in Moskau aufhielt. Am 12. Juli kehrte Goloschtschokin nach Jekaterinburg zurück und erzählte seinen Genossen im Ural-Sowjet, daß die Regierung das Schicksal der Gefangenen in ihre Hand lege. Der Ural-Sowjet stimmte sofort für die Exekution der Familie. Jurowski, Kommandant des Ipatjew-Hauses, erhielt den Befehl, alle Gefangenen zu erschießen und die Spuren zu beseitigen.

* * *

An den Tagen unmittelbar danach wurde in Moskau streng kontrolliert, welche Informationen über das Geschehen in Jekaterinburg freigegeben werden durften. Am 12. Juli abends um neun Uhr erhielt der Kreml ein verschlüsseltes Telegramm vom Ural-Gebietssowjet: »Swerdlow mitteilen, daß die ganze Familie das gleiche Schicksal wie das Oberhaupt erlitten hat. Offiziell wird die Familie während der Evakuierung umkommen.« Swerdlow, der auf diese Nachricht gewartet hatte, telegrafierte zurück: »Heute [18. Juli] noch teile ich Ihre Entscheidung dem Präsidium des WZIK mit. Sie wird zweifellos gebilligt. Nachricht von Exekution muß von Zentralgewalt erfolgen. Bis dahin Bekanntgabe unterlassen.« Swerdlow als Vorsitzender des Allrussischen Zentralen Exekutivkomitees (WZIK) präsentierte die Nachricht dem Präsidium und erhielt – wie nicht anders zu erwarten – dessen Billigung.

Auch am Ende jenes Tages noch wurde so getan, als ob Moskau von der Tat nichts gewußt habe. Swerdlow kam spätabends zur Sitzung des Rats der Volkskommissare. Lenin hatte den Vorsitz bei einer Beratung über die Gesundheitspolitik. Swerdlow nahm sich einen Stuhl hinter Lenin, beugte sich vor und flüsterte ihm etwas ins Ohr. Lenin unterbrach den Kommissar für Volksgesundheit und sagte: »Genosse Swerdlow bittet ums Wort für eine Mitteilung.«

»Wir haben Nachricht erhalten«, berichtete Swerdlow ruhig und sachlich, »daß auf Beschluß des Ural-Gebietssowjets in Jekaterinburg Nikolai erschossen worden ist. Alexandra Fjodorowna und ihre Kinder sind in zuverlässigen Händen. Nikolai wollte fliehen. Die Tschechen rückten näher. Das Präsidium des Exekutivkomitees gab seine Zustimmung.« Als Swerdlow endete, war es still im Saal. Nach einer Pause sagte Lenin: »Wir

Das Ipatjew-Haus.
Nikolai, Alexandra und Alexej bewohnten das Eckzimmer der Beletage mit je zwei Fenstern nach vorn und zur Seite. Die vier Töchter waren im Zimmer seitlich daneben untergebracht, es hatte nur ein einziges Fenster. Der Kellerraum, wo die Gefangenen massakriert wurden, lag direkt unter dem Zimmer der Töchter hinter dem mittleren vergitterten Fenster an der Seite des Hauses.

fahren jetzt damit fort, das Projekt Punkt für Punkt durchzugehen.«

In der offiziellen Bekanntmachung, die Swerdlow verfaßte und an *Prawda* und *Iswestija* gab, fehlte wieder jeder Hinweis darauf, daß mit dem Zaren auch seine Frau, sein Sohn und seine Töchter getötet worden waren. Am 20. Juli erschienen die Zeitungen in Moskau und St. Petersburg mit der Schlagzeile: »Exzar in Jekaterinburg erschossen! Nikolai Romanow tot!« Für denselben Tag hatte der Ural-Sowjet eine Bekanntmachung verfaßt und von Moskau ihre Genehmigung erbeten: »Der Exzar und Autokrat Nikolai Romanow wurde mit seiner Familie erschossen …

die Leichen begraben.« Der Kreml untersagte diese Bekanntmachung, weil sie den Tod der gesamten Familie erwähnte. Erst am 22. Juli durften die Redakteure in Jekaterinburg eine in Moskau formulierte Version dessen, was in ihrer Stadt geschehen war, veröffentlichen. An diesem Tag wurden überall in der sibirischen Stadt Flugblätter geklebt, die verkündeten:

> Beschluß des Präsidiums des Ural-Gebietssowjets der Arbeiter-, Bauern- und Soldatendeputierten:
> Angesichts der Tatsache, daß konterrevolutionäre Banden Jekaterinburg, die rote Hauptstadt des Ural, bedrohen, und der Gefahr, daß der gekrönte Henker dem Gericht des Volkes entkommen könnte (ein weißgardistisches Komplott zur Entführung der gesamten kaiserlichen Familie wurde aufgedeckt ...), hat das Präsidium des Exekutivkomitees des Ural-Sowjets dem Willen des Volkes entsprechend beschlossen, den Exzaren Nikolai Romanow, der sich zahlloser blutiger Verbrechen am Volke schuldig gemacht hat, zu erschießen.
> Das Urteil ... wurde in der Nacht des 16./17. Juli vollstreckt.
> Die Romanow-Familie ... ist aus Jekaterinburg an einen Ort größerer Sicherheit gebracht worden.«

Acht Tage nach dem Massaker, am 25. Juli, rückten die Armeen der Weißen und Tschechen in Jekaterinburg ein.

* * *

1935 veröffentlichte Lew Trotzki sein *Tagebuch im Exil.* Hier beschreibt der ehemalige bolschewistische Führer, den Stalin 1929 ins Exil gezwungen hatte, die Verbindung zwischen Lenin und Swerdlow, die das Massaker von Jekaterinburg genehmigt hatten, und dem Ural-Gebietssowjet, wo Zeitpunkt und Vollstrekkung der Exekution festgelegt worden war.

> »Mein nächster Besuch in Moskau [Trotzki war, wie oben erwähnt, an der Front gewesen] fand nach dem Fall von Jekaterinburg statt. Bei einem Gespräch mit Swerdlow fragte ich beiläufig: ›Wo ist eigentlich der Zar?‹
> ›Das ist vorbei‹, antwortete er, ›der ist erschossen worden!‹
> ›Und die Familie?‹
> ›Die Familie auch.‹
> ›Alle?‹ fragte ich, wohl etwas erstaunt.

›Ja, alle‹, antwortete Swerdlow, ›wieso?‹ Er wartete auf meine Reaktion. Ich gab keine Antwort.
›Wer traf die Entscheidung?‹ fragte ich.
›Wir haben es hier beschlossen. Iljitsch [Lenin] meinte, wir sollten den Weißen kein lebendes Symbol hinterlassen, um das sie sich sammeln könnten, vor allem nicht unter den gegenwärtigen schwierigen Umständen.‹
Ich stellte keine weiteren Fragen und betrachtete die Angelegenheit als abgeschlossen. Tatsächlich war diese Entscheidung nicht nur zweckmäßig, sondern auch notwendig. Die Härte dieser summarischen Strafe bewies der Welt, daß wir den Kampf gnadenlos fortsetzen und vor nichts zurückschrecken würden. Die Exekution der Zarenfamilie war nicht nur notwendig, um Furcht und Schrecken zu verbreiten und den Feind zu entmutigen, sondern auch, um unsere eigenen Reihen aufzurütteln, zu zeigen, daß es keinen Weg zurück gab, sondern nur den vollständigen Sieg oder den Untergang ... Das hat Lenin richtig erfaßt ...«

* * *

Die Nachricht, daß Nikolai tot war, getötet auf Beschluß eines Provinzsowjets, und seine Familie noch lebte, ging rasch um die Welt. In Moskau verurteilte der Kanzler der deutschen Botschaft, der anstelle des ermordeten Botschafters die Geschäfte führte, offiziell die Exekution des Zaren und drückte seine Sorge um das Schicksal der aus Deutschland stammenden Zarin und ihrer Kinder aus. Die Sowjetregierung blieb dem Ausland gegenüber die nächsten acht Jahre bei ihrem Lügenmärchen. Karl Radek, Leiter der Europaabteilung des Volkskommissariats für Auswärtige Angelegenheiten, sagte der deutschen Botschaft am 20. Juli, daß es »aus humanitären Gründen« möglich wäre, die Überlebenden freizulassen. Am 23. und 24. Juli versicherte Radeks Vorgesetzter, Georgi Tschitscherin, Volkskommissar für Auswärtige Angelegenheiten, dem deutschen Gesandten, daß Alexandra und ihre Kinder in Sicherheit wären. Den ganzen August und teilweise noch den September hindurch setzte die deutsche Regierung ihr Drängen fort und wurde immer wieder beruhigt. Am 29. August schlug Radek einen Austausch der kaiserlichen Familie gegen Kriegsgefangene vor, die von den Deutschen noch zurückgehalten wurden. Ein paar Tage später behauptete Tschitscherin erneut, die Kaiserin und ihre Kinder wären in Sicherheit; am 10. September verhandelte Radek abermals über die Entlassung der Gefangenen; in der dritten Septemberwoche wurde Berlin mitgeteilt, daß die Sowjetregierung nunmehr an eine »Verbringung der kaiserlichen Familie auf die Krim« denke.

Die britische Regierung erreichten inzwischen ominösere Informationen. Am 31. August erhielt die britische Militärspionage einen Bericht, der an das Kriegskabinett und König Georg V. in Schloß Windsor weitergeleitet wurde und besagte, daß Kaiserin Alexandra und alle fünf Kinder wahrscheinlich zum selben Zeitpunkt ermordet worden seien wie der Zar. Der König erkannte diesen Bericht als echt an und schrieb seiner Cousine, Prinzessin Victoria von Battenberg, Alexandras Schwester, die damals auf der Isle of Wight lebte:

»Meine liebe Victoria,

May und ich haben tiefes Mitgefühl mit Dir wegen des tragischen Endes Deiner lieben Schwester und ihrer unschuldigen Kinder. Doch wer weiß, vielleicht ist es so besser für sie, denn nach dem Tod ihres lieben Nikolai hätte sie ja gar nicht mehr weiterleben wollen. Und den schönen Mädchen ist möglicherweise Schlimmeres als der Tod von den Händen dieser schrecklichen Unholde erspart geblieben. Mein Herz ist bei Dir ...«

Trotz der Kondolenzdepesche des Königs beschloß das Außenministerium, der Angelegenheit weiter nachzugehen. Sir Charles Eliot, der britische Hochkommissar für Sibirien, wurde von Wladiwostok nach Jekaterinburg geschickt, und am 15. Oktober erreichten London fünfzehn Seiten Vertrauliches, direkt an Außenminister Arthur Balfour adressiert. Eliot schrieb: »Am 17. Juli verließ ein Zug mit heruntergelassenen Jalousien Jekaterinburg mit unbekanntem Ziel, es wird vermutet, daß die überlebenden Mitglieder der kaiserlichen Familie darin waren ... In Jekaterinburg ist man allgemein der Auffassung, die Kaiserin, ihr Sohn und ihre Töchter seien nicht ermordet worden ...«

Danach schienen die Überlebenden – wenn es denn welche gab – verschwunden. Vier Jahre später fragte ein ausländischer Journalist auf einer internationalen Konferenz in Genua Tschitscherin, ob die bolschewistische Regierung die vier Töchter des Zaren getötet hätte. Tschitscherin antwortete: »Das Schicksal der vier jungen Mädchen ist mir nicht bekannt. Ich habe in der Presse gelesen, sie seien jetzt in Amerika.«

1924 schien das Geheimnis gelüftet, als der von den Weißen mit den Nachforschungen betraute Nikolai Sokolow, der damals in Paris lebte, seine Erkenntnisse und Schlußfolgerungen in einem Buch vorstellte, das zunächst auf Französisch, dann auf Russisch veröffentlicht wurde. Das Buch *Die Ermordung der russischen Zarenfamilie* lieferte der Welt einen Augenzeugenbericht, in dem von elf Leichen die Rede war, die im Keller des Ipatjew-Hauses in Blutlachen am Boden gelegen hätten. Sokolow veröffentlichte auch Fotos von Knochen, einem abgetrennten Finger, Juwelen, Korsettstangen, einem Gebiß und anderen Gegenständen, die er aus dem Grubenschacht bei den »Vier Brüdern« herausgeholt hatte. Er bot nicht nur eine brutale Schilderung des Massakers, sondern auch einen detaillierten, scheinbar plausiblen Bericht über die Beseitigung der Leichen durch Säure und Feuer: »Die Leichen wurden mit Schneidegeräten zerstückelt ... und dann unter Einsatz von Schwefelsäure und durch Verbrennen mit Hilfe von Benzin vernichtet ... Das Fettgewebe der Leichen schmolz und vermischte sich mit der Erde.« Die Beweise, daß die ganze Familie tot war, schienen überwältigend.

Sokolow war keinen leichten Weg gegangen. Er hatte seine Arbeit in Jekaterinburg aufgeben müssen, als die Rote Armee heranrückte und die Stadt im Juli 1919 zurückeroberte. Auf die Reise nach Osten mit der Transsibirischen Eisenbahn nahm er neben einer Kiste mit den verkohlten Knochen und anderen materiellen Beweisen sieben dicke, vollgeschriebene Folianten mit. Im Westen ergänzte er sein Material laufend durch Interviews mit Emigranten, die der Revolution entkommen waren und möglicherweise etwas über Tod und Verschwinden der kaiserlichen Familie wußten – was immer es sein mochte. Doch erhielt er wenig Unterstützung. Weder seine Erscheinung noch sein Auftreten nahmen für ihn ein. Er war klein, mit dunklem gelichtetem Haar, und hatte ein Glasauge, das irritierend unbeweglich aus seinem nervösen Gesicht blickte. Beim Reden wiegte er sich ständig händereibend hin und her oder zupfte an seinem struppigen Schnurrbart. Doch nicht sein Auftreten und seine Ticks waren der Grund für die schroffe Abfuhr, die er von der wichtigsten aller russischen Emigranten erhielt: Nikolais Mutter, die Kaiserinwitwe Maria Fjodorowna. Obwohl sie Sokolows Arbeit, solange er in Sibirien war, finanziell unterstützt hatte, weigerte sie sich nun, wo sie erfahren hatte, daß er die ganze Familie für tot hielt, ihn zu sehen oder sein Dossier oder die Kiste mit den sterblichen Überresten entgegenzunehmen. Bis zu ihrem Tode im Oktober 1928 blieb sie dabei, daß ihr Sohn und seine Familie am Leben seien.

Mit wahrer Besessenheit fuhr Sokolow fort, Interviews zu machen und zu schreiben. Eine Zeitlang wurde er durch Fürst Nikolai Orlow unterstützt, der ihn mit allen seinen Dokumenten vom Hôtel du Bon Lafontaine in Paris in ein Appartement in Fontainebleau verfrachtete. Hier beendete Sokolow schließlich sein Buch. Wenige Monate später erlitt er einen Herzanfall und starb, erst zweiundvierzig Jahre alt. Den Dank für seine Arbeit erhielt er postum: für sechseinhalb Jahrzehnte, bis 1989, war sie die allgemein anerkannte historische Darstellung, wie die russische kaiserliche Familie ums Leben gekommen und was mit ihren Leichen geschehen war.

* * *

Die Veröffentlichung und weltweite Anerkennung von Sokolows Buch zwang die Sowjetregierung dazu, ihre Version vom Schicksal der Kaiserin und ihrer Kinder zu ändern. 1926, nachdem man acht Jahre lang geleugnet hatte, irgend etwas über ihren Verbleib zu wissen, war Moskaus Glaubwürdigkeit in dieser Hinsicht durch die Details und die Fotos in Sokolows Buch erschüttert. Außerdem hatten sich die Zeiten geändert: die Deutschen machten sich keine Sorgen mehr um eine ehemalige deutsche Prinzessin; Lenin war tot; Stalin, sein Nachfolger, fand noch mehr Gefallen an der belebenden Wirkung von Skrupellosigkeit. Also gab man eine sowjetische Version von Sokolows Buch in Auftrag: *Die letzten Tage der Romanows*. Verfaßt von Pawel Bykow, dem neuen Vorsitzenden des Ural-Sowjets, plagiierte es weitgehend Sokolows Arbeit und gab zu, daß Alexandra, ihr Sohn und ihre Töchter gemeinsam mit Nikolai ermordet worden waren.

Nikolai Sokolow,
der Ermittler der Weißen

Jetzt waren also Rote und Weiße darin einig, daß die gesamte kaiserliche Familie tot war. Bykow fügte Sokolows Beschreibung von der Vernichtung der Leichen jedoch eine scheinbar unwesentliche editorische Variante hinzu:

> »Viel wurde über das Fehlen der Leichen gerätselt. Doch ... wurden die Reste, nachdem man die Leichen verbrannt hatte, ziemlich weit von den Gruben entfernt in einem sumpfigen Gelände vergraben, einem Areal, wo die Ermittler und ihre Helfer nicht gesucht haben. Dort sind sie geblieben und inzwischen wohl vermodert.«

In einem einzigen Satz hatte Bykow fünf neue Hinweise gegeben: Es gab also *Reste, die das Feuer überstanden hatten*; diese Reste *wurden vergraben*; sie wurden *ziemlich weit von den Gruben entfernt* vergraben *in einem sumpfigen Gelände*, einem Areal, *wo die Ermittler und ihre Helfer nicht gesucht haben*. Mit anderen Worten, etwas war versteckt worden, aber nicht in der Nähe der »Vier Brüder«, wo Sokolow gesucht hatte.

* * *

Der Bolschewismus nahm Rußland immer fester in den Griff, die Revolution wurde zum Dauerzustand. Nach ihren Helden gab man berühmten Städten neue Namen: St. Petersburg wurde zu Leningrad, Zarizyn zu Stalingrad und Jekaterinburg zu Swerdlowsk. Kleinere Leute suchten Anerkennung für ihren revolutionären Heroismus mit Erzählungen über ihre persönliche Beteiligung am Massaker im Keller des Ipatjew-Hauses. 1920 gab Jakow Jurowski dem sowjetischen Historiker Michail Pokrowski einen detaillierten Bericht über das, was er im Juli 1918 in Jekaterinburg getan hatte, »damit es in die Geschichte eingeht«. 1927 schenkte er seinen Colt und die Mauserpistole dem Revolutionsmuseum am Roten Platz. Pjotr Jermakow, der Ural-Gebietskommissar, machte Jurowski mehrfach die Ehre streitig, »den letzten Zaren exekutiert zu haben«, und schenkte seine Pistole, ebenfalls eine Mauser, dem Revolutionsmuseum in Swerdlowsk. In den frühen dreißiger Jahren trat er gerne vor Jugendgruppen in der Nähe von Swerdlowsk auf, Jungen, die sich in Sommernächten um Lagerfeuer scharten. Wenn dann sein Enthusiasmus mit einer Flasche Wodka angeheizt war, beschrieb er, wie er den Zaren getötet hatte. »Ich war damals zwölf oder dreizehn«, erinnert sich einer seiner Zuhörer, ein Teilnehmer am Pionierlager des Tscheljabinsker Traktorenwerks von 1933. »Er wurde uns als Held vorgeführt. Man überreichte ihm Blumen. Ich beobachtete ihn voller Neid. Er beendete seinen Vortrag mit den Worten: ›Ich selbst habe den Zaren erschossen.‹«

Manchmal modifizierte Jermakow seine Geschichte. 1935 besuchte ihn der Journalist Richard Halliburton in seiner Swerdlowsker Wohnung – angeblich hatte er Kehlkopfkrebs und lag im Sterben. »Auf einem niedrigen, plumpen, mit roten Baumwollsteppdecken beladenen Bett warf sich ein riesiger dicker Mann von dreiundfünfzig Jahren ruhelos hin und her und rang fieberhaft nach Atem. Sein Mund stand offen, und an der einen Seite rann Blut herab. Zwei blutunterlaufene, fiebrig-schwarze

Jakow Jurowski,
der »dunkle Mann«, Anführer des Exekutionskommandos

Augen starrten mich an.« Während der dreistündigen Unterhaltung gab Jermakow Halliburton gegenüber zu, daß es Jurowski gewesen sei, der Nikolai getötet habe. Sein eigenes Opfer sei Alexandra gewesen. »Ich habe meine Mauser auf die Zarin abgefeuert – nur zwei Meter entfernt – konnte sie nicht verfehlen. Erwischte sie durch den Mund. In zwei Sekunden war sie tot.« Jermakows Bericht über die Beseitigung der Leichen bestätigte Sokolows Vermutungen: »Wir errichteten einen Scheiterhaufen, groß genug, um die Leichen in zwei Schichten zu tragen. Dann kippten wir fünf Kanister Benzin und zwei Kübel Schwefelsäure über die Leichen und zündeten das Holz an. Ich blieb daneben stehen und paßte auf, daß nicht ein Fingernagel oder Knochensplitter unverbrannt blieb. Wir mußten das Feuer lange Zeit unterhalten, um die Schädel zu verbrennen.« Und schließlich behauptete er: »Wir ließen nicht das kleinste Restchen Asche auf dem Boden. Ich lud die Aschekanister wieder in den Wagen und wies den Fahrer an, mich zur Landstraße zurückzubringen. Ich schleuderte die Asche in die Luft – und der Wind trug sie wie Staub über Wälder und Felder.« Zurück in New York, veröffentlichte Halliburton sein Interview als Jermakows Bekenntnis auf dem Totenbett; in Swerdlowsk jedoch erhob sich Jermakow von seinen roten Steppdecken und lebte noch weitere siebzehn Jahre.

* * *

1976, einundvierzig Jahre nachdem Halliburtons Buch erschienen war, stellten zwei Journalisten, die für BBC-Television arbeiteten, neue Fragen zum Verschwinden der Romanows. In ihrem Buch *Die Akte des Zaren* äußerten Anthony Summers und Tom Mangold Zweifel an Sokolows Schlußfolgerung, daß das Exekutionskommando wirklich in der Lage gewesen sei, in zwei Tagen, selbst mit reichlicher Zufuhr von Benzin und Schwefelsäure, »mehr als eine halbe Tonne Fleisch und Knochen« zu zerstören, um, wie Jermakow behauptet hatte, »die Asche in die Luft zu schleudern«. Professor Francis Camps, ein Gerichtspathologe des britischen Innenministeriums mit dreißigjähriger Erfahrung, hatte den Autoren erklärt, wie schwierig es sei, eine menschliche Leiche zu verbrennen. Feuer verkohle die Leichen, hatte er gesagt, »und das Verkohlen wiederum verhindert, daß der Rest des Körpers zerstört wird«. Die professionelle Verbrennung in geschlossenen Öfen mit Gasfeuerung bei Temperaturen bis zu zweitausend Grad könne Leichen in Asche verwandeln, aber diese Technik stand im sibirischen Wald nicht zur Verfügung. Was die Schwefelsäure anbelangt, so sagte Dr. Edward Rich, ein amerikanischer Experte von West Point, den Autoren, daß bei »elf voll oder nahezu ausgewachsenen Leichen das bloße Übergießen mit Säure den Körpern außer äußerlichen Verunstaltungen nicht allzuviel Schaden zufügen« würde. Die krasseste Ungereimtheit bei Sokolows Ermittlungen – und hier stimmten die Experten des Innenministeriums mit denen von West Point überein – war das völlige Fehlen menschlicher Zähne. »Zähne sind die einzigen Bestandteile des menschlichen Körpers, die praktisch unzerstörbar sind«, schrieben Summers und Mangold. »Wenn die elf zum Haushalt der Romanows gehörenden Personen tatsächlich in den Grubenschacht gebracht worden sind, dann fehlen ungefähr dreihundertfünfzig Zähne.« Der West-Point-Experte hatte ihnen erzählt, daß er einmal mehrere Zähne in einem Glas mit Schwefelsäure bedeckt hatte stehen lassen, und zwar nicht zwei Tage, sondern drei Wochen. Sie kamen als Zähne wieder heraus.[1]

* * *

Im Zweiten Weltkrieg wuchs Swerdlowsk von einer Provinzstadt zu einer Großstadt an. Als die deutsche Armee durch Rußland und die Ukraine gen Osten rollte, wurden ganze Fabriken und Tausende von Arbeitern bis hinter den Ural evakuiert. Gegen Kriegsende produzierte Swerdlowsk Panzer und Katjuscha-Raketenwerfer (Stalinorgeln). Nach dem Krieg, als die Sowjetunion das Wissen erworben hatte, eine Atombombe zu bauen, schossen in der Nähe von Swerdlowsk und Tscheljabinsk nach Süden geheime neue Städte hinter Stacheldraht und Wachtürmen wie Pilze aus dem Boden. Die gesamte Region wurde für Ausländer zum Sperrgebiet erklärt, und im Ural wuchs eine ganze Generation auf, die nie einen Menschen aus einem anderen Land gesehen hatte. Um das Geheimnis von Swerdlowsk und Tscheljabinsk zu lüften, überflog 1960 der CIA-Pilot Gary Powers mit seinem U-2-Spionageflugzeug diese Städte.

In diesen Jahren waren im Ipatjew-Haus ein Revolutionsmuseum, ein Atheismusmuseum, der Rat der Atheistischen Gesellschaft, das regionale Parteiarchiv und das Rektorat der Kommunistischen Universität für die Ural-Sibirienregion untergebracht. Fotos von bolschewistischen Führern hingen in langen Reihen an der Wand; stammten sie aus dem Ural, dann wurden in Glasvitrinen ihre Kopfbedeckungen, Mäntel und Orden ausgestellt. Plakate und Schaubilder, die darstellten, wieviel mehr Traktoren, Flugzeuge, Tonnen Stahl und Garnituren Unterwäsche unter Stalin als unter dem Zaren produziert worden seien, kündeten vom Ruhm des Kommunismus. Ein Raum im Obergeschoß war den Romanows gewidmet. Hier fand man Auszüge aus Nikolais Tagebuch und einzelne Seiten aus Alexejs Tagebuch sowie die Titelseite einer Jekaterinburger Zeitung mit den Schlag-

Abbruch des Ipatjew-Hauses am 27. Juli 1977

zeilen »NIKOLAI DER BLUTIGE, DER GEKRÖNTE MÖRDER, EXEKUTIERT ... ERSCHOSSEN OHNE BÜRGERLICHE FORMALITÄTEN, DOCH IN ÜBEREINSTIMMUNG MIT UNSEREN NEUEN DEMOKRATISCHEN PRINZIPIEN«. Der Kellerraum gehörte nicht zum Museum; er diente als Lagerraum und war bis zur Decke mit altem Verpackungsmaterial gefüllt.

Die Besucher des Ipatjew-Hauses, zwangsläufig nur Sowjetbürger, starrten die Bilder, Plakate und Tagebücher an und trotteten dann wieder hinaus auf den »Platz der Rache des Volkes«. Sie zeigten nicht sonderlich viel Sympathie für die Romanows; die kaiserliche Familie war ein Teil der verworfenen Geschichte, die Tagebücher in den Glasvitrinen nicht mehr relevant. Doch für Partei und KGB war die Sache nie vollständig erledigt: 1977 überzeugte KGB-Chef Juri Andropow den alternden Leonid Breschnew, daß das Ipatjew-Haus zu einem Wallfahrtsort für verkappte Monarchisten geworden sei. Und so ging vom Kreml ein Befehl an den Ersten Sekretär des Swerdlowsker Gebiets, einen gebürtigen Sibirier namens Boris Jelzin. Jelzin wurde angewiesen, das Ipatjew-Haus innerhalb von drei Tagen abreißen zu lassen. In der Nacht des 27. Juli 1977 fuhr riesiges Abbruchgerät, von Bulldozern begleitet, vor dem Haus auf. Bis zum Morgen waren vom Haus nur noch Ziegel und Steine übrig, die auf die städtische Müllkippe abtransportiert wurden. Obwohl Breschnew und Andropow die Anweisung erteilt hatten, gab man später Jelzin die Schuld, daß er sie ausgeführt habe. In seiner Autobiographie *Beichte über ein vorgegebenes Thema* akzeptiert er seinen Teil an Verantwortung: »Ich kann mir gut vorstellen, daß wir uns früher oder später für diesen barbarischen Akt schämen werden.«

DRITTES KAPITEL
WENN ICH BLOSS NICHTS FINDE

Ich hätte nicht im Traum daran gedacht, daß ich eines Tages die Gebeine der Romanows finden würde. Ich war nie darauf aus, mich mit dieser Geschichte näher zu befassen. Es hat sich alles einfach so ergeben.«

Alexander Awdonin sagt die Wahrheit, und doch ist es nur ein Teil der Wahrheit. Es stimmt zwar, daß er vor fünfzig Jahren, als er sich auf den Weg machte, der zu seiner bemerkenswerten historischen Entdeckung führen sollte, noch nicht wußte, wo dieser Weg enden würde. Doch ergab es sich auch nicht »einfach so«, daß er in einem flachen Grab viereinhalb Meilen vom Grubenschacht bei den »Vier Brüdern« entfernt neun Skelette fand. Es war vielmehr ein zielgerichtetes Unternehmen, über lange Jahre betrieben und trotz sich türmender Hindernisse erfolgreich. Und es war Teamarbeit, aber das Team war klein und Alexander Awdonin sein Leiter, sein Motor.

Awdonin, nunmehr vierundsechzig, ist ein leidenschaftlicher Mann von mittlerer Größe mit silbergrauem Haar und hellblauen Augen, die durch eine dicke Stahlbrille blicken. Daß seine Haut gebräunt ist und sein Körper kräftig und durchtrainiert, verwundert nicht: Awdonin ist Geologe – inzwischen in Rente – und hat die meiste Zeit seines Lebens im Freien verbracht, die Wälder und Felder in der Umgebung seiner Heimatstadt durchwandert. Er ist in Jekaterinburg, damals Swerdlowsk genannt, geboren und aufgewachsen. Als Schüler zog es ihn zu den Naturwissenschaften – Geologie und Biologie –, außerdem zu Geschichte und Folklore seiner hügeligen Heimat östlich des Ural. In dieser Geschichte gab es dunkle Flecken: Gerüchte, daß der Waldboden voller Leichen von Menschen sei, die die Tscheka erschossen habe; Legenden über die Romanows, ihre Exekution; über Sokolow; über das Auftauchen von Thronprätendenten. Als Junge hatte Awdonin Jermakow in der Stadt herumlaufen sehen, war aus Neugierde ins Ipatjew-Haus gegangen, hatte andere Museen besucht und über die Romanows gelesen, was er nur bekommen konnte. »Was immer ich hörte, zeichnete ich auf, einfach so für mich. Doch allmählich, während ich Informationen und Dokumente, Beweismaterial und andere historische Fakten zusammentrug, nahmen meine Gedanken eine andere Richtung. Unsere sowjetische Geschichte war so beschränkt und langweilig, daß ich mir überlegte, wie sich die leeren Flecken in der Geschichte unseres Gebiets auffüllen ließen, zum Nutzen nicht für damals, sondern für die Zukunft.«

Weil das Thema verboten war, erfuhr Awdonin das meiste aus mündlichen Erzählungen. Er redete mit der Nichte eines der Wachsoldaten im Ipatjew-Haus, mit der Frau eines Angehörigen des Ural-Sowjets, der für die Exekution der Romanows gestimmt hatte, mit dem Sohn eines der Schergen und mit einem Reporter der Zeitung *Der Ural-Arbeiter*, der als Teenager an Sokolows Ermittlungen teilgenommen hatte. 1919 war dieser Gennadi Lissin eines der zwanzig Kinder und Halbwüchsigen gewesen, die sich Sokolow geholt und in die Wälder bei den »Vier Brüdern« gebracht hatte. Sie mußten sich mit jeweils zwei Meter Abstand in einer Reihe aufstellen und dann den Wald durchkämmen und alles, was sie aufstöberten, einsammeln. In der Nähe von Ganins Grube entdeckten sie einen Knopf, die Reste eines kleinen Schals und noch einen Stoffetzen. Wichtiger für Sokolow war, daß sie nirgendwo sonst etwas fanden; aus diesem Grunde konzentrierte er seine Arbeit auf den Umkreis von Ganins Grube und den offenen Schacht. 1919 war Lissin fünfzehn gewesen; 1964, mit sechzig, führte er Awdonin zu den »Vier Brüdern« und erzählte ihm, woran er sich noch im Zusammenhang mit Sokolow und dessen Arbeit erinnern konnte. Keiner der beiden hatte je Sokolows Buch gesehen, es war ja verboten. Awdonin hatte Bykows Buch gelesen, wo von Überresten die Rede war, die man verbrannt habe, aber nicht vollständig, und die dann weggebracht und weit von den »Vier Brüdern« entfernt »im Morast« begraben worden seien.

Mit der Zeit wurde Awdonin in Swerdlowsk für sein Spezialinteresse und seine Kenntnisse bekannt, in seiner Arbeit aber immer wieder behindert. »In den sechziger und siebziger Jahren war es nicht einfach, Informationen zu sammeln«, erzählt er. »Es gab keine Tonbandgeräte, man konnte auf nichts als mündliche Erzählungen zurückgreifen. Und die Leute hatten Angst zu reden.«

Doch dann, aus heiterem Himmel, erhielt er einen mächtigen Verbündeten. Geli Rjabow war in Moskau ein wichtiger Mann, ein bekannter Filmemacher und Krimiautor. Einer seiner Filme, eine bekannte Zehn-Folgen-Serie, *Die Geburt der Revolution*, befaßte sich mit dem MWD (dem Innenministerium), also der gewöhnlichen sowjetischen Polizei oder Miliz, die mit der alltäglichen, unpolitischen Kriminalität zu tun hat (im Gegensatz zu dem unheimlicheren KGB, der Staatssicherheit, die für politische Dissidenten zuständig war). 1976 kam Rjabow nach Swerdlowsk, um seinen Film zu zeigen. Aus »rein menschlicher Neugier« ging er ins Ipatjew-Haus, das bereits für Besucher geschlossen war (ein Jahr später sollte es zerstört werden). Er konnte die Miliz überreden, ihn einzulassen, und stieg in den Kellerraum hinunter. Als er wieder herauskam, »beschloß ich, daß ich mich mit dieser Geschichte befassen müßte«, wie er sich später erinnerte. »Ich fühlte eine moralische Pflicht, einen Auftrag, der mir bliebe, solange ich lebe, über all das, was diesen Menschen geschehen war, zu schreiben.«

Rjabow brauchte einen Anhaltspunkt. Er fragte beim örtlichen MWD-Chef nach, ob irgend jemand in der Stadt etwas über die Romanows wüßte. Man sagte ihm: »Wenn, dann Awdonin.« Ein Jahr später machte man die beiden Männer miteinander bekannt. Awdonins erste Reaktion war abweisend (Awdonin nennt sie »vorsichtig«). Er sagte Rjabow, man könne unmöglich noch etwas finden; Suchen sei Zeitverschwendung; dort, wo alles passiert sei, seien inzwischen Häuser und eine Fabrik gebaut worden. Doch dann taute dieser Mann, der auf Neuankömmlinge zunächst immer bemüht höflich reagierte, allmählich auf. Er fand Rjabow »sehr intelligent und interessant. Er gefiel mir.«

Sie redeten ausführlich über ihre Motive: Warum sollten sie nach den Gebeinen suchen? Heute erzählt Awdonin: »Wir hatten beide nur lautere Absichten, es trieb uns, ein Kapitel unserer Geschichte zu rekonstruieren. Im Prinzip hätte die Regierung das Problem der Gebeine des Zaren angehen müssen. Doch die hatte ja gerade das Ipatjew-Haus abgerissen, und wir hielten es für möglich, daß sie die Gebeine ebenso liquidieren würden. Wo sich diese Gebeine befanden, wußten wir nicht, aber wir fürchteten, wenn wir sie nicht fänden, würden sie womöglich vernichtet. So fiel die Entscheidung, daß wir sie suchen *müßten*.«

Doch es gab noch andere Bedenken. »Es ist sehr gefährlich«, hatte Awdonin zu Rjabow gesagt. »Wenn irgend jemand etwas merkt, wenn es zu den ›Organen‹ [zum KGB] durchsickert, dann kann es schlimme Konsequenzen für mich haben. Und ich habe Familie, zwei Söhne.« Doch Rjabow beruhigte ihn, er habe für Schtscholokow, den Innenminister, gearbeitet, weshalb sich also Sorgen machen? »Ich werde Sie immer decken«, habe er ihm versichert. Also ließ Awdonin seine Bedenken fallen: »Wenn es so ist – fangen wir an! Sie versorgen mich mit Material aus den Archiven, und ich suche nach der Stelle.«

Rjabow kehrte nach Moskau zurück und sagte seinem Chef Schtscholokow, daß er umfassenderen Zugang zu Geheimarchiven für Bücher, Memoiren und Dokumente benötige, um seine Geschichte der sowjetischen Miliz weiterschreiben zu können. Schtscholokow stellte ihm eine schriftliche Genehmigung aus, und danach »gab man mir alles, was ich brauchte«, wie Rjabow lächelnd erzählt. So bekam er auch Sokolows Buch, das er nach Swerdlowsk brachte. Hier führte ihn Awdonin zu den Grubenschächten bei den »Vier Brüdern«, was ihn nach Awdonins Worten gewaltig beeindruckte. Gemeinsam fanden die beiden Männer sogar noch weitere Objekte – Knöpfe, eine Münze, Drähte, Glas, eine Kugel. Awdonin überließ sie Rjabow. »Wir sind Rjabow als älterem, hochgebildetem Mann, als Schriftsteller mit großem Respekt begegnet«, erinnert sich Awdonin.

* * *

Sie gingen die Berichte von Sokolow und Bykow immer wieder durch. Bykow behauptete, es habe Knochenreste gegeben, die seien weit von der Stelle bei den »Vier Brüdern« weggebracht worden. Aber wohin? Merkwürdigerweise lieferte Nikolai Sokolow den Schlüssel, obwohl sein Buch doch jegliche Existenz von Überresten strikt geleugnet hatte. Es gab da ein Foto, das er 1919 während seiner Ermittlungen aufgenommen hatte, es zeigte eine einfache Wegbefestigung, einen Steg aus frisch geschlagenen Baumstämmen und Bahnschwellen an einer morastigen Stelle auf dem Weg nach Koptjaki. Auf dem Foto steht Sokolow selbst neben diesen Baumstämmen. Er erklärte die Existenz der Befestigung damit, daß in der Nacht vom 18. zum 19. Juli, zwei Tage nach der Exekution, ein Lastwagen, von Jekaterinburg kommend, den Weg nach Koptjaki gefahren und morgens um halb fünf Uhr im Matsch steckengeblieben sei. Der Bahnwärter der kleinen Betriebshaltestelle, wo der Weg die Bahngleise kreuzt, habe erzählt, es seien Männer zu ihm gekommen und hätten gesagt, ihr Laster stecke fest. Sie hätten um Bahnschwellen gebeten, um einen Steg durch den Matsch zu legen. Sie bauten den Steg, und der Laster fuhr weiter; gegen neun Uhr morgens war er zurück in seiner Garage in Jekaterinburg.

Bei der Lektüre stellten Awdonin und Rjabow fest, daß Sokolow etwas Wichtiges übersehen hatte. »Vom Wald, wo der Laster steckengeblieben war, zurück zur Garage war es etwa eine halbe Stunde Fahrzeit«, überlegte Awdonin. »Wenn der Laster feststeckte und sie nichts weiter tun mußten, als ihn wieder flottzukriegen, so war das nicht so kompliziert – das hätten die Soldaten in einer halben Stunde bewerkstelligen können. Was also machte der Laster dort? Irgend etwas mußte dort vorgegangen sein. Was geschah an dieser Stelle nahezu fünf Stunden lang?« Obgleich Sokolow sich hatte fotografieren lassen, als er neben dem Steg stand, hatte er sich diese Frage nie gestellt. Folglich, entschieden Awdonin und Rjabow, war es an ihnen, die Stelle zu suchen, wo ein Steg aus Bahnschwellen über den Weg nach Koptjaki gelegt worden war.

Weil Rjabow nach Moskau zurückkehren mußte, begann Awdonin die Suche mit Hilfe eines Freundes und Kollegen, des Geologen Michail Katschurow.

»Wir suchten also nach dem Steg«, erzählt Awdonin. »Es gab auf dem Weg nach Koptjaki in der Nähe der Eisenbahn vier Mulden, in denen der Morast im Juli 1918 tief gewesen sein könnte und wo sie deshalb vielleicht einen Steg bauen mußten. Doch 1978, als wir suchten, war der Steg natürlich nicht mehr da. Fünfzig Jahre waren vergangen, seit Sokolow sich hatte fotografieren lassen, Autos waren darüber hinweggefahren, Dreck hatte sich abgelagert, und mit der Zeit war der Steg abgesunken und hatte aufgehört zu existieren. Dann war Gras darüber gewachsen, und schließlich hatte der Weg selbst aufgehört zu existieren. Eines Tages kamen wir zu einer Senke, Katschurow kletterte auf einen hohen Baum und rief von seinem Sitz herunter: ›Sascha, ich sehe den alten Weg und zwei tiefe Stellen, wo die Leichen vergraben sein könnten.‹

Wir konstruierten ein ganz einfaches Instrument aus einem angespitzten stählernen Wasserrohr, um Bodenproben zu entnehmen – ein Gerät, das an einen riesigen Korkenzieher erinnerte. Wir liefen den alten Weg entlang und rammten und schraubten in Abständen an den tiefer gelegenen Stellen dieses Instrument in den Boden. Wenn da nichts war, drang es glatt ein. Wenn es auf einen Stein stieß, verschob ich es ein bißchen zur Seite, und es ging daran vorbei in den Boden.« Als Katschurow im Gebiet der Porossjonok-Wiesen (Ferkelwiesen) Ausschau hielt, begann Awdonin seinen Korkenzieher in kürzeren Abständen in den Boden zu bohren. »In einer Tiefe von vierzig Zentimetern stießen wir auf etwas Weiches wie Holz. Wir machten nun auf engstem Raum zahlreiche Bohrungen und grenzten so eine Fläche von etwa zwei mal drei Metern ein, wo offenbar Holz unter der Oberfläche lag. Dann schrieben wir an Rjabow, daß wir die Stelle gefunden hätten.«

* * *

Rjabow hatte inzwischen eine andere bedeutsame Entdeckung gemacht. Mit Hilfe eines im Ural lebenden Freundes von Awdonin hatte er den ältesten Sohn Jakow Jurowskis, des Hauptakteurs bei der Exekution der kaiserlichen Familie, ausfindig gemacht. 1978 lebte Alexander Jurowski, Vize-Admiral a. D. der sowjetischen Marine, in Leningrad. Als ihn Rjabow besuchte, tat er etwas Ungewöhnliches: Er gab Rjabow eine Kopie des Berichts seines Vaters an die Sowjetregierung über die Exekution der Romanows und die Beseitigung ihrer Leichen. Das Original dieses Berichts liegt bei den Geheimakten des Zentralarchivs der Oktoberrevolution in Moskau; eine Kopie war an den sowjetischen Historiker Michail Pokrowski gegangen, dem man nie erlaubt hatte, auch nur ein Wort davon zu publizieren. Daß Alexander Jurowski seine eigene handschriftliche Kopie dieses

Dokuments Rjabow gab, begründete er damit, daß er »das schrecklichste Kapitel« im Leben seines Vaters sühnen wollte.

Jurowskis Bericht füllte die Lücken und korrigierte die Fehler, die Sokolow und Bykow gemacht hatten. Hier eine Zusammenfassung der sechzig Jahre lang geheimgehaltenen Darstellung, wie sie Rjabow und Awdonin 1978/1979 zu lesen bekamen:

Am Morgen des 17. Juli 1918, nach der Exekution der Romanows und nachdem ihre Leichen in einen Grubenschacht bei den »Vier Brüdern« geworfen worden waren, kehrte Jurowski nach Jekaterinburg zurück, um Bericht zu erstatten. Zu seinem Entsetzen mußte er feststellen, daß die Stadt vor Gerüchten darüber brodelte, wo die Leichen der Zarenfamilie versteckt worden waren; Jermakows Männer hatten offenbar den Mund nicht halten können. Man brauchte also schleunigst eine neue Grabstelle; die Armee der Weißen war nah. Jurowski überging Jermakow und bat andere örtliche Funktionäre um Hilfe. Man sagte ihm, daß es tiefe Gruben etwa fünfzehn Werst entfernt an der Moskauer Landstraße gebe. Er machte sich auf, um sie zu inspizieren, unterwegs hatte sein Auto eine Panne, so daß er den Ausflug zu Fuß fortsetzen mußte. Endlich fand er drei tiefe, mit Wasser gefüllte Gruben. Er beschloß, die Leichen dorthin zu bringen, mit Steinen zu beschweren und hineinzuwerfen. Wenn die Zeit reichte, würde er die Leichen zuerst verbrennen und was übrigblieb, nachdem es mit Schwefelsäure unkenntlich gemacht wäre, im Wasser versenken.

Als Jurowski schließlich nach Jekaterinburg zurückkam – anfangs zu Fuß, später auf einem Pferd, das er bei einem unglücklichen Bauern requiriert hatte –, war es fast acht Uhr abends. Hastig stellte er zusammen, was er brauchte – vor allem viel Benzin und Schwefelsäure. In der Nacht zum 18. Juli startete er dann nicht vor halb eins Uhr mit seinen Leuten. Bei den »Vier Brüdern« leuchteten sie mit Fackeln in den ehemaligen Grubenschacht. Einer der Männer kletterte hinunter, er stand dann im Finstern bis zur Brust im kalten Wasser, umgeben von Leichen. Sie ließen ein Seil hinab. Er band es um die Leichen und schickte sie, eine nach der anderen, nach oben.

Jurowski wollte zunächst einige der Leichen direkt neben dem Grubenschacht in der Erde verscharren und begann schon, eine Grube auszuheben, gab aber auf, als ihm klar wurde, wie leicht so ein Grab entdeckt werden könnte. Inzwischen war der Tag größtenteils vertan. Am Abend des 18. Juli um acht Uhr schließlich fuhren sie die Leichen zu den tiefen Grubenschächten. Bald brachen die Karren zusammen. Jurowski hielt den Transport an und fuhr zurück in die Stadt, um einen Lastwagen aufzutreiben. Als der ankam, wurden die Leichen umgeladen und die Fahrt fortgesetzt. Es war schwierig mit dem Laster, der über die aufgeweichten Wagenspuren schaukelte und rutschte und mehrfach in Wasserlöchern steckenblieb.

»Am Morgen des 19. Juli, gegen halb fünf Uhr«, heißt es in Jurowskis Text, »blieb der Laster endgültig stecken. Da wir kaum bis zu den tiefen Gruben durchkommen konnten, blieb uns nichts anderes übrig, als die Leichen zu vergraben oder zu verbrennen. Wir wollten Alexej und Alexandra Fjodorowna verbrennen, verbrannten aber irrtümlich statt dessen die Zofe [Demidowa] und Alexej. Wir vergruben die Überreste unmittelbar unter der Feuerstelle, schippten Lehm drüber und machten noch ein Feuer über dem Grab und verstreuten dann Asche und Glut, um jegliche Spuren zu verwischen. Inzwischen wurde für die übrigen ein Sammelgrab ausgehoben. Gegen sieben Uhr morgens war eine Grube etwa zweieinhalb Arschin tief und dreieinhalb Arschin im Quadrat fertig. Die Leichen wurden hineingelegt, die Gesichter und die Körper mit Schwefelsäure übergossen, um sie unkenntlich zu machen, aber auch um jeden Verwesungsgeruch zu verhindern. Wir warfen Äste und Kalk hinein, legten Balken obendrauf und fuhren mehrmals darüber hinweg – und von der Grube war keine Spur mehr zu sehen. Das Geheimnis blieb gewahrt – die Weißen fanden diese Grabstelle nicht.«

Am Ende seines Berichts fügte Jurowski noch die genaue Position des geheimen Grabes bei: »Koptjaki, neun Werst nordwestlich von Jekaterinburg. Die Bahntrasse führt in fünf Werst Entfernung vorbei, zwischen Koptjaki und dem Oberen Isset-Werk. Von der Stelle, wo die Bahngleise [die Straße] kreuzen, etwa zweihundert Meter in Richtung Isset-Werk sind sie begraben.«

Das war genau die Stelle, wo Awdonin und Katschurow ihre Bohrungen in der alten Wegspur vorgenommen und Holzreste unter der Oberfläche gefunden hatten.

* * *

Awdonin und Rjabow waren zwar überzeugt, daß sie das Grab gefunden hätten, doch mußten sie bis zum kommenden Frühjahr warten, ehe sie ihre Suche nach den Überresten fortsetzen konnten. Im Mai 1979 begab sich Awdonin mit seiner Frau Galina und Rjabow mit seiner Frau Margarita wieder zu der Stelle. Sie machten sehr viel tiefere Bohrungen und benutzten dazu Awdonins selbstgefertigten Stahlrohr-Probebohrer. Alle Bohrlöcher gaben lehmigen Schwemmboden, Kies und Schichten von dunkelbraunem und grünlichem Lehm frei. Doch bei zwei Bohrungen sah es anders aus: da gingen die Schichten alle durcheinander, zuunterst war schmutziger, schwarzer, schleimiger Lehm (»schwarz wie Ruß«, wie sich Rjabow erinnert), der sich ölig anfühlte und einen fauligen Bitumengeruch verströmte. Sie nahmen diese Proben für Säuretests mit nach Hause und stellten fest, daß der Boden in diesen beiden Löchern stark säurehaltig war. Jurowski hatte geschrieben, er habe die Körper mit Säure übergossen, und Awdonin wußte, daß sich Säure im Boden, vor allem in Lehmboden, der wie ein Dichtungsmittel wirkt, über längere Zeiträume halten kann, länger sogar als sechzig Jahre. Er war nun sicher, daß sie das Grab gefunden hatten.

Sie brannten vor Ungeduld. In der Frühe des folgenden Tages, am 30. Mai, begannen sie an dieser Stelle zu graben. Sie waren sechs von der Partie: Rjabow und Awdonin, ihre Frauen, Wassiljew, ein mit Awdonin befreundeter Geologe, und Pyssozki, ein Freund Rjabows aus Armeezeiten (Katschurow war verhindert, kurze Zeit später ertrank er in einem nordsibirischen Fluß). Während der gesamten Unternehmung tat Awdonin alles, was er konnte, um ihre Sicherheit zu gewährleisten. Vor der Ausgrabung stellte er Rjabow keine Freunde oder Kollegen vor. Rjabow lernte Katschurow nie und Wassiljew erst am Tag der Ausgrabung kennen. »Der Grund war, daß ich alle möglichen Befürchtungen hegte«, erklärte Awdonin. »Es war unheimlich, wir alle hatten Angst.«

Im Mai geht die Sonne bei Jekaterinburg gegen fünf Uhr morgens auf. Gegen sechs Uhr war die Gruppe mit Spaten im Wald. Sie waren allein, wenn man von ein paar Pilzsammlern absieht, die herumliefen und einander mit Rufen verständigten. Sobald Awdonin und seine Kollegen zu graben begannen, stießen sie auf die Bahnschwellen und direkt darunter auf menschliche Knochen. Auf einer kleinen Fläche von höchstens einem Quadratmeter fanden sie drei Schädel. Alle hatten Angst. »Ich gebe zu, daß unser Eindringen in die Grube barbarisch war, ja schrecklich«, schildert Rjabow ihre Aktion. »Aber wir hatten weder Zeit noch entsprechendes Gerät, und natürlich saß uns die Furcht im Nacken ... die Furcht, daß man uns entdecken könnte. Als wir dann fündig wurden, war uns nur noch schrecklicher zumute!« Er schüttelt den Kopf und wiederholt: »Es war schrecklich! Schrecklich!« Auch Awdonin hatte Angst: »Mein Leben lang hatte ich danach geforscht oder irgendwie darauf hingesteuert. Doch als wir dann begannen, die Holzbohlen abzuheben, dachte ich bei mir: Wenn ich bloß nichts finde ...«

Und doch machten sie weiter. »Wir holten die drei Schädel heraus«, erzählt Awdonin. »Wir wußten, daß man irgendwelche Tests machen müßte – bloß welche? Schließlich deckten wir das Grab wieder zu und machten alles so, wie es vorher gewesen war, obenauf das Gras. Wir mußten es so schnell wie möglich erledigen, es war sechs Uhr, als wir zu graben anfingen, und neun oder zehn, als wir fertig waren.« Zurück in der Stadt, befand sich die Gruppe im Zustand eines emotionalen Schocks. Am Abend gingen einige von ihnen in die Kirche und baten den Priester, eine Seelenmesse speziell für die kaiserliche Familie und für sie selbst zu halten. (Da sie dem Priester nicht völlig vertrauten, mischten sie die Namen Nikolai, Alexandra, Alexej, Olga, Tatjana, Maria und Anastasia in eine längere Liste, in der Hoffnung, der Priester würde sie für ihre Tanten, Onkel und Vettern halten.) Die Andacht vermochte Awdonin nicht zu beruhigen, zwei Monate lang war er krank.

In den Tagen nach der Ausgrabung wurden die Schädel mit Wasser gereinigt und untersucht. Sie waren grau und schwarz, mit deutlichen Ätzspuren von Schwefelsäure. Bei allen fehlten die mittleren Gesichtsknochen. An der linken Schläfe war bei einem der Schädel ein großes rundes Loch, wie von einer Kugel. Der Unterkiefer eines anderen trug links eine komplette Goldbrücke. Rjabow wußte, daß Nikolai II. schlechte Zähne gehabt hatte, und nahm an, daß dies der Schädel des Zaren sei. (Später stellte sich heraus, daß es der von Anna Demidowa, der Zofe, war.) Einer der anderen hatte vermutlich Alexej gehört und der dritte einer der vier Töchter: Olga, Tatjana, Maria oder Anastasia.

Was aber sollte mit den Schädeln geschehen? Sie beschlossen, sie zu verteilen. Awdonin nahm den mutmaßlichen Schädel des Zaren an sich. Rjabow schildert, wie ihre Unterredung verlaufen war: »Awdonin sagte, da er als Bürger von Jekaterinburg diese Expedition organisiert habe, fühle er sich auch im Recht, den Schädel des Zaren bei sich aufzubewahren.« Rjabow nahm die beiden anderen mit nach Moskau, in der Hoffnung, er könne über seine Beziehungen zum Innenministerium unterderhand und diskret Tests beim Gerichtsmedizinischen Dienst des Gesundheitsministeriums durchführen lassen. Er wurde abgewiesen. Ein Jahr lang behielt er die Schädel in seiner Wohnung in Moskau, dann, nachdem er vergeblich einen Wissenschaftler oder ein Laboratorium gesucht hatte, um die notwendige Unterstützung zu erhalten, brachte er sie nach Jekaterinburg zurück. Awdonin hatte nichts unternommen – der Schädel lag bei ihm das ganze Jahr unter dem Bett versteckt.

Im Sommer 1980 beschlossen Awdonin und Rjabow, frustriert und immer noch voller Angst vor möglichen Konsequenzen ihrer Entdeckung, die drei Schädel zurückzuschaffen. Sie legten sie mit einer Kupferikone in eine Holzkiste und brachten sie zum Grab. Beim erneuten Aufgraben legten sie einen weiteren Schädel frei, den sie kurz herausholten. Dieser Schädel hatte aus weißem Metall gefertigte Zähne; Rjabow vermutete, das müsse die Zofe Demidowa sein, deren Gebiß wahrscheinlich aus billigem Stahl gemacht war. (Später erfuhr er, daß es sich um den Schädel der Kaiserin und bei dem »billigen weißen Metall« um Platin handelte.)

Bevor sie die Kiste mit den drei Schädeln wieder in die Erde hinabließen, besprachen Awdonin und Rjabow ausführlich, was sie mit der Information, die sie der Erde entrissen hatten, anfangen sollten. Sie konnten es niemandem erzählen; irgendein Interesse an den Romanows war in dieser Phase der sowjetischen Geschichte keinesfalls zu erwarten, an sensationellen Neuigkeiten über sie schon gar nicht. Drei Jahre zuvor war das Ipatjew-Haus abgerissen worden. »Wir schworen einander, daß wir niemals darüber sprechen wollten, bis sich die Umstände in unserem Lande ändern würden«, erzählt Awdonin. »Und sollte es nicht zu diesem Wandel kommen, dann würden wir all unser Material und unsere Informationen an die nächste Generation weitergeben. Wir konnten das Ganze nur unseren Erben anvertrauen. Rjabow hatte keine Kinder. Das bedeutete, daß es allein um meine Kinder ging. Also entschieden wir, daß diese Geschichte durch meinen ältesten Sohn an die nächste Generation weitergereicht werden sollte.«

* * *

1982 starb Leonid Breschnew, und seine Nachfolger Juri Andropow und Konstantin Tschernenko folgten ihm rasch ins Grab. 1985 kam Michail Gorbatschow an die Spitze der Sowjetunion und begann Schritt für Schritt mit seiner Politik von *Glasnost* und *Perestroika*. Anfang 1989 wandte sich Geli Rjabow, der die Zeit für gekommen hielt, das historische Geheimnis zu lüften, das er und Awdonin noch immer wahrten, an Gorbatschow, »um ihn um Hilfe auf Regierungsebene zu bitten, damit das Ganze korrekt betrieben werden könnte«. Gorbatschow antwortete nicht, aber die Geschichte sickerte zum Chefredakteur der liberalen Wochenzeitung *Moskowskije nowosti* durch. Der suchte Rjabow auf, und am 10. April 1989 erschien ein erstaunliches Interview in dieser Zeitung. Einen Tag später berichteten alle größeren westlichen Zeitungen, daß der sowjetische Filmemacher Geli Rjabow vor zehn Jahren, 1979, die Gebeine der kaiserlichen Familie in einem Sumpfgebiet in der Nähe von Swerdlowsk gefunden habe.

Rjabow ist ein kleiner, schlanker Mann mit schmalem, sonnengebräuntem Gesicht, dunkelbraunen Augen, weißem Haar und einem weißen Schnurrbart. Er wirkt nervös, trommelt mit den Fingern, wenn jemand anderes spricht. Während Awdonin einen festen Blick und eine klare Stimme hat, blickt Rjabow häufig zur Seite, spricht leise und unterbricht nie. Im Fernsehen sagte er den Zuschauern: »Ich bin ein typischer Proletarier. Mein Vater war Kommissar der Roten Armee im Bürgerkrieg, an seinen Händen klebte Blut. Meine Mutter war eine einfache Bäuerin. Ich bin heute gläubig und Monarchist.« Er erzählte, er habe drei Schädel ausgegraben, und zeigte Fotos der Schädel und der Grabungsstelle. Seine Bemühungen, sie zu finden, hätten drei Jahre gedauert. »1918 hat man alles getan, die Identität und den Verbleib der Leichen geheimzuhalten«, fuhr er fort, »denn selbst damals war klar, daß die Exekution moralisch äußerst dubios war.« Dennoch sei er von der Authentizität seiner Funde überzeugt. »Selbst für mich war es nicht schwer, sie zu identifizieren.« Doch trotz Gorbatschow und *Glasnost* sei er nicht bereit, seine Entdeckung mit anderen zu teilen, und den genauen Fundort der Grabstelle verriet er auch nicht. »Ich bin bereit, die Überreste, die ich gefunden habe, und das Grab selbst jeder Expertengruppe zu zeigen«, sagte er der *Moskowskije nowosti*, »aber nur unter der Bedingung, daß die Genehmigung für eine ordentliche Beerdigung, wie sie sich für Christenmenschen gehört, gegeben wird.«

Die Ankündigung erregte international Aufsehen. Man glaubte Rjabow und glaubte ihm auch nicht, lobte ihn und griff ihn an. Aber etwas war seltsam bei seiner Enthüllung: nirgends in diesen Interviews oder später in dem langen Artikel, den er für die Zeitung *Rodina* (Heimat) schrieb, erwähnte er den Namen Alexander Awdonins.

* * *

»Meine Reaktion war blankes Entsetzen«, sagt Awdonin in Erinnerung daran, wie ihm zumute war, als er erfuhr, daß Rjabow seinen Eid gebrochen hatte. »Gewiß hatte 1989 ein Wandel in unserem Lande stattgefunden. Und ich sah ein, daß Rjabow als Schriftsteller sich nicht bloß in nichtssagenden Artikeln und Briefen verbreiten konnte. Bevor er sein Interview gab und seine Story veröffentlichte, besuchte ich ihn. Er erzählte mir, daß er einen Artikel darüber schriebe, und zeigte ihn mir. Der Artikel gefiel mir, ich sagte ihm, daß ich ihn gut fände. Aber auch, daß er ihn eine Weile zurückhalten und nicht gerade jetzt veröffentlichen sollte. Wir sollten abwarten, wohin es mit unserer Politik ginge.«

Als Rjabow den Entschluß faßte, an die Öffentlichkeit zu gehen, fragte er da Awdonin um Erlaubnis? »Nein«, sagt Awdonin, »und in seiner Ankündigung erwähnte er nicht einmal, daß noch andere Personen beteiligt waren. Bis heute habe ich nicht verstanden, weshalb er das getan hat.«

Rjabows Erklärung ist, daß Awdonin nicht genannt werden wollte, weil seine Frau als Englisch-Dozentin an einer Akademie des Innenministeriums in Jekaterinburg arbeitete. »Es war immer noch gefährlich für ihn«, behauptet Rjabow, »er wollte keine Publicity. Er meinte, es sei noch nicht die rechte Zeit, diese Information zu veröffentlichen.« Deshalb hatte Rjabow bei seiner Entscheidung, an die Öffentlichkeit zu gehen, auch beschlossen, das ganze Risiko zu tragen – und den ganzen Ruhm.

In einer Hinsicht folgte Rjabow dem Rat Awdonins. Sein Artikel in *Rodina*, der drei Monate nach seinem Interview mit den *Moskowskije nowosti* erschien, deutete den Fundort des Grabs an. Doch wie Awdonin empfohlen hatte, verschob er ihn in seiner Beschreibung um fast einen Kilometer von der wirklichen Stelle. Einen Tag nachdem diese Nummer der Zeitschrift in Swerdlowsk erschienen war, fuhr schweres Gerät im Wald auf, wühlte den Boden um die falsche Stelle auf und schaffte die ganze Erde weg. »Das KGB«, wie Awdonin meint.

Heute sprechen Awdonin und Rjabow nicht mehr miteinander. Aufgrund seines Ruhmes als Entdecker des Grabes schrieb Rjabow an Königin Elisabeth II. von England, eine Verwandte der Romanows, und bat sie, ihren Einfluß geltend zu machen, um sicherzustellen, daß sie ein christliches Begräbnis erhielten. Die Königin antwortete nicht. 1991, als Boris Jelzin, Rußlands neuer Staatschef, die wissenschaftliche Untersuchung der Grabstelle genehmigte, traf Awdonin Rjabow zum letzten Mal und sagte spontan: »Komm, jetzt wollen wir sie exhumieren.« Rjabow lehnte ab. »Vielleicht plagte ihn das Gewissen«, meint Awdonin. Rjabow läßt sich zu keiner Kritik an Awdonin hinreißen. Im Gegenteil, er sagt: »Da gibt es gar nichts, Alexander Nikolajewitsch Awdonin hat eine unschätzbare Rolle in der Geschichte gespielt. Das bezweifelt keiner. Er spielte eine gewaltige Rolle. Er war es, der die Überreste ausgegraben hat.«

Dabei wollen wir es belassen. Außer daß kürzlich spätabends, in der milchigen Dunkelheit einer sibirischen Sommernacht, Awdonin mit seinen wahren Gefühlen herausplatzte: »Betrug, Verrat – genauso, wie es mir mit Rjabow ergangen ist.«

VIERTES KAPITEL
EINE GOGOL-FIGUR

Im Herbst 1989 war der physische Zerfall des Sowjetimperiums in vollem Gange. Am 9. November fiel die Berliner Mauer. Ein paar Wochen später wurde Vâclav Havel Präsident der Tschechoslowakei. Ein Jahr danach war Lech Wałęsa Präsident Polens, und innerhalb von zwei Jahren brachen überall in Osteuropa die kommunistischen Regime zusammen oder wurden gestürzt.

Am 12. Juni 1991 fand die erste landesweite Wahl eines politischen Führers in der tausendjährigen Geschichte Rußlands statt. Boris Jelzin, in Swerdlowsk geboren, wurde zum Präsidenten gewählt. Als er am 10. Juli im Kreml in sein Amt eingeführt wurde, hatte er die Zeremonie von aller kommunistischen Symbolik befreit. Das gigantische Leninbild, jahrzehntelang ein bedrohlicher Schemen hinter dem Rednerpult, war der weißblauroten Fahne gewichen, die Rußland einst von Peter dem Großen bekommen hatte. Der Patriarch der orthodoxen Kirche segnete Jelzin mit dem Zeichen des Kreuzes und verkündete: »Nach dem Willen Gottes und der Wahl des russischen Volks wird Ihnen das höchste Amt in Rußland verliehen.« Auch Michail Gorbatschow war anwesend; noch klammerte er sich an das Amt eines Präsidenten der Sowjetunion und Generalsekretärs der Kommunistischen Partei. Einen Monat später konnte er sich nur im Amt halten, weil Boris Jelzin in Moskau auf einen Panzer geklettert war und den Umsturzversuch von Armee und KGB durchgestanden hatte. Im Dezember 1991 war Gorbatschow weg vom Fenster. Das Zentralkomitee der Kommunistischen Partei war aufgelöst. Die Ukraine, Weißrußland, Kasachstan, die baltischen Staaten und andere ehemalige Sowjetrepubliken hatten ihre

Unabhängigkeit proklamiert. Vierundsiebzig Jahre kommunistischer Herrschaft in Rußland waren relativ friedlich zu Ende gegangen.

In diesen Jahren gärte es im ganzen Land, auch Swerdlowsk war von der Umbruchstimmung erfaßt. 1990 hatte man die Kommunisten aus dem Stadtsowjet vertrieben. Bald danach wurde das Grundstück des ehemaligen Ipatjew-Hauses, ein leeres, mit Ziegelbruch und Steinen geschottertes Gelände, an den dortigen orthodoxen Bischof übergeben. Es war die Rede davon, hier eine Kapelle zu errichten. Der Ortsverein von »Rußlands Wiedergeburt«, einer monarchistischen Gruppierung, stellte ein Holzkreuz auf. Das wurde von verbohrten Kommunisten umgestürzt. Schließlich errichtete man an seiner Stelle ein zwei Meter hohes Betonkreuz und dekorierte es mit Bildern des Zaren, der Zarin und des Zarewitsch. Die Kommunisten verloren jedoch nicht allen Einfluß in der Stadt, die einst als »Hauptstadt des roten Ural« gegolten hatte. Swerdlowsk wurde zwar wieder in Jekaterinburg umbenannt, der Name des Gebiets blieb aber Swerdlowsk. Die wichtigste Durchgangsstraße hieß nach wie vor Leninprospekt, und auch die Statue von Jakow Swerdlow blieb an einer der großen Kreuzungen stehen.[2]

Nach der Wahl des neuen Präsidenten handelten die Jekaterinburger Behörden rasch, um dem Ansuchen Alexander Awdonins zu entsprechen. Der Gebietsgouverneur, Edward Rossel, bat Jelzin um Erlaubnis, die Gebeine der Romanows zu exhumieren. Jelzin signalisierte Zustimmung. Eine Abordnung höherer Beamter suchte Ljudmila Korjakowa auf, führende Archäologin an der Ural-Universität, und bat sie, bei den Grabungsarbeiten »in einer unbekannten Grabstätte aus der Sowjetzeit« behilflich zu sein. Deutlicher wollten sie nicht werden, aber Ljudmila Korjakowa erriet, worum es sich handelte. Sie sträubte sich, vor allem aus wissenschaftlichen Gründen. »Die Vorbereitungszeit war zu kurz«, sagte sie später der Londoner *Sunday Times*. »Wir hatten kein Werkzeug, keine Instrumente, nichts von alledem, was man für eine sachgerechte Ausgrabung wirklich braucht.« Dennoch willigte sie unter dem Druck ihrer Vorgesetzten an der Universität ein zu helfen.

Am 12. Juli 1991, demselben Tag, an dem Boris Jelzin in Moskau in sein Amt eingeführt worden war, setzte sich von Jekaterinburg aus ein Konvoi von Militärfahrzeugen in Bewegung. Sie hatten »alles zweifach – wie in der Arche Noah« geladen, erzählte Korjakowa, »zwei Milizobersten, zwei Detektive mit Kameras und Video-Ausrüstung, zwei Gerichtsmediziner, zwei Epidemiologen, den Staatsanwalt der Stadt mit Sekretärin und zwei Milizionäre, jeder mit Maschinenpistole.« Und natürlich Alexander Awdonin.

Nach einer halben Stunde erreichten sie die Stelle im Wald, eine kleine Lichtung am einstigen Weg nach Koptjaki etwa zweihundert Meter von der Bahnstrecke Jekaterinburg–Perm entfernt, die bereits unter Bewachung gestellt war. Man hatte provisorisch einen hohen Zaun errichtet und wegen des Dauerregens ein großes Zelt über dem Grab aufgeschlagen. Im Zelt erleuchteten starke Jupiterlampen den Boden. Der Staatsanwalt hielt eine Ansprache über die »Verantwortung« jedes Anwesenden, und die Detektive stellten ihre Kameras auf, mit denen alles gefilmt wurde, was geschah, Stunde um Stunde. Dann nahm jeder einen Spaten und begann zu graben.

Die Grube war nur etwas über einen Meter tief; darunter lag eine Felsschicht und verhinderte ein tieferes Ausschachten. Rasch fanden die Forscher die Kiste mit den drei Schädeln, die Awdonin und Rjabow elf Jahre zuvor wieder vergraben hatten. Sie war noch heil und unversehrt. Beim Weitergraben entdeckten sie noch andere Schädel, Rippen, Wirbel, Arm- und Beinknochen. Die Skelette lagen kreuz und quer übereinander, als ob man die Leichen aufs Geratewohl in die Grube geworfen hätte. Die Knochen schimmerten in den verschiedensten Grau- und Brauntönen; einige hatten eine grünliche Färbung. Daß sie nicht schlimmer verrottet waren, schrieb man der Tatsache zu, daß eine luftdichte Lehmschicht sie geschützt hatte. Das unterste Skelett war am gründlichsten zerstört. Die Erklärung dafür lieferten die Scherben großer Keramikbehälter mit Schraubdeckeln, die vermutlich Schwefelsäure enthalten hatten: nachdem sie in die Grube geworfen und zerschossen worden waren, hatte sich die Säure über den Lehmboden ausgebreitet, das Fleisch zerfressen und die Knochen, mit denen sie in Berührung kam, beschädigt.

Die Grube enthielt keinerlei Kleidungsreste; das entsprach sowohl Sokolows als auch Jurowskis Darstellung; beide hatten

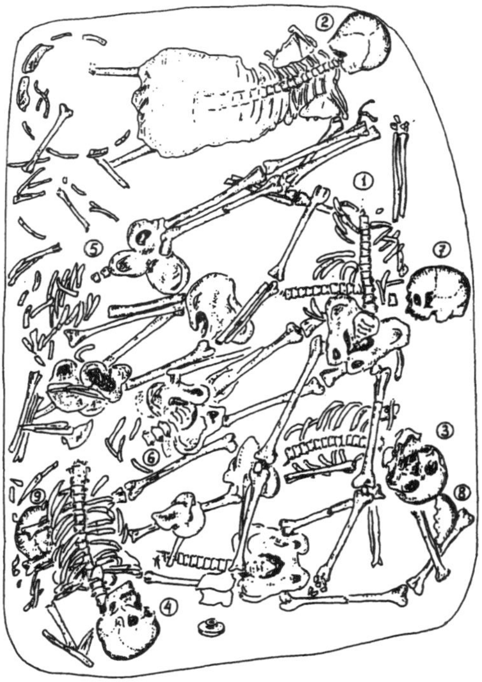

1 *Demidowa*
2 *Botkin*
3 *Olga*
4 *Nikolai*
5 *nach Ansicht von Maples Maria, nach der von Abramow Tatjana*
6 *nach Ansicht von Maples Tatjana, nach der von Abramow Anastasia*
7 *Alexandra*
8 *Charitonow*
9 *Trupp*

Das Grab, aus dem vom 11. bis zum 13. Juli 1991 die sterblichen Überreste von neun Leichen geborgen wurden. Drei weitere Schädel wurden in der Holzkiste gefunden, in die sie Awdonin und Rjabow 1980 gelegt hatten

geschrieben, daß die gesamte Kleidung der Opfer verbrannt worden sei, ehe man die Leichen in den Grubenschacht bei den »Vier Brüdern« geworfen habe. Vierzehn Kugeln wurden eingesammelt, einige hatten wohl ursprünglich noch in den Leichen gesteckt, die anderen stammten vermutlich von den Schüssen auf die Säurebehälter.

Schrecklicher waren die Beweise dafür, was den Menschen angetan worden war, denen diese Skelette und Knochen einst gehört hatten. Einige der Opfer seien liegend erschossen worden, berichtete Ljudmila Korjakowa (»es gibt Einschüsse an den Schläfen«), andere mit dem Bajonett erstochen, ihre Gesichter mit Gewehrkolben zertrümmert, die Kiefer zerbrochen worden

(»die Gesichtspartien der Schädel sind zerstört«); auch viele andere Knochen seien gebrochen und schließlich »zermalmt worden, als ob ein Lastwagen über sie hinweggefahren wäre«. Im Laufe ihrer Karriere hat Frau Korjakowa viele prähistorische Siedlungen in Westsibirien ausgegraben und eine große Zahl von Skeletten exhumiert. Aber, wie sie der *Sunday Times* erzählte, »nie so viele, die derartig zugerichtet, geschändet waren. Ich war ganz krank.«

Und noch eine letzte dramatische Offenbarung hielt die Grube bereit. Nach drei Tagen Grabung und vorläufiger Zusammenstellung der Knochen stellte sich heraus: die Überreste gehörten nur zu neun Skeletten, vier männlichen und fünf weiblichen. Zwei Mitglieder der kaiserlichen Notgemeinschaft (die ursprünglich aus dem Elternpaar, fünf Kindern, dem Arzt und drei Gefolgsleuten bestanden hatte) fehlten. Trotz dieses Rätsels gab Gouverneur Rossel am 17. Juli der Presse die Entdeckung von Gebeinen bekannt, die »mit hoher Wahrscheinlichkeit« Zar Nikolai II., seiner Familie und Dienern gehörten. Wer dabei war und wer nicht, das festzustellen sollte, wie er meinte, der weiteren Untersuchung durch Experten aus dem In- und Ausland überlassen bleiben.

Zwei Wochen später wurde Dr. Wladislaw Plaxin, oberster Gerichtsmediziner im russischen Gesundheitsministerium, angewiesen, mit der Untersuchung der Knochen zu beginnen. Plaxin schickte sofort seinen leitenden Gerichtsanthropologen, Sergej Abramow, nach Jekaterinburg. In Rußland herrschte damals eine politische Krise: Armee und KGB waren gerade dabei, Gorbatschow zu stürzen. »Die Panzer fuhren in Moskau ein, als wir die Stadt verließen«, erinnert sich Abramow. In Jekaterinburg fand er die exhumierten Gebeine auf dem Schießstand der städtischen Miliz in getrennten Haufen auf dem Boden ausgebreitet. Mehr als drei Monate lang identifizierte er mühselig siebenhundert Knochen und Knochensplitter und fügte sie zusammen. Noch immer fehlte viel, und Abramow schickte noch einmal ein Team zu der Grabungsstelle, um Dreck und Matsch durchzusieben und durchzuwaschen. Sie fanden weitere zweihundertfünfzig Knochen und Knochensplitter, die er den nach und nach zusammengefügten neun Skeletten zuordnete. Zunächst numerierte er sie: Nr. 1, Nr. 2 und so weiter, bis Nr. 9. Danach bestand seine

Aufgabe darin, mit Kameras, Computern und Fotos der Opfer zu Lebzeiten und den mathematischen Mitteln des Weltraumzeitalters herauszufinden, ob es sich um die kaiserliche Familie handelte, und, wenn ja, zu bestimmen, wer von den Romanows dabei war und wer, falls überhaupt, fehlte.

* * *

»Wir hatten kein Geld, deshalb war an DNS-Tests gar nicht zu denken«, sagt Abramow im Sommer 1994, als er auf dieses qualvolle Kapitel in seinem Leben zurückblickt. »So beschlossen wir, die Identifizierung mit unseren eigenen Methoden vorzunehmen. Mit einer Videokamera nahmen wir die Schädel von vorn und im Profil auf. Dann verglichen wir mit Hilfe eines Computerprogramms die verschiedenen Schädelformationen mit den Fotos und berechneten Ähnlichkeiten und Wahrscheinlichkeiten von Ähnlichkeit. Außerdem fotografierten wir eine Kontrollgruppe von einhundertfünfzig anderen Schädeln, um die Personen aus dem Grab mit einer breiteren Personengruppe zu vergleichen. Leider war unsere Ausrüstung damals technisch veraltet, und das Programm für den Vergleich der Schädeldecken lief sehr langsam. So mußten wir uns auf eine Kontrollgruppe von nur sechzig Schädeln beschränken.«

»Niemand auf der Welt hat je dieses System benutzt«, erläutert Abramow. »Wir haben es entwickelt. WIR! Hier in meiner Abteilung, im Zimmer nebenan, sitzt ein hervorragender Mathematiker. Er wurde mir vom Institut für Raumfahrtstudien geschickt. Ich sagte ihm, was ich brauchte. Er meinte, das ließe sich machen. Und machte es! Seine Methode erlaubte uns, die Wahrscheinlichkeit zu berechnen, ob diese Gruppe von Skeletten einmalig ist oder ob sie irgendwie ein zweites Mal vorkommen könnte.

Diese Technik nennt man kombinatorische Mathematik. Wir wählten vier Faktoren: Geschlecht, Alter, Rasse und Größe. Hat man es mit einem einzigen Individuum zu tun, läßt sich nichts beweisen. Mit zweien gewinnt man schon etwas mehr Sicherheit. Mit dreien wird sie noch größer, und so weiter. Hier hatten wir neun Personen. Auf jede von ihnen waren die vier Faktoren anzuwenden. Und jede gehörte mathematisch zum gleichen statistischen Topf. Alles miteinander kombiniert machte die Sache unangreifbar. Wie groß ist denn auch die Wahrscheinlichkeit, daß diese neun Skelette in einem einzigen Grab noch einmal in einer anderen Umgebung vorkommen könnten? Wir fügten dann aber noch weitere Beweise, andere Faktoren hinzu, die wir durch Superimpositionen (computergestützte Überlagerungsverfahren) erhielten – ein breites Gesicht, ein schmales Gesicht, ein markantes Kinn, ein schwachentwickeltes Kinn. Als wir das alles addierten, erkannten wir, daß die Wahrscheinlichkeit, eine zweite Skelettgruppe mit derselben Faktorenkombination zu finden, so groß war wie drei mal 10^{-14}. Das bedeutet drei Fälle auf hundert Billionen. Und hundert Billionen Menschen haben niemals auf der Erde gelebt.

Und noch etwas. Zunächst benutzten wir bei unseren Berechnungen die Daten von nur sieben Personen aus dem Grab. Weder von Charitonow [dem Koch] noch von Trupp [dem Leibdiener] hatten wir damals Fotos, deshalb ließen wir sie beiseite. Fügen Sie nun diese beiden hinzu, dann stehen die Chancen bei 10^{-18}. Und wenn wir außerdem noch die Nasenlängen und die Kopfform mit einbeziehen, dann stehen sie bei 10^{-20} oder 10^{-30}. Wir sprechen also von astronomischen Größen, die weit über das Erforderliche hinausgehen. Es steht außer jedem Zweifel, daß wir hier die Gebeine der Romanows haben.«

Aber welche Romanows waren in dem Grab? Im Keller waren es elf Gefangene gewesen; die Grabstelle gab aber nur neun Skelette frei. Abramow erklärt, wie er diese Frage beantwortet habe. Bei einer Foto-Superimposition sei wichtig, den Schädel mit möglichst vielen Fotos einer Person zu vergleichen. Um aus verschiedensten Perspektiven vergleichen zu können, habe er Kamera und Computer dazu benutzt, den Schädel genau in den Blickwinkel zu drehen, unter dem das jeweilige Foto aufgenommen war. Das demonstriert er: »Wie hier ... und wie hier ... und hier ... und so weiter ... frontal ... im Profil ... aus allen Blickwinkeln. Je mehr Superimpositionen wir machen, desto größere Sicherheit bieten unsere Ergebnisse.« Abramow und sein Team begannen bei Nikolai, weil, wie er bitter vermerkt, »ein paar Idioten schon behauptet haben, daß Schädel Nr. 1 nicht der Frau, Demidowa, sondern dem Zaren gehört.« Weder Rjabow noch Awdonin sind mit den Idioten gemeint; Abramow hat andere russische Wissenschaftler im Sinn, die ihn und sein Verfahren kritisiert und behauptet haben, seine Methode sei fehlerträchtig

PHOTO WLADIMIR SOLOWJOW

Dr. Sergej Abramow

und seine Ergebnisse nicht stichhaltig. »Das sind Leute«, sagt er, »die nicht nach bestem Wissen und Gewissen urteilen, sondern kraft ihrer Autorität. Denen unser Verfahren erklären heißt, sich für Idioten abmühen, es ist die reinste Zeitverschwendung. Doch weil wir angegriffen wurden, blieb uns nichts anderes übrig.«

Und Abramow fährt fort: »Um also diese Idioten zu widerlegen, begannen wir erst einmal mit dem Vergleich zweier Fotos von Nikolai, das eine von vorn, das andere im Profil, mit Schädel Nr. 1, dem der Demidowa. Wie erwartet, paßte er nicht dazu. Dann verglichen wir die Fotos mit anderen Schädeln aus dem

Grab. Mit Schädel Nr. 8 prüften wir drei Positionen – alle drei waren negativ. Dann mit Schädel Nr. 9 zwei Positionen – beide negativ. Mit Schädel Nr. 3 drei Positionen – alle drei negativ. Schädel Nr. 5 fünf Positionen – fünf negativ. Schädel Nr. 6 vier Positionen – vier negativ. Schließlich verglichen wir die Fotos mit Schädel Nr. 4. Wir versuchten acht Positionen und erhielten acht positive Ergebnisse. Wir wußten also: Nr. 4 ist der Schädel von Nikolai II.«

Abramow untersuchte und verglich dann die anderen acht Schädel aus dem Grab. Auf Schädel Nr. 2, den von Botkin, verwendete er nicht viel Zeit, weil hier die Zähne fehlten. »Alle anderen hatten Zähne im Oberkiefer«, erklärt Abramow, »und von Botkin wußten wir, daß er ein Gebiß getragen hatte. Es war also klar, wessen Schädel das war; wir brauchten nicht weiterzugehen.« Die übrigen sieben Schädel wurden mit Superimposition untersucht. »Wir machten bei allen Schädeln mit allen Fotos Gegenproben. Das heißt, auf dem Computer schoben wir jeden Schädel in den Kopf jedes einzelnen dieser Fotos. Das erste Mal hatten wir sechsundsiebzig oder siebenundsiebzig solcher Gegenproben. Wir suchten nach Altersunterschieden, nach Deformierungen des Schädels, prüften, ob die Markierungen auf den inneren Kalotteneindellungen exakt waren, ob die Schädel-Innenraum-Maße stimmten, berücksichtigten selbst Gesichtsausdruck und Kopfhaltung. Wir bezogen mit ein, wieviel Weichteil-Gewebe die Schädeloberfläche überzieht, prüften, wie der Schädel zum Gesicht paßt. Dann kontrollierten wir, ob die richtige Menge an Weichteil-Gewebe am Kinn war, ob Nase und Augenbrauen richtig saßen. Sehen Sie, hier machen wir eine Superimposition mit Schädel Nr. 4 – Nikolai II. – und einem Foto von Charitonow. Eine gewisse Ähnlichkeit ist da, aber hier steht der Schädel zu weit vor. Es kann also nicht der von Charitonow sein. Jedesmal, wenn nicht alle Unterschiede zu erklären waren, entschieden wir kategorisch, daß Schädel und Foto nicht von derselben Person seien. Es bedurfte nur eines einzigen solchen Unterschieds, und wir verwarfen die Zuordnung.«

Abramow bemühte sich besonders intensiv darum, die Überreste der drei Großfürstinnen zu identifizieren, die im Alter sehr eng beieinander lagen und deren physische Merkmale, bedenkt man den schlechten Zustand der Schädel, schwer zu unter-

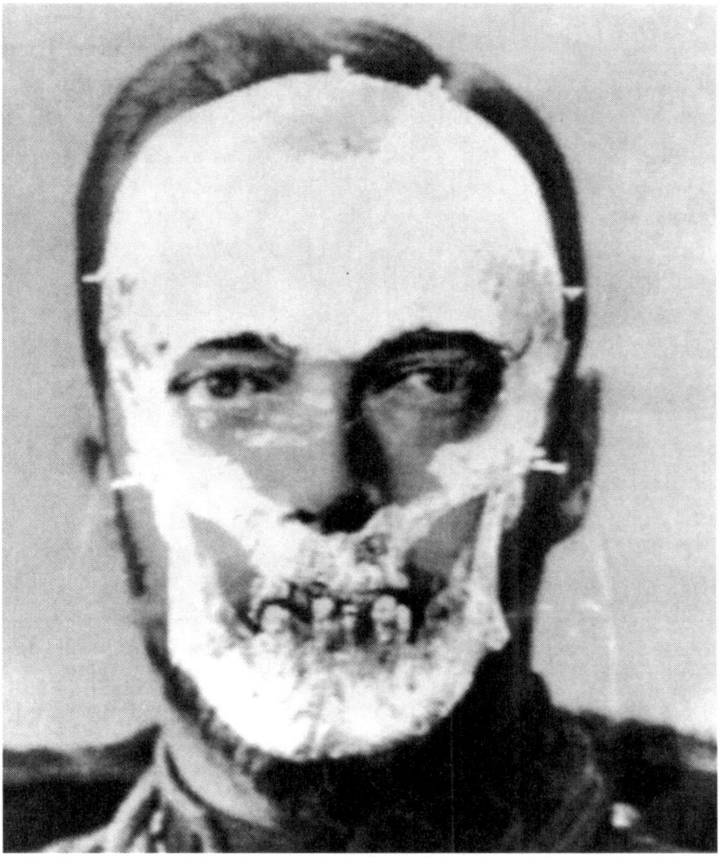

Abramows Superimpositionstechnik:
Superimposition eines Fotos von Nikolai II. auf den Schädel Nr. 4

scheiden waren. Er verglich alles, was er an Fotos von den drei jungen Frauen hatte, mit den drei jungen weiblichen Schädeln Nr. 3, Nr. 5 und Nr. 6. Zunächst drei Fotos von Großfürstin Tatjana mit den Schädeln Nr. 3 und Nr. 6. Die Ergebnisse waren negativ. Als er dieselben Fotos mit Schädel Nr. 5 verglich, war das Ergebnis positiv. Abramow ordnete deshalb Schädel Nr. 5 Tatjana zu. Von Großfürstin Anastasia hatte er vier Fotos, die er mit Schädel Nr. 3 verglich: alle waren negativ. Auch der Vergleich mit Schädel Nr. 5 war negativ. Aber als er Anastasias Fotos mit Schädel Nr. 6 verglich, waren alle Daten positiv. »Hier, sehen Sie? Olgas Schädel ist breiter, Anastasias schmaler. Hier ist nicht genügend Weichteil-Gewebe. Und hier ist jetzt ein Foto von Anastasia mit Schädel Nr. 5, Tatjana. Sehen Sie? Da gibt's Probleme. Aber hier ist Anastasia mit Nr. 6. Sie sehen, er paßt perfekt. Dieser Schädel, Nr. 6, ist der von Anastasia.«

Abramows Ansicht nach ist die fehlende Tochter Maria, die dritte der vier Schwestern. »Maria hat die höchste Schädelkuppel (ihr Schädel ist am Scheitel abgerundet). Ihre Fotos passen weder zum Schädel von Olga, Nr. 3, noch zu Nr. 6, das ist Anastasia. Anastasias Gesicht ist schmal, während Maria ein breites Gesicht hat. Die Fotos passen auch nicht zu Nr. 5, das ist Tatjana. Keiner der Schädel paßt zu den Fotos von Maria. Also ist Maria nicht unter diesen Knochenresten. Sie war nicht im Grab.«

* * *

Der Prozeß des Identifizierens der Gebeine war schwierig genug, doch wurde Abramow und seinen Moskauer Kollegen die wissenschaftliche Arbeit noch durch einen zweijährigen Kampf mit der Bürokratie unendlich erschwert. Selbst jetzt, da alles längst abgeschlossen ist und Abramow beträchtlichen Erfolg damit hatte, gerät er außer sich, wenn er darüber spricht, was alles passierte. Normalerweise ist er ein freundlicher Mann, der amüsiert über seine Brille hinwegblickt und, die Zigarette in der einen Hand, mit der andern den kleinen sorgfältig gestutzten Bart streicht. Die Erregung bricht immer wieder durch, als er mir, kopfschüttelnd oder nervös lachend, manchmal auch mit den Fingern auf den Tisch trommelnd, davon erzählt, während wir in seinem Büro gegenüber vom Kreml auf der anderen Seite der Moskwa sitzen. »Ich könnte sagen, es sei eine interessante und komplexe Erfahrung gewesen«, beginnt er, »aber das stimmt nicht. Es war mehr. Es war fürchterlich. Diese Forschungsarbeit über die Familie des Zaren war die schlimmste Erfahrung meines Lebens.« Von Anfang an hätten sich die Behörden in Jekaterinburg so verhalten, als gehörten die Romanow-Gebeine allein ihnen. Sie seien »die Eigentümer«, hätten sie ihm gesagt und seien entschlossen gewesen, die Ermordung der kaiserlichen Familie als eine lokale Angelegenheit zu behandeln. Die fotografische Dokumentation der Arbeit an menschlichen Überresten ist überall auf der Welt ein integraler Bestandteil gerichtsmedizinischer Untersuchungen. Und doch verweigerte Wolkow, der stellvertretende Ermittlungsleiter der Jekaterinburger Staatsanwaltschaft, Abramow monatelang die Erlaubnis, irgend etwas von dem, was er machte, zu fotografieren. »Ich habe es schriftlich, daß mir das Fotografieren verboten ist!« erzählt Abramow, immer noch wütend. »Ich habe es schwarz auf weiß, daß man mich jederzeit aus dem ganzen Forschungsprojekt rausschmeißen kann!«

Gleich zu Anfang in Jekaterinburg hatte Abramow festgestellt, daß die ursprüngliche Exhumierung der Leichen nicht sachgemäß ausgeführt worden war. »Ich hörte, daß Dr. Korjakowa, die zuständige Archäologin, dreimal die Grabung verlassen hatte, um gegen die barbarischen Arbeitsmethoden zu protestieren«, erzählt er. Er sah sofort, daß viele Knochen fehlten. Sein erstes Gesuch auf nochmalige Spurensuche in der Grabstelle wurde von den örtlichen Behörden abgelehnt. Schließlich konnte er sie aber doch überreden und noch weitere zweihundertfünfzig Knochen und Knochenbruchstücke einsammeln.

Als nächstes bat er um die Genehmigung, die Knochenreste nach Moskau mitzunehmen, wo das Überprüfen und Testen leichter gewesen wäre. Jekaterinburg sagte nein. Er wandte sich ans Russische Parlament. Das Parlament sagte nein. Zu diesem Zeitpunkt wollte sich keiner in der Zentralregierung der Russischen Föderation, angefangen bei Boris Jelzin, mit der Regierung des Swerdlowsker Gebiets anlegen oder sie übergehen.

Abramows Arbeit mußte also in Jekaterinburg durchgeführt werden. Doch dafür fehlte ihm das Geld. Das Budget für sein Büro wird jeweils ein Jahr im voraus bewilligt – und ein Projekt dieser Größenordnung war nicht eingeplant. Deshalb war er gezwungen, als er im Herbst 1991 mehrmals nach Jekaterinburg fahren, im Hotel wohnen und sich verpflegen mußte, die Rechnung teilweise aus der eigenen Tasche zu zahlen. Awdonin, den Abramow »einen guten Menschen« nennt, versprach ihm Unterstützung mit Mitteln seiner Stiftung *Obretenie* (die Auffindung), doch mußte er feststellen, daß der Fonds fast erschöpft war. Die Gerichtsmediziner von Jekaterinburg konnten Abramow während der Arbeitszeit nicht helfen – »sie hatten mit den aktuellen Morden alle Hände voll zu tun«. Einige waren bereit, samstags und sonntags Überstunden zu machen, verlangten aber Bezahlung. Abramow konnte nicht zahlen.

Im Dezember teilte Abramow dem Ermittler Wolkow mit, er könne aus finanziellen Gründen nicht mehr weitermachen. Daraufhin schlug Wolkow diesem von der russischen Regierung entsandten Gerichtsanthropologen vor, er solle sich doch nach kommerziellen Sponsoren umtun. Abramow machte sich auf die Suche. Er fand die Fernsehgesellschaft *Rus* aus Wladimir, die bereit war, einen Teil seiner Kosten zu übernehmen, wenn sie die Genehmigung zum Filmen der Gebeine bekäme. Ein anderer Sponsor, die wohltätige Stiftung *Fonds für die Stärke Rußlands*, war bereit, für Arbeits- und Reisekosten aufzukommen, wenn dafür überall erwähnt würde, daß sie diese Untersuchung förderte. Abramow war hocherfreut; solange er diese Sponsoren hatte, konnte er im Frühjahr 1992 dreimal nach Jekaterinburg reisen und sogar einige seiner Techniker aus Moskau mitnehmen.

Die Fernsehleute waren von unschätzbarem Wert für Abramow, nicht nur weil sie Geld gaben, sondern auch weil sie Kameras mitbrachten. »Wir hatten nicht einmal eine Kamera in Jekaterinburg, dabei brauchten wir sie für unsere Superimpositionsarbeit.« Später wurde behauptet, man könne diese Schädel unmöglich durch Superimposition identifizieren, weil Abramow seine Arbeit an ihrer Rekonstruktion nicht ordentlich fotografiert habe. »Es stimmt, von meiner Arbeit im Herbst 1991 gibt es keine Fotos. Der Grund: ich hatte keine Fotoerlaubnis bekommen. Erst im Mai 1992, als wir die Hilfe dieser Fernsehleute hatten, wurden Fotos gemacht.«

Doch dann verfinstert sich Abramows Gesicht vor Abscheu: »Als sie erst die Filme hatten, scherten sie sich einen Dreck um uns. Sie zogen einfach ab und versuchten, ihre Filme zu verkaufen. Und dann« – Abramow wirft die Arme in die Luft, er wirkt wie eine Gogol-Figur, gefangen in einem Netz bürokratischer Ränke und Betrügereien – »verlangte die Regierung in Jekaterinburg, daß alle Filme und Videobänder über die Gebeine in Jekaterinburg bleiben müßten. Außerdem dürfe nichts, was zu Papier gebracht worden sei, die Grenzen der Stadt verlassen. Und dann gingen diese Leute aus Jekaterinburg gegen mich vor und behaupteten: ›Abramow hat in betrügerischer Absicht ein Fernsehteam hierhergebracht, das diesen Film trotz des Verbots der

Jekaterinburger Stadtverwaltung gedreht hat und jetzt verkauft.‹«

Im Sommer 1992 begegnete Abramow, der immer noch zwischen Moskau und Jekaterinburg hin- und herpendelte und versuchte, seine Arbeit zum Abschluß zu bringen, einem offensichtlich uneigennützigen Engel aus dem Westen, Baron Eduard von Falz-Fein, ein reicher russischer Emigrant Mitte achtzig, der jetzt in Liechtenstein lebt. Falz-Fein hatte von Abramows Superimpositionen gehört und suchte ihn bei einem Moskau-Aufenthalt in seinem Büro auf. »Als er erfuhr, daß ich Leute für nichts arbeiten ließ«, erzählt Abramow, »und daß wir weder genügend Disketten noch ausreichend von dem und jenem hatten, griff er wortlos in seine Tasche und blätterte mir zehn Hundert-Dollar-Noten auf den Tisch. Ich erzählte das sofort meinen Vorgesetzten. Ihre Augen begannen zu leuchten ... die Biologen wollten Serum, jeder wollte etwas. Aber ich sagte nein, das ist nur für die Forschung über die kaiserliche Familie. Als erstes bezahlte ich die Leute, die für mich gearbeitet hatten. Ich zahlte ihnen in Dollars. Mein hervorragender Mathematiker, der vom Raumfahrtprogramm zu uns gestoßen war, hatte hier, nur daran, ein Jahr lang ohne Bezahlung gearbeitet. Er war der erste, den ich mit dem Geld bezahlte, das mir Baron Falz-Fein gegeben hatte.«

* * *

Im Sommer 1992 schließlich waren Sergej Abramow und seine Kollegen überzeugt, daß sie Nikolai, Alexandra, Olga, Tatjana, Anastasia, Dr. Botkin, Demidowa, Charitonow und Trupp gefunden hatten. Alexander Blochin, Vizegouverneur des Gebiets Swerdlowsk, hatte ihre Arbeit öffentlich anerkannt, als er am 22. Juni eine Pressekonferenz abhielt und bekanntgab, daß »durch Computer-Modellierung, wobei alte Fotos des Zaren und der Zarin verglichen wurden, definitiv erwiesen ist, daß es sich bei den Grabfunden um *ihre* Gebeine handelt«. Jeder wußte, daß der Zarewitsch fehlte. Und russische Experten akzeptierten Abramows Ergebnis, daß das neunte Skelett, das er untersucht hatte, das der jüngsten Zarentochter, Großfürstin Anastasia, war. Die fehlende Tochter war, wie jedermann glaubte, Maria.

FÜNFTES KAPITEL
AUSSENMINISTER BAKER

Im Februar 1992, in seinem letzten Dienstjahr, bereiste der amerikanische Außenminister James Baker die frühere Sowjetunion. Während seiner dreijährigen Tätigkeit für Präsident Bush war die Sowjetunion in eine Vielzahl unabhängiger Staaten zerfallen, die alle daran interessiert waren, amerikanisches Investitionskapital und technisches Know-how anzulocken. Und so wurde Baker in Moldova, Armenien, Aserbaidschan, Turkmenistan, Tadschikistan, Usbekistan und natürlich auch in Rußland wärmstens empfangen. Am 14. Februar landete seine blau-weiße Air Force 707 in Jekaterinburg, seiner letzten Station vor Moskau. Eigentlich war der Besuch von Jekaterinburg selbst nicht der Hauptgrund für diesen Aufenthalt. Baker war unterwegs, um hundertsechzig Kilometer südlich von Jekaterinburg ein geheimes Kernforschungszentrum, Tscheljabinsk 70, zu besuchen. Allein die Tatsache, daß Baker hierherkam, zeigt, welch gewaltige Wegstrecke die Supermächte in der letzten Zeit zurückgelegt hatten. Jahrzehntelang hatte man Tscheljabinsk 70 so geheim gehalten, daß die ganze kleine Stadt von hohen Stacheldrahtzäunen mit Wachtürmen umgeben war. Kilometerweit hatte man das Umland von aller Besiedelung freigehalten. Zweck des Besuches war, daß Baker sich ansehen wollte, wie die Wissenschaftler, die bisher Atomwaffen konstruiert hatten, inzwischen ihre Technologie für die Produktion künstlicher Diamanten nutzten; dies hatte man den Amerikanern als ein beruhigendes Beispiel für Rußlands Fähigkeit dargestellt, ehemals kriegswichtige Kapazitäten für friedliche Zwecke zu konvertieren. Also unternahmen Baker, sein Stab und eine Gruppe amerikanischer Reporter ihren Ausflug nach Tscheljabinsk 70, der Außenminister hielt eine Ansprache an die Wissenschaftler, und dann kehrten die Amerikaner für die Nacht nach Jekaterinburg zurück.

Der folgende Morgen war, was man im Außenministerium als »downtime« bezeichnet, das heißt, es gab kein offizielles Besuchsprogramm und keine Verpflichtungen. Präsident Jelzin, den Baker laut Terminplan in Moskau treffen sollte, kehrte nicht vor Nachmittag in die russische Hauptstadt zurück und wollte auch nicht, daß Baker dort vor ihm einträfe. So kam es, daß Margaret Tutwiler, Bakers erste Sprecherin, sich auf einen freien Morgen in Jekaterinburg freuen konnte. Schon seit Jahren hatte sie sich für die Romanows interessiert und ausgiebig über das Thema gelesen. Sie wußte, daß das Ipatjew-Haus zerstört war, hoffte aber trotzdem, sich die Stelle, an der es gestanden hatte, ansehen zu können. Noch bevor sie die Stadt erreichten, hatte sie das auch gegenüber Außenminister Baker erwähnt.

Am Abend davor, nach der Rückkehr von Tscheljabinsk 70, speiste Baker mit Edward Rossel in dessen kleiner Privatwohnung zu Abend. Baker, selbst Jäger, bewunderte Rossels Jagdgewehr und den riesigen Elchkopf an der Wand. Nachdem er sich die Ausführungen seines Gastgebers über die attraktiven geschäftlichen Möglichkeiten angehört hatte, die die Amerikaner in diesem Teil des Urals erwarteten, fragte er, wie er Margaret Tutwiler versprochen hatte, ob man sich den Platz am ehemaligen Ipatjew-Haus ansehen könne. Ja natürlich, antwortete Rossel, und da Sie sich für die Romanows interessieren, warum nicht auch ihre Gebeine besichtigen? Baker fragte, ob er jemanden mitbringen könne.

Am Morgen gingen Baker und Tutwiler mit Rossel zum Platz am Ipatjew-Haus. »Es lag Schnee, rote und weiße Nelken waren zu Füßen des Betonkreuzes niedergelegt, und Leute kamen und zündeten Kerzen an«, erinnerte sich Tutwiler zwei Jahre später. Baker ging zum Kreuz, beugte sich vor und berührte es mit seiner behandschuhten Hand. Dann fuhr die Gruppe zu dem zweistöckigen Leichenschauhaus, wo die Gebeine aufbewahrt wurden. Awdonin war auch da, und Rossel stellte ihn vor. Die Besucher sahen sich eine Vorführung von Computer-Superimpositionen an und besichtigten dann die Skelettreste. Plötzlich nahm Baker einen der Knochen Nikolais II. in die Hand. Das

Einzigartige der Situation war ihm nicht entgangen. Anfang 1994, als wir in seinem Washingtoner Anwaltsbüro saßen, erinnerte er sich an seine Gefühle von damals: »Ich spürte den Hauch der Geschichte in diesem Raum. Als wir – die Regierung Bush – unsere Geschäfte aufnahmen, sahen wir uns noch mit der existentiellen Bedrohung durch die Sowjetunion und ihre Fähigkeit konfrontiert, die Vereinigten Staaten in einem Atomkrieg zu vernichten. Ich weiß, wie zurückhaltend wir selbst noch im Mai und Juni 1989 gegenüber den Sowjets waren. Und nun, knapp drei Jahre später, stand ein amerikanischer Außenminister, gerade zurückgekehrt vom Kernforschungszentrum in Tscheljabinsk, in der Stadt, die einst die geschlossenste der Sowjetunion gewesen war, und betrachtete die Gebeine des Zaren. Es war ein beredtes Beispiel dafür, wie weit die Dinge vorangekommen waren.«

Margaret Tutwiler erinnert sich an einen anderen Augenblick dieses ungewöhnlichen Tages. Im Leichenschauhaus hatte man ihr und Außenminister Baker gesagt, daß bei den Skeletten, die auf den Tischen vor ihnen lagen, der Sohn und eine der Töchter des Zaren fehlten. »Ist es Anastasia?« fragte Tutwiler. Jemand – sie weiß nicht mehr, wer von den anwesenden Russen – antwortete entschieden: »Anastasia ist hier!«

Noch während Baker im Leichenschauhaus war, bat ihn Rossel um einen Gefallen. Er sagte, daß Wissenschaftler in Jekaterinburg sich sicher seien, daß es sich um die Gebeine der Romanows handele, doch wüßten sie auch, daß sie die Bestätigung westlicher Gerichtsmediziner brauchten, wenn ihr Befund im Westen akzeptiert werden solle. »Haben Sie jemanden, der uns dabei helfen könnte?« fragte Rossel. Baker meinte, sobald er wieder in Washington sei, wolle er sich darum kümmern. Die amerikanischen Reporter, die den Außenminister begleiteten, notierten diese Erklärung, und am nächsten Tag erschien sie in vielen Zeitungen.

Baker stand zu seinem Wort. Auf der Durchreise in Moskau wies er die amerikanische Botschaft an, direkten Kontakt zu den Behörden in Jekaterinburg aufzunehmen. In Washington zurück, sagte er seinem Stellvertreter für europäische Angelegenheiten: »Kümmern Sie sich darum, wie wir helfen können.« Margaret Tutwiler blieb mit der Sache befaßt und ließ von ihrem Büro einen ganzen Schwall Telegramme los, die betonten, daß »der Außenminister sehr an der Sache interessiert ist«. Die beiden wichtigsten gerichtsmedizinischen und pathologischen Institute der amerikanischen Regierung – das Pathologische Institut der Streitkräfte beim Walter-Reed-Krankenhaus, AFIP, und das FBI-Labor – wurden um Mithilfe gebeten. Das AFIP hatte reiche Erfahrungen mit der Identifizierung von Knochen, die nach vielen Jahren exhumiert worden waren. Knochen- und Zahnproben amerikanischer Soldaten, die vor vielen Jahren in Vietnam gefallen waren und nicht identifiziert werden konnten, brachte man gewöhnlich zunächst nach Hawaii zurück, doch wenn man mit den anthropologischen, zahnmedizinischen und röntgenologischen Standardmethoden nicht weiterkam, schickte man sie ins AFIP zu DNS-Analysen. Entsprechend steht das FBI-Labor den nationalen, bundesstaatlichen und örtlichen Polizeibehörden als höchstrangige Instanz bei der Identifikation von Kriminellen, Verbrechensopfern und Vermißten zur Seite. Mit Zustimmung des Verteidigungsministers und des FBI-Direktors erklärten sich beide Institutionen bereit zu helfen.

Ein gemeinsames Team unter der Leitung von Dr. Richard Froede, damals oberster Gerichtsmediziner der US-Streitkräfte und ehemaliger Präsident der amerikanischen Akademie für Gerichtsmedizin, wurde zusammengestellt. Froede ist Gerichtspathologe, das heißt, er befaßt sich mit sterblichen Überresten von Leichen. Bei dieser Reise sollte ihm Dr. Bill Rodriguez assistieren, ein Gerichtsanthropologe, der es mit skelettierten sterblichen Überresten zu tun hat. Mit von der Partie war Dr. Alan Robilliard vom FBI, der dasselbe Fachgebiet wie Abramow in Moskau hatte, die graphische Computerrekonstruktion. Alles in allem bestand das Team aus acht amerikanischen Spezialisten, alles Angestellte der amerikanischen Regierung. Die Kosten sollte die Regierung tragen, als Beitrag zu den guten Beziehungen mit Rußland. (Tatsächlich waren die Gehälter der Team-Mitglieder bereits Teil des nationalen Budgets; bei den zusätzlichen Ausgaben handelte es sich hauptsächlich um Reisekosten.)

Das Team traf sich mehrfach in Washington und begann mit der Zusammenstellung von Material und Ausrüstung. Glasplatten-Röntgenaufnahmen des Zaren und der Zarin wurden für den radiographischen Vergleich beschafft. Handliche Röntgenapparate, besondere Laser-Scanner und Geräte für Computergraphik, die auch mit unterschiedlichen Energiequellen funktionierten, wurden beschafft. Man spürte einen gewissen Zeitdruck bei diesen Vorbereitungen; die Russen hatten betont, daß sie das Team im Mai an Ort und Stelle erwarteten. Es stand auf Abruf bereit: Die Ausrüstung war verpackt, die Wissenschaftler hatten ihre Pässe, russische Visa, ihre Typhus- und Diphtherieimpfungen und ihre Flugtickets. Doch plötzlich, zwei Tage vor dem Abflug, wurde die Reise abgesagt. Ein Telegramm der amerikanischen Botschaft in Moskau brachte die Nachricht, daß die Behörden in Jekaterinburg einem anderen amerikanischen Team unter der Leitung von Dr. William Maples, einem Gerichtsanthropologen von der Universität Florida, den Vorzug gegeben hätten.

Die Mitglieder des AFIP/FBI-Teams waren schockiert und enttäuscht – einige sind heute noch verärgert. »Nichts gegen Bill Maples, der ist ein hervorragender Mann«, sagt einer der vorgesehenen Leiter des Teams. »Aber das war doch ein Angebot von Außenminister Baker an die Russen, und wir waren das Team der US-Regierung. Unter dem Aspekt gerichtsmedizinischer Ermittlungen sind wir vermutlich das Beste, was die USA zu bieten haben. Wir hätten viel mehr leisten können, besonders was DNS-Analysen anbelangt, denn die konnte Maples nicht durchführen, und so haben sie schließlich die Briten gemacht. Wir verfügen über eines der wenigen Labors in der Welt, das Mitochondrien-DNS untersuchen kann, wir hätten das also hier, im Hause, durchführen können. Wir sind ein riesiges pathologisches Labor, das sowohl hier als auch beim FBI über eine Ausrüstung nach dem neuesten Stand verfügt. Als Team der US-Regierung glaubten wir, wir könnten wirklich die Vereinigten Staaten repräsentieren. Keiner hat je ›danke‹ oder ›es tut uns leid‹ gesagt. Das war hier eine ganze Weile ein heikles Thema.«

SECHSTES KAPITEL
MEIN LEBEN LANG HAT MICH DER TOD INTERESSIERT

Der Campus der Universität Florida in Gainesville erstreckt sich über mehrere Quadratmeilen Zentral-Floridas. Er ist durch ein Netz von Straßen unterteilt und so ausgedehnt, daß die Studenten manchmal das Auto brauchen, um von einer Veranstaltung zur anderen zu kommen. Manche der Quadrate sind gänzlich, andere fast leer. Auf einer dieser flachen, ziemlich leeren Parzellen verdeckt ein Hain mit hohem Bambus den Horizont. Ein holperiger, ausgefahrener Zufahrtsweg biegt von der Betonstraße ab und führt an einem improvisierten Gemüsegarten vorbei zu einem hohen Drahtzaun, der mit Rollen von aufgewickeltem Stacheldraht bekränzt ist. Hinter dem Zaun duckt sich ein fensterloses, hellgrünes Gebäude aus purem Metall mit einigen Ventilatorröhren auf dem Dach unter die Bambusbäume. Das ist das C. A. Pound Human Identification Laboratory, Schöpfung und Werkstatt von Dr. William Maples.

Das Gebäude ist nicht groß. Die Tür öffnet sich zu einem kleinen Sekretariat; dahinter ist das Arbeitszimmer von Maples. Außerdem gibt es noch einen kleinen Konferenzraum und einen Waschraum. Und dann ist da das Labor, das Maples selbst auf einem Macintosh-Computer entworfen hat. Niemand betritt dieses Labor ohne seine Erlaubnis. Das Türschloß hat Sperrstifte aus drei Richtungen, und weder die Universitätspolizei noch der Universitätsschlosser besitzen einen der ungewöhnlichen Schlüssel zu diesem Schloß. Es besteht auch keine Möglichkeit, über das Dach einzusteigen. Das Gebäude verfügt über ein ausgeklügeltes, hochempfindliches Alarmsystem. In den viereinhalb Jahren der Existenz des Labors hat es noch nie Alarm gegeben.

Nur wenige Menschen würden wohl diesen Raum betreten wollen. Auf den Arbeitstischen liegen menschliche Schädel, Skelette und Skeletteile zur Untersuchung bereit. An der Rückwand stehen Regale voller sorgfältig etikettierter Pappkartons mit weiteren Menschenknochen in großer Zahl. Daneben Computer, Röntgenapparate, durch Röntgenstrahlen aktivierte Rechner und eine Videokamera, außerdem eine Werkbank mit einer Bohrmaschine, einem kleinen Amboß, Schraubenziehern, Schraubenschlüsseln und einer Säge mit Diamantblatt, sodann Kühl- und Gefrierschränke. An einer Seitenwand stehen drei große Behälter aus rostfreiem Stahl, jeder mit einer großen durchsichtigen Geruchs-Schutzhaube aus Plexiglas verschlossen, die mit einem der Ventilatorschäfte auf dem Dach verbunden ist. In diesen Behältern werden von Maples und seinen Assistenten »menschliche Überreste eingeweicht«.

»Eingeweicht?«

»Das ist ein Euphemismus für ›das Fleisch von den Knochen loskochen‹.«

Maples ist Gerichtsanthropologe, er beschäftigt sich mit Knochen. Wenn er noch mit Fleisch umhüllte Knochen bekommt, muß er zunächst das Fleisch entfernen, ehe er mit seiner Arbeit beginnen kann. Er legt den Leichnam in einen dieser Behälter, füllt ihn mit kochendem Wasser auf und beobachtet den Inhalt, bis er das Skelett hat. Tatsächlich wird diese Arbeit inzwischen überwiegend von seinen College- und Universitäts-Studenten erledigt, die sich mit der Beobachtung der Behälter alle ein bis zwei Stunden abwechseln.

»Man muß gut aufpassen, um sicherzugehen, daß das Weichteil-Gewebe sich so rasch wie möglich ablöst«, erklärt Maples. »Wir müssen dafür sorgen, daß der Knochen nicht weich wird, weil er zu lange im Wasser gelegen hat, und daß das Wasser den Knochen nicht trockenkocht und verbrennt. Die Deckel schützen vor Spritzern – wegen Hepatitis B, Aids und Tuberkulose – und zumindest teilweise vor Geruch. Ja, es ist sehr abstoßend, aber ich kann mich nur an ein oder zwei Studenten erinnern, die damit nicht umgehen konnten.«

Maples' Arbeitszimmer ist ein ziemlich freundlicher Ort. Zwar liegen achtzehn menschliche Schädel oben auf drei großen Aktenschränken, doch sind die Schränke in einem munteren Orange gestrichen. Auf Maples' Schreibtisch türmt sich ein unordentlicher Haufen von Dokumenten, Korrespondenz, Fotos und Röntgenaufnahmen. William Maples selbst jedoch, ein Mann mit gelichtetem Haar und randloser Brille, wirkt in seinem blauen Blazer und den grauen Flanellhosen fast übertrieben gepflegt. Er spricht mit tiefer, monotoner Stimme und – als Relikt seiner Kindheit – mit texanischer Färbung. Seine Rede ist wie seine Methode kontrolliert und präzise. Maples weiß fast immer genau, was er als nächstes sagen oder tun wird und warum er das sagen oder tun wird.

* * *

»Mein Leben lang hat mich der Tod interessiert«, erzählt William Maples. Im College an der Universität von Texas, wo er seinen Master artium in Englisch und Anthropologie gemacht hat, finanzierte er seine Ausbildung damit, daß er die Ambulanz eines Bestattungsunternehmens fuhr. Nacht für Nacht raste er mit hundertundfünf Meilen in der Stunde zu Unfallstellen, um als erster dort zu sein und das Geschäft zu machen. Er sah »schreckliche Dinge«, doch ehe er zwanzig war, hatte er gelernt, seinen Chili-und-Käse-Hamburger auch im Autopsie-Raum zu essen, wenn er davor bei einer Autopsie zugesehen hatte. Mit vierundzwanzig begab er sich mit seiner Frau für vier Jahre nach Kenia, um Gorillas für die Forschung zu fangen. Dort hatte er selbst eine Begegnung mit dem Tod, als ihn einmal ein alter Gorilla tief in den Arm gebissen und dabei eine Arterie erwischt hatte. 1968 kam er mit seinem Doktorgrad nach Gainesville und wurde Assistenzprofessor für Anthropologie. Nach sechs Jahren kehrte er der Lehre den Rücken und übernahm die anthropologische Abteilung des Universitätsmuseums, wo er nach wie vor Professor ist.

»Mein Arbeitsgebiet ist das menschliche Skelett, seine Veränderungen im Laufe eines Lebens und über viele Generationen sowie seine Varianten in der Welt«, sagt Maples. Beim Überprüfen der verschiedenen Knochen eines Skeletts kann er gewöhnlich rasch Geschlecht, Alter, Größe und Gewicht des betreffenden Menschen zu Lebzeiten feststellen. Durch diese Spezialkenntnisse ist er als Gutachter für die örtliche und die nationale Polizei eine äußerst wertvolle Stütze, wenn es um die Identität eines Opfers geht, darum, was dem Opfer eines Verbrechens angetan wurde und wer der Täter ist. Seit 1972, als er mit seinem ersten Fall begann, ist sein Pensum auf zweihundert bis dreihundert Untersuchungen im Jahr angewachsen. Darunter war der Serienmörder Ted Bundy, der mindestens sechsunddreißig junge Frauen umgebracht hatte, ehe er geschnappt, vor Gericht gestellt und hingerichtet wurde – in Florida. Zweimal im Jahr besucht Maples das Zentrale Identifizierungslabor der US-Army in Honolulu, um bei schwierigen Identifikationen sterblicher Überreste von Soldaten, die aus Vietnam zurückgebracht wurden, zu helfen.

Für seine Gutachtertätigkeit erhält Maples im allgemeinen zweihundert Dollar die Stunde. Er bezieht auch ein Teilgehalt von der Universität Florida. Beides zusammen deckt aber noch keineswegs die vollen Kosten seines Labors, weshalb er sich nach Sponsoren umtun mußte. Das C. A. Pound Laboratory wurde von Cicero Addison Pound jr. bezahlt, einem in Gainesville geborenen, inzwischen siebzigjährigen Mann, der als einer der ersten Marinepiloten an der Suche nach der Pilotin Amelia Earhart beteiligt war. Pound hatte es zu großem Reichtum gebracht, er spendete Geld für den Bau von Maples' Labor. Einen großzügigen Mäzen hat Maples auch in William Goza, einem pensionierten Rechtsanwalt aus Gainesville, dessen Wentworth-Stiftung die Universität und speziell William Maples unterstützt.

Mit Gozas finanzieller Unterstützung konnte Maples eine Reihe gerichtsmedizinischer Untersuchungen durchführen, historische Fälle, bei denen es keinen anderen Auftraggeber gab als die Geschichte und wo das Hauptmotiv für den Forscher die reine Genugtuung darüber war, die Wahrheit finden und ein Rätsel lösen zu können. (Natürlich verleiht der Erfolg bei so prominenten Fällen auch einiges an Prestige. Und für einen Staatsanwalt ist es äußerst nützlich, wenn er vor die Geschworenen treten und zu seinem Experten im Zeugenstand sagen kann: »Sind Sie derselbe Dr. Maples, der ...?«) Maples war an vier solcher historischer Fälle beteiligt. 1984 erbrachte er den Nachweis, daß die mumifizierten Überreste, die man für die von

Francisco Pizarro, dem spanischen Konquistadoren, gehalten hatte, der 1541 in Lima ermordet und danach mehr als vier Jahrhunderte lang in einem prächtigen Marmor- und Bronze-Sarkophag in der Kathedrale von Lima verehrt wurde, einem Hochstapler gehörten. Daß es sich hingegen bei einem anderen Gerippe, das unter zwei Schichten von Holzplanken in der Krypta der Kathedrale beerdigt war, tatsächlich um die Gebeine von Pizarro handelte. 1988 untersuchte Maples das Skelett von John Merrick, dem Elefantenmenschen aus dem neunzehnten Jahrhundert, der in unserer Zeit durch den Broadway und Hollywood noch einmal zu Ruhm gekommen war (unmittelbar bevor Maples auf den Plan trat, hatte der Popstar Michael Jackson angeboten, Merricks Skelett dem Museum des Londoner Königlich-Medizinischen College für eine Million Dollar abzukaufen). Maples' Bemühungen galten der Frage, inwieweit der groteskabnorme Wuchs, der Merrick entstellte, die Folge von Tumoren im Weichteil-Gewebe war beziehungsweise auf Veränderungen in der Knochenstruktur beruhte. Er fand heraus, daß Merrick an beidem gelitten hatte. 1991 exhumierte er das Skelett von Zachary Taylor und wies nach, daß dieser ehemalige Präsident der Vereinigten Staaten nicht, wie oft vermutet, vergiftet worden, sondern an einer schweren Verdauungsstörung gestorben war. 1992 schließlich wurde Maples' Interesse auf die Romanow-Gebeine gelenkt.

* * *

William Maples war erstmals vor vielen Jahren durch die Lektüre von zwei Büchern auf die russische Zarenfamilie gestoßen. Als Junge hatte er in den vierziger Jahren in Dallas Richard Halliburtons *Seven League Boots* gelesen, das Halliburtons Interview mit dem Mitglied des Exekutionskommandos Jermakow »auf dem Totenbett« enthielt. Viel später las er *Nikolai und Alexandra*. Im Februar 1992, als er in New Orleans am Jahrestreffen der amerikanischen Akademie für Gerichtsmedizin teilnahm, las er in einer Zeitung, daß Außenminister Baker um amerikanische Unterstützung bei der Identifizierung einer Gruppe von Skelettresten gebeten worden sei, die aus einem Grab in Sibirien exhumiert worden waren. Maples sprach mit Dr. Richard Froede, dem Gerichtsmediziner der US-Streitkräfte, und fragte, ob sich Baker wegen dieser Hilfe an ihn gewandt habe. Froede verneinte das, er habe nichts gehört. »Ich beschloß augenblicklich, daß wir es versuchen sollten«, erzählt Maples. »Noch während des Treffens stellte ich ein Team zusammen, das ich für äußerst kompetent halte. Es bestand aus Dr. Michael Baden, einem Gerichtspathologen, Dr. Lowell Levine, einem Gerichtsdentisten, Dr. William Hamilton, unserem örtlichen Gerichtsmediziner aus Gainesville, und Cathryn Oakes, einer Spezialistin für Haare und Fasern bei der Polizei des Staates New York. Ich selbst wollte als Gerichtsanthropologe und Teamleiter fungieren.«

Zurück in Gainesville, entwarf Maples einen Brief, den der Präsident der Universität Florida, John Lombardi, unterzeichnen und an Alexander Awdonin in Jekaterinburg schicken sollte. Der Brief enthielt die Referenzen über Maples' Team sowie die Versicherung, daß seine Mitglieder bereit seien, auf eigene Kosten zu reisen; tatsächlich sollten die Mittel von Bill Gozas Stiftung kommen. Außerdem kündigte Lombardi an, er wolle in Amerika eine wissenschaftliche Tagung über die Funde organisieren. »Dann müßten einige Mitglieder Ihres Teams zu dieser Konferenz kommen«, schrieb er Awdonin. »Mit den von Dr. Maples beschafften Mitteln würden auch die für Ihre Vertreter erforderlichen Reisekosten gedeckt.« Es wurde April, und noch immer hatte Maples keine Antwort. Da erfuhr er auf Umwegen, daß Awdonin auf einen Anruf von ihm warte. Maples reagierte sofort, und am nächsten Tag kam per Fax eine Einladung nach Gainesville, die gemeinsam von Alexander Blochin, Vizegouverneur des Gebiets Swerdlowsk, und Alexander Awdonin unterzeichnet war. Das Team aus Florida wurde eingeladen, Mitte Juli für ein paar Tage zu kommen, um die Gebeine zu untersuchen und anschließend an einer internationalen Konferenz über die Gebeine teilzunehmen.

Als man Maples sagte, Dr. Froede und Dr. Rodriguez aus dem AFIP/FBI-Team seien nach wie vor verärgert, daß man sie plötzlich aus dem Projekt ausgeladen habe, meinte er: »Wir haben erst später erfahren, daß Außenminister Baker Dick Froede gebeten hatte. Ich bin sicher, daß Dick noch nicht angesprochen worden war, als ich in New Orleans mit ihm redete. Schließlich war Baker ja noch in Rußland. Jedenfalls sagte Dick, als ich ihn fragte, nein.« Maples gab aber zu, daß in Amerika wie in Rußland ein wilder Konkurrenzkampf unter Wissenschaftlern tobt. »Ich bin eigentlich kein Ellbogentyp, aber wenn sonst niemand eine Aufgabe wie diese anpackte, etwas, was mich seit Jahren interessierte, dann mußte ich einfach zugreifen.« Maples ist der Meinung, daß das AFIP/FBI-Projekt wegen Geldmangel und der Tatsache gescheitert sei, daß ein angesehener Gerichtsanthropologe, Douglas Ubelaker vom Smithsonian Institute, das Regierungsteam verlassen hatte. Die Russen hätten die beiden Teams gegeneinander abgewogen und sich für seines entschieden.

Maples hatte in der Tat ein starkes Team. Michael Baden, der Gerichtspathologe, war seinerzeit oberster Gerichtsmediziner von New York City und Vorsitzender des gerichtsmedizinischen Gremiums gewesen, das ein Kongreßausschuß zur Aufklärung der Morde an John F. Kennedy und Martin Luther King eingesetzt hatte. Damals war er Direktor der Polizeiabteilung für Gerichtsmedizin im Staate New York. Lowell Levine, sein Kodirektor in dieser Polizeiabteilung, hatte eine entsprechend glänzende Karriere. Auch er hatte im selben Gremium über die Morde an Kennedy und King gearbeitet. Auf Antrag des Außenministeriums war er nach Argentinien gegangen und hatte die sterblichen Überreste vieler der »Verschollenen« identifiziert – von Männern und Frauen, die während der argentinischen Militärdiktatur auf mysteriöse Weise verschwunden waren. Ein paar Jahre später hatte Levine in Brasilien bei der Identifizierung der Zähne und des Schädels von Dr. Josef Mengele, dem Auschwitz-Arzt, mitgeholfen. Auch Cathryn Oakes, eine der führenden Haar- und Faser-Spezialisten des Landes, gehörte zur Polizeiabteilung für Gerichtsmedizin des Staates New York.

Am 25. Juli 1992 kamen Maples und sein Team in Jekaterinburg an und stiegen im Hotel Oktjabrskaja ab, das früher allein hohen kommunistischen Funktionären vorbehalten gewesen war. Sie zahlten den vollen Preis in Dollar. Die städtischen Behörden stellten ihnen lediglich ein Auto mit Fahrer zur Verfügung. Früh am nächsten Morgen fuhren sie zur Filiale des Jekaterinburger Leichenschauhauses, wo die Gebeine der Romanows aufbewahrt wurden. Dort lernten sie Nikolai Newolin, den Direktor des Leichenschauhauses, Alexander Awdonin, Galina Awdonina, die gut Englisch spricht, und andere kennen. Newolin sagte ihnen: »Fangen Sie an und tun Sie das Nötige.« Das Lei-

Nikolai Newolin (links) und Dr. William Maples in Jekaterinburg

chenschauhaus war, wie Maples erzählt, in der Bauweise einem amerikanischen in einer Stadt von vergleichbarer Größe sehr ähnlich: Autopsieräume und Leichenkammern im Erd-, Büros im Obergeschoß. Und noch etwas war vertraut: »Es war der Geruch«, meint Maples, »ein typischer Leichenhausgeruch.« Im Obergeschoß, am Ende eines langen Flurs, befand sich eine Eisentür, die in ein kleines Vorzimmer führte; von dort gelangten sie, nachdem man ihnen eine weitere Tür aufgeschlossen hatte, in den Raum mit den Gebeinen.

Dieser Raum mit seinen fünf mal sechs Metern war etwa so groß wie ein gewöhnliches amerikanisches Wohnzimmer. Es war ein Eckzimmer mit zwei Fenstern, bei beiden waren die Rollos herabgezogen, ließen aber Licht durch. Die Wände waren in mittelgrüner Ölfarbe gestrichen. In der Mitte des Zimmers stand ein großer Tisch mit einem Computer und einem Mikroskop, an allen vier Wänden Metalltische. Auf diesen Tischen waren die Knochen in Skelettform ausgelegt, also nicht miteinander verbunden, aber oben der Schädel, dann die Wirbel, die das Rückgrat bildeten, die Rippen zu beiden Seiten der Wirbel, die Armknochen seitlich der Rippen, die Becken- und Bein-Knochen, unten die Fußknöchel und -knochen. Maples war entsetzt, als er sah, daß einige der langen Oberschenkel- und Armknochen mittendurch geschnitten waren; das mußte die Einschätzung der Größe für ihn nur noch schwieriger machen. Als sie eintraten, waren die Tische nicht abgedeckt, so daß jeder in diesem Zimmer einen Knochen aufheben konnte, wie es Außenminister Baker fünf Monate zuvor ja auch getan hatte. Auch fehlte jede Temperaturregelung; als sich Maples und sein Team mitten im Sommer in diesem Raum aufhielten, war es so warm, daß sie rasch ihre Jacketts ablegten.

Maples öffnete die Kameratasche und zog eine seiner Kameras heraus. »Njet«, sagte einer der Russen, die mit im Zimmer waren, »Sie dürfen keine Fotos machen.« Gelassen steckte Maples seine Kamera weg und verbrachte mit Baden, Levine und Oakes drei Stunden damit, die Gebeine zu untersuchen. Für Maples war die Identität der Skelette rasch klar. »Das ist Demidowa«, sagte er. »Und das ist Botkin. Das ist eine der Töchter, vermutlich Olga. Das ist eine andere Tochter, vermutlich Tatjana. Das ist die dritte Tochter, wahrscheinlich Maria. Und das ist Nikolai. Das ist Alexandra. Und diese beiden sind die Diener.« Um die Mittagszeit packten die Amerikaner ihre Sachen zusammen und gingen den Flur vor zu Newolins Büro. »Wir sind fertig und brechen jetzt auf«, sagte Maples. »Sie gehen Mittag essen?« fragte Newolin. »Nein«, entgegnete Maples, »wir sind fertig. Was wir konnten, haben wir getan und fahren jetzt wieder nach Hause.« Newolin war schockiert. »Aber Sie können doch nicht gehen!« protestierte er. »Wir müssen dokumentieren, was wir tun«, erklärte ihm Maples, »und wenn man uns das nicht erlaubt, können wir nichts weiter machen. Ich habe noch nie einen gerichtsmedizinischen Fall bearbeitet, bei dem ich nicht dokumentieren konnte, was zu tun war. Und wenn Sie uns nicht die Erlaubnis geben, diesen Fall fotografisch zu dokumentieren, sind wir fertig. Ich habe meine Schlußfolgerungen gezogen.« Maples Stimme klang ruhig, aber er war deutlich verärgert. »Sie waren so verärgert, daß Sie zitterten«, sagte ihm Galina Awdonina später. Newolin brauchte Zeit. »Gehen Sie Mittag essen, und wenn Sie wiederkommen, werden wir das noch einmal besprechen und einige Antworten für Sie bereithalten«, sagte er zu Maples. Das amerikanische Team fuhr zurück ins Hotel, nahm ein ausgiebiges russisches Mittagessen ein und kehrte dann zum Leichenschauhaus zurück. Newolin begrüßte sie mit den Worten: »Machen Sie alle Fotos, die Sie brauchen.« Später meinte Maples dazu: »Offenbar hat er mit Blochin telefoniert, und der hat ihm gesagt: ›Laß sie machen, was sie wollen.‹ So blieben wir den Rest der Woche und dokumentierten alles. Aber unsere Ergebnisse standen schon nach zwei, drei Stunden fest. Wir wußten, daß wir es mit den sterblichen Überresten der kaiserlichen Familie zu tun hatten, und wir wußten auch, wer wer war.«

* * *

Die neun Skelette, die da auf den Tischen des Leichenschauhauses lagen, waren nur numeriert. Maples, der damals noch keine Kenntnis von Abramows Befunden hatte, behielt diese Art der Bezeichnung bei. Fünf Skelette gehörten weiblichen, vier männlichen Personen. Die männlichen waren allesamt ausgewachsen; ein heranwachsender Junge war nicht dabei. Drei der fünf weiblichen Skelette stammten von jungen, gerade erst voll ausgereiften Frauen. Die Gesichter von allen waren schlimm zugerichtet. Sämtliche weiblichen Skelette wiesen Zahnbehandlungen auf, von den Männern hatte einer offenbar oben eine Prothese getragen.

Am leichtesten zu identifizieren war das – von den Russen als Nr. 7 etikettierte – Skelett einer Frau mittleren Alters, dessen Rippen deutlich Verletzungen durch Bajonettstiche zeigten. Was Maples sofort auffiel und auch die Aufmerksamkeit von Levine erregte, war die kunstvolle und sehr schöne zahntechnische Arbeit an diesem Schädel: Zwei Kronen im Unterkiefer waren aus Platin gefertigt; bei einigen anderen Zähnen fanden sie Porzellankronen und fein gepreßte Goldfüllungen. Solcherart Dentistenarbeit war Ende des neunzehnten Jahrhunderts in den Vereinigten Staaten entwickelt und danach auch in Deutschland, Alexandras Heimat, praktiziert worden. Beim Anblick dieser Arbeit ordneten Levine und Maples diesen Schädel und diese Überreste der Kaiserin Alexandra zu.

Die Identifizierung von Nikolai II. war auch nicht schwer. Das als Nr. 4 gekennzeichnete Skelett gehörte einem nicht sehr großen Mann mittleren Alters. Die Hüftknochen zeigten Abnutzungs- und Deformationserscheinungen, wie sie durch jahrelanges Reiten, eine typische Leidenschaft russischer Zaren, hervorgerufen werden. Der Schädel hatte die breite, fliehende Stirn, vorspringende Augenbrauen und einen breiten, flachen Gaumen, wie man sie an Nikolai gekannt hatte. Die Zähne waren außerordentlich schlecht. Der Unterkiefer zeigte eine verheerend fortgeschrittene Parodontose, in keinem der erhalten gebliebenen Zähne gab es Füllungen. Bei diesem Schädel fehlte der mittlere Teil des Gesichts, alles unterhalb der Augenhöhlen und über dem Kiefer war zertrümmert.

Maples hatte ein unheimliches Erlebnis, als er den Schädel Nikolais II. in der Hand hielt. »Wir gaben den Schädel untereinander herum, als wir plötzlich etwas unter der Schädeldecke rasseln hörten. Wir richteten einen Scheinwerfer auf die Schädelbasis, blickten durch die Öffnung, wo der Ansatz der Wirbelsäule gewesen wäre, und entdeckten ein kleines verschrumpeltes Etwas von der Größe eines kleinen Pfirsichs, das da herumrollte. Es war das vertrocknete Gehirn von Zar Nikolai II.«

Das amerikanische Team hatte kaum Schwierigkeiten mit den anderen vier Erwachsenen. Skelett Nr. 1 wurde an den Beckenknochen als das einer voll ausgereiften Frau identifiziert. Der Schädel hatte am Unterkiefer links eine im wesentlichen vorgefertigte Goldbrücke von handwerklich minderer Qualität und wurde als Schädel der Zofe, Demidowa, identifiziert.

Nr. 2 war das Skelett eines großen reifen Mannes mit einer auffallend flachen fliehenden Stirn. Unter den Überresten war einzig bei dieser Leiche ein Teil des Rumpfes immer noch intakt, zusammengehalten durch Leichenwachs, eine grauweiße Substanz, die entsteht, wenn sich Fettgewebe nach dem Tod mit Wasser verbindet. In dieser Masse hatten die Russen eine Kugel in der Beckenregion und eine zweite in einem Wirbel gefunden. Der Schädel zeigte eine Schußwunde von einer Kugel, die links durch die Stirn eingedrungen war. Im Unterkiefer waren noch ein paar Zähne übriggeblieben, im Oberkiefer hingegen nicht. Das Wissen, daß Sokolow Dr. Botkins Prothese vor über siebzig Jahren bei den »Vier Brüdern« gefunden hatte, half Maples und Levine, diese Überreste als seine zu identifizieren.

Nr. 8 und Nr. 9 wurden als die Überreste von Charitonow, dem achtundvierzigjährigen Koch, beziehungsweise Trupp, dem einundsechzigjährigen Leibdiener, identifiziert. Charitonows Skelett war das am schlimmsten zerstörte von allen neun; da er als erster auf den Boden der Grube geschleudert worden war, war sein Körper am tiefsten in Säure getaucht. Die Leiche Trupps hatte unmittelbar unter der des Zaren gelegen. Mit fortschreitender Verwesung waren einige Knochen durcheinandergeraten. Heute glaubt Maples, da man nicht an jedem Knochensplitter einen DNS-Test durchführen kann, ließe sich unmöglich bei allen Knochen feststellen, ob sie dem Zaren oder Trupp gehören.

Die übrigen drei Skelette, Nr. 3, 5 und 6, waren die von jungen erwachsenen oder fast erwachsenen Frauen, die alle die gleiche ungewöhnliche vorstehende Knochenstruktur am Hinterkopf hatten wie Nr. 7 (Kaiserin Alexandra). Dies Merkmal, das man Schaltknochen nennt, und das sich nur bei fünf bis sechs Prozent der Bevölkerung findet, war ein starker Hinweis auf geschwisterliche Verwandtschaft zwischen den drei jüngeren Frauen und eine Mutter-Tochter-Verwandtschaft zwischen ihnen und Nr. 7. Auch die drei jungen Frauen hatten schlechte Zähne mit zahlreichen Füllungen ähnlicher Dentistenarbeit, was darauf hinweist, daß sie vom selben Zahnarzt behandelt wurden.

Die älteste der jungen Frauen, Nr. 3, war Anfang zwanzig gewesen, als sie starb. Obgleich die Mitte ihres Gesichts zur Hälfte und der Unterkiefer ganz fehlten, glich die Form des Kopfes mit seiner markanten Stirn doch der der Großfürstin Olga. Diese junge Frau war voll ausgewachsen; Olga war zweiundzwanzig Jahre und neun Monate, als sie ermordet wurde. Ihre Beinknochen waren zerteilt, doch durch Extrapolation der Länge ihrer Armknochen schätzte Maples ihre Größe auf knappe 1,65 Meter. Levine fand vollentwickelte Wurzeln der dritten Backen- oder Weisheitszähne und konnte so Maples' Ansicht, daß es sich um eine ausgereifte Erwachsene handelte, zusätzlich stützen. Schußverletzungen zeigten, daß eine Kugel unter ihrem linken

Kiefer eingedrungen und durch die Vorderseite des Schädels wieder ausgetreten war. »So eine Fallkurve kann entstehen, wenn die Schußwaffe direkt unter dem Kinn oder auf einen am Boden Liegenden abgefeuert wird«, bemerkte Maples.

Die nächste Tochter – die Knochenreste waren mit Nr. 5 bezeichnet – war eine junge Frau »gerade noch Teenager oder Anfang zwanzig«, wie Maples befand. »Levine und ich waren uns einig, daß dies die jüngste der fünf Frauen war, deren Skelette vor uns lagen.« Das schlossen sie aus der Tatsache, daß die Wurzelenden der Weisheitszähne noch nicht voll ausgebildet waren. »Auch das Kreuzbein hinten an ihrem Becken war noch nicht voll entwickelt. An den Gliedmaßen sah man, daß ihr Wachstum erst vor kurzem abgeschlossen war. Der Rücken wies noch Zeichen von Unreife auf, dennoch war es der Rücken einer Frau von mindestens achtzehn Jahren. Wir schätzten ihre Größe auf etwa 1,70 Meter.« Obgleich ihre Gesichtsmitte zur Hälfte fehlte, schloß Maples, daß dies das Skelett von Großfürstin Maria war, die fünf Wochen vor ihrem Tod neunzehn geworden war.

Die dritte dieser jungen Frauen, deren sterbliche Überreste die Nr. 6 trugen, war von hinten in den Kopf geschossen worden, die Kugel war hinter dem linken Ohr eingedrungen und an der rechten Schläfe wieder ausgetreten. Sie war voll ausgewachsen, und nach der Entwicklung von Zähnen und Skelett zu urteilen, stand sie im Alter zwischen Nr. 3 und Nr. 5. Die Wurzelspitzen ihrer Backenzähne waren noch unvollständig, was einer jungen Frau im Alter von neunzehn bis einundzwanzig Jahren entspricht, nicht aber einer von siebzehn. Maples schätzte ihre Größe auf etwas über 1,66 Meter; Anzeichen für zuletzt noch andauerndes Wachstum fand er nicht. Kreuzbein und Beckenrand waren ausgereift, sie war also mindestens achtzehn. Auch ihr Schlüsselbein war ausgewachsen, was auf ein Alter von mindestens zwanzig Jahren hinwies. Großfürstin Tatjana war zur Zeit der Exekution einundzwanzig Jahre und zwei Monate alt. Maples ordnete deshalb die Skelette Nr. 3 Olga, Nr. 5 Maria und Nr. 6 Tatjana zu.

Nach Maples Überzeugung war keines der drei jungen weiblichen Skelette jung genug, um das von Anastasia zu sein, da sie in der Nacht ihrer Ermordung erst siebzehn Jahre und einen Monat alt war. Ein Indiz war die Größe. Zahlreiche Fotos von Anastasia, die sie neben ihren Schwestern zeigen und bis ein Jahr vor ihrem Tod aufgenommen wurden, machen deutlich, daß sie kleiner als Olga und viel kleiner als Tatjana und Maria gewesen sein muß. Im September 1917, zehn Monate vor ihrer Ermordung, schrieb Kaiserin Alexandra in ihr Tagebuch: »Anastasia ist mollig, wie Maria früher war – mollig, mit starker Taille und kleinen Füßen – ich hoffe, sie wächst noch.« Konnte Anastasia in ihrem letzten Lebensjahr einen Wachstumsschub von mehr als fünf Zentimetern durchgemacht haben? Möglich ist es schon, meint Maples, aber höchst unwahrscheinlich.

Ein weiteres Indiz war die Entwicklung der Weisheitszähne bei den drei Töchtern, deren Überreste vorlagen. Levine, der die Zähne jedes Schädels untersuchte, bestätigte Maples' Ergebnisse voll. »Er arbeitete anthropologisch, ich zahnmedizinisch, dann schrieben wir unabhängig voneinander das Alter nach unserer Einschätzung auf«, erzählt Levine. »Wir kamen zu denselben Zahlen.«

Schließlich – für Maples am bedeutsamsten – war da noch der Zustand der Wirbelsäule bei den drei jüngsten Skeletten von Jekaterinburg. Seiner Meinung nach zeigte keine die charakteristischen Merkmale einer weiblichen Siebzehnjährigen. Später in seinem Labor erklärte er, daß Menschen dadurch wachsen, daß ihre Knochen an den Enden länger werden. Dort bildet sich nämlich ein weiches knorpelartiges Material, verknöchert allmählich und macht so den gesamten Knochen – und damit den Menschen – breiter oder größer. An der Wirbelsäule wachsen die Knochen (und entsprechend auch der Mensch), wenn sich an den oberen und unteren Kanten der Wirbel Knorpel bildet und verknöchert. »Bei älteren Menschen«, erklärte Maples, »oder in manchen Partien des Rückgrats jüngerer Menschen haben wir einen geschlossenen Ring (die sogenannten ›Ring-Apophysen‹) um die oberen und unteren Wirbelkörperkanten. Wenn aber diese Knorpelringe im Rückgrat noch nicht verknöchert und mit dem Wirbelkörper verschmolzen sind, gibt mir das einen Hinweis, daß wir es mit einem jungen Menschen zu tun haben.« Der Tod bringt natürlich den Prozeß der Transformation von Knorpel in Knochen zum Stillstand, und bei den Skelettknochen junger Menschen verwandelt sich dann der Knorpel in eine gelbliche wachsartige Substanz, die leicht zerkrümelt und abblättert (und die Furchen für diese Ringe leicht erkennbar zurückläßt). In seinem Labor hat Maples mehrere Skelette Jugendlicher; er benutzte sie für seine Argumentation: »Die Wirbelkörper dieses Menschen haben die Ringe, aber Sie sehen, daß er noch nicht ganz geschlossen und hier abgeblättert ist ... Hier ist er fast geschlossen, aber hier, sehen Sie, ist er noch offen ... Hier, der ist praktisch ringsum abgeblättert ... an diesem Wirbel ist er unten vollständig geschlossen mit einer einzigen kleinen Narbe vorn, aber die Seiten zeigen immer noch die Öffnung.« Maples benutzte dieses Wissen und diese Erfahrungen bei den Wirbelsäulen, die er in Jekaterinburg zu sehen bekam: »Frauen altern rascher als Männer derselben Altersgruppe. Bei einer siebzehnjährigen Frau erwarten Sie ein unvollständig verknöchertes Rückgrat wie dieses. Doch in Jekaterinburg hatte keines der drei Skelette irgendwelche teilweise offenen, geschweige denn vollständig offene Ringe. Diesen Zustand gibt es aber bei einem siebzehnjährigen Mädchen einfach nicht. Ich jedenfalls habe es nie gesehen. Inzwischen habe ich einen Studenten seine Magisterarbeit darüber schreiben lassen, und wir haben bei keiner einzigen siebzehnjährigen Frau voll ausgebildete Wirbel im Rückgrat gefunden.«

Maples ist sich des Widerspruchs zwischen seinen und Abramows Ermittlungen voll bewußt. »Ich glaube, daß Anastasia fehlt, und er glaubt, daß die fehlende Tochter Maria ist«, sagt er. »Ich will meine Meinung nicht ändern und er auch nicht.« Weshalb ist Maples so sicher, daß Abramow unrecht hat? Er sagt es unverblümt: Er sieht den Fehler bei Abramows Technik, die zerstörten Gesichter in Jekaterinburg mit Leim zu rekonstruieren. Diese Arbeit sei so unzulänglich ausgeführt, daß keiner der Versuche, Superimpositionen von Fotos und Schädeln zu machen, zu exakten Erkenntnissen führen könne. Die Rekonstruktion von zerstörten Gesichtern aus Knochenbruchstücken sei wohl möglich, aber sie erfordere äußerste Sorgfalt. »Ich rekonstruiere häufig Gesichter, indem ich Knochenstücke aneinanderklebe«, erklärt Maples. »Deshalb weiß ich: Selbst wenn alle Knochenstücke da sind, kann eine leichte Variation des Winkels, in dem zwei Stücke aneinandergeklebt werden, dort, wo der Knochen angesetzt ist, mehrere Millimeter oder sogar einen halben Zentimeter Differenz zur Folge haben. Wenn Sie dann versuchen, ein anderes Bruchstück anzufügen, paßt es nicht, und Sie haben eine

Lücke. Sie ist einen halben Zentimeter zu groß oder zu klein für das nächste Bruchstück. Sie können keines von den restlichen Bruchstücken einfügen, und all das nur, weil ein kleiner Winkel vorher bei der Prozedur nicht stimmte. Im Falle der Romanows gehörten die Stücke nicht unmittelbar aneinander, und ganze Gesichtspartien – die ganze rechte oder linke Seite bei einigen der Töchter – fehlten. Und als wir Abramow fragten, was passierte, wenn manche Orientierungspunkte fehlten, lautete seine Antwort: ›Wir schätzten.‹ Die Russen haben wacker an Nr. 6 gearbeitet und versucht, die Gesichtsknochen zu restaurieren und mit großzügigen Leimklumpen breite Lücken zu schließen. Sie mußten immer wieder erneut schätzen, als sie diese Bruchstücke zusammenfügten, von denen fast keines an das andere paßte. Es war eine bemerkenswerte und erfinderische Übung, aber zu phantasievoll, als daß sie mich hätte überzeugen können. Als ich sah, was sie gemacht hatten, bestärkte mich das in meiner Überzeugung, daß Anastasia nicht in dem Zimmer war.«

Ebensowenig akzeptierte Maples Abramows Technik der Computersuperimposition. »Ich arbeite auch mit Video-Superimposition, aber bei mir wird das Foto unter die eine Videokamera und der Schädel unter eine andere geschoben, die Superimposition der Bilder erfolgt dann auf einem einzigen Monitor. Da kann ich die Stellung des Schädels verändern, seine Größe, ich kann ihn bewegen, seine gesamte Größe in Relation zum Foto, seine Stellung in bezug auf das Gesicht verändern, aber die Proportionen kann ich nicht verändern. Es gibt keine Möglichkeit für mich, Daten zu manipulieren. Ich mache das allein mit Kameras. Wenn Sie neben den Kameras auch einen Computer benutzen, kann er die Daten manipulieren und die Dinge passend machen. Und tatsächlich ist doch Abramows ganzes System so angelegt, daß er mit dem Schädel beginnt und ihn nur durch ein paar Punkte dreidimensional digitalisiert. Dann manipuliert er diesen Schädel mit dem Computer, bis er ins Foto paßt.«

Eigentlich hatte Maples vor seiner Reise nach Jekaterinburg geplant, noch ein zweites Mal zu kommen und seine eigenen Superimpositionsfotos und seine Ausrüstung mitzubringen. Doch »wegen der starken Zerstörung der Gesichter entschied ich bei meinem ersten Besuch, daß Superimpositionen überhaupt nichts brachten, daß damit nicht einmal festzustellen war, ob es sich um die kaiserliche Familie handelte, ganz zu schweigen von einer Unterscheidung zwischen den drei Schwestern«, erklärt Maples weiter. »Dann erfuhr ich, daß Abramows Befund, welche der vier Schwestern fehlte, auf den rekonstruierten Gesichtern basierte. Und als das in keiner Weise mit dem übereinstimmte, was ich an den Skeletten und Lowell an den Zähnen über das jeweilige Alter herausgefunden hatten, konnte ich einfach nicht akzeptieren, daß Anastasia dabeisein sollte.«

In der Hauptsache ist sich Maples jedoch absolut einig mit Abramow, nämlich daß es sich um die Romanows handelt. Die neun Skelette entsprechen den Erfordernissen von Alter, Geschlecht, Größe und Gewicht bei neun der Gefangenen des Ipatjew-Hauses. »Wenn man aufs Geratewohl losgehen und versuchen wollte, eine zweite Gruppe von Menschen zusammenzustellen, auf die diese historischen und physischen Bedingungen exakt zutreffen sollten, dann hätte man beträchtliche Forschungen durchzuführen, ehe man sich aufmachen könnte, um neun identische Personen zu finden und zu töten«, sagt Maples. Er sieht das als äußerst unwahrscheinlich, eigentlich als unmöglich an.

Was geschah mit den beiden fehlenden Leichen? Maples' lange Erfahrung mit gewaltsamem Tod sagt ihm, daß alle elf Gefangenen getötet wurden. Angesichts der Bestialität des Anschlags auf die Familie kann er nicht glauben, daß man irgendeinen lebend aus dem Ipatjew-Keller entkommen ließ. Für weitere Erklärungen zieht er den Jurowski-Bericht heran, den er für glaubwürdig hält. Jurowski beschreibt die Verbrennung von zwei Leichen. Eine war der Zarewitsch, die andere eine weibliche Leiche, die Jurowski zunächst für die Alexandras hielt, dann aber entschied, daß es die der Demidowa sein müsse. Diese weibliche Leiche war Maples Ansicht nach die von Anastasia. Doch wie konnte Jurowski den Leichnam eines siebzehnjährigen Mädchens für den einer reifen Frau halten, ob nun sechsundvierzig wie die Kaiserin oder vierzig wie ihre Zofe?

Maples glaubt, daß die Antwort in den Veränderungen liegt, die sich bei der Verwesung am Erscheinungsbild der Leichen vollziehen. Die kaiserliche Familie wurde Mitte Juli getötet, als die durchschnittliche Tagestemperatur bei 21° Celsius lag. Die Gesichter waren durch wiederholte Schläge mit Gewehrkolben zertrümmert. Ihr blutgetränktes Haar mußte zu einer schwarzen, undurchdringlichen Masse verkrustet sein. Als die Leichen entkleidet auf dem Boden lagen, war das Geschlecht der Opfer wohl kenntlich, doch darüber hinaus waren die nackten Körper vermutlich bis zur Unkenntlichkeit aufgedunsen. Maples bekommt manchmal Leichen von jungen Mädchen zu sehen, die wenige Tage nach ihrem Tod so aufgedunsen sind, daß sie korpulenten Frauen mittleren Alters gleichen.

Und noch etwas, was den Verwesungsprozeß anbelangt. Im Freien finden Fliegen leicht ihren Weg zu frischem Tod. Sie legen Eier in die Augen, die Nasenlöcher und – wie bei diesen Opfern – ins blutige Fleisch der verunstalteten Gesichter und zerfleischten Körper. Innerhalb von zwei Tagen müßten die Eier bei diesen Temperaturen zu Larven geworden sein. Mehr muß nicht gesagt werden, außer daß Maples versteht, warum Jurowski vielleicht nicht ganz sicher war, welche weibliche Leiche er verbrannt hatte.

* * *

Im April 1993 begleitete Dr. William Hamilton, der Gerichtsmediziner von Gainesville, Maples auf einer zweiten Reise nach Jekaterinburg. Hinterher fragte ich sie, was nach ihren Erfahrungen im Inneren eines Schergen vorgeht, der in die Gesichter hilfloser Menschen schießt, mit dem Bajonett zusticht und sie dann zertrümmert. Hamilton antwortete als erster: »Ich glaube, es ist ziemlich typisch für diese Art der Ermordung. Man entpersönlicht das Opfer und macht es zu einem Symbol, etwas anderem als ein individuelles menschliches Wesen. Man tötet das Regime, den Zaren, um die ganze verhaßte Vergangenheit loszuwerden und eine neue Weltordnung zu schaffen. Serienmörder tun dasselbe. Gewöhnlich zerstückeln sie ihre Opfer, um sie damit vollkommen zu entmenschlichen, so können sie die Grausamkeiten begehen, die für einen normalen Menschen unvorstellbar sind.« Maples pflichtete ihm bei. »Als die Entscheidung zu töten, erst einmal getroffen war, vermute ich, wollten die meisten der Beteiligten unter den Umständen, die in jener Nacht im Ipatjew-Haus herrschten, ganz sichergehen, daß die Sache vollständig erledigt wurde. Das ist auch der Grund, weshalb ich sicher bin, daß es keine Überlebenden gegeben hat.«

SIEBTES KAPITEL
DIE JEKATERINBURGER KONFERENZ

Nach den drei Tagen mit den Gebeinen der Romanows reisten Maples und sein Team noch nicht sofort nach Hause. Sie blieben zu einer zweitägigen Konferenz in Jekaterinburg, die von der Regierung des Gebiets Swerdlowsk unter dem Titel »Das letzte Kapitel in der Geschichte der kaiserlichen Familie: Ergebnisse der Forschungen zur Tragödie von Jekaterinburg« veranstaltet wurde. Etwa einhundert Personen nahmen daran teil, zweiundzwanzig Referate wurden gehalten, zumeist von Wissenschaftlern aus Rußland beziehungsweise der früheren Sowjetunion. Der Gouverneur des Gebiets Swerdlowsk, Edward Rossel, eröffnete die Tagung. Dann schilderte Alexander Awdonin, wie er und Geli Rjabow die Gebeine gefunden hatten. Professor Krjukow aus Moskau beklagte die »grobe Verletzung archäologischer und gerichtsmedizinischer Normen« bei der Exhumierung der Gebeine. Nikolai Newolin beschrieb den Zustand der dem Grab entnommenen Gebeine, Professor Popow aus St. Petersburg die durch Pistolenkugeln verursachten Schäden an den Knochen. Frau Gurtowaja aus Plaxins Abteilung im Gesundheitsministerium berichtete, wie sie Schamhaare der Skelette Nr. 5 und 7 sowie »haarähnliche Gebilde« von Skelett Nr. 4 gefunden habe, die sich alle »als extrem brüchig und fragil erwiesen hätten, so daß sie praktisch zu Staub zerfielen, wenn man sie berührte«. Abramow erläuterte, wie er die Familie mittels computergestützter Superimposition identifiziert habe. Dr. Filiptschuk aus Kiew stellte seine Methode zur Ermittlung von Alter, Geschlecht und Größe durch die Analyse von Schädeln, langen Röhrenknochen und Beckenknochen der Opfer vor.[3] Viktor Swjagin aus Moskau bestand darauf, daß Skelett Nr. 1 (das sowohl Abramow als auch Maples als das der Zofe, Demidowa, identifiziert hatten) männlich sei; er wurde höflich von Filiptschuk korrigiert, der sagte: »Nach unseren Daten ist dies das Skelett einer großen Frau ... es besteht überhaupt kein Zweifel daran, daß das Becken dieses Skeletts das einer Frau ist.«[4] Dr. Pawel Iwanow vom Institut für Molekularbiologie in Moskau sprach über weitere Informationen, die durch Analysen von DNS der Knochen, möglicherweise in England, gewonnen werden könnten.

Nicht alle Redner waren Wissenschaftler. So befaßte sich einer mit den von Nikolai II. getragenen Uniformen als Spiegel seiner Persönlichkeit. Ein Monarchist von der russischen Adelsgesellschaft in Moskau stellte sich als Repräsentant »Ihrer Kaiserlichen Hoheiten der Großfürstin Maria Wladimirowna und der verwitweten Großfürstin Leonida Georgijewna« vor. Selbst Baron Falz-Fein, der Millionär aus Liechtenstein, durfte sprechen. Er redete ausschließlich über sich selbst, erwähnte, daß das Landgut, auf dem er geboren wurde, »Askanija-Nowa, das größte in Rußland« gewesen sei, und betonte, daß er in seiner Begeisterung für russische Geschichte und Kultur nie nachlassen werde. Das amerikanische Team war im ursprünglichen Programm nicht vorgesehen, doch wurde Maples am Ende der Tagung gebeten, seine Befunde vorzustellen.

Auf der Pressekonferenz, die das Programm abschloß, wurde Maples gefragt: »Was für ein Niveau haben russische gerichtsmedizinische Expertisen, wenn Sie in drei Tagen durchführen konnten, wofür unsere Leute ein ganzes Jahr brauchten?« Maples' Antwort war diplomatisch: »Vergessen Sie nicht, daß viel Zeit darauf verwendet wurde, die Skelette wieder zusammenzufügen und die zertrümmerten Gesichter und Schädel zu rekonstruieren. Danach brauchten meine Kollegen und ich nur herzukommen und uns alles anzusehen.« Nichtsdestotrotz wunderten sich die Amerikaner, die zwar kein Russisch konnten, aber doch genügend mitbekamen, über die offensichtlich mangelnde Koordination unter den anwesenden russischen Wissenschaftlern. Jeder war hier anscheinend auf andere Körperteile spezialisiert und bediente sich anderer Techniken. Ein Experte aus Saratow befaßte sich ausschließlich mit dem menschlichen Handgelenk; er bestimmte alles inklusive Alter, indem er die kleinen Handgelenkknochen analysierte. Nach Michael Baden läßt sich das Alter eines Skeletts aber am besten nach dem Zustand des Schädels, der Zähne, des Rückgrats und der Beckenknochen bestimmen. »Wenn Sie nur über die Anthropologie des Handgelenks Bescheid wissen«, meint er achselzuckend, »machen Sie eben alles mit Hilfe dieser Knochen.«

Einige Russen schienen ihre Forschungsergebnisse zu horten und zu hüten, als ob es sich um lauter sensationelle Dinge handelte. Maples und seine Kollegen waren westliche wissenschaftliche Tagungen gewöhnt, deren Hauptzweck es ist, neue Erkenntnisse zu vermitteln. Häufig würden dort vor einer Tagung allgemein und vage formulierte Abstracts verteilt, weil der Verfasser seine Forschungen noch nicht abgeschlossen habe. Doch während der Tagung selbst erwarte man von einem Referat, daß Ergebnisse – Analysen und Schlußfolgerungen – vorgetragen würden. Deshalb war Maples durch das Verhalten der Moskauer Serologin Gurtowaja besonders irritiert, die sich in ihrem Referat mit der Bluttypisierung aufgrund von Haarproben beschäftigte. Sie berichtete, daß sie Knochen und Haare aus dem Grab auf die Blutgruppen A, B und O untersucht habe, gab aber abschließend ihre Befunde nicht bekannt. Maples, der unter den Zuhörern neben einem englischsprechenden russischen Kunsthistoriker saß, beugte sich zu seinem Nachbarn und bat ihn: »Fragen Sie sie, ob sie die Blutgruppen der Funde feststellen konnte.« Der Russe stellte die Frage und sagte dazu, daß sie von dem Amerikaner komme, der neben ihm sitze. Die Antwort war, wie Maples sagt: »›Ja.‹ Weiter nichts. Ich sagte: ›Fragen Sie sie, ob sie ihre Ergebnisse von den Haaren oder den Knochen hat.‹ Sie sagte: ›Von beiden.‹ Ich sagte: ›Fragen Sie sie, ob die Ergebnisse von Haaren und Knochen dieselben gewesen sind.‹ Er fragte sie, und sie sagte: ›Ja.‹ So bat ich dann: ›Fragen Sie, welche Blutgruppe es ist.‹ Und sie antwortete: ›Oh, wir haben auch unsere kleinen Geheimnisse.‹« Dazu fiel Maples ein Sprichwort ein: »›In Rußland ist alles ein Geheimnis, aber nichts läßt sich geheimhalten.‹ Tatsächlich verriet mir jemand in den nächsten fünfzehn Minuten ihre Ergebnisse: A positiv.«

Noch frustrierendere Erfahrungen mit Frau Gurtowaja machte Cathryn Oakes, die Haar- und Faser-Spezialistin aus Maples' Team. Sie hatte die Reise von Amerika unternommen, weil man ihr gesagt hatte, daß in der Grabstelle auch menschliche Haare gefunden worden seien. Folglich fragte sie, als sie in Jekaterinburg ankam: »Kann ich mir die Haare ansehen?« – »Oh, die sind in Moskau«, antwortete man ihr. Doch wie ihr Informant weiter mitteilte, erwartete man Frau Gurtowaja, die Moskauer Expertin, in wenigen Tagen zur Konferenz in Jekaterinburg, und die brächte die Haare mit. Als Frau Gurtowaja ankam, stellte sich Cathryn Oakes vor und fragte: »Könnte ich mir die Haare einmal ansehen?« – »Ja natürlich«, antwortete Frau Gurtowaja. Doch sie legte keine Haare vor. Bei der nächsten Begegnung sagte sie, daß »das Haar überhaupt nichts taugte«. Bis heute weiß Cathryn Oakes nicht, was sie davon halten soll. »Sie schien die Haare nicht dabeizuhaben. Oder vielleicht wollte sie sie mir bloß nicht zeigen. Jedenfalls habe ich nichts zu sehen bekommen.« Bei den folgenden Reisen von Maples und seinem Team nach Rußland und Jekaterinburg weigerte sich Cathryn Oakes teilzunehmen.

Maples wußte damals, als er nach Jekaterinburg kam, noch nicht, daß die Abgrenzung der Wissensbereiche unter den Russen so weit ging, daß man seine und seiner amerikanischen Kollegen Anwesenheit bei dieser Tagung gegenüber Plaxin und Abramow geheimgehalten hatte. »Daß wir da waren, sahen sie erst, als sie zur Tür hereinkamen«, erinnert sich Cathryn Oakes. »Sie waren alles andere als erfreut.« – »Sie waren schockiert«, präzisiert Lowell Levine. »Es hatte ein Tauziehen zwischen Moskau und Jekaterinburg gegeben«, erklärt Maples, »die Moskauer Gerichtsmediziner wollten, daß die Knochen nach Moskau geschickt würden. Die Leute in Jekaterinburg hingegen wollten die Knochen in ihrer Stadt behalten. An einem bestimmten Punkt in diesem Gerangel wurde ihnen jedoch plötzlich klar, daß man sie ausmanövrieren würde. Wenn sie die Kontrolle behalten wollten, mußten sie ihr eigenes gerichtsmedizinisches Team vorweisen. Aber Gerichtsmediziner dieses Kalibers gab es in Jekaterinburg nicht. Das war der Augenblick, wo sie ihre Bitte an Außenminister Baker richteten. Und daraufhin kamen wir, und wir wurden, ohne es zu merken, das Jekaterinburger Team.«

In dieser Atmosphäre von Schock, Mißverständnissen und nur schlecht verhüllter Feindseligkeit auf beiden Seiten traf William

Maples, der glaubte, die fehlende Tochter sei Anastasia, zum ersten Mal Sergej Abramow, der glaubte, die fehlende Tochter sei Maria.

* * *

»Professor Maples' Teilnahme an der Konferenz in Jekaterinburg war allein durch die Behörden von Jekaterinburg arrangiert worden«, erzählte Abramow später in Moskau. »Wir erfuhren davon durch einen puren Zufall. Es war schon merkwürdig: Ihm hatte man erlaubt, die Knochen zu fotografieren, aber uns – den russischen Experten – hatte man es verwehrt. Ich habe nichts gegen Dr. Maples. Ich habe große Hochachtung vor ihm. Aber seine Rolle in der ganzen Geschichte macht uns zu schaffen. Wenn er die Untersuchungen unabhängig von uns durchführt, wozu werden wir dann gebraucht? Und wenn er die Untersuchungen mit uns macht, weshalb wird er dann vor uns versteckt? Wir haben nie Seite an Seite vor den Knochen gestanden.«

Als Maples auf der Tagung seine Schlußfolgerung, die fehlende Tochter sei Anastasia, bekanntgegeben hatte, ging Abramow zu ihm und riet ihm, diese Ansicht bei seiner Rückkehr nach Amerika nicht in Umlauf zu setzen. »Ich tat das in seinem Interesse«, erklärt Abramow. »Er hatte drei Tage bei den Knochen verbracht, wir ein ganzes Jahr. Um seinetwillen hätte ich es nicht gerne gesehen, wenn sich herausstellte, daß wir recht hatten und er nicht.« Doch Maples hatte bereits die feste Absicht – was Abramow natürlich nicht wissen konnte –, auf der Pressekonferenz am Ende der Tagung in Jekaterinburg mitzuteilen, daß er Anastasia für die fehlende Großfürstin halte.

Ein Jahr später, im Juli 1993, kam Maples noch einmal nach Jekaterinburg, weil er von *Nova*, dem Wissenschaftsprogramm von PBS-Television, bei der Untersuchung der Gebeine gefilmt werden sollte. Auf dem Heimweg machte er kurz Zwischenstation in Moskau und suchte erstmals Abramow in seinem Büro auf. »Dr. Maples war erschöpft«, erinnert sich Abramow. »Er war um vier Uhr morgens in Jekaterinburg aufgestanden, um nach Moskau zu fliegen. Er hatte die Fernsehleute dabei, sie filmten uns, wie wir die Hände schüttelten und uns freundlich unterhielten.« Maples erklärte Abramow, daß ihm seine Methode, die Knochen zu analysieren und zu messen, den Beweis liefere, daß keines der jungen weiblichen Skelette von einem siebzehnjährigen Mädchen sein könne. »Dann stellte sich heraus«, erzählte Abramow, »daß er nicht dieselben Knochen gemessen hatte wie wir. Wir hatten Hüfte und Oberschenkelknochen gemessen, er Unterarm, Elle und Speiche, von denen sich weniger genau auf die Größe schließen läßt. Doch er sagte mir: ›Sie haben den Oberschenkelknochen in zwei Hälften gesägt‹. Ich sagte: ›Nein, das haben wir nicht, das war jemand anderes. Außerdem haben wir unsere Messungen vorgenommen, bevor er zersägt war. Offen gesagt haben wir nicht erwartet, daß noch andere Experten kommen würden.‹« Bei dieser Unterhaltung erwähnte Abramow ein Problem bezüglich der Unterarmknochen, das auch Maples quälte: »Diese Knochen konnten leicht unter den Skeletten vertauscht worden sein. Sie sind nicht allzu sorgfältig aus dem Boden geborgen worden, und als sie erst auf den Tischen im Leichenschauhaus lagen, konnte jeder sie aufheben und dann versehentlich an eine andere Stelle legen. Professor Popow war dort – ohne uns. Professor Swjagin war dort – ohne uns. Und jetzt war auch Professor Maples dort – ohne uns.«

Gegen Ende dieser Begegnung sagte Maples aus dem Bedürfnis heraus, Abramow entgegenzukommen, auch wenn seine eigenen Ergebnisse andere seien, falls Abramow wirklich beweisen könne, daß Anastasia unter den Skeletten sei, »würde ich mich für Sie freuen«. Abramow wollte nicht zurückstehen und fragte Maples, ob er nicht noch einen namhaften westlichen Wissenschaftler kenne, der bei der Lösung des Problems mittels Superimposition behilflich sein könne. Maples nannte einen Namen, Professor Richard Helmer vom Institut für Gerichtsmedizin der Universität Bonn, Präsident der Gruppe Schädel- und Gesichtsidentifikation der Internationalen Gesellschaft für Gerichtsmedizin. Abramow, der Helmers Renommee kannte und seine Bücher gelesen hatte, setzte sich sofort mit ihm in Verbindung und lud ihn nach Moskau ein. Eine Handelsgesellschaft übernahm die Kosten, und so verbrachte Helmer Anfang September 1993 fünf Tage in Moskau und überprüfte Abramows Technik und Ergebnisse. Danach sagte er Abramow voller Bewunderung, dies sei das beste Superimpositionsprogramm, das er je gesehen habe – und er kenne alle existierenden Programme. Auch habe er sich von Abramows Ergebnissen überzeugen lassen und teile dessen Auffassung, daß eines der Skelette in Jekaterinburg das Anastasias sei.

Seit dieser Begegnung hat Abramow immer wieder vorgeschlagen, nach einer Lösung des Problems zu suchen; sowohl Helmer als auch Maples sollten dazu nach Jekaterinburg kommen und mit ihm gemeinsam die Knochen analysieren. Er würde auch gerne Dr. Filiptschuk aus Kiew einladen. Bis sich das allerdings verwirklichen läßt, bleibt Abramow bei seinen Erkenntnissen, die auch von Helmer gestützt werden. Und durch die Tatsache, daß Maples ihm Helmers Namen gegeben hat.

* * *

»Die Sache ist die, daß ich es bei den heutigen Methoden und auf der Basis des Vergleichsmaterials, über das wir verfügen, für unmöglich halte, festzustellen, wer von den beiden fehlt – Maria oder Anastasia.«

Der das sagt, ist Nikolai Newolin, Direktor des Instituts für Gerichtsmedizin des Gebiets Swerdlowsk, verantwortlich für das Jekaterinburger Leichenschauhaus, wo die Gebeine seit vier Jahren aufbewahrt werden. Er wohnt in einem mehrgeschossigen Appartmenthaus nicht weit vom Leichenschauhaus, und dort suchten wir ihn auf, denn wir hatten uns verspätet. Im Schein der untergehenden Sonne ließen wir uns unter rauschenden Pappeln nieder und sahen den Kindern zu, die im Hof spielten, während Awdonin hineinging, um Newolin zu holen. Der tauchte bald auf, ein stattlich gebauter, leise sprechender Mann in den Vierzigern. Er trug ein schwarz-orangefarbenes amerikanisches T-Shirt, ein Geschenk von Lowell Levine. Newolin ist Gerichtsanthropologe und hat gewöhnlich mit den Gewaltverbrechen und Morden zu tun, die Sibirier heutzutage begehen. Er hat sich aber auch speziell mit diesen Knochen vertraut gemacht, hat sowohl mit Abramow als auch mit Maples gearbeitet und dabei beider Methoden sorgfältig studiert. Seiner Ansicht nach hat keiner von beiden recht.

»Maples behauptet, das Alter so genau bestimmen zu können, daß nach seinen Erkenntnissen keines der Skelette das einer Siebzehnjährigen sei. Natürlich läßt sich über Mittelwerte reden. Aber ein Profi weiß doch, daß man nur anhand von Knochen Größe oder Alter eines einzelnen Jugendlichen niemals mit letzter Genauigkeit feststellen kann. Zähne sind da ein besserer Maßstab. Gerichtsdentisten behaupten, sie könnten bei Altersuntersuchungen auf plus/minus zweieinhalb Jahre genau schätzen. Das läßt sich hören, das würde ich akzeptieren.«

Newolin ist weder aggressiv noch defensiv in seiner Kritik. Er weiß, sowohl Maples als auch Abramow haben größeres Ansehen als er. Aber er bleibt auf freundliche Weise fest. Maples' Argument, er könne das Alter nach den Wachstumsstadien an den oberen und unteren Wirbelkanten bestimmen, akzeptiert er nicht. »Ich will nicht behaupten, daß es die Verkalkung des Rückgrats, von der Dr. Maples spricht, nicht gäbe; sie findet natürlich immer statt. Aber dieser Prozeß ist an kein bestimmtes Alter wie sechzehn oder siebzehn Jahre gebunden. Die Medizin kennt so etwas nicht. Was es gibt, das sind Zeiträume – sagen wir vom vierzehnten bis neunzehnten Lebensjahr –, in denen dieser Wachstumsprozeß stattfindet. Möglicherweise hat sich Dr. Maples durch die Tatsache täuschen lassen, daß diese Knochen über siebzig Jahre in der Erde gelegen haben und ihre Oberfläche teilweise zerstört ist. Jedenfalls unterscheiden sie sich sehr von neuen Knochen, mit denen er – und wir – in unseren Labors gewöhnlich zu tun haben. Und schließlich ist zu sagen, daß eine Altersbestimmung nach dem Rückgrat noch nie als zuverlässig gegolten hat, weder hier noch im Ausland. Am exaktesten läßt sich das Alter nach der Abnutzung der Zähne, der Festigkeit der Schädelnähte und nach der verläßlichsten Methode überhaupt ermitteln – der Hanson-Methode, bei der die Struktur der oberen Partien der langen Röhrenknochen analysiert wird. Das sind im wesentlichen die Methoden, die uns die präzisesten Altersbestimmungen erlauben. Die Wirbelsäule sagt wenig aus, gleichgültig, ob es sich um Amerikaner, Europäer oder Russen handelt. Und wenn jemand versucht, diese Knochenreste nach Größen zu unterscheiden, dann klappt das eben nicht – was nicht daran liegt, daß der Knochen durchgesägt worden ist ... Selbst wenn er ganz wäre, könnte man unmöglich die genaue Größe feststellen. Wenn also jemand allein aufgrund der Größe behauptet, das sei dieses oder jenes Opfer, dann muß ich, gelinde gesagt, an seiner Aufrichtigkeit zweifeln.«

Newolin wendet sich Abramows Ergebnissen zu, die durch Superimposition gewonnen sind. »Das ist ein wenig besser«, sagt er. »Weil hier mit der Methode der Eliminierung gearbeitet wird. Wir nehmen das Foto einer Person, das möglichst dicht am Todesdatum aufgenommen ist. Wir haben das Bild des Schädels. Sie werden übereinandergeschoben. Wenn das Bild des Schädels in das Bild des Gesichts der Person auf dem Foto paßt, können wir sagen, daß der Schädel zu der Person auf dem Foto gehören *kann*. Besser funktioniert es allerdings negativ: wenn der Schädel nicht hineinpaßt, können wir sagen, daß dieser Schädel nicht zu der Person auf dem Foto gehört. So wird jeder Schädel in jedes Foto eingepaßt. In einige Fotos wird er nicht passen, zu einem Foto kann er passen. Das muß man nicht als endgültige Aussage akzeptieren, besonders in diesem Fall. Die Methode ist immer noch nicht sehr zuverlässig, außerdem sind in diesem Fall praktisch alle Gesichtsteile der Schädel zerstört worden und einige Schädelteile durch Kugeln beschädigt.«

Newolins persönliche Schlußfolgerung wird mit einem gequälten Lächeln geboten: »Russische Wissenschaftler glauben das eine, amerikanische Wissenschaftler das andere. Ich glaube ein drittes. Ich glaube, daß das Rätsel in bezug auf Maria und Anastasia vorläufig nicht gelöst werden kann. Sie waren im Alter zu dicht beieinander und in der Größe nicht so verschieden, daß Gerichtsmediziner hier oder im Ausland ihre Identität ermitteln könnten.« Die endgültige Lösung, davon ist er fest überzeugt, könne nur über den altehrwürdigen Weg gefunden werden: man müsse die Arztberichte ausfindig machen und Zähne, Zahnbrücken, Kronen, Füllungen, Knochenbrüche und alle Skelettanomalien mit diesen Berichten und wenn möglich mit Röntgenaufnahmen vergleichen. Wie Lowell Levine glaubt Newolin, daß die ärztlichen Unterlagen über die kaiserliche Familie irgendwo in den Archiven ruhen müssen. »Ich kann nicht glauben, daß diese Berichte über die Romanows verloren sein sollten«, sagt er. »Sie existieren irgendwo. Solche Dokumente gehen nicht verloren. Aber es ist so viel geschehen in unserem Land, Gott weiß, wo sie hingekommen sind. Ich bin überzeugt, daß man sie findet. Und dann gibt es keine weiteren Fragen mehr. Dann wissen wir, wer wer war.«

ACHTES KAPITEL
AN DEN GRENZEN DER ERKENNTNIS

Das siebzehnte Referat, das im Juli 1992 auf der Konferenz in Jekaterinburg gehalten wurde, war das eines freundlichen, dunkelhaarigen, einundvierzigjährigen Molekularbiologen, Dr. Pawel Iwanow vom Institut für Molekularbiologie der russischen Akademie der Wissenschaften in Moskau. Iwanows Thema waren DNS-Tests. Er berichtete, daß ihn Wladislaw Plaxin, der oberste Gerichtsmediziner Rußlands, Ende 1991 gebeten habe, sich nach Möglichkeiten zum Einsatz dieser neuen Technik für die Identifizierung der von Awdonin und Rjabow gefundenen Knochen umzutun. Iwanow wußte, daß das nicht in Rußland geschehen konnte. »Niemand in Rußland hatte praktische Erfahrung in der Arbeit mit Knochenmaterial«, erklärte er der Konferenz, noch verfüge Rußland über die notwendige Technologie. Doch während eines Aufenthalts in London im Dezember 1991 habe er das »Central Criminal Research Center«, wie er es nannte, des Britischen Innenministeriums in Aldermaston, Berkshire, besucht und Verhandlungen über eine gemeinsame britisch-russische Untersuchung der Knochen aufgenommen. Anfang Juli 1992, knapp zwei Wochen vor dieser Tagung, wurde zwischen dem russischen Gesundheitsministerium und dem britischen Innenministerium eine Vereinbarung über ein britischrussisches Gemeinschaftsprojekt in Aldermaston unterzeichnet, an dem Dr. Peter Gill, Direktor des Zentrums für Molekularforschung des Gerichtsmedizinischen Dienstes FSS (Forensic Science Service) des Innenministeriums, Sir Alec Jeffreys von der Universität Leicester, Begründer der DNS-Fingerabdruck-Technik, und Dr. Erika Hagelberg von der Universität Cambridge, Speziali-

PHOTO WLADIMIR SOLOWJOW

Dr. Pawel Iwanow

stin für molekulargenetische Analysen von Knochenresten, beteiligt waren. Die russische Seite wurde von Iwanow selbst vertreten. Die Kosten sollten vom britischen FSS getragen werden, mit Ausnahme der Reisekosten (im wesentlichen Iwanows Flugticket nach Großbritannien und zurück), welche die Swerdlowsker Gebietsregierung übernehmen würde, die die ganze Vereinbarung gebilligt hatte. Wie Iwanow auf der Konferenz erläuterte, sollten die Tests in England den Forschern ermöglichen festzustellen, ob sich unter den neun exhumierten Skeletten eine Familiengruppe befinde. Dann werde sich auch nachweisen lassen – falls genügend unkontaminierte DNS aus den Knochenresten extrahiert werden könne und falls lebende Personen, die von Blutsverwandten der kaiserlichen Familie abstammten, bereit seien, Blutproben für Vergleichsstudien zur Verfügung zu stellen –, ob diese Familie die des Zaren Nikolai II. sei.

* * *

Die Tatsache, daß keine DNS-Technologie für die Tests in ihrem eigenen Lande zur Verfügung stand, war den russischen Wissenschaftlern schmerzlich. »Bei uns ist doch schon in der Vergangenheit über molekulargenetische Tests gearbeitet worden«, sagt Nikolai Newolin mit gequältem Lächeln. »Schon Akademiemitglied Wawilow hat sich dieser Methode bedient. Doch dann hat Stalin sein gesamtes Team erschossen. Und seitdem hinken wir hinterher.«

Als Stalin 1953 starb, war Pawel Iwanow zwei Jahre alt. Zwanzig Jahre später, in der Breschnew-Ära, war er bereits dabei, an der Moskauer Staatsuniversität, »der besten, die wir in Rußland haben, die auch in Europa einen sehr guten Ruf genießt«, einen akademischen Grad in Molekularbiologie zu erwerben. Er begann mit reiner Forschungstätigkeit und arbeitete im Institut für Molekularbiologie am internationalen Human-Genome-Projekt mit. 1987 entdeckte seine Gruppe bei dem Versuch, die für die Entstehung eines Menschen verantwortlichen genetischen Codes zu entziffern, eine Technik des DNS-Fingerabdruckverfahrens, die der zuerst von Alec Jeffreys in England entwickelten ähnelte, aber nicht identisch mit ihr war. Iwanow, immer noch Grundlagenforscher, machte sich daran, diese Technik weiterzuentwickeln. Seine Arbeit erregte die Aufmerksamkeit von Organisationen, die »praktische Tagesarbeit« leisten, wie des Gerichtsmedizinischen Labors und des KGB. »Sie zeigten Interesse an der praktischen Anwendbarkeit meiner Arbeiten und schlugen vor, ich solle ein gerichtsmedizinisches DNS-Labor aufbauen. Ich erklärte mich einverstanden, weil die Gerichtsmedizin für mich sehr interessant ist, außerdem hoffte ich aber auch, mich angesichts der hohen Kriminalitätsrate in Moskau nützlich machen zu können. Ich habe nicht für das KGB gearbeitet, bin nie Kommunist gewesen. Aber ich erkannte die Möglichkeiten dieser Technik für die Verbrechensbekämpfung. Seit dieser Zeit hatte ich also zwei Arbeitsstellen: meine Stelle als reiner Wissenschaftler am Institut für Molekularbiologie behielt ich bei und wurde gleichzeitig DNS-Berater für Dr. Plaxin, den obersten Gerichtsmediziner Rußlands. Später, als der Fall Romanow hochkam, wurde ich vom russischen Generalstaatsanwalt als oberster russischer DNS-Ermittler eingesetzt.«

Iwanow arbeitet an beiden Stellen, um Geld zu verdienen. Seine Frau bekommt als Assistentin für Biologie nur ein niedriges Gehalt; außerdem hilft er seiner Mutter, einer ehemaligen Nationalökonomin mit schändlich unangemessener Rente, und zwei Kinder hat er auch. Trotz der Arbeitslast hält er sich für einen Glückspilz. Er ist wesentlich mehr herumgekommen als die meisten russischen Wissenschaftler, nimmt an Konferenzen in so weit entfernten Ländern wie Australien und Dubai teil. Er hat im DNS-Labor des FBI in Washington, D. C., gearbeitet und ist kreuz und quer durch die Vereinigten Staaten gereist. Inzwischen ist er durch seine Arbeit über die Romanow-Gebeine zum bekanntesten Molekularbiologen Rußlands geworden. Im Sommer 1994 ist er mit seinem Volvo von Moskau nach Ulm an der Donau gefahren, um DNS-Tests an den Überresten eines kürzlich verstorbenen russischen Emigranten durchzuführen, der vorgegeben hatte, Zarewitsch Alexej zu sein. Es war ein langer Abend in einem deutschen Restaurant, als er von seinen Aktivitäten in Sachen Romanow-Gebeine erzählte:

»Ich war es, der entschieden hat, daß wir nach England gehen sollten, als Plaxin mich nach Empfehlungen fragte. Sowohl das Labor des FBI in Washington als auch das AFIP leisten hervorragende DNS-Arbeit, aber ich wählte Peter Gill, weil ich ihn kannte und weil der Britische FSS über den größten Sachverstand bei dieser speziellen Untersuchungsart – der Verwendung von Mitochondrien-DNS – verfügt. Natürlich hatte ich auch überlegt, Prinz Philip, den Herzog von Edinburgh, um Hilfe zu bitten, und spekulierte darauf, daß er eher geneigt wäre, uns zu helfen, wenn die Analysen in England durchgeführt würden. Aber wir mußten Geld auftreiben. Für einen russischen Wissenschaftler ist heutzutage alles eine Frage des Geldes. Politische Barrieren gibt es nicht mehr, wohl aber finanzielle. Man kann nicht einfach hingehen, wo man will.«

Am 14. September 1993 bestieg Pawel Iwanow in Moskau das Flugzeug. In seiner British-Airways-Reisetasche hatte er, sorgfältig in Cellophan verpackt und versiegelt, von jedem der neun Skelette auf den Tischen im Leichenschauhaus von Jekaterinburg ein Stück Oberschenkelknochen bei sich. In Heathrow wurde er von Nigel McCrery abgeholt, einem BBC-Fernsehproduzenten, der eine treibende Kraft bei den Verhandlungen über die Untersuchung der Gebeine in England gewesen war.[5] McCrery hatte aus dem Gefühl heraus, daß es »unziemlich sei, die russische kaiserliche Familie im Kofferraum meines Volvo zu transportieren«, eine Bentley-Limousine der Co-op-Beerdigungsdienste gemietet. So wurden also Iwanow, McCrery und die sterblichen Überreste der Romanows äußerst stilvoll zu Peter Gills Haus im Wald bei Aldermaston gefahren, wo die drei Männer Fotos machten, um das Ereignis für die Nachwelt festzuhalten. Am nächsten Morgen brachten Gill und Iwanow die Gebeine durch den hohen Stacheldrahtzaun und die Sicherheitskontrollen von Großbritanniens riesigen Kernwaffenanlagen in Aldermaston. Innerhalb des Komplexes und weitab vom Zentrum hatte man dem FSS ein kleines Gebäude zur Nutzung als Forschungslabor zur Verfügung gestellt. Die nächsten zehn Monate sollten die beiden Männer und ein Mitarbeiterteam versuchen, die DNS der Jekaterinburger Skelette untereinander und mit denen lebender Verwandter der ermordeten russischen kaiserlichen Familie zu vergleichen.

* * *

Wenn das zentrale kriminologische Labor des amerikanischen FBI privatisiert würde, mit der Anweisung, »kommerzielle, kundenorientierte, kostenbewußte Ansätze« zu entwickeln und kostendeckend oder gar gewinnbringend zu arbeiten, indem Gebühren erhoben und die Leistungen jedem angeboten werden, der sie in Anspruch nehmen will, dann entspräche das ungefähr dem, was kürzlich Großbritanniens Pendant zum FBI-Labor, dem FSS des Innenministeriums, zustieß. Fünfzig Jahre lang, seit den dreißiger Jahren, hatte der FSS als die Institution gewirkt, die lokalen und überregionalen Polizeidienststellen in England und Wales Hilfsdienste bei ihren Ermittlungen leistete. FSS-Experten untersuchten Beweismaterial in Fällen von Mord, Notzucht, Brandstiftung, Einbruch, Drogenmißbrauch, Vergiftung und Fälschung. Sie machten Lokaltermine, untersuchten Leichen, Fingerabdrücke, Waffen, Kugeln, Flecken, Alkoholspiegel, Handschriftenproben und alte Schreibmaschinen. Nutznießer dieser Spezialkenntnisse waren die Ankläger der Krone, in deren Namen der

FSS dem Gericht seine Gutachten lieferte. Das Volk in Großbritannien finanzierte diese Dienstleistungen mit seinen Steuern.

Im April 1991 wurde der FSS von Frau Thatchers Politik eingeholt. Seine sechshundert Wissenschaftler, Techniker und anderen Angestellten, die in sechs Labors übers ganze Land verteilt arbeiteten, wurden plötzlich in Wissenschaftskanonen auf Bestellung umgewandelt. Der FSS wurde zu einem Unternehmen, das seine Existenz allein mit den Gebühren für seine Dienstleistungen bestreiten sollte. Die Tür wurde für jedermann geöffnet – »die Kundenbasis erweitern« war der dafür verwandte Begriff. Verteidiger, fremde Regierungen, Versicherungsgutachter, regionale Gesundheitsbehörden und Privatpersonen waren eingeladen, sich seiner zu bedienen. Der Umwandlungsprozeß war »turbulent«, wie FSS-Generaldirektor Janet Thompson zugibt. Den meisten Wissenschaftlern »erschien die Welt des Busineß immer noch brutal«. 1991 bis 1992 ging die Arbeit für die Polizei um achtzehn Prozent zurück, was sich in einem Defizit von 1,1 Millionen Pfund ausdrückte. Doch im folgenden Jahr besserte sich die Lage: Die Polizei kam zurück und zahlte die verlangten Gebühren. Der FSS fuhr Gewinne ein und konnte den Verlust vom Vorjahr ausgleichen. Und dann waren da noch die Schlagzeilen, die der FSS und sein leitender Molekularbiologe Peter Gill im Sommer desselben Jahres nicht nur in Großbritannien, sondern weltweit machten.

* * *

Peter Gill, Chef des Biologischen Forschungsdienstes des FSS, ist ein schlanker Mann Anfang vierzig, etwa 173 Zentimeter groß, mit blassem Gesicht, ungekämmtem Haar, einem braunen Schnurrbart und wachsamen Augen hinter dicken Brillengläsern. Er besitzt einen dunkelblauen Anzug, den er bei Pressekonferenzen trägt, doch in Labor und Umgebung bilden gewöhnlich ein ramponierter Sweater, ausgebeulte Cordhosen und alte Slipper seine Kleidung. Gill stammt aus Essex, hat sein Studium der Zoologie an der Universität Bristol und seinen Doktor in Genetik an der Universität Liverpool gemacht, danach hatte er ein Fünfjahresstipendium für Genetik an der Universität Nottingham. 1982 begann er im Forschungslabor des FSS in Aldermaston über die Anwendung konventioneller Methoden zur Bluttypisierung in der Gerichtsmedizin zu arbeiten, 1985 dann gegen starke Widerstände im FSS die Nützlichkeit von DNS-Profilen für die Gerichtsmedizin zu untersuchen. Weil er die Bedeutung von Alec Jeffreys' Arbeit erkannte, schloß er sich kurzfristig dessen Labor an und veröffentlichte noch im selben Jahr gemeinsam mit ihm die erste wissenschaftliche Arbeit, in der dargestellt wurde, wie DNS-Profile in der Gerichtsmedizin genutzt werden können. Die in dieser Arbeit beschriebenen Methoden werden inzwischen weltweit routinemäßig eingesetzt. Gill selbst hat dazu in der wissenschaftlichen Literatur über siebzig Artikel publiziert. Obwohl er zurückhaltend ist und Fremden gegenüber seine Worte abwägt, gibt es einen Punkt, über den er sich mit ruhiger Emphase äußert: sein Labor sei das beste seiner Art auf der Welt. »Wir haben unsere international führende Stellung gehalten«, wie er es ausdrückt. Seiner Ansicht nach war es daher vollkommen verständlich, daß Pawel Iwanow den Wunsch hatte, die russischen Gebeine nach Aldermaston zu bringen. »Iwanow hat mich schon vor langer Zeit gefragt, ob wir daran interessiert wären, diese Tests durchzuführen. Ich mußte das Projekt damals erst dem Innenministerium vorlegen, wo man sich über die politische Tragweite klar werden wollte. Schließlich gab man uns grünes Licht.«

Politische Konsequenzen ergaben sich auf vielen Ebenen. Am augenfälligsten bei den tagespolitischen Beziehungen zwischen John Majors konservativer Regierung in Großbritannien und Boris Jelzins Präsidialregime in Rußland. Beide Seiten waren daran interessiert, einen lange Zeit aufgeschobenen diplomatischen Plan endlich zu verwirklichen: einen Besuch der englischen Königin in Rußland. Seit 1908 hatte kein britischer Monarch mehr Rußland besucht; damals waren König Eduard VII. und Königin Alexandra auf ihrer Yacht nach Reval (heute Tallin) gekommen, um Zar Nikolai II. und seiner Gemahlin Alexandra[6] einen Besuch abzustatten. Sowohl Michail Gorbatschow als auch Boris Jelzin hatten die englische Königin zu einem Besuch eingeladen, und Ihre Majestät wünschte ebenso wie das britische Außenministerium, daß der Besuch stattfinden solle.

Doch zunächst gab es da noch einige unabgeschlossene historische und familiäre Affären. Die russische kaiserliche und die britische königliche Familie waren eng miteinander verwandt. König Georg V., Großvater von Elisabeth II., war ein Vetter ersten

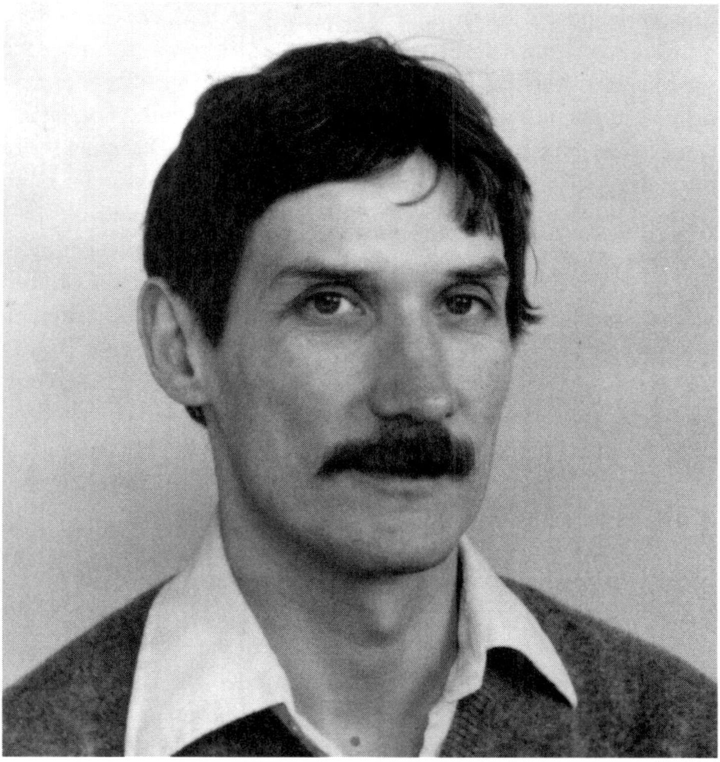

Dr. Peter Gill

Grades von Nikolai II. Tatsächlich war die äußerliche Ähnlichkeit zwischen den beiden Vettern so groß, daß Nikolai als Gast bei Georgs Hochzeit mehrfach für den Bräutigam gehalten wurde. König Georg war aber ebenso Vetter ersten Grades von Kaiserin Alexandra. Im Frühjahr 1917, nachdem der Zar abgedankt hatte, suchte die russische Provisorische Regierung unter Alexander Kerenski nach einer Möglichkeit, die kaiserliche Familie ins politische Asyl ins Ausland zu schicken und so ihre Sicherheit zu gewährleisten. König Georg V. begrüßte zunächst den Vorschlag, daß Großbritannien seine russischen Verwandten per Schiff aus Rußland herausholen sollte. Doch dann machte er einen Rückzieher aus Furcht, die Unpopularität des Exzaren in Großbritannien könnte einen Schatten auf die britische Monarchie werfen, und verweigerte ihnen das Asyl in England. Dieses Verhalten von Georg V. trug dazu bei, daß Nikolai, seine Frau und seine fünf Kinder den Tod fanden. Nachdem die Briten ihre Tür verschlossen hatten, schickte Kerenski die Zarenfamilie nach Sibirien, in der Hoffnung, sie damit dem Zugriff der Bolschewiki zu entziehen. Dort war sie immer noch, als sich acht Monate nach Kerenskis Sturz Lenins langer Arm nach ihr ausstreckte.

Wegen dieser Katastrophe gab es viele Schuldzuweisungen. Mitglieder der russischen kaiserlichen Familie, die den Bolschewiki entkommen waren, emigrierte Aristokraten und zahlreiche weißgardistische Russen im Ausland urteilten über König Georg V., dessen Familie und Nachkommen voller Bitterkeit. Noch heute, nach mehr als fünfundsiebzig Jahren, betrachten viele Russen England voller Ressentiments und Mißtrauen. Die britische Königsfamilie ist sich dieser Animosität durchaus bewußt. Viele Jahre bemühten sich Palastbeamte, die Rolle des Königs bei dieser Tragödie zu kaschieren; den offiziellen Biographen von Georg V. wurde anempfohlen, sie sollten »diskreditierende Dinge oder Vorfälle übergehen«. 1992 schließlich bot sich mit dem Projekt, die Romanow-Gebeine nach England zu bringen und durch britische Wissenschaftler mit Unterstützung von Angehörigen des englischen Königshauses auf ihre Echtheit zu überprüfen, eine Gelegenheit, diese antibritischen Emotionen wenigstens zum Teil zu besänftigen.

Nach den Worten eines FSS-Sprechers, der Peter Gill speziell für die Beantwortung nichtwissenschaftlicher Fragen zur Seite steht, wurde die Entscheidung, die Gebeine nach Aldermaston zu bringen, auf vergleichsweise niedriger Ebene getroffen, nämlich von Janet Thompson, der FSS-Generaldirektorin. »Natürlich legten wir unser Projekt, wie bei einem derart hochkarätigen Fall nicht anders zu erwarten, dem Innenminister vor. Er hätte sich dagegen aussprechen können, wenn er gewollt hätte.« Der Sprecher wußte jedoch nicht zu sagen, ob Kenneth Clark das Projekt mit dem Außenminister oder mit dem Premier abgesprochen oder ob irgend jemand daran gedacht habe, die königliche Familie zu konsultieren. Wenn das nicht geschehen ist, dann haben sich Janet Thompson und Kenneth Clark eine historische und diplomatische Verantwortung aufgebürdet, die ihre normale berufliche und politische Kompetenz bei weitem übersteigt.

Es gab einen Bereich, in dem Janet Thompson – zweifellos unterstützt durch Kenneth Clark – auf eigene Faust eine gewichtige Entscheidung traf: die Entscheidung nämlich, die neue Thatcher-Verfügung zu ignorieren, nach der der FSS für seine Dienstleistungen Gebühren zu erheben und nach Möglichkeit Profit zu machen habe. Der FSS hat für das Romanow-Projekt eine große Summe ausgegeben. »Wir haben alle neun untersucht, die ganze Gruppe«, sagt Peter Gill. »Das ist natürlich teuer geworden.« – »Es war sehr teuer«, fällt der Sprecher ein und fügt hinzu, daß keine Zahlen zur Verfügung stünden. Doch läßt sich die Summe grob schätzen: Ein Jahr später verhandelte nämlich der FSS mit einem Privatmann über die Durchführung von DNS-Tests an einer unbekannten Frau und einem potentiellen Verwandten. Diese Tests sollten an konserviertem Gewebe und kürzlich entnommenem Blut gemacht werden, beides Quellen, von denen DNS viel leichter zu gewinnen ist als von alten, lange Zeit vergrabenen Knochen. Für diese Arbeit verlangte der FSS fünftausend Pfund in bar plus weitere fünftausend Pfund, die bei einer englischen Bank zu hinterlegen waren. Das Romanow-Projekt umfaßte die Bestimmung der Blutgruppen und den Vergleich von Knochensplittern von neun in Rußland gefundenen Skeletten plus Blutproben von mindestens drei lebenden Verwandten. Selbst wenn man die gleichen Beträge für die wesentlich schwierigeren Tests ansetzte, bedeutete das, daß die zwölf DNS-Profile sechzigtausend Pfund gekostet hatten. Dr. Alka Mansukhani, ein amerikanischer Molekularbiologe, der am Zentrum für Medizin der Universität New York routinemäßig DNS extrahiert und sequenziert, hält die Summe, wenn die laufenden Geschäftskosten einbezogen werden, für korrekt.

Bei FSS und Innenministerium wurden diese Kosten als reine Forschung abgebucht.

* * *

Der Körper eines erwachsenen Menschen ist eine zusammenhängende Masse von sechzig Billionen Zellen. Bei aller Fülle und Diversität sind diese Zellen jedoch in einer Beziehung alle gleich: jede Zelle enthält die gesamte genetische Information, derer es bedarf, um ein vollständiges und einzigartiges menschliches Wesen hervorzubringen. Dieses erbliche Wissen wird in den Chromosomen weitergegeben, von denen es beim normalen Menschen in jedem Zellkern sechsundvierzig gibt: dreiundzwanzig von der Mutter und dreiundzwanzig vom Vater. Die Chromosomen bestehen aus DNS-Molekülen (Desoxyribonukleinsäure), welche in ihrer chemischen Struktur genetische Informationen und Befehle speichern. Die DNS-Moleküle werden aus vier verschiedenen chemischen – basischen – Bausteinen gebildet; die Reihenfolge oder Sequenz dieser Bausteine liefert die notwendige Information, um die Entwicklung eines menschlichen Körpers einzuleiten und zu kontrollieren. Diese vier Bausteine werden von den Molekularbiologen der Einfachheit halber mit ihrem Anfangsbuchstaben A, G, C und T (Adenin, Guanin, Cytosin und Thymidin) bezeichnet. Sie treten immer paarweise, durch Wasserstoffbrücken miteinander verbunden, auf: A verbindet sich immer mit T, G mit C. Diese Kombinationen sind invariabel, man nennt sie die Basenpaare. 1953 entdeckten James Watson und Francis Crick die Details der molekularen Gesamtstruktur der DNS: die langen, engverknäulten Stränge erinnern an eine Leiter, die gedreht ist wie eine Wendeltreppe. Die Sprossen dieser Leiter werden von den A-, C-, G- und T-Basenpaaren, die Seitenteile, an denen die Sprossen befestigt sind, alternierend von Zucker- und Phosphat-Molekülen gebildet. Watson und Crick nannten ihre Entdeckung »Doppelhelix«.

Die einmalige Struktur jedes individuellen menschlichen Körpers wird von den verschiedenen Kombinationen dieser vier Buchstaben der Basenpaare in der DNS diktiert. Zum Beispiel wird ein Individuum an einem bestimmten Punkt im Strang als A, C, G, T, C, C, T zu lesen sein. Eine andere Person wird an derselben Stelle des Strangs eine andere Sequenz aufweisen, sagen wir A, T, T, C, A, G, C. Wie immer die Basenpaarsequenz aussieht – jede Zelle eines menschlichen Körpers enthält dieselbe DNS-Sequenz, in der dieselben Informationen und Befehle gespeichert sind. Um aber ein größeres Durcheinander zu vermeiden, aktiviert die Natur nur den Teil des Befehlssystems, der für die Funktion der betreffenden Zelle nötig ist.

Jede Zelle mit ihrem Satz von sechsundvierzig Chromosomen enthält damit etwa 3,3 Milliarden DNS-Basenpaare, die in galaktischen Verknäuelungen spiralförmiger Doppelhelices zusammengedreht sind. Wenn man diese Struktur zu fünf für den Menschen sichtbaren Zeichen (A, G, T, C, T) pro Zentimenter vergrößerte, brauchte man einen Papierstreifen von 261 Kilometern Länge, um die gesamte Basensequenz eines einzigen Chromosoms aufzuschreiben. Ungefähr 99,9 Prozent der 3,3 Milliarden Basenpaare, die man in einer einzigen Zelle findet, erscheinen bei allen Menschen in derselben Reihenfolge; damit wird sichergestellt, daß wir alle ähnliche menschliche Kennzeichen haben: zwei Augen, zwei Ohren, eine Nase, zehn Zehen, Blut, Speichel, Magensäure und so weiter. Doch bei den restlichen 0,1 Prozent (das sind etwa 3,3 Millionen Basenpaare) unterscheidet sich die Reihenfolge dieser Basenpaare von einer Person zur anderen. Die Tatsache, daß Individuen auf diesem molekularen Niveau variieren, erlaubt der Wissenschaft heute festzustellen, von welchem Menschen die eine oder andere Knochen- oder Gewebeprobe, das Blut, das Sperma oder der Speichel stammt.

In den frühen achtziger Jahren erkannte Dr. Alec Jeffreys von der Universität Leicester als erster die enormen Möglichkeiten, die mit diesen 0,1 Prozent DNS-Variablen beim Menschen für die Lösung von Identifizierungsproblemen zur Verfügung stehen. Er identifizierte Segmente innerhalb hypervariabler Abschnitte und benutzte radioaktive Isotope, Proben genannt, um ein Filmbild der DNS-Stränge eines Individuums herzustellen. Diese Stränge haben eine auffallende Ähnlichkeit mit den Strichcodes, die den Packungen und Dosen in jedem Supermarkt aufgeprägt sind. Die DNS-Muster – Jeffreys nannte sie »DNS-Fingerabdrücke« – ermöglichen den Vergleich der DNS verschiedener Personen miteinander. Weil Kinder die eine Hälfte ihrer DNS-Basenpaare von der Mutter, die andere vom Vater erben, kann Blutsverwandtschaft bestätigt oder verneint werden. 1983 wurde einem Jungen die Einreise nach England verweigert, weil ein Beamter der Einwanderungsbehörde bezweifelte, daß er der Sohn einer Ghanaerin sei, die eine Aufenthaltserlaubnis für das Vereinigte Königreich besaß. Mit Jeffreys' neuer DNS-Technik ließ sich jedoch nachweisen, daß der Junge ihr Sohn war. Die Wahrscheinlichkeit, daß dies ein Zufallszusammentreffen war, betrug eins zu zehn Millionen.

In weniger als einem Jahrzehnt wurden DNS-Bestimmungen das aussagekräftigste Instrument der Gerichtsmedizin seit der Entdeckung des 19. Jahrhunderts, daß Fingerabdrücke niemals bei zwei Personen gleich sind. Mit DNS-Vergleichen löst man heute routinemäßig Vaterschaftsfragen. Mörder werden mit Blut-, Haar- oder Gewebeproben, mit Flüssigkeiten, flüssig oder getrocknet, identifiziert. DNS-Proben von Knochen und Zähnen haben geholfen, lange Zeit ungelöste Rätsel vermißter Personen und unidentifizierter Leichen zu lösen. DNS ist bemerkenswert stabil: man hat sie von einer dreitausendjährigen ägyptischen Mumie extrahiert, von einem siebentausendjährigen Mammut, vom getrockneten Speichel auf einer angeleckten Briefmarke. Und sie ist, wenn korrekt identifiziert, untrüglich. Kein Staatsanwalt oder Verteidiger, kein Historiker, kein Geistlicher, gleichgültig welchen Glaubens, kein Anhänger irgendeiner politischen Ideologie kann die wesentliche Botschaft von DNS leugnen: daß sich jeder Mensch von jedem anderen Menschen unterscheidet. DNS-Beweise sind, wie ein amerikanischer Staatsanwalt sagte, »wie der Finger Gottes, der auf jemanden weist und sagt: ›Du bist es!‹«.

* * *

Wegen des Alters und des schlechten Zustandes der Romanow-Gebeine sahen sich Gill und Iwanow vor eine sehr viel schwierigere Aufgabe gestellt als bei allen vorausgegangenen DNS-Typisierungen. Sie mußten zunächst einen Millimeter der kontaminierten äußersten Knochenoberfläche mit Sandrädchen, die an einem elektrischen Hochgeschwindigkeitsbohrer befestigt waren, in steriler Umgebung wegschleifen. Der restliche Knochen wurde in flüssigem Stickstoff eingefroren, dann zu feinem Pulver zermahlen, in verschiedenen Lösungen aufgelöst und schließlich zentrifugiert. So gelang es, eine mikroskopisch kleine Menge DNS zu isolieren (von jeder Probe zogen sie fünfzig Picogramm, also fünfzig Milliardstel Gramm). In der Tat war die Probenausbeute so kümmerlich und erodiert, daß die beiden Wissenschaftler eine erst neuerdings entwickelte Technik einsetzten, die man PCR (Polymerase Kettenreaktion) nennt und bei der man ausgewählte relevante Sektionen von Basenpaarsträngen in einem Reagenzglas auf chemischem Wege immer und immer wieder identisch redupliziert, um so die nötigen Mengen von DNS-Material für die Erforschung bereitzustellen.

Mit der Zellkern-DNS suchte das Aldermaston-Team zunächst das Geschlecht eines jeden Skeletts zu bestimmen. Ein Gen auf dem X-Chromosom (Frauen haben zwei X-Chromosomen) ist um sechs Basenpaare länger als das entsprechende Gen auf dem Y-Chromosom (Männer haben ein X- und ein Y-Chromosom). Durch die PCR konnten die Wissenschaftler ausreichend Material gewinnen, um diese Differenz von sechs Basenpaaren zu messen und zu bestimmen. Das Ergebnis bestätigte die anthropologischen Erkenntnisse von Abramow und Maples: Es handelte sich um vier männliche und fünf weibliche Skelette. Ebenfalls mit Zellkern-DNS und der Analyse von Basenpaarsequenzen testeten Gill und Iwanow als nächstes alle neun Skelette auf familiäre Verwandtschaft hin. Short-Tandem-Repeatsequenzen (STRS) nennt man die natürlichen Wiederholungen von Basenpaaren in bestimmten hypervariablen Abschnitten eines Chromosoms – zum Beispiel T, A, T, T –, das ein ums andere Mal wiederholt wird. Innerhalb einer Familie haben diese Sequenzen und die Zahl ihrer Wiederholungen die Tendenz, konstant zu bleiben; eine unterschiedliche Sequenz oder eine unterschiedliche Zahl von Wiederholungen bei jeder einzelnen Probe wäre ein Indiz, daß es sich nicht um eine Familiengruppe handelt. Wieder entsprachen die Ergebnisse den Erwartungen, wenn die Knochen von der kaiserlichen Gruppe stammten. Mit Gills Worten: »Die Skelette Nr. 3 bis Nr. 7 wiesen die zu erwartenden Muster einer Familiengruppe auf, bei der Nr. 4 und Nr. 7 die Eltern der Kinder Nr. 3, Nr. 5 und Nr. 6 waren.« Die anderen vier Erwachsenen wurden als mögliche Eltern ausgeschlossen. Und weiter heißt es in Gills Bericht: »Wenn dies die sterblichen Überreste der Romanows sind, dann ... zeigen die Testdaten an, daß eine der Töchter und der Zarewitsch Alexej im Grab fehlten.« Andere Tests dienten dazu, die Vaterschaft festzustellen. Das STR-DNS-Muster von Nr. 4 fand sich ebenfalls in Nr. 3, Nr. 5 und Nr. 7; auf diese Weise bestätigte sich, daß der männliche Erwachsene, in dem man Nikolai vermutete, der Vater der drei jungen Frauen war. So weit gelang es Gill und Iwanow mit der geringen Menge an erodierter Zellkern-DNS, die ihnen zur Verfügung stand, voranzukommen. Sie hatten eine Gruppe von vier Männern und fünf Frauen ermittelt. Sie hatten eine Familie nachgewiesen: einen Vater, eine Mutter und ihre drei Töchter. Doch um diese Männer und Frauen nun auch zu identifizieren, ihnen Namen zu geben, mußten sie noch etwas anderes versuchen.

Glücklicherweise läßt sich eine zweite Art DNS aus menschlichen Zellen gewinnen: Man nennt sie Mitochondrien-DNS; sie tritt im Cytoplasma, das den Zellkern umgibt, in großen Mengen in den Mitochondrien auf, die als Energiequelle der Zelle fungieren. Mitochondrien-DNS wird unabhängig von Zellkern-DNS vererbt; während letztere zur Hälfte von der Mutter und zur anderen vom Vater übernommen wird, wird Mitochondrien-DNS ausschließlich von der Mutter vererbt, von der sie vollständig auf die Tochter übergeht, »unverändert von Generation zu Generation weitergereicht wird wie eine Zeitmaschine«, sagt Gill. »Mutter, Großmutter, Urgroßmutter, Ururgroßmutter und so weiter haben also denselben genetischen Code.« An jeder Stelle in dieser Kette verfügen die Söhne über Mitochondrien-DNS, die sie von ihren Müttern erhalten haben, doch können die Söhne eben diese Mitochondrien-DNS nicht an ihre Töchter oder Söhne weitervererben. So läßt sich also Mitochondrien-DNS als ein Identifizierungsinstrument nutzen, um an beliebiger Stelle in einer vertikalen Kette von Frauen, die voneinander abstammen, eine einzelne Frau zu identifizieren. Und man kann damit den Sohn einer dieser Frauen identifizieren. Doch über die männliche Linie läßt sich das nicht fortführen: mit den Söhnen wird die Kette unterbrochen.

Gill und Iwanow extrahierten also Mitochondrien-DNS aus den neun Knochenproben aus Rußland. Auch diese Extrakte wurden mit Hilfe der PCR auf brauchbare Mengen gebracht. Zu ihrer Freude war die Qualität der DNS-Sequenzen, die sie so gewonnen hatten, »im großen und ganzen derjenigen vergleichbar, die die aus Frischblutproben gewonnenen Basenpaare besitzen«. Sie konzentrierten sich auf zwei verschiedene Abschnitte der DNS-Sequenz, die normalerweise zwischen verschiedenen Men-schen hypervariabel sind, zweigten zwischen 634 und 782 Buchstaben der Basenpaare für jedes der neun Subjekte ab und erhielten so DNS-Profile für alle neun Knochenproben, die sie hatten.

Als nächstes brauchten sie aktuelle DNS, um Vergleiche anzustellen. So begann die Suche nach lebenden Verwandten. Mitarbeiter von FSS und Innenministerium schleppten Bücher aus Bibliotheken an und brüteten über Stammbäumen. Dann stellte jemand eine Namensliste mit wissenschaftlich brauchbaren Personen zusammen, an die man herantreten könnte. Im Falle der Kaiserin Alexandra war die Suche nach einem genetisch brauchbaren lebenden Verwandten relativ einfach. Alexandras älteste Schwester, Prinzessin Victoria von Battenberg, hatte eine Tochter Alice, die Prinzessin von Griechenland geworden war. Prinzessin Alice ihrerseits hatte vier Töchter und einen Sohn. 1993 lebte nur noch eine dieser Töchter, Prinzessin Sophie von Hannover. Deren Sohn war Prinz Philip, Herzog von Edinburgh und Prinzgemahl von Königin Elisabeth II. von England. Prinz Philip, Kaiserin Alexandras Großneffe, war also für einen Vergleich der Mitochondrien-DNS mit Knochenmaterial der ermordeten russischen Kaiserin hervorragend geeignet. Folglich schrieb die Generaldirektorin des FSS an den Buckingham Palast und fragte an, ob der Herzog bereit sei zu helfen. Philip war sofort einverstanden, und bald darauf machte ein Glasröhrchen mit seinem Blut den Weg nach Aldermaston. Die Tests wurden in den Abschnitten der Mitochondrien-DNS-Sequenzen durchgeführt, wo die größten Unterschiede zwischen verschiedenen Familiengruppen auftreten. Im November hatten Gill und Iwanow ihre Ergebnisse, die Sache war perfekt: die Sequenz der DNS-Basenpaare war bei der Mutter, den drei Töchtern und Prinz Philip identisch. Gill und Iwanow wußten, daß sie damit Alexandra Fjodorowna und drei ihrer vier Töchter ermittelt hatten.

Wesentlich schwieriger gestaltete sich der Nachweis für Zar Nikolai II. Die Suche nach DNS-Material für einen Vergleich mit dem aus dem Oberschenkelknochen von Skelett Nr. 4 mußte immer mehr ausgedehnt werden, sie war langwierig und manchmal kontrovers. Die ersten Anstrengungen unternahm Pawel Iwanow.

Ihm war eingefallen, daß der jüngere Bruder von Nikolai II., Großfürst Georgi, 1899 im Alter von achtundzwanzig Jahren an Tuberkulose gestorben und in der Grabkirche der Romanows – der Peter-Pauls-Kathedrale in St. Petersburg – begraben war. Ein DNS-Vergleich zwischen Brüdern würde vollauf genügen. Von England aus wandte sich Iwanow an Anatoli Sobtschak, den Oberbürgermeister von St. Petersburg, und an den Ermittler

Wladimir Solowjow, der von der russischen Generalstaatsanwaltschaft mit dem Fall Romanow betraut worden war. »Sie protestierten, weil es zu teuer sei«, erinnert sich Iwanow. »›Die Gräber in der Festung sind aus italienischem Marmor ... Man müßte sie aufbrechen, und wer soll das bezahlen?‹ Und so weiter.« Acht Monate lang insistierte Iwanow, und schließlich zeigte sich der Cellist und Dirigent Mstislaw Rostropowitsch, ein Freund von Sobtschak, bereit, die Kosten der Exhumierung von Großfürst Georgi zu übernehmen. Doch bevor das geschah, teilte Rostropowitsch Iwanow mit, daß er gerade zu einer Reise nach Japan aufbrechen wolle. Iwanow, immer noch in England, erinnerte sich, daß Nikolai II. 1892 als Zarewitsch Japan besucht hatte. In Otsu war der russische Thronerbe plötzlich von einem schwertschwingenden Japaner attackiert worden. Der Schlag, der seinem Kopf galt, glitt an seiner Stirn ab und förderte einen Blutschwall zutage, ohne Nikolai jedoch schwerer zu verletzen. Die Wunde wurde mit einem Taschentuch verbunden. Hundert Jahre lang hatte das Museum in Otsu das Schwert und das blutgetränkte Taschentuch in einem kleinen Kästchen aufbewahrt. Für DNS-Vergleichszwecke kann nichts einen exakteren Beweis liefern, als wenn man Knochenmaterial unbekannten Ursprungs mit dem Blut einer bekannten Person zusammenbringt. Iwanow wollte unbedingt nach Japan reisen, aber wie üblich »war dafür kein Geld da. Die Engländer sagten sich, weshalb sollen wir das bezahlen? Die Russen sagten, wir haben kein Geld.« Schließlich bezahlte Rostropowitsch Iwanows Reise. »Es war das Geld, das wir eigentlich verwenden wollten, um Georgi auszugraben«, sagt Iwanow. »Statt dessen machten wir eben eine Japanreise.«

Die Japaner waren nicht erpicht darauf, das Taschentuch herauszurücken oder auch nur anrühren zu lassen. Doch Rostropowitsch sprach mit dem japanischen Kaiser, seinem Freund, und der redete mit den zuständigen Behörden. Als Iwanow ankam, erlaubte man ihm, einen Streifen von acht Zentimetern Länge und einem Viertelzentimeter Breite von dem Taschentuch abzuschneiden und mitzunehmen. Leider zeigte sich, als Iwanow wieder in Gills Labor in England war, daß die Untersuchung schwieriger war als gedacht. »Allzu viele Menschen hatten das Taschentuch angefaßt. Dadurch konnten die Zellen abgestreift worden sein. Es war eine Menge Blut auf dem Taschentuch, aber wer kann schon sagen, wieviel davon wirklich von Nikolai stammte? Außerdem war es auch voller Staub und Dreck. Ein mit diesem Taschentuch gewonnenes Ergebnis konnte unmöglich als zuverlässig gelten. Die Zahl der möglichen Verunreiniger war zu groß.«

Nachdem Iwanow weder mit Georgi noch mit Japan Glück gehabt hatte, sah er sich nach einer dritten DNS-Quelle für den Vergleich mit dem Oberschenkelknochen des mutmaßlichen Zaren um. 1916 heiratete die jüngere Schwester Nikolais II., Großfürstin Olga, Oberst Nikolai Kulikowski, einen Bürgerlichen, und bekam dann zwei Söhne von ihm: 1917 Tichon und 1919 Guri. 1948 zogen Olga und ihre Familie nach Kanada, wo Kulikowski eine Farm kaufte und Rinder und Schweine züchtete. Als Gill und Iwanow 1992 mit ihrer Arbeit begannen, war Guri Kulikowski bereits gestorben, doch Tichon lebte mit fünfundsiebzig Jahren als Rentner in Toronto. Er war zu der Zeit der einzige noch lebende Neffe von Zar Nikolai II. und als solcher die günstigste Quelle für einen Vergleich der Mitochondrien-DNS. Wenn der Oberschenkelknochen von Skelett Nr. 4 dem Zaren gehört hatte, mußte er exakt mit der DNS von Tichon Kulikowski zusammenpassen.

Tichon Kulikowski verweigerte jedoch die Zusammenarbeit. Als ihm Iwanow schrieb, um den Zweck der Ermittlung zu erklären und ihn um eine Blutprobe zu bitten, erhielt er keine Antwort. Iwanow versuchte es noch einmal über Bischof Basil Rodzianko von der orthodoxen Kirche in Amerika und schließlich durch Vermittlung von Metropolit Vitaly, dem Oberhaupt der russisch-orthodoxen Kirche im Ausland. Schließlich bekam Iwanow eine Antwort von Kulikowski. »Er schrieb mir, er halte diese ganze Angelegenheit für einen Schwindel. Dann machte er mir Vorhaltungen: ›Wie können Sie, ein Russe, in England arbeiten, das doch so grausam mit dem Zaren und der russischen Monarchie verfahren ist? ... Aus politischen Gründen werde ich Ihnen niemals eine Probe meines Bluts oder Haares oder sonstwas überlassen.‹« Iwanow war enttäuscht, aber er gab nicht auf. »Zu jener Zeit sah es kritisch aus. Er war ja der nächste Verwandte. Ich habe eine Menge Geld aus eigener Tasche bezahlt, um mit ihm und seiner Frau zu telefonieren und ihnen zu versichern, daß ich kein KGB-Agent sei. Und sie antworteten: ›Dann ist offenbar der einzige Grund für Ihre Ermittlungen, daß Sie beweisen wollen, Tichon Nikolajewitsch sei nicht von königlichem Blut‹.« Iwanow resignierte. »Okay, also gaben wir diesen Tichon auf. Doch als wir unsere Arbeit veröffentlichten, schrieb uns jemand, unsere Analyse sei nicht beweiskräftig, weil wir nicht Tichon Kulikowskis Blut benutzt hätten. Tatsächlich aber brauchten wir sein Blut nicht mehr. Wir hatten nämlich zwei andere Verwandte gefunden. Sie stellten uns ihr Blut zur Verfügung, und damit hatten wir alles, was wir für unsere Forschungen benötigten.«

Um die beiden anderen Verwandten zu ermitteln, studierten die Aldermaston-Genealogen noch einmal die Stammbäume. Weil die Kette identischer Mitochondrien-DNS über Generationen von Frauen unendlich oft wiederholt wird, konzentrierten sie sich auf die Frauen, die Zar Nikolai II. blutsmäßig am nächsten standen. Angefangen bei seiner Mutter, der Kaiserinwitwe Maria, fanden sie eine ununterbrochene Linie von fünf Generationen von Müttern und Töchtern, die bis zu einer noch lebenden Nachkommin reichte, welche bereit war zu helfen. Großfürstin Xenia, Schwester des letzten Zaren, hatte eine Tochter gehabt, Fürstin Irina. Diese Irina heiratete Fürst Felix Jussupow, der durch den Mord an Rasputin berühmt geworden ist. Irina und Felix hatten ein Kind, eine Tochter, die ebenfalls Irina hieß. Diese zweite Irina heiratete Graf Nikolai Scheremetjew, mit dem sie ein Kind, eine Tochter Xenia, hatte. Durch Heirat wurde Gräfin Xenia Scheremetjewa Frau Xenia Sfiris. Sie ist inzwischen Anfang fünfzig, lebt in Athen und Paris, und in Athen erreichte sie das Hilfeersuchen des FSS. Xenia Sfiris, eine vitale, warmherzige Frau, war sofort einverstanden. Wie angewiesen, stach sie sich in den Finger, ließ ein wenig Blut auf ein Papiertaschentuch tropfen und trocknen, schob das Taschentuch in eine Cellophantüte und brachte das Ganze zur britischen Botschaft. Von dort wurde es per Diplomatenkurier nach Aldermaston gebracht.

Den anderen Spender von DNS-Material zur Identifizierung Nikolais II. fand man auf einem scheinbar unendlich weit entfernten Zweig des gewaltigen Stammbaums von Europas königlicher Familie. Doch obgleich sich die Linie über sechs Generationen zurückerstreckte, war die Verbindung ebenso zuverlässig und produktiv wie im Falle von Xenia Sfiris. James George Alexander Bannerman Carnegie, dritter Herzog von Fife, Earl Macduff und Lord Carnegie, ein sechsundsechzigjähriger schottischer Adliger und Farmer, stammt von einer Vorfahrin ab, die er mit Zar Nikolai II. gemeinsam hat, nämlich Louise von Hessen-Kassel, einer deutschen Prinzessin, die König Christian IX. von Dänemark geheiratet hatte. Eine ihrer Töchter wurde Kaiserin Maria Fjodorowna von Rußland, die Mutter Nikolais II. Eine weitere, ältere Tochter, Alexandra, heiratete den Prince of Wales und späteren König Eduard VII. Alexandras Tochter Louise wiederum wurde die Frau des ersten Herzogs von Fife. 1929 bekam Louises Tochter Maud einen Sohn James, der 1959 den Titel erbte. Dieser Herzog nun war bereit, Blut zu spenden, wünschte aber keine Publicity, sondern machte es zur Bedingung, daß er anonym blieb. Doch bei einer Ermittlung von dieser Bedeutung ließ es sich nicht verhindern, daß sein Name im Laufe der Zeit nach außen durchdrang.

Wie Gill und Iwanow erwartet hatten, paßten die Mitochondrien-DNS von Xenia Sfiris und dem Herzog von Fife genau zusammen. Doch als die beiden Wissenschaftler die passenden 782 Buchstabenlängen der Basenpaare der Griechin und des schottischen Adligen mit derselben Sektion in der Mitochondrien-DNS, die vom mutmaßlichen Zaren extrahiert worden war, verglichen, gab es keine völlige Übereinstimmung. Bei einem einzigen Buchstaben gab es keine Deckungsgleichheit. An Position 16169 hatten Xenia Sfiris und der Herzog von Fife ein T, während Nikolai an derselben Stelle ein C hatte. Die anderen 781 Paare bildeten identische Sequenzen. Um ihre Daten zu überprüfen, extrahierten Gill und Iwanow ein zweites Mal Mitochondrien-DNS aus dem Knochen des mutmaßlichen Zaren. Sie klonierten die DNS in diesem Abschnitt, nachdem sie sie mit PCR amplifiziert hatten, und übertrugen das Produkt dann auf E-Colibakterien. Als sie frische Sequenzen dieser neuen Klone herstellten, war bei sieben der Klone ein T in Position 16169, hier bestand also Übereinstimmung mit Xenia Sfiris und dem Herzog von Fife. Doch achtundzwanzig Klone zeigten immer noch den einen Buchstabenfehler, ein divergierendes C. Gill und Iwanow schlossen daraus, daß Zar Nikolai II. zwei Typen von Mitochondrien-DNS besessen hatte, deren einer exakt zu dem seiner Verwandten paßte, während es bei dem anderen an einer einzigen Position keine Deckungsgleichheit gab. Dieses seltene Phänomen ist in der Fachwelt als Heteroplasmie bekannt.

Dieser eine nicht deckungsgleiche Buchstabe im Basenpaar verursachte große Aufregung in Aldermaston. In einem Artikel interpretierten Gill und Iwanow ihren Befund folgendermaßen: »Wir sind der Ansicht, daß die den Gebeinen des Zaren entnommene Mitochondrien-DNS genetisch heteroplasmisch war. Das kompliziert die Interpretation, weil die Beweiskraft davon abhängt, ob wir *a priori* akzeptieren, daß beim Zaren eine Mutation stattgefunden hat. Die Wahrscheinlichkeit einer einzelnen Mutation veranschlagt man mit annähernd eins zu dreihundert je Generation, doch läßt dieser Schätzwert die Häufigkeit von Heteroplasmie unberücksichtigt (die in vielen Fällen unentdeckt bleiben kann).« Gill ist sich bewußt, daß dieser eine divergierende Buchstabe den Wert seines Befundes problematisch macht. Er glaubt zwar, daß eine Mutation stattgefunden hat, räumt aber ein, daß es in jeder Generation zahlreiche Chancen gegen eine Mutation gibt. »Man nimmt an, daß eine Mutation [in einer Familie] einmal je dreihundert Generationen auftritt«, meint er. Doch spricht er, wie er betont, in erster Linie von einer Heteroplasmie, die er festgestellt habe, nicht von einer Mutation, die er nicht nachweisen könne, die aber vermutlich die Ursache dieser Heteroplasmie sei. »Eine Heteroplasmie ist etwas anderes als eine Mutation in der Zellkern-DNS, sie bedeutet, daß es zwei Typen von Mitochondrien-DNS bei ein und derselben Person gibt. Was wir gemacht haben, war zu demonstrieren, daß beim Zaren zwei Typen von Mitochondrien-DNS vorkommen. Einer dieser Typen unterscheidet sich in nur einer Position, der andere ist identisch mit der der Verwandten. Das ist ein ziemlich deutlicher Beleg dafür, daß es tatsächlich eine Mutation gegeben hat. Denken Sie daran, daß wir in einem Grenzbereich der Erkenntnis arbeiten. Wie häufig diese Phänomene eigentlich sind, weiß man nicht wirklich – wir vermuten, daß sie wesentlich öfter anzutreffen sind, als man ursprünglich geglaubt hat.«

* * *

Im Juli 1993, nach zehnmonatiger Arbeit, waren Gill und Iwanow soweit, ihre Ergebnisse der Öffentlichkeit bekanntzugeben. Der FSS berief eine Pressekonferenz ein, und am 10. Juli war der große Saal im hypermodernen Gebäude des Innenministeriums in Queen Anne's Gate mit Reportern, Photographen und TV-Kameraleuten gefüllt. Janet Thompson, Generaldirektorin des FSS, hatte den Vorsitz. Sie hatte sich darauf vorbereitet, daß Fragen aufkommen könnten, wer die Kosten dieser Forschungen getragen habe, weshalb sie zunächst von ihrer Zuversicht sprach, daß »der FSS bald in der Lage sein wird, die hier angewandten Techniken, sowie sie evaluiert sind, für die praktisch-kriminologische Arbeit zum Nutzen des Strafrechtssystems insgesamt einzusetzen«.

Gill erläuterte, was er und seine Kollegen gemacht hatten. Er beschrieb, wie man das Geschlecht der Proben bestimmt habe, wie die Familienbeziehungen zwischen fünf Skeletten nachgewiesen worden seien, wie Prinz Philips Blut Gewißheit über die Identität von Alexandra Fjodorowna und ihren Töchtern gebracht und wie die Heteroplasmie in der DNS des Zaren die Bemühungen, eine endgültige Aussage über Nikolai zu machen, kompliziert habe. Ungeachtet dessen gab das Aldermaston-Team bekannt, wenn man die DNS-Nachweise nehme und sie zu den anthropologischen und historischen Indizien hinzufüge, wie sie von anderen ermittelt worden seien, so sei man zu 98,5 Prozent sicher, daß man es hier mit den Romanows zu tun habe. Dieser Prozentsatz, so sagte Gill, beruhe auf der niedrigstmöglichen Interpretation der DNS-Nachweise. Eine großzügigere Interpretation würde die Wahrscheinlichkeit auf 99 Prozent anheben. Pawel Iwanow beurteilte die Ergebnisse ihrer Arbeit etwas günstiger: »Wir sind ganz dicht am letzten Teil dieses Geheimnisses, einem der großen Geheimnisse des zwanzigsten Jahrhunderts und einem der großen Geheimnisse meines Vaterlandes Rußland«, sagte er.

Die Pressekonferenz produzierte Schlagzeilen: »Rätsel der Romanow-Gebeine gelöst« (*Financial Times*), »DNS-Tests identifizieren Skelett des Zaren« (*The Times*), »Zar Nikolais Gebeine identifiziert« (*Washington Post*). *TASS* informierte die russischen Leser, »britische Wissenschaftler … haben nahezu alle Zweifel ausgeräumt«, daß es sich bei den in Sibirien gefundenen Knochenresten um die Gebeine von Zar Nikolai II. und seiner Familie handele. Sieben Monate später, im Februar 1994, veröffentlichten Peter Gill, Pawel Iwanow und andere ihre Befunde im Rahmen einer Beschreibung ihrer Arbeiten in *Nature Genetics*, der maßgeblichen Zeitschrift ihres Fachs. Weder schriftlich noch mündlich wurden die Befunde und der Artikel je von anderen DNS-Forschern angefochten oder auch nur vorsichtig kritisiert.

NEUNTES KAPITEL
MAPLES GEGEN GILL

William Maples war, nachdem er die Gebeine untersucht und seine Befunde im Juli 1992 auf der Konferenz in Jekaterinburg präsentiert hatte, nicht mehr bereit, die Romanow-Ermittlungen aus der Hand zu geben. In seinem Referat empfahl er weitere archäologische Recherchen an der Grabstelle sowie eine ausführlichere Fotodokumentation und DNS-Tests an den Knochenresten. Offensichtlich hatte er die Absicht, all das selbst zu machen oder mindestens zu beaufsichtigen. Im April 1993, als ihm die Fernsehserie »Ungelöste Rätsel« zwei Flugtickets zur Verfügung stellte, kam er mit William Hamilton und Mrs. Maples erneut nach Sibirien. In Jekaterinburg fotografierte er die Knochenreste noch einmal sorgfältiger, als er das auf seiner früheren Reise hatte machen können. Sodann entnahm er den Schädeln je einen Zahn, mit Ausnahme der Schädel von Dr. Botkin, der kaum mehr Zähne gehabt hatte, und Charitonow, bei dem nur noch die Schädeldecke da war – hier war er auf Splitter der Beinknochen angewiesen. Er erklärt dazu, daß Zähne viel geeigneter seien für die exakte Identifizierung der kaiserlichen Familie durch DNS-Tests als Splitter von Oberschenkelknochen, wie sie Iwanow nach Großbritannien gebracht hatte. Mit den Zähnen nahm Maples auch eine Verfügung des Staatsanwalts des Gebiets Swerdlowsk mit auf die Heimreise, die ihn dazu berechtigte, die Knochen zu exportieren, unter seiner Aufsicht DNS-Tests durchführen zu lassen und die Ergebnisse den Swerdlowsker Behörden mitzuteilen. Seltsamerweise dachte keiner daran, Wladislaw Plaxin, dem Obersten Gerichtsmediziner Rußlands, oder Pawel Iwanow, der damals bereits sieben Monate mit

Peter Gill in Aldermaston gearbeitet hatte, darüber Mitteilung zu machen.

In Florida behielt Maples die russischen Zähne zunächst bis Juni 1993 in seinem Labor, dann »übertrug er die Aufsicht« an Lowell Levine, der sie nach Kalifornien brachte und an Dr. Mary-Claire King weitergab. Mary-Claire King hat zwei Lehrstühle an der Universität Berkeley, Kalifornien, den einen in Epidemiologie an der Hochschule für Öffentliches Gesundheitswesen, den anderen in Genetik am Institut für Molekular- und Zellbiologie. Für Maples ist Mary-Claire King »in der forensischen Genetik absolute Spitze in den Vereinigten Staaten und gehört weltweit zu den angesehensten Wissenschaftlern auf diesem Gebiet«. Der Bericht für die amerikanische Akademie der Wissenschaften über die Nutzung von DNS für gerichtsmedizinische Identifizierungen stammt von ihr. Sie hat mit einem Team der Vereinten Nationen in Argentinien gearbeitet, um gekidnappte Kinder zu identifizieren und wieder mit ihren Familien zu vereinigen, und in El Salvador die Vereinten Nationen bei dem Versuch unterstützt, die sterblichen Überreste der Opfer eines Massenmordes im Dorf El Mozota zu identifizieren. Maples, Levine und Baden kannten ihre Arbeit, weil sie mit ihr bei der Identifizierung der sterblichen Überreste amerikanischer Soldaten, die aus Vietnam heimgeführt wurden, zusammengearbeitet hatten. 1993 hatte sie, wie Maples sagt, mehr Erfahrung mit Mitochondrien-DNS als der britische FSS und verfügte über eine wesentlich umfangreichere Datenbasis. In ihrer Datenbank seien Mitochondrien-DNS-Informationen von über tausend Personen gespeichert; Peter Gill und Aldermaston verfügten nur über etwa dreihundert. – »Auf diesem Gebiet gibt es einfach niemanden, der es mit Dr. King aufnehmen könnte«, was Michael Baden und Lowell Levine bestätigen.

Peter Gill rangierte für Maples und seine Kollegen unter »ferner liefen«, und von Pawel Iwanow hatten sie vor ihrer Begegnung in Jekaterinburg im Juli 1992 überhaupt keine Notiz genommen. Da sie kein Russisch konnten, wußten sie auch nicht genau, was Iwanow auf der Konferenz über seine Vereinbarung, die Knochen in England zu testen, berichtet hatte. Ihnen gegenüber war er jedoch freundlich und bemühte sich, behilflich zu sein. Der Rückflug nach Moskau in jenem Sommer verlief für das amerikanische Team unangenehm: während des Fluges lief

Dr. Mary-Claire King

ein Hund im Gang der Aeroflot-Maschine hin und her; auf dem Inlandflughafen in Moskau wurden sie gerempelt und angeschnauzt. Dann tauchte Pawel Iwanow auf, der fließend Englisch spricht, und lotste sie sicher aus dem Getümmel. Am folgenden Tag trug er ein T-Shirt der FBI-Academy, als er sie über den Roten Platz führte. Er erzählte ihnen, was er machte, daß er Kontakte zu Gill hatte und gerade eine Vereinbarung über DNS-Tests in England getroffen habe. »Wir boten ihm an, nach Amerika zu kommen und in einem unserer Labors zu arbeiten«, erzählt Baden, »aber er wollte nach England, weil das schneller ging und sie ihm die Reise bezahlten.« Und Levine fügt hinzu: »Für Iwanow war das Beste daran, daß er selbst die Knochen nach England bringen und eine Weile dort bleiben konnte.«

William Maples lernte Peter Gill im Juli 1993 kennen, als er auch Pawel Iwanow wiedertraf; das war bald nach Gills Pressekonferenz, auf der er die Identifizierung der Romanow-Gebeine bekanntgegeben hatte. Maples war auf der Rückreise von seinem dritten Besuch in Jekaterinburg, wo er von *Nova* bei der Arbeit an den Gebeinen gefilmt worden war. Von London fuhren er und seine Frau nach Aldermaston, wo sie Peter Gill und Pawel Iwanow zum Lunch einluden. Die Unterhaltung war höflich, denn beide Seiten bemühten sich, den Groll aufeinander zu unterdrücken. Maples war verärgert darüber, daß Gill verkündet hatte, er sei zu 98,5 Prozent sicher, daß die Gebeine, die er getestet hatte, den Romanows gehörten. Das war nämlich gerade zu der Zeit geschehen, als Maples in Rußland ankam, um von *Nova* gefilmt zu werden. Iwanow war darüber ungehalten, daß Maples mit Genehmigung der Swerdlowsker Behörden eine zweite Runde DNS-Tests im Labor von Mary-Claire King initiiert hatte, ohne ihn zu informieren und während seine und Gills Tests noch liefen. Es gab bei Tisch keine Diskussion über die Heteroplasmie, die Gill beim Zaren entdeckt hatte, noch gar über eine Mutation als mögliche Ursache dieser Heteroplasmie. Die Wissenschaftler sprachen jedoch kurz über die Entdeckung von Aldermaston, daß die drei jungen Frauen dieselbe Mitochondrien-DNS wie eine der älteren Frauen hatten, es sich also zweifellos um Mutter und Töchter handelte.

Peter Gill hatte bis zu ihrer Begegnung beim Lunch im Juli 1993 kaum Notiz von William Maples genommen. Das änderte sich innerhalb von sechs Monaten radikal, als Maples und seine amerikanischen Kollegen, Lowell Levine und Michael Baden, scharfe Kritik an Gills Erkenntnissen, seinem administrativen Vorgehen, ja selbst an seiner Kompetenz als Wissenschaftler übten.

* * *

Maples war der Ansicht, daß Jekaterinburg und nicht Moskau die oberste Verfügungsgewalt über die Romanow-Gebeine hatte, weshalb er unterstellte, daß die Aldermaston-Tests nach russischem Recht illegal seien. In Wirklichkeit handelte Pawel Iwanow, als er die Romanow-Gebeine nach England brachte, im Auftrag des russischen Gesundheitsministeriums und auf spezielle Anweisung des obersten Gerichtsmediziners der russischen Regierung, Wladislaw Plaxin. Zwar hatte sich, als er auf der Konferenz in Jekaterinburg im Juli 1992 seine bevorstehende Mission nach England ankündigte, keiner der anwesenden Russen – und es waren viele aus Jekaterinburg – dem widersetzt. Dennoch bezweifelte Maples, daß Iwanows Aktionen so ganz legal waren. »Ich habe keine Ahnung, was für eine Genehmigung Iwanow erteilt wurde, eine offizielle oder eine inoffizielle. Irgendwie bekam er jedenfalls die Proben, nur weiß ich nicht, wie offiziell es war, daß er sie für DNS-Zwecke nach England schleppte. Sie hatten Knochenproben zur Bluttypisierung und Serologie in Moskau, vermutlich benutzten sie diese Proben für die DNS-Tests. Ob sie sich bei den Leuten in Jekaterinburg die Erlaubnis holten, sie außer Landes zu bringen, weiß ich nicht.«

Levine teilt die Überzeugung von Maples, daß Jekaterinburg und nicht Moskau nach wie vor rechtmäßiger Besitzer der Knochen sei und folglich das alleinige Recht habe, Vereinbarungen über DNS-Tests zu treffen. »Meiner Ansicht nach ist derjenige, in dessen Jurisdiktion die Gebeine gefunden wurden, rechtlich auch für ihre Identifizierung und die Ausstellung des Totenscheins verantwortlich. Bisher handelt es sich um neun Morde, die im Gebiet von Swerdlowsk geschehen sind, sonst nichts. Alle Beweise haben also nach Swerdlowsk zu gehen.«

Levine hat noch einen weiteren Kritikpunkt. Er meint, selbst wenn er mit den Eigentumsverhältnissen unrecht habe und die Aldermaston-Tests nach russischem Gesetz legal seien, bliebe es ein für einen Wissenschaftler unkorrektes Verfahren, daß Gill seine Erkenntnisse auf einer Pressekonferenz in London bekanntgegeben habe. »Sein Bericht hätte an denjenigen zurückgehen müssen, der diese Arbeit in Auftrag gegeben hat – wer auch immer es gewesen ist. Wenn es Plaxin war, dann hätte der Bericht nach Moskau ans Gesundheitsministerium gehen und dort bekanntgegeben werden müssen. Wenn Sie mir ein Beweisstück geben, damit ich es für Sie analysiere, dann geht mein wissenschaftlicher Bericht an Sie und nicht an die *New York Times*, die *Washington Post*, *Time*, *Newsweek* oder CNN. Und ich würde von ihnen, dem Auftraggeber, erwarten, daß sie die Ergebnisse bekanntgeben. So haben wir es mit Mengele gemacht. Wir haben unseren Bericht an die Brasilianer gegeben. Dann haben die eine gemeinsame Pressekonferenz veranstaltet. Was Gill gemacht hat, war, die Sache vorzeitig auszuposaunen. Wie konnte er einen Bericht bekanntgeben, in dem es heißt: ›Ich habe DNS-Tests gemacht, und das ist der Zar; ich bin zu 98,5 Prozent sicher.‹? Das ist doch lächerlich. Er hätte seinen Bericht nach Moskau schicken müssen, damit er mit dem anderen Beweismaterial abgestimmt wird. Und als er ihn bekanntgab, hätte er nur sagen dürfen: ›Ich habe DNS-Analysen durchgeführt, und das sind meine Ergebnisse.‹ Tatsächlich war doch, was Gill in London gemacht hat, nichts als PR, reine Geltungssucht.«

Die gewichtigeren Vorwürfe der Amerikaner zielten auf die wissenschaftliche Kompetenz des Aldermaston-Teams. Zunächst einmal stellte Maples in Frage, ob Gill und Iwanow überhaupt die richtigen Knochen für ihre Untersuchungen benutzt hätten. »Iwanow hat Proben langer Knochen als DNS-Material nach England gebracht. Und ich weiß, daß diese Knochen im Jekaterinburger Leichenschauhaus nicht unbedingt immer auf dem richtigen Tisch liegen. Das ist der Grund, weshalb ich Zähne direkt aus den Schädeln verwendete. Es besteht keine Gefahr, die Schädel zu verwechseln, und meine Zahnproben kommen direkt aus den Zahnhöhlen von Nikolai, Alexandra, den drei Töchtern und einem der männlichen Diener. Botkins Schädel hatte nur noch wenige Zähne im Unterkiefer, deshalb wählte ich bei ihm eine Probe von einem langen Knochen.«

Die heftigste von Maples' Attacken gegen Peter Gill und Pawel Iwanow betraf deren Entdeckung einer Heteroplasmie in der Mitochondrien-DNS von Zar Nikolai II., sowie die Gill/Iwanowsche Behauptung, sie seien zu 98,5 Prozent sicher, die Gebeine der Romanows identifiziert zu haben. Sie wurde im November 1993 bekannt, als Maples eine eidesstattliche Erklärung abgab, die für ein Gerichtsverfahren in Virginia bestimmt war. Maples schrieb dort:

> »Ich kenne die Mitochondrien-DNS-Forschung an den sterblichen Überresten der Romanows aus Jekaterinburg, die im Labor von Aldermaston, Großbritannien, durchgeführt wurde.
>
> … Weil man sich in Aldermaston auf Knochen unterschiedlicher Bereiche der menschlichen Anatomie stützt, kann man nicht mit derselben Sicherheit wie ich sagen, daß Proben

von jedem der menschlichen Skelette in Jekaterinburg analysiert wurden.
... Eine Pressemitteilung [die bei Dr. Gills Pressekonferenz vom Innenministerium verteilt wurde] ... läßt vermuten, daß das Labor in Aldermaston Schwierigkeiten hatte, die Überreste von Zar Nikolai II. zu identifizieren ...
... Die Heteroplasmie, die man in Aldermaston festgestellt haben will, läßt sich eher auf Kontamination der Proben zurückführen.
... Das öffentliche Statement von Aldermaston, man hätte unterschiedliche Mitochondrien-DNS (Heteroplasmie) in den Gebeinen des Zaren gefunden, bedeutet, daß es nicht gelungen ist, die richtige Mitochondrien-DNS für Zar Nikolai II. zu bestimmen. Deshalb kann dieses öffentliche Statement nicht den Nachweis liefern, daß die sterblichen Überreste von Zar Nikolai II. definitiv identifiziert wurden.«

Zwei Monate später erweiterte Maples in einem Gespräch seine Kritik an Gill und Iwanow: »Sie sprechen von Heteroplasmie in der DNS von Zar Nikolai II., wo es doch mehr als wahrscheinlich ist, daß hier eine simple Kontamination der DNS vorliegt. Man nennt so etwas »shadow banding« und kann es häufig beobachten. Keiner, jedenfalls unter Fachleuten, würde das als Heteroplasmie interpretieren. Ich möchte annehmen, daß der DNS-Buchstaben-Code, von dem Gill behauptet, er fehle, in Wahrheit vorhanden ist.«

»Und er hat es nur falsch interpretiert?«

»Genau das.«

Baden und Levine teilen Maples' Ansicht. »Das ist doch dumm«, sagt Baden über Gills 98,5 Prozent Sicherheit. »Bei DNS gibt es nur hundert Prozent oder gar nicht.« Und Levine macht es noch anschaulicher: »98,5 Prozent ist wirklich Unsinn. Bei Gericht würde man diese Zahl hier bei uns niemals akzeptieren.[7] Wenn Sie es sich genau überlegen, dann bedeutet 98,5 Prozent, daß drei von den nächsten zweihundert älteren Männern, die Ihnen begegnen, der Zar sein könnten.«

* * *

Peter Gill war erstaunt über Maples' Attacke. Als er die Aussagen in dessen Erklärung las, konnte er nicht verstehen, weshalb sich dieser angesehene Gerichtsanthropologe so weit über das Gebiet hinausbegeben hatte, auf dem er anerkannter Experte ist. Da er eine normale Einstellung zu wissenschaftlicher Korrektheit und professioneller Höflichkeit voraussetzte, konnte er nicht verstehen, wie Maples ihn allein aufgrund von Pressemitteilungen und Zeitungsstories verurteilen konnte; als Maples im November 1993 seine eidesstattliche Erklärung unterzeichnete, stand die Veröffentlichung von Gills Artikel in *Nature Genetics* noch drei Monate aus.

Dennoch reagierte Gill, sogar noch bevor sein Artikel veröffentlicht war, energisch auf die beiden Hauptpunkte des amerikanischen Angriffs: daß die Heteroplasmie, die er in Zar Nikolais Mitochondrien-DNS gefunden hatte, von Kontamination herrühre und daß die 98,5 Prozent Wahrscheinlichkeit, die er den Aldermaston-Befunden zugestand, unzureichend, unwissenschaftlich oder gar »dumm« seien.

»Die Möglichkeit einer Kontamination unserer Proben ist höchst unwahrscheinlich«, sagt Gill, sorgfältig seine Worte wählend, um Emotionen zu vermeiden. »Wir haben zwei verschiedene Arten von DNS getestet – Mitochondrien-DNS und genomische [Zellkern-] DNS. Ja, es ist uns gelungen, Zellkern-DNS aus diesen Proben zu extrahieren; es sind wohl die ältesten Proben, von denen man diese Art DNS je gewonnen hat. Dann haben wir diese genomische DNS für STR – Short Tandem Repeat – getestet, um die Bestätigung für die Vaterschaft des Zaren zu erhalten. Es war sehr schwierig, sehr viel schwieriger als die Arbeit mit Mitochondrien-DNS. Aber es war entscheidend, wenn man zeigen wollte, daß dies eine Familie war, daß die DNS des Vaters auch bei den Töchtern vorhanden war. Dies ist die erste bedeutendere historische Recherche, bei der sowohl STR als auch Mitochondrien-DNS als Ermittlungsinstrument benutzt wurden. Wir haben das in allen Einzelheiten in unserem Artikel in *Nature Genetics* dargelegt. Nein, STR wurde in der Presseerklärung nicht erwähnt. Ich glaube, niemand hat bemerkt, daß wir STR gemacht haben.«

Das zielt direkt auf Maples' Vorwurf der Kontamination, denn, wie Gill erklärte, »die Zellkern-DNS, die wir benutzten, kam aus denselben Knochensegmenten wie die Mitochondrien-DNS. Wenn es da Kontaminationen gegeben hätte, hätte man es bei der Zellkern-DNS des Zaren genauso wie bei der Mitochondrien-DNS gesehen. Wir haben aber nichts dergleichen entdeckt.« Er macht eine Pause, lächelt ein wenig, und sagt: »Das wirft die Theorie einer Kontamination glatt über den Haufen.«

Außerdem hat man in Aldermaston, wie Gill weiter erzählt, die Befunde mit einer Anzahl zusätzlicher Kontrolltests überprüft. »Wir haben unsere Befunde mehrmals selbst kopiert und identische Ergebnisse von zwei verschiedenen Knochenproben erhalten, von denen jedes zu unterschiedlichen Zeiten zweifach extrahiert wurde.« Zudem hatten Gill und Iwanow, als Vorsichtsmaßnahme gegen solcherart Labor-Kontaminationen, wie man sie ihnen unterstellte, Proben von jedem der neun Knochenreste an Dr. Erika Hagelberg von der Universität Cambridge geschickt. Erika Hagelberg ist Spezialistin in der Anwendung von PCR-Techniken bei der Extraktion von DNS aus alten, bei archäologischen Grabungen geborgenen Knochen. Sie hatte mit dieser Technik zum Beispiel DNS aus Beinknochen von eingesalzenem Schweinefleisch extrahiert, die man in Heinrichs VIII. 1545 gekentertem Kriegsschiff »Mary Rose« gefunden hatte. Zehn Jahre nachdem Lowell Levine und andere Spezialisten die sterblichen Überreste von Josef Mengele mit gerichtsmedizinischen Mitteln identifiziert hatten, wandte sich ein deutsches Gericht, das noch nicht voll zufrieden war, an Alec Jeffreys, um die Ergebnisse mit DNS-Tests überprüfen zu lassen. Jeffreys bat Erika Hagelberg, ihm zu assistieren. 1993 nun extrahierte sie, unabhängig von Aldermaston und ohne die dortigen Testergebnisse zu kennen, DNS von den neun Knochenproben in ihrem Labor, amplifizierte und sequenzierte sie. Ihre Ergebnisse deckten sich mit denen aus Aldermaston.

Gill ist ebenso sicher in bezug auf die 98,5 Prozent, mit denen er seine Gewißheit beschrieb, daß es sich um die Romanows handelt. »Wir hatten eine oberste [wahrscheinlichste] und eine unterste [am wenigsten wahrscheinliche] Grenzziffer. Die Untergrenze basiert auf dem, was wir die Wahrscheinlichkeitsrate nennen – nämlich die des Beweises, daß es sich um den Zaren und seine Familie handelt, dividiert durch die Wahrscheinlichkeit, daß es sich um eine unbekannte Familie handelt. So erhält man die Wahrscheinlichkeitsrate. Als wir diese untere Wahrscheinlichkeitsgrenze ermittelten, in der Annahme, daß eine Mutation stattgefunden habe, kamen wir mit unserer Berechnung auf eine Wahrscheinlichkeitsrate von siebzig zu eins. Das heißt, es ist siebzigmal wahrscheinlicher, daß es sich um den Zaren und seine Familie handelt als um eine unbekannte Familie. Eine mögliche Rate von siebzig zu eins entspricht einer Wahrscheinlichkeit von 98,5 Prozent [Wenn man siebzig durch einundsiebzig dividiert, ist das Ergebnis 0,9859]. Dann ermittelten wir jedoch die Wahrscheinlichkeit unter der Voraussetzung, daß *keine* Mutation stattgefunden habe – wogegen sich argumentieren läßt, daß wir zu Recht eine Mutation annehmen konnten, weil wir eine Sequenz gefunden hatten, in der die Mitochondrien-DNS des Zaren mit der seiner Verwandten identisch war –, und es ergab sich eine Wahrscheinlichkeit, die in die Tausende ging, in viele Tausende. Das ergäbe mindestens 99,9 Prozent. Wir waren sehr vorsichtig. Wir nahmen den unteren Grenzwert. Deshalb sagten wir 98,5 Prozent.«

Die Gewißheit über die Identität lasse sich über 98,5 Prozent hinaus verstärken, wenn man alle anderen vorliegenden Beweise dazunehme. »Wir sind zu hundert Prozent sicher, was die Frauen anbelangt. Wir haben die Mutter der drei Töchter; wir haben den Vater derselben drei Töchter. Die Mutter ist eine Verwandte von Prinz Philip. Abgesehen von der DNS gibt es den anthropologischen Beweis. Ehe wir irgendwelche DNS-Ergebnisse hatten, schätzten Dr. Helmer [und Dr. Abramow] die Chancen, daß es sich um die Zarenfamilie handelte, auf zehn zu eins. Es ist nur recht und billig, wenn man diese Chancen mit denen multipliziert, die durch den DNS-Beweis vorliegen. Wenn wir also bei siebzig zu eins aufgrund des DNS-Beweises angelangt sind und zehn zu eins aufgrund des anthropologischen Beweises haben, können wir beides miteinander multiplizieren und erhalten eine Wahrscheinlichkeit von siebenhundert zu eins, daß es sich um die Gebeine des Zaren handelt.« Summa summarum waren also die 98,5 Prozent die mit größtmöglicher Vorsicht gewählte Ziffer.

* * *

Im Februar 1994 war Peter Gill mit seinem Labor von Aldermaston in ein neues, viel größeres Domizil in Birmingham umgezogen. Inzwischen hatte er erfahren, daß Maples mit Mary-Claire King zusammenarbeitete und daß letztere DNS-Tests an Zähnen und Knochenproben vornahm, die Maples aus Jekaterinburg mitgebracht hatte.

Ich fragte Gill, was er von Maples halte.

»Kein Kommentar«, antwortete Gill. »Soviel ich weiß, macht er keine DNS-Tests.«

Was weiß er von Mary-Claire King, und was hält er davon, daß sie weitere DNS-Tests bei den Romanows vornimmt?

»Warum nicht? Ich hatte einmal kurz Gelegenheit, sie kennenzulernen. Sie hat einen ziemlich guten Ruf auf diesem Gebiet. Im Prinzip finden Wissenschaftler nichts dabei, wenn jemand ihre Ergebnisse wiederholt, um sicherzugehen. Wenn jemand unsere Ergebnisse noch einmal prüfen will, bitte sehr. Es verlangt einige Anstrengungen, vor allem, wenn man es mit STR machen will. Für ein anderes Labor wäre es ziemlich schwierig, weil nur wenige Labors die nötige Erfahrung damit haben. Vielleicht eins oder zwei. Und vergessen Sie nicht, schon Dr. Hagelberg hat unsere Tests in ihrem Labor wiederholt und unabhängig überprüft. Damit wäre also Mary-Claire Kings Labor das dritte.«

* * *

Pawel Iwanow war als Gills Hauptkollege bei den Tests von Aldermaston und einzig beteiligter russischer Wissenschaftler äußerst verärgert über Maples' Kritik, wobei sich sein Ärger teils gegen Maples und teils gegen die Jekaterinburger Behörden richtete, die Maples – wie Iwanow es sieht – illegale oder zumindest unstatthafte Entfernung der Romanow-Zähne genehmigten und zuließen, daß er sie aus Rußland mitnahm.

»Maples wurde nie offiziell von der russischen Regierung eingeladen. Er wurde von den örtlichen Behörden eingeladen. Es herrscht da viel Eifersucht. Eine unerfreuliche Geschichte ist das, sehr unerfreulich. Aber typisch für Rußland. Sehen Sie« – Iwanow wird immer ärgerlicher –, »es handelt sich doch um eine offizielle Ermittlung. Es ist ein Kriminalfall. Der gehört unter die Jurisdiktion des russischen Gesetzes. Und da kommt ein Herr

Maples, und die örtlichen Behörden schreiben sich ihre eigenen Gesetze. Nehmen einfach ein paar Knochenproben und Zähne und geben sie Maples. Und der steckt sie in seine Tasche und schafft sie über die Grenze. Ich bin ein russischer Wissenschaftler und brauche die offizielle Genehmigung des Generalstaatsanwalts, um Knochenproben nach England zu transportieren. Aber bei Maples ist das anders. Keiner weiß davon. Weder Plaxin noch sonstjemand.

Es war eine unglückselige Geschichte. Für mich und für Rußland. Denn bevor ich nach England reiste, sagten die Engländer: ›Ja, wir werden Dr. Iwanows Besuch bezahlen. Wir werden die ganze Analyse bezahlen.‹ Sie war sehr teuer. Und die einzige Bedingung, die sie Dr. Plaxin, unserem obersten Koordinator, stellten, war, daß es keinerlei Konkurrenz geben und niemand sonst die Genehmigung erhalten sollte, Paralleltests durchzuführen, bis wir ein Ergebnis hätten. Plaxin sagte: ›Ja, einverstanden. Dr. Iwanow wird unser offizieller Repräsentant nach russischem Gesetz. Er wird nach England kommen, und wir werden Sie nicht überprüfen, bis Sie uns Ihre Ansicht mitteilen.‹ Dann erfuhren die Briten über ihre eigenen Kanäle, daß Maples Proben aus Rußland mitgenommen hatte, um in Mary-Claire Kings Labor Tests durchführen zu lassen. Die Briten wußten nicht, beziehungsweise es war ihnen gleichgültig, wer Maples diese Proben gegeben hatte. Ich rief Plaxin an und fragte ihn: ›Warum nur, warum? Ich bin in einer fürchterlichen Lage in England. Britische Behörden haben mir gesagt: ›Wir wissen, daß einige Proben nach Amerika gegangen sind. Warum?‹ Und ich mußte ihnen wahrheitsgemäß antworten: ›Ich weiß nichts davon.‹ Es gab eine offizielle Anfrage aus England bei Plaxin. Plaxin war das sehr unangenehm, weil er zugeben mußte: ›Ich weiß nicht, warum das gemacht wurde. Es entzieht sich meiner Kontrolle, ist über meinen Kopf weg entschieden worden.‹ Das kam den Briten sehr merkwürdig vor, ist er doch der oberste gerichtsmedizinische Experte Rußlands. Der Grund ist, daß es eben Rußland ist. Nur sind die Briten keine Russen und können es nicht verstehen.

Ich glaubte, ich könnte von Maples erfahren, was da vorging, rief ihn also an und fragte. Er sagte: ›Tut mir leid, aber man hat mich gebeten, nicht darüber zu sprechen, bis Mary-Claire King ihre Analysen abgeschlossen hat.‹ Ich schrieb zwei Briefe an Mary-Claire King und bat sie, ihre Ergebnisse zur Diskussion zu stellen. Sie antwortete nicht. Später, im Herbst 1993, als ich in Arizona war, rief ich Maples noch einmal an und bat ihn, ein Treffen mit Mary-Claire King zu arrangieren. Er bekam keine Antwort, und so hatte ich keine Gelegenheit, sie zu treffen. Aber Maples sagte mir: ›Wissen Sie, es ist nicht so interessant. Sie hat ihre Analysen gemacht und Ihr Ergebnis bestätigt.‹ Ein äußerst merkwürdiger Kommentar für einen Wissenschaftler, finde ich. Wenn sie eine Methode angewandt hatte und wir eine andere und dann beide zu denselben Ergebnissen gelangt waren, so war das höchst interessant.«

Iwanow ist erbost darüber, daß Maples die Heteroplasmie, die sie in der Mitochondrien-DNS des Zaren gefunden hatten, Labor-Kontaminationen zuschreibt. »Es ist schon seltsam, daß Maples das behauptet, obwohl er gar kein Spezialist auf diesem Gebiet ist. Er versteht nichts davon. Unser Artikel in *Nature Genetics* wurde von Spezialisten besprochen. Er hätte abwarten und ihn lesen sollen, bevor er uns angreift.« Besonders enttäuscht ist Iwanow darüber, daß Maples' Attacke kurz nach ihrem gemeinsamen Lunch in Aldermaston erfolgte. »Er kam zu uns, wir unterhielten uns angeregt und erklärten ihm unsere Methoden. Dann gab er seine Erklärung ab, daß wir die Knochen kontaminiert hätten. Er hat nichts verstanden. Es ist dasselbe, als würde ich sagen: ›Maples hat einen Fehler gemacht, weil er seine Knorpel nicht kennt.‹«

Ich fragte Iwanow, ob diese Art Konkurrenz normal sei unter Wissenschaftlern, wenn es um einen so spektakulären Fall ginge, einen mit so viel Publicity. »Nicht in dem Ausmaß«, meinte er. »Natürlich will jeder gern der erste sein. Aber das muß doch nicht so weit gehen. Maples ist ein schlechtes Beispiel. Über Dr. King kann ich nichts sagen. Ich habe sie nie erreicht.«

* * *

Das Seltsamste an der Geschichte mit William Maples, Mary-Claire King und den Zähnen, die für DNS-Tests nach Kalifornien gegangen sind, ist, daß nie ein Bericht über diese Tests veröffentlicht wurde. Im November 1993 behauptete Maples, als er seine eidesstattliche Erklärung für das Verfahren in Virginia unterzeichnete, daß Mary-Claire King und ihre Mitarbeiter sich fünf Monate lang mit der Extraktion und Sequenzierung von Mitochondrien-DNS beschäftigt hätten. Doch habe Mary-Claire King bei ihren Untersuchungen, wie Maples vor Gericht aussagte, keine Heteroplasmie in der Mitochondrien-DNS des Zaren gefunden wie Gill und Iwanow, deshalb »mußte sie nicht über seltene genetische Bedingungen [eine Mutation] spekulieren, um mit einem hohen Grad von wissenschaftlicher Sicherheit eine Familienverwandtschaft festzustellen.« Frau King bereite ihren Bericht vor, er solle an die Regierung in Swerdlowsk geschickt werden, ehe sie oder er ihn bekanntgeben würden.

Im Dezember 1993 sagte mir Levine, daß Mary-Claire King »im kommenden Monat ihren endgültigen Bericht herausbringen« würde. Im Januar 1994 äußerte Maples, daß er Dr. Kings Bericht »in ein bis zwei Monaten« zu erhalten hoffe. Im Februar sprach er von einer bevorstehenden Pressekonferenz in Berkeley. Mitte April bekräftigte Levine: »Ja, wir hoffen darauf.« Ende April enthüllte Maples, daß Frau King die DNS-Tests nicht selbst durchgeführt habe, sie seien von ihrem Mitarbeiter Dr. Charles Ginther in ihrem Labor gemacht worden. Ginther habe angeblich seinen Bericht in einer nur Experten verständlichen technischen Sprache geschrieben. Frau King sei darüber nicht glücklich und halte ihn deshalb zurück, bis sie ihn selber in eine für die Behörden in Swerdlowsk und die Allgemeinheit verständliche Form bringen könne. Inzwischen war Maples allerdings »total verärgert« über Dr. King. Er war gerade wieder nach Moskau eingeladen worden, um vor einer russischen Regierungskommission eine Zeugenaussage zu machen, und wollte ihre Befunde unbedingt mitnehmen. »Ich schicke ihr ein Fax, daß ihr Bericht dringend benötigt wird, denn wenn wir die Ergebnisse nicht jetzt vorlegen können, wird das unserer Glaubwürdigkeit überhaupt großen Schaden zufügen.«

Maples' Fax hatte keinen Erfolg, auch im Juni 1994, ein Jahr, nachdem King die Zähne und Knochenproben erhalten hatte, gab sie ihren Bericht noch nicht heraus. Maples' Reise nach Moskau wurde aufgeschoben; er versuchte weiter, sie telefonisch zu erreichen – vergeblich. Schließlich reagierte Mary-Claire King und teilte ihm mit, daß ihre Befunde vorlägen und daß sie ihn, falls er es wünsche, nach Moskau begleiten würde, um vor der russischen Regierungskommission Zeugnis abzulegen. Doch nun hatte sich Maples' Moskauer Einladung offenbar in Nichts aufgelöst.

Im Juni 1994 erhielt Maples, obgleich er den endgültigen Bericht noch immer nicht gesehen hatte, eine beunruhigende Detailinformation: »Dr. King und Dr. Gill haben beide im selben Abschnitt von Zar Nikolais Mitochondrien-DNS Schwierigkeiten. King muß noch analysieren, ob es sich bei dieser Schwierigkeit um ein Problem von Kontamination handelt oder ob beim Zaren eine ungewöhnliche genetische Anomalie (also vielleicht eine Heteroplasmie) vorliegt oder ob möglicherweise eine Mutation stattgefunden hat.« Die Möglichkeit einer Heteroplasmie oder einer Mutation entsprach natürlich genau dem, worüber Peter Gill und Pawel Iwanow elf Monate zuvor berichtet hatten und was William Maples und seine amerikanischen Kollegen so vehement angegriffen hatten. Und es war das Gegenteil von dem, was Maples in seiner eidesstattlichen Erklärung ausgesagt hatte.

ZEHNTES KAPITEL
JEKATERINBURG WIRD MIT SEINER VERGANGENHEIT KONFRONTIERT

Peter der Große, ein Hüne von Gestalt, voller Visionen und voller Ungeduld, gründete zwei der wichtigsten Städte des modernen Rußland. Die eine war St. Petersburg, die er nach seinem Namenspatron nannte; sie sollte Rußland den Zugang zum Meer öffnen. Die andere war Jekaterinburg, benannt nach seiner Frau Jekaterina (Katharina), die seine Nachfolge antrat und Rußlands erste souveräne Kaiserin wurde. Diese Stadt im Ural, knappe fünfzig Kilometer östlich der Grenze zwischen Asien und Europa, wurde wegen der immensen Bodenschätze in der Region gebaut. Das erste Erz, das gefördert wurde, war Eisen; im achtzehnten Jahrhundert wurden vier Fünftel des gesamten in Rußland produzierten Eisens hier gefördert und verhüttet. Später gab die Erde auch Kohle, Gold, Silber und andere Metalle in solcher Fülle her, daß die Stadt reich, berühmt und stolz wurde.

Heute ist diese 1,4-Millionen-Stadt eines der bedeutendsten industriellen Zentren im modernen Rußland. Die gewaltig aufgeblähten Rüstungsbetriebe, die lange Zeit die Sowjetmacht verkörperten, werden jetzt auf zivile Produktionen umgestellt. Ein Ring von Fabriken – Maschinenbau, Elektrogeräte, metallurgische und chemische Werke – umgibt die Stadt. Der Stolz der Bürger ist nach wie vor groß. Im Juni 1991 gaben bei der ersten landesweiten demokratischen Wahl in Rußlands Geschichte 91 Prozent der Wähler ihre Stimme dem Sohn ihrer Stadt, Boris Jelzin. 1991, während des August-Putsches, wurde Swerdlowsk erneut zum alternativen Hauptquartier der russischen Regierung bestimmt, falls der Präsident gezwungen sein sollte, Moskau zu verlassen. Am 4. September 1991 änderte die Stadt ihren Namen von Swerdlowsk wieder in Jekaterinburg.

Unglücklicherweise werden alle diese guten Dinge – Wohlstand, Ruhm, Stolz der Bürger – nach wie vor von einem einzigen schrecklichen Ereignis überschattet. Im selben ereignisreichen Sommer 1991 fand die Exhumierung der Romanows statt. Als das geschah und die Welt auf Jekaterinburg blickte, sah sich die Stadt mit der Tatsache konfrontiert, daß sie heute – und vielleicht für immer – in der ganzen Welt nicht wegen ihrer Mineralien oder ihrer Industrie berühmt ist, sondern wegen des Ereignisses, das hier in der Nacht vom 16. auf den 17. Juli 1918 stattgefunden hat.

* * *

Die Bewohner von Jekaterinburg reagieren in unterschiedlichster Weise auf dieses berühmteste Ereignis in der Geschichte ihrer Stadt. Manche gehen in die Defensive. »Natürlich kennen wir diese Geschichte, aber warum sie publik machen?« sagt der letzte kommunistische Parteichef der Stadt. »Haben die Leute nichts Wichtigeres im Kopf als das?« Andere sind neugierig, beklommen, wollen unbedingt verstehen, es fassen können. »Als jemand, der in einer Atmosphäre von Feindschaft gegen die Monarchie groß geworden ist, habe ich gelernt, daß die Exekution von Nikolai II. die Rache des Volks für Jahre der Unterdrückung war«, sagt der Chefarchitekt der Stadtverwaltung. »Aber Repressalien gegen die Kinder? Das habe ich nie verstanden.« Ein siebenundzwanzigjähriger Computermonteur hat seinen vierjährigen Sohn zum ehemaligen Ipatjew-Haus gebracht. »Ich hatte keine Ahnung, was hier geschehen ist«, sagt er. »Ich habe die Wahrheit erst vor ein paar Jahren erfahren. Jetzt bringe ich meinen Sohn hierher und erzähle ihm unsere Geschichte. Es ist gut, daß wir endlich die Wahrheit über diese Dinge erfahren. Die Ermordung des Zaren war eine große Tragödie für unser Land, und wir sollten alle Einzelheiten erfahren.« Ein Hüttenwerker stimmt ihm zu: »Wir dürfen das nie vergessen. Wir dürfen nicht zulassen, daß so eine barbarische Tat noch einmal passiert.«

Seit kurzem ist es Brauch für frisch verheiratete Paare, daß sie zu dem hohen weißen Kreuz kommen, das an der Stelle des abgerissenen Ipatjew-Hauses errichtet wurde. Sie knien nieder, legen Blumen hin und lassen sich fotografieren. »Wir wollten vor dem Kreuz fotografiert werden«, sagt ein frisch verheirateter fünfundzwanzigjähriger Goldgräber. »Es soll uns Glück bringen, aber wir sind auch gekommen, weil das unser russisches Gefühl stärkt. Es ist Teil der Erneuerung des wahren Rußland, die heutzutage stattfindet.« Eine andere Besuchergruppe, zumeist ältere Menschen, suchen in dem Kreuz noch etwas mehr als Glück: sie sind krank, glauben an Wunder und hoffen auf Heilung. »Es heißt, dies sei ein heiliger Ort«, sagt Lilja Subbotina, eine zweiundfünfzigjährige Grundschullehrerin, deren Kopfschmerzen und Bluthochdruck auf kein Medikament ansprechen. »Ich habe von Leuten gehört, die krank hierhergekommen und vollkommen geheilt wieder gegangen sind. Ich hoffe eben, daß das auch mir passiert.« Durch diese Geschichten angezogen, kommen Kranke und Gebrechliche, beugen sich über die Blumen und drücken andächtig eine Hand gegen das Kreuz. »Wenn man das Kreuz berührt, spürt man einen plötzlichen Zustrom positiver Energie«, sagt ein neunundfünfzigjähriger Pilger aus Wladiwostok, der die nahezu fünftausend Kilometer hergereist ist in der Hoffnung, eine fortschreitende Schwäche in seinen Beinen aufhalten zu können. »Nach drei Tagen an diesem heiligen Ort sind meine Beine wieder gekräftigt. Gott hat dieses Kreuz gesegnet, weil unser Zar hier ermordet worden ist.«

Die russisch-orthodoxe Kirche, gelähmt durch fünfundsiebzig Jahre der Kompromisse mit einem atheistischen Staat, ringt immer noch, um einen Weg zu finden, wie sie mit der Exekution der Romanows umgehen soll. Wenn die Familie den Märtyrertod gestorben ist, dann muß sie heiliggesprochen werden – was in der Tat 1981 durch die orthodoxe Kirche im Ausland geschehen ist. Doch selbst wenn Nikolai und seine Familie nicht die Märtyrerkrone und die Kanonisierung verdienen, sondern einfach als Opfer eines politischen Mordes angesehen werden, wäre die Kirche wohl verpflichtet, von ihrem gewaltsamen Tod Notiz zu nehmen. (Die russisch-orthodoxe Kirche hat die Ermordung Zar Alexanders II. 1881 in St. Petersburg nicht als Martyrium angesehen, aber sie ließ trotzdem an der Attentatsstelle die Kathedrale zum Heiligen Blut errichten, um das Gedenken an Alexander zu bewahren.) Sogar schon vor der Exhumierung der Skelette in Jekaterinburg wollte der dortige Erzbischof auf dem Grundstück des Ipatjew-Hauses eine Gedenkkirche errichten. »Das ist der Ort, wo das Leiden des russischen Volkes begonnen hat«, sagt Erzbischof Melchisedek. Die Kirche solle Kathedrale zum Vergossenen Blut genannt werden, sie »würde die Reue der Gesellschaft und die Reinigung von Gesetzlosigkeit und Massenrepressalien während der Jahre des Bolschewismus symbolisieren«. 1990 wurde ein Wettbewerb für die Kirche ausgeschrieben, Architekten aus ganz Rußland waren aufgefordert, ihre Pläne einzureichen. Im Oktober 1992 gewann Konstantin Jefremow, ein sibirischer Architekt, den Wettbewerb mit dem Entwurf für eine hohe weiße Kirche aus Stein und Glas, die Altrussisches mit modernem Design kombiniert, einen Glockenturm und nicht weit davon ein Hotel für Pilger und Touristen. Leider standen dem Erzbischof keine Mittel zur Verfügung, weder von seiner eigenen Diözese noch von der Stadt Jekaterinburg oder dem Patriarchen, dem religiösen Oberhaupt der orthodoxen Kirche in Moskau, oder der russisch-orthodoxen Kirche im Ausland. Auch im April 1995, zweieinhalb Jahre, nachdem der Entwurf angenommen wurde, steht die Gedächtniskirche nur auf dem Reißbrett.

In anderer Hinsicht allerdings hat Geld die Gemüter mancher Bürger von Jekaterinburg intensiv beschäftigt. Seit die Gebeine exhumiert wurden, hoffte man in der Stadt, sie könnten sich als eine Goldquelle erweisen. »Wir glauben, daß diese Gebeine sehr wertvoll sind«, sagt ein Vertreter der örtlichen Miliz. »Es wird von einer Belohnung gesprochen. Zumindest glaubt man, damit etwas Wertvolles für Touristen zu haben.« In einer komischen, aber nicht ungewöhnlichen Vermischung von kommunistischen und kapitalistischen Perspektiven sagt ein Hochschulstudent: »Heute sind wir stolz darauf, daß der Zar in unserer Stadt ermordet worden ist. Wir hoffen, daß aus dieser Tragödie noch etwas Gutes entsteht.«

Ein unangenehmes Beispiel für die Jekaterinburger Geschäftstüchtigkeit im Umgang mit den kaiserlichen Gebeinen gab es während der wissenschaftlichen Konferenz im Juli 1992. Die Veranstalter der Konferenz versuchten zunächst, ausländischen Journalisten eine Summe von je eintausend Dollar für ihre »Akkreditierung« zur abschließenden Pressekonferenz abzuknöpfen. Die Journalisten lehnten ab und wurden schließlich auch so zugelassen. Als nächstes verlangte man jedem zehntausend Dollar ab, der die Gebeine ansehen und fotografieren wollte. Manche zahlten, aber weit weniger als die verlangte Summe. Hinter dieser Kommerzialisierung stand eine schweizerisch-sowjetische Firma, die sich »Interural« nannte und von den Jekaterinburger Behörden beauftragt war, die Publikations- und Bildrechte an den sterblichen Überresten zu vermarkten. Das Motiv, so sagte »Interural« der Londoner *Sunday Times*, sei edel. »Wir tun es aus reiner Liebe«, sagte Wladimir Agentow, ein Direktor der Firma, und erklärte, daß mit den Einnahmen der Bau der Kirche an der Stelle des Ipatjew-Hauses unterstützt werden sollte. »Wir hatten ein Angebot von einer amerikanischen Zeitung«, sagte Agentow, »die das Copyright für alles, was mit den sterblichen Überresten zusammenhängt, kaufen und uns dann an den Wiederverkaufsrechten beteiligen wollte. Was glauben sie, was das wert sein könnte?«

Der Schlüssel für all diese Bürgerhoffnungen von Jekaterinburg liegt darin, daß man die Gebeine irgendwie permanent in der Stadt behält. Nach historischem Vorbild müßten sie in St. Petersburg in der Peter-Pauls-Kathedrale begraben werden, der traditionellen Grabstätte der Romanow-Zaren. Dennoch hatte man auch Anfang 1995 in Jekaterinburg immer noch die Hoffnung, daß sich dieses Präjudiz umgehen läßt. Diese Einstellung beunruhigt, ja empört bisweilen die anderen Russen. »Nach wie vor [ihrem Tod] will Jekaterinburg die Romanows nicht aufgeben«, sagt Edward Radsinski, der russische Dramatiker und Autor des Buches *Nikolaus II. Der letzte Zar und seine Zeit.* »In Jekaterinburg haben sie einen verrückten Traum – sie wollen ein Romanow-Grab als Teil eines touristischen Komplexes. Es ist der reine Wahnsinn, schrecklich, grauenvoll. Die Romanows, die von Leuten aus Jekaterinburg exekutiert wurden, müßten dann in derselben Erde liegen und für die Jekaterinburger Gewinne erwirtschaften.«

ELFTES KAPITEL
ERMITTLER SOLOWJOW

Das Gerangel zwischen Jekaterinburg und Moskau um die Kontrolle über die Romanow-Gebeine begann, als die Knochen exhumiert wurden. Tatsächlich betrachtete Jekaterinburg von dem Moment an, als Geli Rjabow 1989 enthüllte, was er und Alexander Awdonin entdeckt hatten, die Knochen als seinen Besitz. Die Exhumierung 1991 wurde vom Gebietsgouverneur von Swerdlowsk, Edward Rossel, und seinem Stellvertreter, Alexander Blochin, angeordnet. Die eigentliche Grabung wurde vom stellvertretenden Ermittlungsleiter Wolkow von der Staatsanwaltschaft des Gebiets Swerdlowsk beaufsichtigt. Als die Gebeine im Leichenschauhaus ausgestellt waren, nahm Wolkow die Ermittlungen zur Feststellung ihrer Identität auf. Er war es, der dem gerichtsmedizinischen Experten Sergej Abramow aus Moskau untersagte, die Skelette zu fotografieren, und der verlangte, nachdem doch Fotos gemacht worden waren, daß alle Filme und Notizen in Jekaterinburg bleiben müßten. Rossel ersuchte dann Außenminister James Baker um amerikanische wissenschaftliche Hilfe.

Zu keiner Zeit akzeptierte die russische Regierung, daß die Ermordung eines russischen Kaisers und die Entdeckung seiner Gebeine als lokale Angelegenheit zu betrachten sei. Doch während dieser Ereignisse war die russische Regierung politisch sehr geschwächt. Präsident Jelzin hatte einen Putschversuch der alten Kommunistengarde und einen weiteren des gewählten Parlamentspräsidenten und seines Vize durchzustehen. Während des Überlebenskampfes in Moskau waren die einzigen Regierungsbeamten der Zentralregierung, die mit den Romanow-Ermittlungen befaßt waren, aus dem relativ nachgeordneten Büro des obersten Gerichtsmediziners im Gesundheitsministerium. Zudem waren sich die Jekaterinburger Behörden sicher, was sie taten, würde inoffiziell von Präsident Jelzin, dem Sohn ihrer Stadt, unterstützt.

Diese Überzeugung wurde von Blochin, dem stellvertretenden Gouverneur des Gebiets Swerdlowsk, auf der Konferenz vom Juli 1992 in Jekaterinburg öffentlich ausgesprochen. Und zwar als Antwort auf eine gezielte Frage von Wladimir Solowjow von der russischen Staatsanwaltschaft, der als Beobachter zugegen war. Während der Pressekonferenz fragte Solowjow: »Gegenwärtig ist die Swerdlowsker Verwaltung entschlossen, sich die sterblichen Überreste der kaiserlichen Familie anzueignen. Diese Entdekkung gehört aber Rußland. Hat man der russischen Regierung die Frage einer Bestattung der Gebeine gestellt?« Blochin antwortete ruhig, die Regionalregierung betrachte das, was sie getan habe, nicht als »Aneignung«. Das Swerdlowsker Gebiet habe bei der russischen Regierung nicht offiziell um Erlaubnis gebeten, aber – so sagte er zu Solowjow – »Sie sind offenbar darüber informiert, daß, bevor noch mit irgendwelchen Ermittlungen oder der Exhumierung begonnen wurde, der Verwaltungschef den russischen Präsidenten Boris Nikolajewitsch [Jelzin] angerufen und ihm berichtet hat, daß das Gebiet eine derartige Arbeit erwäge.« Solowjow war abgeblitzt, aber nicht besiegt. Ihm kam es nach wie vor absurd vor, daß eine Provinzhauptstadt versuchte, von einem bedeutenden Ereignis der russischen Geschichte Besitz zu ergreifen und zu profitieren. Außerdem hatte er die stümperhaften Versuche beobachtet, die Knochen zu vermarkten, die diese Konferenz begleitet hatten, und war davon abgestoßen.

Im August 1993 endete das Jekaterinburger Monopoly abrupt, und die russische Staatsanwaltschaft übernahm die Kontrolle über die Romanow-Ermittlungen. Wladimir Solowjow wurde zum obersten Ermittlungsbeamten berufen. Eine russische Regierungskommission mit Sitz in Moskau wurde gebildet[8], die von der russischen Staatsanwaltschaft alles verfügbare Beweismaterial über die Echtheit der Gebeine in Empfang zu nehmen, zu evaluieren und dann die Regierung zu informieren hatte. Wenn die Kommission befand, es handelte sich um die legitimen Gebeine,

Wladimir Solowjow

dann sollte sie Empfehlungen geben, wo, wann und nach welchem Ritual sie zu bestatten wären.

Die Kommission arbeitete *ad hoc*. Regelmäßige Treffen gab es nicht; die Mitglieder wurden zusammengerufen, wenn neue Beweismittel entgegenzunehmen und zu diskutieren waren. Nur wenige Mitglieder nahmen regelmäßig teil. Edward Rossel, nominell noch immer Mitglied der Kommission, ist nie erschienen. Wenjamin Alexejew tauchte nur selten auf. Aus Jekaterinburg blieb da nur Alexander Awdonin übrig, der zu jedem Treffen auf eigene Kosten kam. Manchmal wurden Leute zur Teilnahme eingeladen, dann aber zu den Treffen nicht benachrichtigt. Der achtzigjährige Bischof Basil Rodzianko, in ganz Rußland geachtet wegen der fünfundzwanzig Jahre seiner religiösen Rundfunksendungen aus London und Washington, D. C., wurde offiziell von Anatoli Sobtschak zur Teilnahme eingeladen; er sagte, daß er gern zu einem Treffen käme – er hörte nie mehr etwas.

Wladimir Solowjow, obgleich kein Kommissionsmitglied, wurde unausgesprochen zur Schlüsselfigur bei der Arbeit der Kommission. Er war der Repräsentant der Generalstaatsanwaltschaft und hatte die Kommission mit Beweismaterial zu versorgen. Seine Aufgabe war es, Wissenschaftler, Historiker und Archivare aufzuspüren, Dokumente zu orten, Tests zu beglaubigen und Ergebnisse zu sammeln. An den meisten Treffen der Kommission nahm er teil, um Fragen zu beantworten oder Wünsche nach zusätzlicher Information entgegenzunehmen. Er war mit weitreichenden Befugnissen ausgestattet. Als Alexander Awdonin im Sommer 1994 in meinem Auftrag fragte, ob ich die Gebeine in Jekaterinburg sehen könne, war die Antwort der lokalen Behörden zunächst ein Nein. Bald jedoch kam ein Fax aus Moskau von Solowjow mit der Anweisung, mir »alles« zu zeigen.

* * *

Wladimir Nikolajewitsch Solowjow ist ein kleiner Mann mit gelichtetem Haar, vorgewölbter Brust, hellbraunen Augen und einem braunen, sorgfältig gestutzten Bart ganz im Stil von Nikolai II. Mit seiner tiefen Stimme erzählt er, als er im Zusammenhang mit seiner Arbeit die kaiserlichen Paläste in Zarskoje Selo außerhalb von St. Petersburg besuchte, um die Uniformen, Kleider, Helme und Hüte zu überprüfen, die die kaiserliche Familie getragen hatte, habe er entdeckt, daß die Maße des Zaren mit seinen eigenen übereinstimmten. Aus Neugier habe er einen von Nikolais inzwischen ausgebleichten Uniformröcken anprobiert – er saß wie angegossen. Solowjows eigene Alltagsuniform ist ein einfaches braunes, halbmilitärisches Hemd mit Achselklappen, aber ohne Amtszeichen.

Wladimir Solowjow wurde 1950 als Sohn eines Juristen in der zum russischen Kaukasus gehörenden Region Stawropol geboren, unweit der Urlaubsorte Pjatigorsk und Kislowodsk – »Lermontow-Stätten«, wie er sie nennt. Er hat bis achtzehn die Oberschule absolviert, ein Jahr lang an verschiedenen Stellen gearbeitet, zwei Jahre bei der Armee verbracht und dann endlich sein Studium an der Juristischen Fakultät der Moskauer Universität begonnen. Nach dem Examen 1976 schickte man ihn nach Taldom, einer Stadt etwa hundert Kilometer von Moskau entfernt, wo er in der *Prokuratura* (Staatsanwaltschaft) als einer von zwei regionalen Ermittlungsbeamten arbeitete. Seine Hauptaufgabe waren Ermittlungen in Mordfällen, die, wie er erzählt, »damals leider ziemlich häufig waren ... Bauern, die Leichen im Ofen ihres kleinen Hauses verbrannten ... diese Art Fälle«. Nach zwei Jahren wurde er in die Staatsanwaltschaft des Gebiets Moskau versetzt und arbeitete dort in einer Abteilung, die die Arbeit der Miliz beaufsichtigte, dann rückte er weiter auf in die Abteilung Transport und Verkehr, wo er bei Unglücksfällen und Gewalttaten im Verkehr ermittelte: Flugzeugabstürze, Eisenbahnunglücke und wieder »viele Morde, zum Beispiel in Zügen oder an Bahntrassen«. Anschließend kehrte Solowjow als verantwortlicher Leiter des Labors der Abteilung Kriminologie an die Moskauer Universität zurück, wo er Studenten in kriminologischen Verfahren ausbildete. 1990 wurde er zur russischen Generalstaatsanwaltschaft versetzt, wo sein Titel Staatsanwaltschaftlicher Kriminologe in der Generalstaatsanwaltschaft der Russischen Föderation lautete. Auch hier ist sein Spezialgebiet Mord. In seiner ganzen Karriere hatte Solowjow nichts mit dem KGB zu tun. »Die Staatsanwaltschaft wird bei politischen Fällen nicht zugezogen, die beiden Organisationen verfolgen unterschiedliche Ziele.«

Solowjow hat sich schon immer für Geschichte und Archäologie interessiert. Als Rjabow bekanntgab, daß er die Romanow-Gebeine in Sibirien gefunden habe, schenkte Solowjow ihm nicht unbedingt Glauben, aber die Sache interessierte ihn. Und als die Gebeine exhumiert waren, wurde Solowjow – wegen seiner Vertrautheit mit dem wichtigsten Staatsarchiv (früher das Zentralarchiv der Oktoberrevolution, vor kurzem umbenannt in Staatsarchiv der Russischen Föderation) – beauftragt, den stellvertretenden Ermittlungsleiter von Swerdlowsk, Wolkow, zu unterstützen. In den Archiven ortete Solowjow viel brauchbares Material: die vier Bände von Sokolows Werk, Fotografien von

Charitonow und Trupp, Material über Jurowski und über Großfürst Georgi Alexandrowitsch (Nikolais II. jüngeren Bruder). Bei dieser Arbeit verstärkte sich Solowjows Interesse an den Romanows. Im August 1993 wurde ihm von seinen Vorgesetzten die volle Verantwortung für die Durchführung der Romanow-Ermittlungen im Auftrag der russischen Regierung übertragen.

* * *

Als Solowjow die Kontrolle übernahm, definierte er die Romanow-Ermittlungen sofort als einen Kriminalfall. Das gab ihm größere Befugnisse. Jetzt konnte er Zeugenaussagen erzwingen; kein Russe durfte die Beantwortung seiner Fragen verweigern, und die Verhörten konnten für ihre Antworten zur Verantwortung gezogen werden. Damit, daß er das Ganze zu einem Kriminalfall gemacht hatte, weitete er auch den Umfang seiner Ermittlungen beträchtlich aus. Zusätzlich zur Feststellung der Einzelheiten der Ermordung hatte er nun auch die Frage nach den Verantwortlichen zu stellen: Wenn es denn Morde gewesen sind, wer waren die Mörder? Oder wie Solowjow erklärt: »Der Kriminalfall wurde aufgegriffen, um festzustellen, ob in Jekaterinburg ein Mord begangen wurde oder legal eine Exekution aufgrund des Urteils einer legalen Regierung. Wenn ein Mensch ein Verbrechen begeht und dafür nach dem Gesetz mit dem Tode bestraft wird, dann begehen die Vollstrecker dieses Todesurteils kein Verbrechen. Ich muß also feststellen, ob der Ural-Sowjet 1918 nach dem Gesetz handelte, als er die Todesstrafe über den Zaren und seine Familie verhängte.« In diesem Zusammenhang stellt Solowjow weitere Fragen: »Wer war Jurowski? Wer war Swerdlow? Wer war Lenin? Was hatten sie juristisch mit diesen Exekutionen zu tun? Waren es Kriminelle oder achtbare Leute?«

Solowjow ist sich bewußt, daß Fragen dieser Art seine Verbrechensermittlungen zu einer Untersuchung von höchster Bedeutung machen und politisch wie historisch äußerst brisant sind. »Ja, ich habe wesentlich mehr zu tun, als nur einfach die Identität eines Schädels oder mehrerer Schädel festzustellen. Das ist schon schwer genug, aber in Wahrheit geht es um etwas ganz anderes. Unter der Oberfläche ist ein gigantischer Eisberg.«

Als ich die potentiellen politischen und historischen Auswirkungen, die mit diesen Fragen verbunden sind, anspreche, nickt Solowjow und lächelt kläglich. »Ja, aber meine Chefs wissen das, Gott sei Dank, bisher noch nicht. Ich leite die Ermittlungen, und Gott sei Dank hindert mich niemand daran, meine Arbeit zu tun. Praktisch interessiert es die Staatsanwaltschaft kaum. Meine Chefs haben andere, dringendere Probleme. Ihnen brummt der Kopf, weil wir in Rußland endlich Amerika eingeholt und überholt haben – in der Mordrate.«

* * *

Solowjow hat angefangen, wie es jeder Verbrechensermittler überall in der Welt tun würde: Er machte die Waffen, die angeblich bei den Morden benutzt worden waren, ausfindig und untersuchte sie. Er nahm die Pistolen, die den Museen geschenkt worden waren, und ließ sie von Ballistik-Experten abfeuern, um zu sehen, ob die neuerlich verschossenen Kugeln ähnliche charakteristische Merkmale hatten wie die im Grab gefundenen. Leider waren die Kugeln aus dem Grab stark korrodiert, und die winzigen Details, die Ballistik-Experten untersuchen, um eine Identität festzustellen, waren zerstört. Außerdem war noch, wie Solowjow grimmig bemerkte, speziell mit diesen Pistolen über viele Jahre häufig geschossen worden und dadurch jedes besondere Merkmal des Pistolenlaufs verlorengegangen. Und doch »gibt es zwar keinen Beweis dafür, daß die Kugeln tatsächlich aus diesen Revolvern abgefeuert wurden, aber auch nicht für das Gegenteil. Sie *könnten* aus diesen Pistolen gefeuert worden sein.«

Als nächstes versuchte Solowjow, der Kommission den endgültigen Nachweis für die Identität der Skelettreste zu verschaffen. Obwohl er persönlich das Urteil der russischen, englischen, deutschen und amerikanischen Wissenschaftler akzeptiert, daß es sich um die Romanows handelt, stellte er fest, daß einige höhere Vertreter der russisch-orthodoxen Kirche – sowohl des Patriarchats in Rußland als auch der russisch-orthodoxen Emigrantenkirche im Ausland – immer noch Zweifel hatten. Beide Kirchen waren weiterhin wegen der Heteroplasmie beunruhigt, die Gill und Iwanow in der DNS von Nikolai II. gefunden haben. Inoffiziell wurde Solowjow und der russischen Regierungskommission zwar mitgeteilt, daß Mary-Claire King und Charles Ginther in Berkeley, die die von Maples nach Amerika gebrachten Zähne untersucht hatten, die Befunde inklusive Heteroplasmie von Gill und Iwanow in England bestätigten. Doch offiziell lag der Kommission kein Bericht aus Berkeley vor. Deshalb bestand das Patriarchat der russisch-orthodoxen Kirche, wo eine Kanonisierung der kaiserlichen Familie erwogen wurde, auf weiteren Tests und drohte, seinen Vertreter, den Metropoliten Juwenali, aus der Regierungskommission zurückzuziehen, falls seine Forderungen nicht erfüllt würden. Die Kommission gab nach. Daraufhin griff der Ermittler Solowjow den früheren Vorschlag von Pawel Iwanow wieder auf, die Gebeine von Nikolais II. jüngerem Bruder, Großfürst Georgi, in der Peter-Pauls-Kathedrale in St. Petersburg zu exhumieren und die DNS der beiden Brüder zu vergleichen.

Die Exhumierung von Georgi fand zwischen dem 6. und 13. Juli 1994 statt. Es war schwierig, die Marmorplatte über dem Sarg anzuheben, aber als das geschafft war, fand man die Leiche im Sarg unberührt. Am oberen Teil des Leichnams war die Kleidung immer noch hervorragend erhalten, der untere Teil lag fünfzehn Zentimeter tief im Wasser (als Erinnerung daran, daß St. Petersburg in den Sumpf gebaut ist, wo das Wasser nie weit von der Bodenoberfläche steht). Die Wissenschaftler entnahmen ein Stück von der Schädeldecke und eines von einem Beinknochen des Großfürsten für DNS-Tests. Ursprünglich hatte Solowjow geplant, diese Proben Peter Gill nach England zu schikken, aber als das durchsickerte, gab es, wie Solowjow sich ausdrückt, »ein Zetermordio in unseren russischen Zeitungen, daß Gill etwas gefälscht habe«. Das Ergebnis waren schleppende Verhandlungen mit dem AFIP, wo man schließlich bereit war, die Tests unentgeltlich durchzuführen. »Wir können also jetzt sagen, daß wir diese Prüfung Leuten übertragen, die vollkommen unabhängig von uns sind. Obgleich auch unser Spezialist Dr. Iwanow dabeisein wird.«

Am 5. Juni 1995 kam Pawel Iwanow in das funkelnagelneue DNS-Labor des AFIP in Rockville, Maryland, mit einem Stück Oberschenkelknochen des Großfürsten Georgi im Reisegepäck. Er hatte den Auftrag, die Überzeugung, daß es sich bei Skelett Nr. 4 im Leichenschauhaus von Jekaterinburg um das von Nikolai II. handelte, zu untermauern. »Vor zwei Jahren in Peter Gills Labor erreichten wir eine Sicherheit von 98,5 Prozent. Heute, in diesem neuen Labor, wo man mit neuen Methoden und moderner Technologie arbeitet, könnten wir sogar auf 99,5 bis 99,7 Prozent kommen. Wir wollen uns so dicht wie möglich an hundert Prozent annähern, um unserer russischen Regierungskommission die Entscheidung zu erleichtern.«

Iwanow brachte aus Moskau noch zwei weitere möglicherweise nützliche Beweisstücke mit: Das eine war das ursprünglich aus Japan stammende blutgetränkte Taschentuch, von dem sie zuvor in Gills Labor keine verwertbare DNS extrahieren konnten. Nun, in den AFIP-Labors mit ihren speziellen Luftschleusen und Luftreinigungssystemen zur Reduzierung von Laborkontaminationen auf ein Minimum und ihren supermodernen Anlagen zur Amplifizierung von erodierter DNS, wollte er es noch einmal versuchen. Das andere Beweisstück war eine Haarlocke Nikolais II., die ihm als dreijährigem Knaben abgeschnitten und in einem Medaillon in einem St. Petersburger Palais aufbewahrt worden war, wo Ermittler Solowjow sie entdeckt und Iwanow übergeben hatte. »Es sind keine Follikel dran, außerdem hat abgeschnittenes Haar sehr wenig DNS, aber die Amplifizierungsanlagen des AFIP sind ungeheuer stark. Und wir wollen unser Möglichstes tun.«

Diese DNS-Tests am Bruder Nikolais II. sowie an Nikolais Blut und Haar sollen im Herbst 1995 abgeschlossen sein.

* * *

Der Verbleib der sterblichen Überreste der beiden Kinder, die im Grab fehlten, ist nach wie vor ein Rätsel für den Ermittler und die Kommission. Awdonin, der an jedem Treffen teilnimmt, drängt die anderen Kommissionsmitglieder fortwährend: »Wenn wir diese beiden Leichname finden könnten, dann wäre alles klar, alles könnte abgeschlossen werden, und die Geschichte wäre komplett.« Solowjow ist derselben Meinung. »Wenn wir sie nicht finden«, meint er und benutzt ein russisches Sprichwort – »Im tiefsten Innern eines jeden Menschen lebt eine Schlange« –, »dann werden die Wissenschaftler und wir alle, die wir mit den Ermittlungen befaßt sind, nie die letzten Zweifel ausräumen.«

Die Aufgabe, die fehlenden Gebeine zu finden, wurde noch ungeheuer erschwert, als im Frühjahr 1993 – das heißt, ehe der Moskauer Staatsanwalt die Ermittlungen übernommen hatte –

ein Jekaterinburger Wissenschaftler, Professor Alexejew vom Ural-Institut für Geschichte und Archäologie, mit Traktoren und Pflügen über das Gelände bei der offenen Grabstelle herfiel. Als erbitterter Feind von Alexander Awdonin hoffte er, die fehlenden Gebeine noch rechtzeitig zu orten, um seine Funde der Jekaterinburger Konferenz im Juli 1993 zu präsentieren. Doch er fand nichts, und als er den Ort verließ, war die Erde zerfurcht und aufgewühlt. William Maples, der in jenem Sommer nach Jekaterinburg kam, geriet außer sich über das, was Alexejew angerichtet hatte. Hatte er doch bereits Vorkehrungen getroffen und ein hochempfindliches mobiles Gerät von der Größe eines Rasenmähers nach Jekaterinburg mitgebracht, das Schallwellen in die Erde sendet und jede Störung in der normalen Struktur der oberen Erdschichten aufzeichnet. Maples hatte gesehen, wie man damit in Amerika vergrabene Leichen orten konnte, und hielt es für aussichtsreich, damit die fehlenden Romanow-Kinder zu finden. Angesichts der Verwüstung, die Alexejew hinterlassen hatte, verfinsterte sich sein Gesicht. »Da ist nichts mehr zu machen«, meinte er, »es ist endgültig zerstört!«

Solowjow gibt zu, daß die Chancen, die beiden Skelette zu finden, immer geringer werden. »Es ist zuviel Zeit vergangen; es hat Erdarbeiten gegeben, man hat ein Leitungskabel durch dieses Gelände verlegt.« Und doch glaubt er, daß immer noch eine leise Hoffnung besteht. »Jurowski behauptet, zwei Leichen seien verbrannt worden. Sokolow glaubte, daß an dieser Stelle alle Leichen verbrannt worden seien. Er schreibt auch, daß es zu seiner Zeit noch keine Methode gab, um festzustellen, ob es sich um menschliche oder tierische Knochen handelte. Heute gibt es diese Methoden. Wenn wir diese Knochen nur finden könnten!«

Rjabow glaubt wie Solowjow den Aufzeichnungen Jurowskis und folglich auch, daß die Überreste von zwei Leichen unter einer Feuerstelle begraben seien. Wenn sie da waren und es immer noch sind, müßte es möglich sein, sie noch zu finden. Doch könnte die Suche nach Rjabows Schätzung zwischen fünf und zwanzig Millionen Dollar kosten. Und wenn die Knochen dicht unter der Erdoberfläche liegen, so Solowjows Sorge, so dürften sie in wesentlich schlechterem Zustand sein als die Knochenreste im schützenden Lehm des Massengrabes. Er fürchtet, daß die fehlenden Knochen dasein, aber doch nicht überdauert haben könnten.

* * *

Bei seinen Bemühungen, die beiden fehlenden Skelette ausfindig zu machen oder zumindest zu ermitteln, was mit ihnen passiert ist, würde Solowjow brennend gern an eine Sammlung von Beweismaterial herankommen, die ihm bisher vorenthalten wird: den Inhalt der Kiste, die Nikolai Sokolow 1920, nach der Niederlage der Weißen Armee in Sibirien, aus Jekaterinburg nach Europa brachte.

Auf der Flucht vor den siegreichen Bolschewiki fuhr Sokolow quer durch Sibirien und ließ diese Kiste, deren Inhalt er als die »Heiligen Reliquien der Nation« bezeichnete, nicht aus den Augen. Von Wladiwostok reisten er und seine Frau in Gesellschaft eines weißgardistischen Offiziers, Oberst Kirill Naryschkin, und dessen Frau an Bord des französischen Schiffs »André le Bon« nach Europa. Die Reise von achttausend Seemeilen machte die Kiste unter Mme. Naryschkinas Koje mit. Die Beziehungen zwischen Sokolow und den Naryschkins stammte noch aus alten Zeiten. Vor dem Ersten Weltkrieg hatte Sokolow dem Magistrat der Stadt Pensa, etwa vierhundertfünfzig Kilometer südöstlich von Moskau, angehört. Hier hatte er sich mit General Sergej Rosanow, Kommandeur des örtlichen Armeeregiments, angefreundet. Rosanow und Sokolow hatten häufig zusammen auf Rosanows Ländereien gejagt. Als der russische Bürgerkrieg begann, wurde Rosanow Stabschef bei Admiral Koltschak, dem »Obersten Herrscher« der Weißen in Sibirien. Als Jekaterinburg den anrückenden Weißen in die Hände fiel, waren Rosanow und sein künftiger Schwiegersohn Naryschkin die ersten zwei weißgardistischen Offiziere, die zum Ipatjew-Haus stürzten, den Bretterzaun durchbrachen und das verlassene Haus betraten. Ein paar Monate später erschien Nikolai Sokolow in Koltschaks Hauptquartier: er hatte zu Fuß den Weg durch die feindlichen Linien gefunden. Sokolow wurde auf Empfehlung von Rosanow beauftragt, die Umstände des ominösen Verschwindens der Romanows zu untersuchen.

Als die »André le Bon« in Venedig ankam, fuhren Sokolow und Naryschkin an die französische Riviera, um die Kiste Großfürst Nikolai Nikolajewitsch zu überreichen, dem früheren Oberkommandierenden der kaiserlich-russischen Armee, den die meisten Russen in der Emigration als den geeignetsten Anwärter auf den russischen Thron ansahen. Zu Sokolows Bestürzung weigerte sich der Großfürst, die Kiste in Empfang zu nehmen: er wollte die Mutter des Zaren, Kaiserinwitwe Maria, nicht kränken, die immer noch glaubte, ihr Sohn und seine Familie wären am Leben. Sokolow und Naryschkin reisten nach England weiter und versuchten, die Kiste König Georg V. als Vetter ersten Grades von Nikolai II. zu überreichen. Aber auch der englische König wollte sie nicht. Schließlich übergab sie Sokolow zur sicheren Verwahrung an die russisch-orthodoxe Kirche im Ausland.

All die Jahre hatte die Auslandskirche diese Kiste in Verwahrung. Bis zur Exhumierung der Knochen bei Jekaterinburg glaubte man, sie enthalte die einzigen erhaltenen Reliquien der verschollenen kaiserlichen Familie. Und nun weigern sich die Führer der Auslandskirche, die Kiste irgend jemandem zum Überprüfen und Testen des Inhalts auszuhändigen – auch heute noch sind sie zutiefst mißtrauisch gegen die russische Regierung und erbitterte Feinde des Moskauer Patriarchats, dessen Patriarchen und Bischöfe sie beschuldigen, ehemalige Agenten des KGB zu sein. Selbst um den Standort der Kiste wird ein Geheimnis gemacht, obwohl jedermann weiß, daß sie in der russisch-orthodoxen Hiobs-Kirche zum Gedenken an das Martyrium von Zar Nikolai II. und seiner Familie in Brüssel aufbewahrt wird. Ihren Inhalt haben Zeugen beschrieben, doch will die Kirche diese Berichte nicht bestätigen.

Was die Weigerung der Kirche, eine Überprüfung der Kiste zu gestatten, so besonders frustrierend macht, sind die Beschreibungen dessen, was sie enthält. Fürst Alexis Scherbatow, der achtzigjährige Präsident der Russischen Adelsgesellschaft in Amerika, machte im Sommer 1994 einen Besuch in Brüssel und erfuhr dank familiärer Beziehungen zu wichtigen Mitgliedern des Klerus, daß die Kiste die zusammengescharrten Reste eines Feuers, in dem Leichen verbrannt worden waren, enthielt: »kleine Knochenstückchen, viel blutgetränkte Erde, zwei kleine Flaschen mit [erstarrtem] Leichenfett und mehrere Kugeln«. Außerdem – Fürst Scherbatov will nicht sagen, von wem er es weiß oder woher es überhaupt jemand wissen könnte, doch er fügt hinzu: »Jaja, ganz bestimmt. Es ist von zwei Leichen.«

Dennoch weigert sich die Auslandskirche auch im April 1995 hartnäckig, die Kiste freizugeben. Weder Solowjow noch irgendein qualifizierter westlicher Ermittler darf ihren Inhalt überprüfen, um feststellen zu helfen, was mit den beiden fehlenden Kindern passiert ist. Solowjow kann nichts machen als warten. »Wenn diese Kiste eines Tages auftaucht, dann lassen sich, glaube ich, viele Fragen lösen. Wenn es da noch ganze Knochen gibt, dann könnte ein Wissenschaftler wie Maples doch wohl sagen, ob sie von einer jungen Frau oder einem vierzehnjährigen Jungen stammen. Durch einen DNS-Test könnten die Knochen mit der DNS der Mutter und ihrer Töchter, die bereits gefunden sind, verglichen werden. Mit DNS läßt sich nicht sagen, welche der Töchter es ist, aber wir wüßten dann, daß es die vierte Tochter ist. Wir wüßten nicht, wer wer ist, aber es ließen sich alle vier nachweisen.«

* * *

Im Westen wie in Rußland sind die Funde von Awdonin und Rjabow und die Ermittlungsbemühungen von Solowjow heftig angefochten worden. Zur russischen Emigrantengemeinde gehören Männer und Frauen, die ihr Leben lang den Kommunismus und seine Doktrin, die Persönlichkeiten und das ganze administrative Drum und Dran des kommunistischen Staates gehaßt haben. Ihre Feindschaft reicht tiefer als alle Ideologie; Mitglieder ihrer Familien wurden bei dieser oder jener der roten Terrorwellen abgeschlachtet; ihr Besitz wurde ihnen genommen und zum Eigentum des Staates erklärt. Fünfundsiebzig Jahre lang mußten sie mit ansehen, was sowjetische Historiker über die Vergangenheit und was sowjetische Politiker, Zeitungen, Rundfunk und Fernsehen über die Gegenwart zusammenlogen. In dieser ganzen Zeit haben sie ein Mißtrauen entwickelt, das sich nicht leicht ausräumen läßt. Deshalb waren auch 1989, als Geli Rjabow der Welt verkündete, er habe die Gebeine der kaiserlichen Familie gefunden, viele Russen in der Emigration skeptisch. Eine Gruppe, die sich Expertenkommission der Russen im Ausland nennt, beauftragte sich selbst mit der Überwachung von allem, was innerhalb Rußlands in Verbindung mit diesen Gebeinen gesagt und getan wird. Vorsitzender dieser Gruppe ist ein Ingenieur aus Connecticut namens Peter Koltypin, sein Stellvertreter Fürst Alexis Scherbatow, Sekretär ein ehemaliger CIA-Offizier mit Namen Eugene Magerovsky. Nach einhelliger Auffassung dieser Kommission ist Rjabows Geschichte ein Schwindel und die Entdeckung der Gebeine in dem Grab ein raffiniert eingefädelter Trick des nach wie vor aktiven KGB.

Alexander Awdonin ist Koltypin und Scherbatow erstmals im März 1992 in St. Petersburg bei der Beerdigung von Großfürst Wladimir, Anwärter auf den russischen Thron, begegnet. Awdonin war inzwischen wegen seiner Rolle bei der Entdeckung des Grabes in Jekaterinburg unter russischen Emigranten wohlbekannt. Nach dem Gottesdienst wollten ihm einige Leute Fragen stellen, und er schlug vor, daß man sich zusammenstellte, so daß er zu allen gleichzeitig sprechen könne. Er redete eine Stunde lang, wonach ihm die meisten Zuhörer applaudierten. Dann kamen Koltypin und Scherbatow mit ihren Fragen. »Ich merkte, daß sie mir nicht glaubten, nicht einen Augenblick. Was sie mit ihren provokanten Fragen wirklich sagen wollten, war, daß die Ermordung des Zaren durch Sokolow sorgfältig untersucht worden sei und daß sie seine Untersuchungen für ausreichend hielten. Sie glaubten, daß die Köpfe abgeschnitten und weggebracht und die Reste der Leichen verbrannt worden seien. Alles, was ich ihnen erzählt hatte, meinten sie, sei vom KGB erfunden.« Als Awdonin ihnen sagte, daß russische und ukrainische Wissenschaftler die Überreste untersucht hätten, erklärten Koltypin und Scherbatow, daß niemand diesen Wissenschaftlern glaube. Und daß man amerikanische Wissenschaftler zur Teilnahme eingeladen habe, quittierten sie mit Lachen: »So haben Sie sich an die Amerikaner verkauft.« Da schlug Awdonin vor: »Dann wählen *Sie* doch kompetente Personen aus und schicken Sie sie zu uns.« – »Nein«, sagte Koltypin, »Sie wollen uns immer noch betrügen.« Awdonin zuckte die Achseln. »Wenn es so ist, können wir Ihnen nie die Wahrheit beweisen.« Worauf Koltypin meinte: »Doch, es gibt einen Weg – nämlich DNS. Aber ihr in Rußland wißt ja nicht, wie man das macht.« Awdonin fragte ihn, wo man es denn könne. »In England«, sagte Koltypin.

Das nächste Treffen zwischen Awdonin und der Expertenkommission der Emigranten fand im Februar 1993, in Nyack, New

York, statt. Awdonin und seine Frau waren als Gäste von William Maples nach Boston gekommen, weil Awdonin beim Jahrestreffen der amerikanischen Akademie für Gerichtsmedizin über die Auffindung der Romanows berichten sollte. Er hielt nach diesem Treffen noch einen Vortrag in Nyack und zog sich danach zu Diskussionen im kleinen Kreis in eine Bibliothek zurück. Koltypin und Scherbatow waren auch da, diesmal in Begleitung von Eugene Magerovsky. Und wieder, wie in St. Petersburg, wurde Awdonin von den Emigranten attackiert. »Ich bin vielleicht ein alter weißgardistischer Dickschädel«, sagte ihm Magerovsky, »aber ich glaube Ihnen einfach nicht.« – »Ich mag Awdonin nicht«, sagte Scherbatow später. »Er lügt. Er ist ein richtiger alter Kommunist.«

In aller Form wurde der Angriff von außerhalb Rußlands am 25. Dezember 1993 geführt, als nämlich die Expertenkommission der Russen im Ausland sich brieflich an Juri Jarow, den stellvertetenden Premierminister Rußlands und Vorsitzenden der russischen Regierungskommission zur Überprüfung der Romanow-Gebeine, wandte. Zunächst warnten die Kommissionsmitglieder Jarow, er möge sich hüten vor Informationen von jemand, der irgendwann einmal »mit der Kommunistischen Partei, dem KGB oder der Staatsanwaltschaft [also Solowjow] in Verbindung gestanden« habe. Weiter hieß es, daß »einige Fakten in Geli Rjabows Biographie ziemlich dubios« seien ... »er hatte mit dem KGB zu tun ... seine Bekanntschaft mit A. N. Awdonin macht mißtrauisch«. Die Expertenkommission bestritt die Authentizität des Jurowski-Berichts und erklärte, es sei »bekannt, daß der Kopf des letzten Zaren nach Moskau gebracht wurde«. Deshalb, so ihre Hyphothese, wenn es der Schädel Nikolais II. sei, den Rjabow im Grab in Jekaterinburg gefunden habe, so müsse er später »auf jemandes Anweisung« dorthin gelangt sein. Schließlich verkündeten die Kommissionsmitglieder: »Wir vermuten, daß die anderen Knochen 1979 dorthin gebracht wurden, damit man eine Entdeckung der Gebeine im Juli 1991 vortäuschen konnte.«

Wladimir Solowjow hat den Emigrantenbrief gelesen und weist die Anschuldigungen gegen Rjabow und Awdonin empört zurück. »Es geht das Gerücht, vor allem im Ausland, dieses Grab sei nicht das Grab der Zarenfamilie und dieses Begräbnis sei vom

KGB oder der Tscheka oder einem der anderen ›Organe‹ der alten Zeit ›fingiert‹ oder arrangiert worden. Sie behaupten, daß Rjabow nach wie vor ein Agent des KGB sei. Tatsache ist, daß wir jetzt Zugang zu den KGB-Akten haben und daß ich den Anschuldigungen gegen Awdonin wie auch Rjabow offiziell nachgegangen bin. Aus der Zeit vor 1989 gibt es keinerlei Akten über einen der beiden in den KGB-Unterlagen. Als jedoch Rjabow sein Interview und seinen Artikel in *Moskowskije nowosti* und *Rodina* veröffentlicht hatte, wurden sowohl Rjabow als auch Awdonin unter Überwachung gestellt. Und das KGB versuchte herauszufinden, wo die Grabstelle war. Dagegen existiert eine dicke Akte über frühere KGB-Bemühungen, dieses Grab zu finden. So sind also alle Gerüchte, daß diese Entdeckung eine Aktion des KGB oder anderer Spezialorgane gewesen sei, einfach lächerlich. Und da ich jene Zeiten und jene Umstände kenne, gebe ich Ihnen mein Wort, daß die Grabstelle, wäre sie dem KGB oder der Partei bekannt gewesen, gerade so lange existiert hätte, wie man brauchte, um eine Menge Soldaten zusammenzuziehen und dorthin zu schicken.«

Solowjow bemühte sich, als er sich mit diesem Angriff befaßte, den Standpunkt der Emigranten zu verstehen. »Wissen Sie, die Menschen haben stereotype Ansichten. Und je älter sie werden, desto schwerer läßt sich etwas daran ändern. Viele Jahre lang hatten sie keinen Grund, dem zu trauen, was hier gesagt wurde. Heute wären die Ermittlungen, die wir in dieser Sache durchgeführt, und die Schlußfolgerungen, die wir daraus gezogen haben, für jeden anderen Kriminalfall ausreichend. Es gäbe nicht die geringsten Zweifel, weder bei Gericht noch bei sonstjemand. Aber in diesem Fall müssen wir fünf- bis sechsmal soviel tun, wie schon getan ist, um alle Zweifel auszuräumen. Sie [Koltypin, Scherbatow und Magerovsky] glauben nichts, was wir sagen. In ihren Augen bin ich ein Halunke, Rjabow und Awdonin sind Halunken, alle sind Halunken. Nur Koltypin kennt die Wahrheit. Er sollte selbst herkommen und sich alles ansehen. Aber bisher hat er das nicht getan.«

Solowjow spricht davon, daß die Expertenkommission keinerlei seriöse Untersuchung durchgeführt habe. »Wenn ich in die Archive komme, sehe ich die Liste der Dokumente durch, die eingesehen wurden, und lese die Namen derjenigen, die sie gelesen haben. Da ist das Namenszeichen von Awdonin, da ist auch Geli Rjabow, ein dritter, vierter, fünfter und so weiter. Mit diesem Kreis von Personen kann ich diskutieren. Das sind Leute, die sich mit den Quellen aus erster Hand wirklich vertraut gemacht haben und die etwas von Belang sagen können. Die anderen dagegen wollen nichts sehen, nichts erfahren, nichts wissen.«

Solowjow meint, die Emigranten attackieren ihn, weil sie all ihren Glauben an Sokolows Funde von vor fünfundsiebzig Jahren gehängt haben. »Es wird oft geschrieben, daß ich die Ermittlungen leite, ohne Sokolows Material zu kennen, auch nicht daran interessiert sei und Sokolow nicht als wichtigen Ermittler gelten lasse. Das stimmt nicht. Tatsache ist, daß Sokolow einen Fehler gemacht hat, aber diesen Fehler hätte jeder Ermittler an seiner Stelle gemacht. Sein Fehler war es, zu glauben, daß die Leichen vollständig verbrannt und zerstört worden seien. Zu jener Zeit stützten die Indizien diese Theorie. Jetzt haben wir mehr Beweismaterial. Doch war das meiner Ansicht nach Sokolows einziger Fehler.«

Einen Vorwurf erhebt Koltypins Expertenkommission zu Recht, nämlich den, daß nicht alle russischen Archive vollständig geöffnet worden sind. Solowjow gibt das zu, wenn er sagt, er habe Zutritt zu allen Archiven »außer dem Präsidentenarchiv«, dem Archiv des Politbüros. Natürlich werden die russischen Emigranten durch diese Einschränkung in ihrem Verdacht bestärkt, daß wichtige Fakten immer noch geheimgehalten werden. Einer, der in dieser Angelegenheit helfen kann, ist Edward Radsinski, selber Mitglied der Regierungskommission, der unabhängig davon eine Stalinbiographie geschrieben hat. »Es stimmt, daß Solowjow keine Erlaubnis bekommt, im Präsidentenarchiv zu arbeiten«, sagt Radsinski. »Aber ich habe diese Erlaubnis. Der Verwaltungschef des Präsidentenbüros hat mir persönlich erlaubt, dort mit Stalin betreffendem Material zu arbeiten. Als ich Mitglied der Regierungskommission wurde, bat ich darum, meine Forschungen auf die Romanows ausdehnen zu dürfen. Jetzt habe ich einen Sonderausweis und kann im Präsidentenarchiv alle Unterlagen einsehen, die die kaiserliche Familie betreffen. Überall findet man es sinnvoll, wenn ich diese Arbeit mache.«

Aufgrund seiner Erfahrung glaubt Radsinski, daß nicht deshalb keine Materialien über die Romanows auftauchen, weil sie bewußt geheimgehalten würden, sondern weil sie unauffindbar sind. Das Präsidentenarchiv, so erklärt er, wird immer noch geführt, es enthält geheime diplomatische Dokumente nicht nur der Sowjetunion, sondern auch des heutigen russischen Staates. »Als ich anfing, dort zu arbeiten, wurde mir klar, daß sie in diesem Stadium unmöglich historische Dokumente von aktuellen Staatsgeheimnissen trennen können. Sie sagten mir: ›Wir werden Ihnen die Papiere von dieser bis zu dieser Zeit zeigen. Wir können Sie aber nicht einfach reingehen und stöbern lassen.‹ Außerdem herrscht da auch ein ziemliches Durcheinander. Sie haben gerade erst damit begonnen, die Dokumente zu sortieren und zu klassifizieren. Manche Ordner sind falsch oder gar nicht etikettiert. In meinem Buch habe ich Material abgedruckt, von dem sie nicht einmal wußten, daß sie es besitzen. Als sie es in meinem Buch lasen, fragten sie mich, wo in ihrem Archiv ich es gefunden hätte.«

Radsinski fand ein Dokument, das einen zusätzlichen Beweis für Lenins zynische Verlogenheit in bezug auf das Überleben der Zarin und ihrer Töchter lieferte, nämlich die Memoiren von Adolf Joffe, einem Sowjetdiplomaten, der zur Zeit der Morde in Berlin akkreditiert war. Neugierig gemacht durch die offizielle Version, daß nur Nikolai getötet worden sei, fragte Joffe bei einer späteren Gelegenheit Felix Dzierżyński, den Chef der Tscheka, danach. Dzierżyński gab zu, daß die ganze Familie tot war, und fügte hinzu, Lenin habe kategorisch verboten, Joffe davon zu erzählen. »Es ist besser, wenn Joffe nichts weiß«, habe er gesagt. »Es ist dann leichter für ihn, zu lügen.«

Dieses Dokument überraschte Solowjow nicht. »Ich will Ihnen ein weiteres Beispiel für Lenins Ansichten geben«, sagt er. »1912 oder 1913 gab es einen Terroranschlag auf ein entfernteres Mitglied der spanischen Königsfamilie. Lenin war voller Verachtung. ›Wir können uns nicht mit individuellem Terror abgeben‹, sagte er. ›Wenn eliminiert werden muß, dann muß man die ganze Dynastie eliminieren und nicht einer Person nachjagen.‹ 1918 wiederum hing die Tatsache, daß nicht sofort bekanntgegeben wurde, man habe alle getötet, mit keinerlei moralischen Erwägungen zusammen. Offiziell hieß es, nur Nikolai sei exekutiert worden, aus guten Gründen. Nehmen wir einmal an, es wäre bekanntgegeben worden, daß alle liquidiert wurden. In monarchistischen Kreisen hätte sich dann sofort die Frage eines neuen Zaren erhoben. Lenin wollte nicht, daß sich eine Opposition um einen einzelnen Nachfolger Nikolais scharte. So ließ er alle im Zweifel darüber, wer noch lebte und wer tot war. Und wo die noch Lebenden sein könnten. Im Bürgerkrieg wußten die monarchistisch gesinnten Armeeführer der Weißen nicht, auf wen sie sich konzentrieren sollten. So operierte Lenin also an zwei Fronten: er tötete alle Mitglieder der kaiserlichen Familie und viele andere Romanows, aber er nährte auch die Hoffnung, daß einige vom engeren Familienkreis noch am Leben seien. Später, als die Sowjetmacht an Stärke gewonnen hatte, als die Möglichkeit einer monarchistischen oder sonstigen Konterrevolution entfallen war, fühlten sich die Kommunisten frei, bekanntzugeben, was sie wirklich getan hatten. Nicht nur bekanntzugeben, sondern sich sogar der Tatsache zu rühmen, daß sie die Kinder umgebracht hatten.«

Diese Dinge überschreiten die Kompetenz der gegenwärtigen Regierungskommission für Fragen der Echtheit und die Bestattung der Romanow-Gebeine. Sie bleiben den Ermittlungen der Staatsanwaltschaft vorbehalten. »Wenn ich meine Ermittlungen abgeschlossen habe«, sagt Wladimir Solowjow, »werde ich meine Erkenntnisse bekanntgeben.«

ZWÖLFTES KAPITEL
DEN ZAREN BESTATTEN

Die letzte Bestattungszeremonie für einen russischen Zaren fand 1894 statt, als Kaiser Alexander III., der Vater Nikolais II., in der Peter-Pauls-Kathedrale in St. Petersburg beigesetzt wurde. Ein Jahrhundert später ist eine russische Regierungskommission dabei, ihre Erkenntnisse und Empfehlungen in bezug auf die Beerdigung von Nikolai II. weiterzugeben. Wenn das geschehen ist, werden der Patriarch der russisch-orthodoxen Kirche und der Ministerrat und der Präsident der Russischen Föderation ihre Entscheidungen treffen: die Kirche wird entscheiden, wie, und die Regierung wird entscheiden, wo und wann der letzte russische Zar und seine Familie bestattet werden soll.

»Wir warten jetzt darauf, daß die Wissenschaftler ihre Arbeit abschließen«, sagt Edward Radsinski. »Wenn erst die Wissenschaftler die Kommission absolut davon überzeugt haben, daß die Knochen echt sind, dann muß das Patriarchat der orthodoxen Kirche bestimmen, nach welchem Ritual der Beerdigungsgottesdienst gefeiert wird. Es gibt ein Ritual für den Fall, daß Nikolai heiliggesprochen wird, und ein anderes, wenn er nicht heiliggesprochen wird. Die Kirche im Ausland hat Nikolai bereits zum Heiligen gemacht. So steht also unsere Kirche vor einem schwierigen Problem.«

Alexander Awdonin, dessen kleiner Arbeitsraum mit Fotos von Nikolai II. vollgehängt ist, versucht, das Dilemma zu erklären, vor dem das Patriarchat steht: »Sie müssen bedenken, daß unsere Kirche im Unterschied zur Kirche im Ausland ihren Sitz in dem Land hat, wo sich diese Dinge ereignet haben. Hier sind viele Menschen der Ansicht, Nikolai trage selbst Schuld, weil er die Revolution nicht verhindert hat und damit zumindest teilweise auch für seinen eigenen Tod verantwortlich war. Wenn das stimmt, sollte er dann kanonisiert werden? Wie würden die Menschen hier darauf reagieren? Schließlich darf man nicht vergessen, daß die Menschen hier für Nikolai II. nicht besonders viel übrig haben. Über siebzig Jahre lang hat man ihnen die Achtung vor ihm ausgetrieben. Es stimmt schon, daß er ein schwacher Zar war. Daß er auch ein guter Mensch, ein freundlicher Mann war, der seine Familie gut behandelte, kann seine Schuld an der Schwäche seiner Regierung unseres Landes nicht wettmachen. Anders verhält es sich mit denjenigen, die mit ihm starben. Sie sind absolut nicht schuldig. Sie sind wirklich Märtyrer.«

Metropolit Juwenali, der Repräsentant der Kirche in der Regierungskommission, ist auch der Kirchenvertreter, der in erster Linie damit befaßt ist, die Frage der Kanonisierung zu klären. Nach Awdonin prüft Juwenali »persönlich alles, was mit den Gebeinen zu tun hat. Allerdings –«, Awdonins Ausdruck verändert sich, »die Kirche hat seit vier Jahren von den Gebeinen gewußt. In dieser Zeit ist nicht ein einziges Mal jemand vom Moskauer Patriarchat gekommen, um sie auch nur anzusehen. Nicht ein Priester! Nicht einmal ein Diakon!«

Awdonin hat recht, daß über Nikolai II. im heutigen postkommunistischen Rußland die Meinungen geteilt sind, aber er irrt sich, wenn er behauptet, daß nach der orthodoxen Lehre Nikolais Leistung als Herrscher Auswirkungen auf die Frage seines Martyriums hat. »Martyrium hat nichts mit den persönlichen Handlungen einer Person zu tun«, sagt Vater Vladimir Shiskoff, ein Priester der orthodoxen Kirche im Ausland, »sondern nur damit, warum und wie diese Person gestorben ist. Im Falle von Nikolai II. ist es irrelevant, was für ein Herrscher er war, was er als Zar erreicht oder nicht erreicht hat. Nikolai ist zum Märtyrer geworden, weil er brutal ermordet wurde, und zwar aus keinem anderen Grund als dem, daß er Herrscher des Landes war.« Vater Shiskoff verurteilt nicht das Moskauer Patriarchat, daß es so lange braucht, um eine Entscheidung zu treffen. »In Wahrheit gab es nämlich, ehe unsere Auslandskirche Nikolai II. 1981 heiliggesprochen hat, sehr viel Widerstand unter den Menschen hier, auch von Priestern. Sie brachten genau die gleichen Argumente gegen die Heiligsprechung von Zar Nikolai vor.«

* * *

Die russische Regierung hat nun, nachdem die Gebeine mit den Mitteln der Wissenschaft für echt erklärt worden sind, zu entscheiden, wo sie bestattet werden sollen. Offiziell ist das eine Entscheidung zwischen zwei Städten: Jekaterinburg, wo die Familie ermordet und die Gebeine gefunden worden waren, oder St. Petersburg, wo die Romanow-Zaren und -Zarinnen seit dreihundert Jahren beigesetzt wurden. Es gilt viele Faktoren zu berücksichtigen einschließlich von Fragen der Religion und der historischen Tradition, im wesentlichen läuft es aber auf eine politische Machtfrage hinaus. Da hat nun St. Petersburg, dessen Bürgermeister Anatoli Sobtschak stellvertretender Vorsitzender der Kommission und ein mächtiger politischer Verbündeter von Boris Jelzin ist, einen überwältigenden Vorteil. Aber auch Jekaterinburg hat die Hoffnung noch nicht aufgegeben, obwohl das Gerede von Touristenhotels und Restaurantkomplexen verstummt ist.

Bischof Basil Rodzianko aus Washington, D. C., der in Jekaterinburg war und die Gebeine gesehen hat, besteht darauf, daß die Romanows in der Stadt beerdigt werden sollen, wo sie dreiundsiebzig Jahre in einem Grab gelegen haben. Die Entscheidung sei schon durch Gott getroffen worden. »Die Gebeine sollten nicht von den Körpern getrennt werden. Die Körper sind in unterschiedlicher Form vorhanden, aber sie liegen dort im Boden. Deshalb bedeutete es, die Körper zu zerstückeln, wenn man die Knochen wegnähme und nach St. Petersburg brächte. Für mich wäre das ein Sakrileg.« Bischof Basil verurteilt auch den Plan, die Romanows in der Peter-Pauls-Kathedrale zu bestatten, da sie, wie er behauptet, »ein rein weltlicher, rein säkularer Ort ist, der wirklich gar nichts mit der Kirche oder der Religion zu tun hat. Beerdigte man sie dort, so wäre das nur eine politische Rehabilitierung. ›Wir haben sie getötet‹, sagt der Staat. ›Jetzt rehabilitieren wir sie und beschuldigen Lenin und andere dieses Verbrechens.‹«

Wenn die Familie heiliggesprochen werde, fährt Bischof Basil mit seinen Erläuterungen fort, dann werde es entsprechend der orthodoxen Lehre nicht einen Beerdigungsgottesdienst, sondern einen Lobpreis geben. Die Gebeine würden, statt in Särge oder Grüfte gelegt zu werden, zu Reliquien, von denen man Splitter verteile und auf den Altären orthodoxer Kirchen aufstelle. Jede orthodoxe Kirche habe eine Reliquie auf dem Altar, ohne das könne kein Gottesdienst gefeiert werden. Doch wenn es keine Kanonisierung gebe, »sollten sie in Jekaterinburg beigesetzt werden. Und zwar alle zusammen.«

* * *

Keiner der überlebenden Romanows wurde aufgefordert, in der Kommission mitzuwirken, die über die Beerdigung ihrer Verwandten berät. Die Romanows haben ihre Ansichten Präsident Jelzin, dem Kommissionsvorsitzenden Jarow, dem Patriarchen und dem Ermittler Solowjow mitgeteilt, aber die Stimme der Familie ist durch die Tatsache, daß sie gespalten ist, geschwächt; die beiden Zweige hegen eine intensive Antipathie gegeneinander, und jeder widersetzt sich heftig den Ansprüchen auf Erstgeburtsrechte der jeweils anderen. Großfürstin Maria Wladimirowna, die in Madrid lebt und sich als Thronprätendentin sieht – entweder im eigenen Namen oder in dem ihres vierzehnjährigen Sohnes Georgi –, hat vorgeschlagen, die Gebeine in drei Gruppen aufzuteilen: der Zar und die Zarin sollten neben den früheren Zaren in der Peter-Pauls-Kathedrale in St. Petersburg beigesetzt werden, die drei Töchter mit den Großfürsten, die jetzt in der Krypta derselben Kathedrale liegen, der Doktor und die drei Diener schließlich sollten in Jekaterinburg begraben werden.

Diese Vorschläge schockieren Marias Vettern, die zahlreichen Romanow-Fürsten und -Fürstinnen, an der Spitze Fürst Nikolai Romanow, Chef des Hauses Romanow, der in der Schweiz lebt. Ihre Ansicht ist, daß alle Gebeine in Jekaterinburg bleiben und dort zusammen beerdigt werden sollten. »Es wäre ein Verbrechen, sie aufzuteilen«, sagt Fürst Rostislaw Romanow, ein Londoner Investment-Banker, Großneffe von Nikolai II. »Sie sind zusammen gestorben und sollten auch zusammen beerdigt werden. Es wäre unerträglich, wenn die Kommission und die Regierung damit begännen, die Bediensteten als unbedeutend zurückzuweisen. Außerdem ist es sinnvoll, sie in Jekaterinburg zu lassen. Wenn sie als Märtyrer kanonisiert werden sollen, warum nicht sie beerdigen, wo sie ihr Martyrium erlitten haben? Wenn sie in St. Petersburg bei den anderen Zaren beerdigt würden, täte man so, als wäre nie etwas passiert. Abgesehen davon ließe sich damit ein hervorragendes Argument gewinnen, daß die Zukunft Rußlands im Osten liegt, es wäre dann ein Symbol.«

Fürst Nikolai Romanow, das Oberhaupt der Familie, besteht leidenschaftlich darauf, daß die Gebeine nicht aufgeteilt werden dürfen. »Ich habe zweimal an den Patriarchen geschrieben«, sagt er, »ich habe mit Ministern der Regierung gesprochen und habe es öffentlich über das russische Fernsehen gesagt: Wir Romanows wollen, daß alle, sämtliche Opfer dieses Massakers, zusammen beerdigt werden, am selben Ort, in derselben Kathedrale und, wie ich vorschlagen würde, im selben Grab. Sie wollen den Zaren in der Kathedrale der Peter-Pauls-Festung beisetzen? Gut! Dann aber auch den Doktor, die Zofe und den Koch mit ihnen, in der Zarenkrypta. Sie haben dreiundsiebzig Jahre miteinander in der Erde gelegen. Sie sind die einzigen, die die Familie nie verraten haben. Sie verdienen es, zur selben Zeit und am selben Ort geehrt zu werden. Und wenn die Russen von heute das nicht begreifen, dann werde ich, selbst wenn einige Romanows zu dieser Beisetzung gehen sollten, es nicht tun.«

Nikolai Newolin, der Gerichtsmediziner, der die Gebeine dreieinhalb Jahre im Jekaterinburger Leichenschauhaus überwacht hat, hofft immer noch, daß sie in seiner Stadt begraben werden. »Die Romanows sind hier exekutiert worden, und unsere Stadt hätte gern eine Art Gedenkstätte. Aber es gibt zwei andere Städte in unserem Land, Moskau und St. Petersburg, die während der vierundsiebzig Jahre Sowjetregime immer alles an sich gezogen haben. Auch jetzt versuchen sie wieder, alles zu vereinnahmen.« Als Newolin hört, daß die meisten überlebenden Mitglieder der Romanowfamilie meinen, die Gebeine sollten in Jekaterinburg beigesetzt werden, ist er erstaunt. »Das habe ich nicht gewußt. Wenn das hier geschehen sollte, dann wäre ich so dankbar, ich kann gar nicht sagen, wie. Wissen Sie, ich bin hier im Ural geboren. Ich bin ein Patriot meiner Region.«

Auch Boris Jelzin ist im Ural geboren, aber er hat sich auf eine größere Bühne begeben, wo seine geschwächte Präsidentschaft aller Unterstützung bedarf, die er nur bekommen kann. Politisch ist die Unterstützung durch Anatoli Sobtschak für ihn wesentlich, und Sobtschaks Herz hängt nun einmal daran, daß die Gebeine in St. Petersburg bestattet werden. Deshalb ist das wahrscheinlichste, daß Jelzin im Hintergrund bleibt, bis die Kommission ihre Empfehlungen gibt, und dann bestätigt, welchen Ort auch immer die Kommission empfiehlt. Wenn das erst einmal geschehen ist, wird Jelzin sich ins Zentrum der an der Bestattungszeremonie teilnehmenden russischen Politiker und Kirchenoffiziellen sowie der als Gäste angereisten königlichen und anderen Persönlichkeiten stellen.

* * *

Dreimal wurde ein Datum für die Bestattung festgesetzt und wieder verworfen. Ursprünglich sollte die Zeremonie am 18. Mai 1994 stattfinden, Nikolais Geburtstag, was, zehn Monate nachdem Peter Gill und Pawel Iwanow die Gebeine in Aldermaston geprüft hatten, eine angemessene Zeitspanne ließ, um Vorbereitungen zu treffen. Dann verlangte das Moskauer Patriarchat im April 1994 zusätzliche Untersuchungen einschließlich der Exhumierung von Großfürst Georgi. Man verschob also den Termin auf den 3. Juli. Als dieser Tag näherrückte und Georgi immer noch unbehelligt in seinem Grab lag, wurde die Beisetzung erneut verschoben, diesmal auf den 5. März 1995. Dies neue Datum war aus religiösen Gründen angemessen: im russisch-orthodoxen Kalender ist das der Tag der Buße vor der Fastenzeit; wenn man den Zaren und seine Familie an diesem Tag beisetzte, konnten die russische Regierung, die Kirche und das Volk um Vergebung bitten, nicht nur für die Ermordung der kaiserlichen Familie, sondern auch für die Ermordung von Millionen anderer Menschen seit 1918. Diese Form der öffentlichen Reue, ein reinigender, die ganze Nation umfassender Exorzismus historischer Schuld, war die Art Zeremonie, über die Präsident Jelzin gern präsidieren wollte. Doch im November 1994 wurde auch dieser Termin abgesagt und bislang kein neuer ins Auge gefaßt.

* * *

Die Jahre gehen dahin, und Alexander Awdonin wartet immer noch. Während die Wissenschaftler streiten, die Kommission Überlegungen anstellt, die Kirchenführer zusätzliche Beweise verlangen und die Emigranten Anklagen vorbringen, liegen die sterblichen Überreste des letzten russischen Kaisers, seiner Frau, dreier seiner Töchter und vierer treuer russischer Gefolgsleute auf Metalltischen in einem kleinen Raum im Obergeschoß des Leichenschauhauses in Jekaterinburg. Awdonin kann nicht verstehen, warum das zugelassen wird. »Diese Familie wurde im Leben verleumdet und dann auf grausame Weise ermordet. Viele Jahre lang lagen sie in einer Grube, über die die Autos hinwegfuhren. Jetzt hat man sie ausgegraben. Die Entdeckung hat ungeheure historische Bedeutung. Von diesen Gebeinen sollte jetzt die Einigung unseres Volkes ausgehen, das durch die Revolution gespalten wurde. Statt dessen verursachen sie nach wie vor unsere Spaltung. Die Gebeine könnten auch die Kirchen vereinigen, unsere Kirche und die Kirche im Ausland, aber sie tun es nicht. Sie könnten die Wissenschaftler einigen, aber wieder klappt nichts. Im Ausland will man uns nicht glauben. Koltypin, Scherbatov und Magerovsky – sie setzen lauter Desinformationen und Verdrehungen in die Welt. So sollte es wirklich nicht sein.«

Seit der Exhumierung hat sich Awdonin bemüht, die Stelle, wo die Gebeine entdeckt wurden, als Gedenkstätte zu erhalten. Seine kleine Stiftung *Obretenije* wurde dazu geschaffen, das Stück Land von den örtlichen Behörden zu erwerben und dann einen Park mit einem Denkmal anzulegen. Awdonin möchte ein Steinkreuz aufstellen, eine Gedenktafel anbringen und schließlich, wenn er genug Geld hat, eine Kapelle errichten. »Verstehen Sie, ihr Leib und Blut ist noch immer hier, ist Teil des Bodens geworden.« Er dreht sich um und weist auf ein Gelände voller Abfälle, Matsch und dunkler Wasserlöcher.

* * *

Zar Alexander III. starb im Alter von neunundvierzig Jahren auf der Krim an Nierenentzündung. Als sein Leichenzug Richtung Norden durch die Ukraine und Rußland rollte, sammelten sich Bauern entlang der Gleise und zogen ihre Mützen. In den Städten Charkow, Kursk, Orjol und Tula wurde der Zug zu Gottesdiensten angehalten. In Moskau lud man den Sarg auf einen Katafalk und brachte ihn in den Kreml. Wind peitschte die niedrigen Wolken über einen grauen Novemberhimmel, und den Moskauern, die sich an den Straßen aufgestellt hatten, um die

Prozession zu sehen, prasselten Graupelschauer ins Gesicht. Zehnmal hielt die Prozession an, ehe sie den Kreml erreichte, und an zehn Kirchen wurden von den Stufen Litaneien gesungen. In St. Petersburg am Bahnhof warteten goldverzierte rote Hofkutschen mit schwarzer Drapierung auf den Leichnam und die Familie. Vier Stunden lang bewegte sich der Zug langsam durch die Stadt zur Kathedrale in der Peter-Pauls-Festung, wo die Romanow-Zaren beigesetzt werden. In der ganzen Stadt waren die einzigen Laute die dumpfen Trommelschläge, das Klappern der Hufe, das Rollen der eisernen Kutschräder und das Schlagen der Glocken. Einundsechzig königliche Hoheiten inklusive dreier Könige waren gekommen, um mit der Familie zu trauern. Die Minister der kaiserlichen Regierung, die Kommandeure der russischen Armee und Flotte, die Provinzgouverneure und vierhundertsechzig Abgesandte der großen und kleinen Städte aus ganz Rußland hatten sich eingefunden, um ihren Respekt zu erweisen. Siebzehn Tage lang lag der Leichnam des Kaisers im Sarg, während die Menschen zu Zehntausenden vorbeidefilierten. Am 19. November 1894 wurde der Zar beigesetzt.

Eine Woche später setzte man für kurze Zeit die Trauer aus, und ohne einen Empfang oder Flitterwochen heiratete der neue Zar, der sechsundzwanzigjährige Nikolai II., seine zweiundzwanzigjährige deutsche Braut Alexandra Fjodorowna.

TEIL 2

Anna Anderson

... da kamen zwei Männer haste was kannste den Pfad entlanggerast ... Einer von den beiden Kerlen war etwa siebzig Jahre alt oder noch älter und hatte einen kahlen Kopf und 'nen sehr grauen Backenbart. Er hatte einen alten, verbeulten Schlapphut auf, 'n dreckiges blaues Wollhemd an, 'ne zerrissene alte blaue Baumwollhose ... Der andere war etwa dreißig Jahre alt und ungefähr ebenso gewöhnlich angezogen wie der Alte. Nach dem Frühstück ruhten wir uns alle aus und unterhielten uns, und das erste, was rauskam, war, daß diese beiden Kerle sich gegenseitig gar nicht kannten ...

Eine Weile sprach keiner; dann stieß der junge Mann 'nen Seufzer aus und sagte ... »Ach, Sie würden es mir nicht glauben; die Welt glaubt nie – lassen Sie – es hat keine Bedeutung. Das Geheimnis meiner Geburt ... Meine Herren«, sagte der junge Mensch sehr feierlich, »ich will es Ihnen enthüllen, denn ich fühle, ich kann Ihnen Vertrauen schenken. Rechtmäßig bin ich ein Herzog!«

Jim machte Kulleraugen, als er das hörte, und ich schätze, ich auch.

»Jawohl. Mein Urgroßvater, der älteste Sohn des Herzogs von Bridgewater, floh gegen Ende des vergangenen Jahrhunderts hierher in dieses Land, um die reine Luft der Freiheit zu atmen; er verheiratete sich hier, starb und hinterließ einen Sohn, während sein eigener Vater etwa um dieselbe Zeit starb. Der zweite Sohn des verstorbenen Herzogs eignete sich den Titel und die Güter an – der Säugling, der wirkliche Herzog, wurde übergangen. Ich bin der direkte Nachkomme dieses Säuglings – ich bin der rechtmäßige Herzog von Bridgewater, und hier stehe ich, verlassen, von meinem hohen Stand verdrängt, gejagt von den Menschen, verachtet von der kalten Welt, zerlumpt, zerquält, mit gebrochenem Herzen und herabgesunken in die Gesellschaft von Schuften auf einem Floß!«

Jim hatte furchtbares Mitleid mit ihm, und ich auch. Wir versuchten, ihn zu trösten ... Er sagte, wir müßten uns verbeugen, wenn wir mit ihm sprachen, und »Euer Gnaden« oder »Euer Hochwohlgeboren« oder »Eure Lordschaft« zu ihm sagen ... Na, das war alles leicht, und so taten wir's ... Aber der Alte wurde mit der Zeit ziemlich schweigsam ... Später, am Nachmittag, sagte er dann: »Hör mal zu, Bilgewater ... du tust mir ja schrecklich leid, aber du bist nicht der einzige, der solchen Kummer gehabt hat.«

»Nein?«

»Nein, du bist nicht der einzige Mensch, bei dem's ein Geheimnis um seine Geburt gibt ... Bilgewater, kann ich dir trauen? ... Bilgewater, ich bin der verstorbene Dauphin! ... Jawohl, mein Freund, es ist nur allzu wahr – du erblickst in eben diesem Moment den armen verschwundenen Dauphin, Luii XVII., den Sohn von Luii XVI. und Marrie Antonette ... Jawohl, meine Herren, Sie sehen vor sich in blauen Baumwollhosen und im Elend den herumwandernden, verstoßenen, getretenen und leidenden rechtmäßigen König von Frankreich.«

... er sagte, er fühlte sich oft für 'ne Weile leichter und besser, wenn die Leute ... sich aufs Knie runterließen, wenn sie mit ihm sprachen, und ihn immer »Eure Majestät« nannten und ihn bei den Mahlzeiten zuerst bedienten und sich in seiner Gegenwart nicht hinsetzten, bis er sie dazu aufgefordert hätte. Nun fingen Jim und ich also an, ihn zu majestäzen ... Das tat ihm tüchtig gut, und so wurde er vergnügt und fühlte sich wohl. Aber der Herzog wurde ziemlich griesgrämig auf ihn ...

Huckleberry Finns Abenteuer
von Mark Twain

(Aus dem Amerikanischen von Lore Krüger)

DREIZEHNTES KAPITEL
DIE HOCHSTAPLER

Mit dem mysteriösen Verschwinden der russischen kaiserlichen Familie im Juli 1918 war der Boden bereitet, auf dem Fehlinformationen, Fälschungen, Betrug, Romanzen, Burlesken, Travestien und aller möglicher Humbug üppig wuchern konnten. Seither schlitterten, taumelten und stolperten die Prätendenten und Hochstapler reihenweise durchs Jahrhundert, manchmal farbenprächtig, häufig aber bedauernswert. Bei allen fing die Geschichte gleich an: unter den Schergen in Jekaterinburg habe es einen oder mehrere gegeben, die Mitleid zeigten – selbst Jurowski wurde diese Rolle zugeschrieben – und heimlich einem der Romanows oder zweien oder vielleicht auch der ganzen Familie zur Flucht verhalfen. Eines der häufig wiederkehrenden Motive für diese Hochstapelei war der Glaube, Zar Nikolai II. habe auf ausländischen Banken ein Vermögen hinterlassen. Wer zöge wohl nicht die Existenz eines Großfürsten der eines *Gulag*-Gefangenen, eines Zureiters, ja selbst der eines berühmten Spions vor? Und als Großfürstin behandelt zu werden ist sicherlich dem Dasein einer Fabrikarbeiterin oder Putzmacherin vorzuziehen. Natürlich waren alle diese Maskeraden nur möglich, weil sich die Öffentlichkeit dafür empfänglich zeigte. Jahrelang war ein charmanter Kerl mit Namen Alexej Nikolajewitsch Romanow die Zierde der Gesellschaft von Scottsdale, Arizona. Als ich einen Journalisten in Phoenix fragte, ob die Leute in Scottsdale wirklich geglaubt hätten, der Mann, der da beim Essen neben ihnen saß, sei der Zarewitsch, sagte er mir: »Sie *wollten es* glauben, sie *wollten* es.«

Ursprung und Nährboden dieser Legenden waren die »Desinformationen«, die Lenins Regierung in Wort und Schrift und über den Rundfunk verbreiteten ließ: Nikolai sei getötet worden, aber seine Frau und seine Kinder seien in Sicherheit; Alexej sei mit dem Vater exekutiert worden; der Kreml wisse nicht, wo sich die Frauen befänden – sie seien im Chaos des Bürgerkriegs verschollen; der sowjetische Außenminister vermutete, die Töchter seien in Amerika. Der Strom von Desinformationen floß so lange, bis das Regime sich sicher genug fühlte, um sich damit zu brüsten, wie Ermittler Solowjow konstatierte, man habe sie allesamt, auch die Kinder, gleichzeitig ermordet. Da die Geschichten immer wieder modifiziert und ergänzt wurden, glaubte kaum noch jemand außerhalb der Sowjetunion irgend etwas von dem, was die Sowjetregierung sagte …

Mit den Ermittlungen Sokolows, der keine Leichen gefunden hatte, war Spekulationen Tür und Tor geöffnet. Die einen akzeptierten widerspruchslos seine Ansicht, daß elf Menschen getötet und ihre Leichen vollständig vernichtet worden seien. Andere glaubten seinen Schlußfolgerungen nur unter Vorbehalt, während eine weitere Gruppe sie rundweg ablehnte. In weißgardistischen Emigrantenkreisen und westlichen Zeitungen wurden immer wieder Gerüchte in Umlauf gesetzt, daß die Morde ein Schwindel seien. 1920 wollte man den Zaren in den Straßen Londons gesehen haben, mit schlohweißem Haar. Eine andere Story versetzte ihn nach Rom, wo der Papst ihn im Vatikan versteckt halte. Die gesamte kaiserliche Familie kreuzte angeblich endlos in den Gewässern des Weißen Meeres, ohne je an Land zu gehen.

Das Durcheinander im Zusammenhang mit dem Tod der kaiserlichen Familie und die Vielzahl einander widersprechender Geschichten in der Sowjetunion und dem Westen führten fast zwangsläufig dazu, daß im Laufe der Jahre Dutzende von Prätendenten auftraten und sich als das eine oder andere Mitglied der kaiserlichen Familie ausgaben. Nur Nikolai und Alexandra tauchten nie wieder auf (obwohl sie nach der einen Version nach Polen entkommen waren), aber alle fünf Kinder erschienen zu verschiedener Zeit und an verschiedenen Orten. Die größte Zahl an Prätendenten produzierte die Sowjetunion.

Eine junge Frau, die behauptete, Anastasia zu sein, während ihre Papiere sie als Nadeschda Iwanowna Wassiljewa auswiesen, wurde 1920 in Sibirien verhaftet, als sie versuchte, sich nach

China abzusetzen. Das Todesurteil wurde umgewandelt, man ließ sie frei, verhaftete sie wieder und schob sie zwischen den Gefängnissen von Nischni Nowgorod, Moskau, Leningrad und schließlich dem *Gulag* auf einer Insel im Weißen Meer hin und her. 1934 kam sie ins Gefängniskrankenhaus in Kasan, von wo sie auf französisch und deutsch Briefe an König Georg V. (»Onkel Georg«) schickte und um Hilfe bat. Für kurze Zeit änderte sie in der Klinik ihre Geschichte und behauptete, sie sei die Tochter eines Rigaer Kaufmanns. Sie starb 1971 in der Irrenanstalt; nach Aussage von deren Leiter war sie »abgesehen von ihrer Behauptung, sie sei Anastasia, geistig vollkommen gesund«.

Vor noch nicht allzu langer Zeit reiste Edward Radsinski einen Tag mit der Bahn, einen Tag im Bus und einen Tag zu Pferde in ein abgelegenes Dorf im Ural, dessen Bewohner überzeugt waren, 1919 hätten die zwei jüngsten Töchter des Zaren, Maria und Anastasia, bei ihnen Zuflucht gefunden. Man erzählte Radsinski, die Großfürstinnen hätten wie Nonnen zusammengelebt »in furchtbarer Armut und ständiger Angst«, beschützt durch den Priester des Orts, bis sie beide 1964 gestorben seien. Die Dorfbewohner zeigten Radsinski die Grabsteine mit den Inschriften »Maria Nikolajewna« und »Anastasia Nikolajewna«.

Radsinski selbst tendiert dazu, einer anderen Geschichte Glauben zu schenken, die ihm über einen ehemaligen *Gulag*-Gefangenen, Filipp Grigorjewitsch Semjonow, erzählt wurde, der vorgab, Zarewitsch Alexej zu sein. Er wird als »ein ziemlich großer Mann, stämmig, mit abfallenden, leicht gekrümmten Schultern ... einem langen blassen Gesicht, blauen oder grauen etwas vorstehenden Augen und einer hohen Stirn« beschrieben, soll in der Roten Armee bei der Kavallerie gedient, in Baku Ökonomie studiert und als Ökonom in Zentralasien gearbeitet haben. 1949 tauchte er in einer psychiatrischen Anstalt auf, wo man ihn als einen »akuten Psychotiker« einstufte. Von sowjetischen Ärzten befragt, wußte der Patient mehr als sie über Namen und Titel der kaiserlichen Familie, die kaiserlichen Paläste sowie Protokoll und Zeremoniell bei Hofe. Er hatte einen Kryptorchismus (einen Leistenhoden), und den soll auch Zarewitsch Alexej gehabt haben, wie der untersuchende Arzt sagte, der davon gehört haben will. Seine Hämophilie, die ihn offenbar während der Jahre bei der roten Kavallerie nicht gestört hatte, »sei zwei

Monate vor seinem Tode wiedergekehrt«, wußte Radsinski zu berichten.

Die Semjonow-Geschichte weckte auch die Aufmerksamkeit von Wladimir Solowjow und der Generalstaatsanwaltschaft. »Semjonow war eine irritierende, ziemlich dubiose Persönlichkeit«, sagt Solowjow. »Er wurde im Krieg verhaftet. Er hatte Soldaten, die an die Front fuhren, das ihnen mitgegebene Geld gestohlen, einhunderttausend Rubel, und wurde zum Tode verurteilt, doch da fiel ihm ein, daß er der Zarewitsch sei. Man steckte ihn in ein Irrenhaus, und auf diese Weise entkam er der Todesstrafe. Er überlebte im Leichenhaus, wo er als Leichenträger die niedrigsten Dienste verrichten mußte.« Radsinski besaß ein Foto von Semjonow, das seiner Ansicht nach eine Ähnlichkeit mit dem dreizehnjährigen Zarewitsch zeigte. Andere konnten diese Ähnlichkeit nicht bestätigen.

Alexander Awdonin hat mehrere große Aktenordner voller Briefe und Fotos von »Kindern« und inzwischen auch »Enkeln« des Zaren. Beim Blättern sagt er: »Hier ist Alexej, und hier ist seine Tochter. Das ist Maria Nikolajewna. Und das ist die Tochter von Olga Nikolajewna; sie hatte noch eine zweite. Da ist Anastasia, und hier die Tochter von Anastasia, und dort ist der Enkel von Anastasia, hier ist eine andere Anastasia.« Awdonin macht sich nicht lustig über diese Leute; meistens wecken ihre Briefe sein Mitgefühl. »Ich wünschte, wir könnten uns bei allen leisten, Blutuntersuchungen oder DNS-Tests zu machen. Dann würden sie erfahren, wer sie sind und wer nicht.«

* * *

In Europa tauchten weitere Prätendenten auf. Eine Frau namens Marga Boodts, die in einer Villa am Comer See in Italien lebte, behauptete, die älteste Tochter des Zaren, Großfürstin Olga, zu sein; Geld zu ihrer Unterstützung kam angeblich vom Papst und vom ehemaligen deutschen Kaiser. Eine andere Tochter, Großfürstin Tatjana, soll von britischen Agenten mit dem Flugzeug aus Sibirien gerettet und nach Wladiwostok und dann auf einem japanischen Kriegsschiff über den Pazifik nach Kanada gebracht worden sein; man habe sie durch Kanada geschleust und über den Atlantik nach England gebracht, wo sie einen Monat nach den Exekutionen von Jekaterinburg angekommen sei. Eine andere Story beschreibt Tatjana als Bauchtänzerin und Prostituierte in Konstantinopel; ein britischer Offizier habe sie aus dieser Notlage befreit und dann auch geheiratet. Diese Frau, Larissa Fjodorowna Tudor, starb 1927 und liegt auf einem Friedhof in Kent begraben. Die dritte Zarentochter, Maria, soll nach Rumänien geflohen sein, dort geheiratet und ein Kind, Olga-Beata, zur Welt gebracht haben. Olga-Beata ihrerseits hatte einen Sohn, der als Fürst Alexis d'Anjou de Bourbon-Conde Romanov-Dolgoruki in Madrid lebte. 1994 erklärte er sich zu »Seiner kaiserlichen und königlichen Hoheit Erbgroßfürst und Zarewitsch von Rußland, König der Ukraine und Großfürst von Kiew«. 1971 erstatteten die Dolgoruki-Familie und die Gesellschaft der Nachkommen russischer Adliger in Belgien bei einem belgischen Gericht Strafanzeige gegen »Fürst Alexis« und beschuldigten ihn, in Wirklichkeit belgischer Staatsbürger zu sein und Alex Brimeyer zu heißen. Das Gericht verurteilte Brimeyer-Dolgoruki-Romanov zu achtzehn Monaten Gefängnis. Er starb 1995 in Spanien.

Nach dem Zweiten Weltkrieg tauchte ein Zarewitsch Alexej in Ulm auf. Dieser Prätendent hatte als Major der Roten Armee bei der Luftwaffe gedient und, wie er behauptete, nur den Zeitpunkt abgewartet, wo er aus der Sowjetunion fliehen konnte. In Ulm arbeitete er viele Jahre lang als Techniker und lüftete seine wahre Identität erst in seinen letzten Lebensjahren.

Andere Zarewitschs kreuzten in Nordamerika auf. Mrs. Sandra Romanov aus Vancouver, British Columbia, glaubt, daß ihr Mann, Alexei Tammet-Romanov, der 1977 an Leukämie starb, der Sohn des Zaren war. Sie ist bereit, seinen Leichnam exhumieren zu lassen, damit ein DNS-Test gemacht werden kann. Dann gab es da den kraftstrotzenden Fürsten Alexis Romanov, der die letzten dreißig Jahre seines Lebens in Scottsdale, Arizona, verbrachte und 1986 starb. Dieser geschäftstüchtige Zarewitsch besaß einen Parfüm- und Juwelierladen und vertrieb die Wodkamarke »Alexis«. Laut Etikett war das eine »Spezial-Destillation nach dem Rezept des Fürsten Alexis Romanov, eines direkten Nachkommen von Zar Nicholas Romanov, Zar aller Reußen«. Fürst Alexis führte ein bewegtes Leben, umgab sich mit Filmstars, heiratete fünfmal und machte sich einen Namen als Polospieler. Polo ist ein recht ungestümer Sport; Fürst Alexis gab zu, daß er im Laufe der vierzig Jahre elf Knochenbrüche gehabt habe. Seine fünfte und letzte Frau verliebte sich in ihn, als sie ihn zum ersten Mal auf dem Pferd sah. »Er war der eleganteste Reiter, den ich je gesehen habe«, sagte sie. »Er schien mit dem Pferd verwachsen zu sein. Wenn er im Trupp am Hilton vorbeiritt, stockte der Verkehr, weil die Leute stehenblieben, um zuzusehen.« Kürzlich tauchte in Washington, D. C., der Sohn eines anderen Zarewitsch Alexej auf; er behauptete, sein Vater sei in Chicago vom KGB umgebracht worden. Auch will er mit Vizepräsident Dan Quayle und Außenminister James Baker Geheimtreffen gehabt haben, bei denen die ihm mitgeteilt hätten: »Wir wissen, wer Sie sind. Halten Sie sich in Bereitschaft.«

* * *

In den frühen sechziger Jahren traten in den Vereinigten Staaten zwei Prätendenten auf den Plan, die die Aufmerksamkeit der überregionalen Presse auf sich zu ziehen vermochten. Schließlich begegneten sie einander. Der eine war ein Alexej, die andere eine Anastasia.

* * *

Am 1. April 1958 erhielt der amerikanische Botschafter in Bern einen auf deutsch verfaßten anonymen Brief, der in Zürich abgestempelt war. Der Briefschreiber, der sich als höherer Beamter im nationalen Staatssicherheitsdienst eines Ostblockstaates bezeichnete, bot der amerikanischen Regierung seine Dienste an und bat darum, daß dieser Brief an FBI-Direktor J. Edgar Hoover weitergeleitet würde. Zweiundzwanzig Monate lang leitete dieser Agent unter dem Decknamen *Heckenschütze* mehr als zweitausend Mikrofilmdokumente an die amerikanische CIA. Er wollte weder seinen Namen noch sein Heimatland preisgeben, doch verriet er eine Reihe von Maulwürfen, die das KGB in westliche Regierungen und Sicherheitsdienste eingeschleust hatte, darunter Stig Wennerström, George Blake, Gordon Lonsdale, Israel Beer, Heinz Felfe und John Vassal.

Das Geheimnis seiner Identität schien im Dezember 1960 gelüftet, als ein englischsprechender Mann das amerikanische Konsulat in Westberlin anrief und erklärte, er sei *Heckenschütze*. Er behauptete, in Lebensgefahr zu sein, und erklärte, er wolle über-

BETTMANN ARCHIV

Oberst Michał Goleniewski, der polnische CIA-Agent, der behauptete, Zarewitsch Alexej zu sein

laufen. Am Weihnachtstag 1960 wechselte *Heckenschütze* nach Westberlin über: ein stämmiger, dunkelhaariger Mann mit blauen Augen, vorstehender Unterlippe und einem dichten Schnauzbart. Er präsentierte Namen und Personalpapiere, offenbar handelte es sich um Oberst Michał Goleniewski, einen höheren Offizier des Geheimdienstes der polnischen Armee. Später ergänzte er seine Angaben noch: »Von 1957 bis 1960 leitete ich die wissenschaftlich-technische Abteilung des polnischen Geheimdienstes. Diese Funktion ermöglichte mir Auslandsreisen, was für meine heimlichen Aktivitäten sehr wichtig war. Ich hatte engste Beziehungen zu einflußreichen Leuten im KGB, ohne ihm je angehört zu haben.« Ein amerikanischer Sicherheitsbeamter erläuterte das so: »Goleniewski war beim polnischen Geheimdienst. Gleichzeitig war er aber auch bei den Russen angestellt, um sie über den gesamten polnischen Geheimdienst und seine Leute in Polen und im Westen auf dem laufenden zu halten.«

Oberst Goleniewski war schockiert und verstimmt über das Empfangskomitee, das ihn begrüßte: Hatte er doch erwartet, von Agenten des FBI empfangen zu werden. In all den zweiundzwanzig Monaten seiner Arbeit für die Amerikaner hatte er geglaubt, er hätte es direkt mit FBI-Direktor J. E. Hoover zu tun. Obwohl ihm bekannt war, daß nach dem Gesetz die CIA für Auslandsspionage der Vereinigten Staaten zuständig ist, hatte er sie bewußt übergehen wollen, weil er überzeugt war, sie sei von Sowjetagenten infiltriert. Goleniewski war in seinem Irrtum in bezug auf die Identität seiner amerikanischen Verhandlungspartner durchschaut, aber auch bestärkt worden: alle Botschaften, die an ihn zurückgeschickt wurden, waren mit »Hoover« unterzeichnet. Doch waren die Männer, die ihn in Berlin empfingen, CIA-Agenten. Oberst Goleniewski ist J. E. Hoover nie begegnet; am nächsten kam er ihm bei einer Besichtigung des FBI-Gebäudes in Washington, wo man ihm die Dillinger- und die Bonnie-und-Clyde-Exponate zeigte, eine Zusammenstellung des kriminalistischen Labors mit Fingerabdrücken und einer Anzahl Fotos von J. E. Hoover.

Am 12. Januar 1961 kam Goleniewski mit einem Flugzeug der US-Army aus Deutschland in die Vereinigten Staaten. Er erhielt einen Arbeitsvertrag und ein Stipendium der amerikanischen Regierung und arbeitete fast drei Jahre bei der CIA bei Einsatzbesprechungen mit Offizieren, beschrieb sowjetische Geheimdiensttechniken und -operationen und ließ verschiedene kommunistische Agenten in mehreren westlichen Ländern hochgehen. Am 30. September 1961 hatte er eine einstündige Begegnung mit Allen Dulles, dem CIA-Direktor. Damals war die CIA noch nicht in ihr neues Domizil in Langley, Virginia, umgezogen. Das einzige Detail, an das sich Goleniewski später erinnerte, war die Sorge von Dulles, ob in seinem neuen Büro auch genügend Platz an der Wand für seine umfangreiche Pfeifensammlung wäre. Die Unterhaltung war nach Goleniewskis Ansicht vage und unverbindlich.

Da die polnische Regierung ihn, als sie von seinem Überlaufen erfuhr, in absentia zum Tode verurteilte, brachte ihn die CIA in einer gut geschützten Wohnung in Kew Gardens, Queens, unter. Um ihm auch den Schutz der amerikanischen Staatsbürgerschaft zu gewähren, verhandelte man mit den Parlaments- und Senatsausschüssen für Einwanderung und Staatsbürgerschaft. »Der Antragsteller Michał Goleniewski, gebürtiger Pole und polnischer Staatsbürger, wurde am 16. August 1922 in Nieŝwież geboren«, teilte die CIA dem Einwanderungsausschuß mit. »Er hat drei Jahre Jura an der Universität Posen studiert und 1956 seinen Magister in Politologie an der Universität Warschau gemacht. 1945 trat er in die polnische Armee ein und wurde 1955 zum Oberst befördert.« Am 10. Juli 1963 wurde ein privater Antrag, H. R. 5507, vorgelegt. Dort hieß es: »Der Antragsteller ist vierzig Jahre alt, gebürtiger Pole und polnischer Staatsbürger; er erhielt in den Vereinigten Staaten eine unbefristete Aufenthaltsgenehmigung und wurde von der US-Regierung angestellt ... Seine Verdienste um die Vereinigten Staaten sind als wahrhaft bedeutend anzusehen.« Der Antrag ging durch beide Häuser, und Michał Goleniewski wurde Bürger der Vereinigten Staaten.

Das war jedoch noch nicht der Abschluß des Falls. Eines Tages während der Monate seiner Arbeit für die CIA erzählte Goleniewski seinen Führungsoffizieren eine ganz andere Geschichte. Goleniewski sei ein Deckname, den er benutzt hätte, während er in Polen lebte und für den polnischen Geheimdienst arbeitete. Seine wahre Identität sei, wie er behauptete, Großfürst Alexej Nikolajewitsch Romanow; er sei der russische Zarewitsch, der angeblich in Jekaterinburg ermordet worden war.

Statt die Familie im Keller zu erschießen, hätte Jurowski, so Goleniewski, ihnen allen zur Flucht verholfen. Er hätte sie, als arme Flüchtlinge verkleidet, aus Rußland hinausgeschleust. Nach monatelanger Reise durch die Türkei, Griechenland und Österreich seien sie nach Warschau gelangt. Weshalb Warschau? »Mein Vater hat sich das sorgfältig überlegt«, sagte Goleniewski. »Er wählte Polen, weil es dort noch viele Russen in den Städten und auf den Gütern gab. Er meinte, dort könnten wir, ohne Aufmerksamkeit zu erregen, untertauchen. Er rasierte sich Bart und Schnurrbart ab, so daß ihn keiner mehr erkannte. 1924 zogen wir von Warschau auf ein Dorf bei Posen, in der Nähe der deutschen Grenze.« Im selben Jahr sei seine Mutter, Kaiserin Alexandra, gestorben, und der Zar habe Anastasia nach Amerika geschickt, um Geld von einer Bank in Detroit abzuheben. Sie sei nie nach Polen zurückgekehrt. Später seien Olga und Tatjana nach Deutschland übergesiedelt. Nikolai, Alexej und seine Schwester Maria seien während des Zweiten Weltkriegs in der Nähe von Posen geblieben, eine Zeitlang habe der Zar im polnischen Untergrund gekämpft. Goleniewski sei in Posen aufgewachsen. 1945, nach dem Krieg, hätten Freunde seine Aufnahme in die polnische Armee organisiert, und er habe seine Karriere beim Geheimdienst begonnen. 1952, mit vierundachtzig Jahren, sei Nikolai II. gestorben. Zur Zeit seines Überlaufens seien alle vier Schwestern noch am Leben gewesen, er habe mit allen in Kontakt gestanden.

Zwei Fragen ergaben sich: Wie alt war Goleniewski? Und wie stand es um seine Hämophilie? Goleniewski hatte der CIA und dem amerikanischen Kongreß gesagt, er sei 1922 geboren, Zarewitsch Alexej hingegen ist 1904 geboren. Eine Differenz von achtzehn Jahren läßt sich schwer verheimlichen, und Oberst Goleniewskis Alter schien 1961 sehr viel näher an neununddreißig als an siebenundfünfzig. Doch Goleniewski hatte eine Erklärung dafür. Seine Hämophilie sei von Dr. Alexander S. Wiener aus Brooklyn bestätigt worden, einem der Mitentdecker des Rhesusfaktors im Blut[9]. Und sein jugendliches Aussehen schrieb er einer seltenen Wachstumsverschiebung in der Kindheit zu, verursacht durch seine Krankheit; die Hämophilie habe bewirkt, daß er »zweimal« Kind gewesen sei.

Nachdem Goleniewski seine kaiserliche Identität enthüllt hatte, war er bereit, sein Erbe anzutreten. »Nach dem Krieg mit Japan 1905 begann mein Vater, Geld in westlichen Ländern zu hinterlegen.« In New York nannte er die Chase Bank, Morgan Guaranty, J. P. Morgan & Co., Hanover und Manufacturer's Trust; in London die Bank of England, Baring Brothers, Barclays Bank und Lloyds Bank; in Paris die Banque de France und die Bank der Rothschilds; in Berlin die Mendelssohn-Bank. »Die Summe allein in den Vereinigten Staaten beläuft sich auf etwa vierhundert Millionen Dollar. Bis zu zweimal soviel ist in anderen Ländern eingezahlt worden. Ich verlange das Geld nicht auf Heller und Pfennig, aber ich möchte eine angemessene Summe haben. Wenn ich sie nicht bekommen kann, werde ich vor Gericht gehen, und dann wird eine Menge wichtiger Namen an die Öffentlichkeit gelangen.«

Goleniewskis Behauptung, er sei der Zarewitsch, überraschte die CIA. Er bestand darauf, als Großfürst angesprochen zu werden. Er war ein hitziger Charakter. Bald schon wollte Allen Dulles nichts mehr mit dem früheren Agenten zu tun haben. Als ihn ein Reporter zu Goleniewskis Anspruch befragte, antwortete er: »Vielleicht stimmt die Geschichte ja, vielleicht auch nicht. Ich habe kein Interesse, das Thema weiter zu diskutieren.« Schließlich wurde ein Beschluß gefaßt: wie sehr man auch Goleniewskis Verdienste um die Institution schätzte, so sah es die CIA doch nicht als ihre Pflicht an, seinen Anspruch auf das Vermögen des Zaren zu unterstützen. Gegen Ende 1964 setzte man daher Goleniewski eine Pension aus und brach im übrigen alle Beziehungen zu diesem ehemaligen Spion ab.

Ein höherer Offizier der CIA, der heute im Ruhestand lebt, erinnerte sich, als er auf die Beziehung der CIA zu Goleniewski zu sprechen kam, daß er den polnischen Agenten zweimal getroffen hatte. »Ich wollte damals versuchen, die Wogen zu glätten. Doch es war vergeblich, er war vollkommen übergeschnappt. Ich muß allerdings sagen, daß das Material, das er uns zugespielt hat, wirklich phantastisch war. Da war kein Unsinn dabei, keine Ausgeburt von Fieberphantasien, es war alles echtes Material.« War Goleniewski, wie ihn die *New York Times* einmal bezeichnete, der produktivste Agent in der Geschichte der CIA? »Nein, das ist maßlos übertrieben. Aber er verschaffte uns klare, eindeutige Erkennungszeichen. Das hatte einige bedeutsame Festnahmen zur Folge.«

Im Laufe des letzten Jahres von Goleniewskis Arbeit für die CIA wurde auch die Presse einbezogen. Drei Jahre lang hatte man die Geschichte von den Zeitungen ferngehalten, aber als Goleniewski privat einen Antrag auf Einbürgerung an den Capitol Hill schickte, wollte der zuständige Kongreßausschuß, daß ihn die CIA für Fragen zur Verfügung stellte. »Ich möchte einen lebendigen Menschen sehen«, sagte der Vorsitzende. Doch die CIA erlaubte Goleniewski nicht, vor dem Ausschuß aufzutreten. Der Exspion wurde wütend und wandte sich an die Presse. Er fand bei Guy Richards, Reporter beim *New York Journal American*, ein offenes Ohr. Richards traf Goleniewski »energisch in seinem Apartment auf und ab schreitend« und beschrieb ihn als »einundvierzig, ein stämmiger, gutaussehender, aus Polen gebürtiger Agent, der an den Prototypus von Hollywoods sanften Spionen erinnert«.

Inzwischen war Goleniewski zweimal unter Androhung von Strafe aufgefordert worden, vor einer geheimen Sitzung des Senatsunterausschusses für innere Sicherheit zu erscheinen. Der Auftritt fand nie statt. Nachdem er mehrmals verschoben worden war, beschloß der Ausschuß, Goleniewski nicht in den Zeugenstand zu holen. Statt dessen befragte Jay Sourwine, der Anwalt des Ausschusses, Zeugen aus dem Außenministerium, und die bestätigten die gleichbleibende Qualität und Bedeutung der geheimdienstlichen Informationen, die Goleniewski geliefert hatte. Wie Sourwine sagte, war der Grund, daß man Goleniewski nicht selbst befragte, daß er darauf bestand, zuerst Zeugnis über seine Romanow-Identität abzulegen. Daraufhin hatten die Senatoren entschieden, dies sei »nicht zweckdienlich«.

Deprimiert wegen der Weigerung des Senats, sein Zeugnis anzuhören, geriet Goleniewski jedoch rasch ins Zentrum eines anderen Sturms. Am 30. September 1964, wenige Stunden vor der Geburt seiner Tochter Tatjana, heiratete er die fünfunddreißigjährige Irmgard Kampf, eine protestantische Deutsche, mit der er zusammengelebt hatte. Auf seiner Heiratsurkunde und im Heiratsregister der Kirche unterzeichnete Goleniewski mit Alexej Nikolajewitsch Romanow, Sohn von Nikolai Alexandrowitsch Romanow und Alexandra Fjodorowna Romanowa, geborene von Hessen. Als Geburtsdatum gab er den 12. August 1904 und als Geburtsort Peterhof, Rußland, an. Zwei Frauen mittleren Alters, die er als seine »Schwestern Olga und Tatjana« präsentierte, waren aus Deutschland zu der Hochzeit angereist. Die Zeremonie wurde in seinem Apartment durch den ehrwürdigen Erzpriester und Protopresbyter der Bischofssynode der Russisch-Orthodoxen Kirche im Ausland, Graf George P. Grabbe, besser bekannt als Vater Georgi, zelebriert. (Vater Georgi war ein Neffe von Generalmajor Graf Alexander Grabbe, dem Kommandeur der Kosaken-Gardekavallerie Nikolais II.) Ein Foto, am selben Tag aufgenommen, zeigt einen bärtigen Grabbe, der neben der schwangeren Braut sitzt, daneben der Bräutigam und die beiden »Schwestern«, die keinerlei Ähnlichkeit mit den beiden Großfürstinnen hatten, selbst wenn man die Jahrzehnte berücksichtigt, die seitdem vergangen waren.

Der Sturm tobte nicht so sehr um Goleniewski – dessen Anspruch, der Zarewitsch zu sein, von der russischen Emigrantengemeinde in Amerika inzwischen längst als »absurd«, »unerhört« oder als »eine plumpe sowjetische Fälschung« abgetan worden war – als um Vater Georgi. Der Priester wurde von der russisch-amerikanischen Presse heftig attackiert. Seine kirchlichen Vorgesetzten verboten ihm, die kleine Tatjana zu taufen. Er war gezwungen, immer wieder darauf hinzuweisen, daß der Name *Romanow* in Rußland so verbreitet sei wie *Smith* in Amerika, daß er sich als Priester nicht weigern konnte, ein Paar zu trauen, das im übrigen dazu berechtigt war, daß Goleniewski ja überhaupt nicht *dieser* Alexej Nikolajewitsch Romanow sein könne und daß die durch ihn vollzogene Trauung in keiner Weise bedeutete, daß die Kirche den Anspruch des Bräutigams anerkannt habe.

Damals gelang es Vater Georgi nicht, mit seinen Erklärungen diejenigen, die ihn angriffen, zu überzeugen, vor allem als bekannt wurde – durch eine dreispaltige Anzeige im *Journal American*, die vermutlich von Oberst Goleniewski bezahlt worden war –, daß er, noch bevor er sein Einverständnis erklärt hatte, die Zeremonie durchzuführen, Goleniewski fünfmal in seinem Apartment in Queens besucht hatte. Vielmehr wurde er aufgefordert, aus allen russischen Emigrantenorganisationen auszuscheiden. Eine Zeitlang sprach niemand mehr mit ihm.

Dreißig Jahre danach erklärt Vater Georgi, heute Bischof Gregory, daß er am 30. September 1964 um fünf Uhr morgens von Goleniewski angerufen wurde, der ihm mitteilte, daß seine Frau unmittelbar vor der Entbindung stehe und daß er eine Heiratserlaubnis habe. Vater Georgi begab sich in Goleniewskis Wohnung, wo er das erwartungsvolle Paar und einen Verleger namens Robert Speller vorfand. Goleniewski übergab dem Priester die Heiratserlaubnis auf den Namen Alexej Nikolajewitsch

Romanow und eine gerichtliche Verfügung darüber, daß er seinen Namen Michał Goleniewski in Alexej Romanow umgeändert habe. »Ich hätte weggehen können«, sagt Bischof Gregory. »Vielleicht hätte ich das tun sollen. Aber unter diesen Umständen blieb mir doch keine andere Wahl! Wenn ein Kind sonst unehelich geboren wird, hat der Priester doch eine Verantwortung. Die Frau ging unmittelbar danach ins Manhasset-Krankenhaus zur Entbindung.« Viele Jahre später schrieb die damals geborene Tochter an Bischof Gregory und bat ihn, ihr zu helfen, ihren Vater zu finden. »Ich habe ihr nicht geantwortet. Ich wollte nichts mehr mit ihm zu tun haben.«

Goleniewskis Launen wurden immer schlimmer, er geriet mehr und mehr aus der Balance. Zu all seinen amerikanischen Bekannten brach er die Beziehungen mit der Erklärung ab: »Sie sind entlassen!« Guy Richards beschuldigte er der »kriminellen Verleumdung«. Er lebte weiterhin in Queens von seiner Pension der amerikanischen Regierung und beklagte sich, daß sie nur fünfhundert Dollar monatlich betrage, was etwa der Rente eines polnischen Obersten entspreche. 1966 begann er, offene Briefe an den Direktor der CIA, an den Anwalt General Ramsey Clark, an die U. S. Civil Liberties Union und an das Internationale Rote Kreuz zu schreiben. »Ich bin nicht länger in der Lage, die monatliche Miete für meine Wohnung wie mit der CIA vereinbart zu zahlen«, klagte er. »Ich mußte bereits auf notwendige und teure medizinische Behandlung verzichten. Mir wurde jede Möglichkeit genommen, meine Meinung über die freie Presse zu äußern.« Er verlangte, daß ihm fünfzigtausend Dollar Rückstände an Gehalt sowie einhunderttausend Dollar Entschädigung für den Verlust seines Besitzes in Polen gezahlt würden.

In den siebziger Jahren veröffentlichte Oberst Goleniewski von seinem Zuhause aus monatlich ein Bulletin unter dem Titel *Doppeladler*, »der nationalen Unabhängigkeit und Sicherheit der Vereinigten Staaten und dem Überleben der christlichen Zivilisation gewidmet«. Darin titulierte er sich »Seine kaiserliche Hoheit, Erbe des allrussischen Kaiserthrons, Zarewitsch und Großfürst Alexei Nicolaevich Romanoff von Rußland, erlauchter Ataman und Oberhaupt des russischen Kaiserhauses der Romanoffs etc., Ritter der OSA, OSG, OSJ etc. und der SOS, FLH etc.« Das Bulletin war ein zwanzigseitiger, enggetippter und ungegliederter Schwall von Schmähungen gegen »jüdische Bankiers in London«, »aristokratische Diebe«, »Veruntreuer von Kapital«, »Bandenchefs und interkontinentale Erpresser« und »menschenfresserische Wucherer«. Oberst Goleniewski behauptete, die Rockefellers seien die »schlimmsten Betrüger, die es je gegeben hat«; auf seiner Liste von Sowjetagenten, die er 1961 der CIA übergeben habe, habe auch ein Universitätsprofessor namens Henry Kissinger gestanden.

1981 sprach die russisch-orthodoxe Kirche im Ausland alle Mitglieder der ermordeten russischen kaiserlichen Familie einschließlich Alexej heilig. Diese Zeremonie, die nur möglich war, weil die Kirche die Ansicht vertrat, die ganze Familie habe den Märtyrertod erlitten, rief bei Oberst Goleniewski-Romanow einen Wutausbruch hervor. Er behauptete, die Auslandskirche – eine vehement antikommunistische Institution – sei »durch und durch vom KGB infiltriert«, um diese Verschwörung gegen sein rechtmäßiges Erbe anzuzetteln.

Danach verschwand Goleniewski-Romanow allmählich von der Bildfläche. Im August 1993 schrieb ein ehemaliger polnischer Geheimdienstoffizier in einer polnischen Zeitung, daß sein einstiger Kollege, Michał Goleniewski, am 12. Juli 1993 in New York gestorben sei. Der CIA liegen keine weiteren Informationen darüber vor, was aus ihrem ehemaligen Agenten *Heckenschütze* geworden ist.

* * *

Am 18. Oktober 1963 zeigte das Titelblatt von *Life*, dem führenden und meistgelesenen Wochenmagazin der Nation, ein Foto der fünf Kinder Nikolais II. Die Schlagzeile lautete: »Der Fall einer neuen Anastasia: Ist eine Dame aus Chicago die Tochter des Zaren?« Im Inneren des Hefts wurde auf zehn Seiten ein neues Buch, *Anastasia, die Autobiographie der russischen Großfürstin*, besprochen und über das Leben seiner Autorin, die sich Eugenia Smith nannte, berichtet. Vierzig Jahre lang hatte diese Frau in Illinois gelebt, die letzten siebzehn als Dauergast einer wohlhabenden Frau, Mrs. William Emery, deren Familie Eigentümer der Chicago Rawhide Company war. Mrs. Emery glaubte, ihr Hausgast sei Großfürstin Anastasia. Sie nahm Mrs. Smith auf ihre Reisen nach Europa mit und beging jeweils am 18. Juni feierlich ihren Geburtstag, denn das war der Geburtstag Anastasias. Mrs. Smith lebte von 1945 bis Juni 1963 bei Mrs. Emery, dann zog sie, da sie Geld von ihrer Wohltäterin geerbt hatte, nach New York City, um die Veröffentlichung ihres Buches voranzutreiben.

In den Jahren in Illinois schenkte man Mrs. Smith in Presse und Öffentlichkeit nur wenig Aufmerksamkeit. Auch erhielt sie keine Unterstützung von einem dort lebenden Romanow, doch hier lag der Fehler bei ihr. Als nämlich die Stories erschienen, in denen behauptet wurde, Großfürstin Anastasia lebe in Elmhurst, wohnte der russische Fürst Rostislaw, ein Neffe des Zaren, ebenfalls zufällig in Chicago, wo er bei einer Bank arbeitete. Seine erste Frau, Alecka, war von ihm geschieden und hatte einen Mr. Lawrence Armour von der fleischverarbeitenden Industrie geheiratet. Doch als Mrs. Armour hörte, daß eine Verwandte ihres Ex-Ehemanns in der Nähe in Elmhurst lebte, rief sie dort an und lud Mrs. Smith zum Lunch ein. An der Gesellschaft werde auch ihr Ex-Ehemann teilnehmen, denn Fürst Rostislaw brenne darauf, seine Cousine Anastasia zu sehen, mit der er in der Kindheit gespielt habe. Dreimal sprach Mrs. Armour diese Einladung aus; jedesmal produzierte Mrs. Smith Kopfschmerzen und lehnte die Einladung mit der Erklärung ab, sie sei zu aufgeregt, ihren Cousin und die »liebe Alecka« zu sehen.

Als Eugenia Smith ihr Manuskript zum ersten Mal ihrem Verleger, Robert Speller & Sons in New York, brachte, behauptete sie noch nicht, Großfürstin Anastasia zu sein. Statt dessen erklärte sie, sie sei eine Freundin der Großfürstin gewesen, die ihr, bevor sie 1920 gestorben sei, persönliche Aufzeichnungen anvertraut habe. Bald danach ergänzte Mrs. Smith ihre Geschichte, ermutigt durch ihren Verleger: Jetzt wurde sie selbst die Großfürstin. Sie sagte, sie sei aus Jekaterinburg und Rußland nach Rumänien geflohen. Im Oktober 1918 – drei Monate nach dem Massaker in Jekaterinburg – habe sie einen katholischen Kroaten, Marijan Smetisko, geheiratet. Ein Kind, eine Tochter, sei im Kindesalter gestorben. 1922 habe ihr ihr Mann erlaubt, nach Amerika zu gehen; ihre Einwanderungspapiere aus diesem Jahr wiesen sie als Eugenia Smetisko aus. Sie kam in New York an, hielt sich kurze Zeit in Detroit auf und ging dann nach Chicago. Ihre Ehe wurde ein paar Jahre später geschieden, sie wurde Ver-

Eugenia Smith, die Frau aus Chicago, die behauptete, Großfürstin Anastasia zu sein

käuferin, Modell, Putzmacherin, Vortragsreisende und Parfümverkäuferin. Im Zweiten Weltkrieg erhielt sie die amerikanische Staatsbürgerschaft und arbeitete in einem Rüstungsbetrieb. Nach dem Krieg zog sie zu Mrs. Emery.

Life präsentierte die Story als ein noch immer ungelöstes Rätsel und legte Beweise für und gegen das Subjekt dieses Rätsels vor. Die Zeitschrift beauftragte einen Experten für Lügendetektoren, der Mrs. Smith dreißig Stunden lang ausfragte und dann erklärte, er sei faktisch überzeugt, daß sein Gegenüber Anastasia sei. Zwei Anthropologen, die Fotos von Anastasia und Mrs. Smith verglichen, erklärten, daß es sich auf keinen Fall um Fotos derselben Frau handeln könne. Ein Graphologe, der Handschriftenproben untersuchte, stimmte den Anthropologen zu. Fürstin Nina Chavchavadze, ein Cousine, die in Rußland mit Anastasia gespielt hatte, bis beide dreizehn waren, besuchte Mrs. Smith und kam ebenfalls zu dem Schluß, daß sie eine

Schwindlerin sei. Tatiana Botkin, die Tochter des Leibarztes vom Zaren, der mit der Familie ermordet worden war, las Mrs. Smiths Buch und stellte eine zwanzigseitige Liste von charakteristischen Fehlern zusammen; außerdem wies sie auf eine Reihe von auffallenden Ähnlichkeiten zwischen Passagen in ihrem eigenen Buch über die kaiserliche Familie und solchen in Mrs. Smiths Buch hin. *Life* machte über die Adressen, die in ihren Einwanderungspapieren aufgeführt waren, einen Kroaten ausfindig, der Marijan Smetisko hieß; er sagte, er habe nie eine Frau namens Eugenia gekannt und sei auch nie mit einer anderen als seiner jetzigen Frau verheiratet gewesen.

Zwei Monate nach dem *Life*-Artikel stand Oberst Goleniewski in der Tür von Eugenia Smiths Wohnung. Zu jener Zeit schirmte die CIA Goleniewski noch immer ab, und niemand in Amerika außerhalb dieser Organisation und des FBI wußte von ihm. Am 28. Dezember 1963 hatte er Mrs. Smiths Verleger angerufen und um einen Termin gebeten, an dem er sie treffen könnte. Seinen Namen Goleniewski nannte er nicht, statt dessen stellte er sich als »Mr. Borg« vor. Mrs. Smith war einverstanden, und am 31. Dezember fand eine Begegnung zwischen den beiden Prätendenten, angeblich Bruder und Schwester, statt. Goleniewski erzählte, er habe sich zwei Jahre lang bemüht, die CIA zu veranlassen, ihm bei der Suche nach seiner Schwester in Amerika zu helfen. Er berichtete ihr kurz sein Leben und setzte sie über den neuesten Stand in Kenntnis, was die Familie anbetraf: »Deine Schwester Maria ist in Warschau. Mutter ist in Warschau gestorben. 1952 habe ich unseren Vater mit eigenen Händen begraben. Er war ein sehr guter russischer Mensch. Wegen meiner Krankheit dauerte bei mir die Kindheit doppelt so lang.«

Mrs. Smith hörte ihm eine ganze Weile zu, dann brach es leidenschaftlich aus ihr heraus: »Er weiß es, weiß alles! Er ist mein Bruder Alexej! Mein Liebling, mein Liebling!«

Auf dieses gefühlsselige Treffen folgten in den nächsten Wochen noch drei weitere; in dieser Zeit nannte Mrs. Smith Goleniewski »mein Bruder Alexej«. Doch dann wurde ihre Beziehung durch ein unangenehmes Faktum gestört: Mrs. Smith hatte in ihrem Buch behauptet, sie sei die einzige der Romanows, die Jekaterinburg überlebt habe. Ihr Verleger machte sie darauf aufmerksam, daß eine öffentliche Anerkennung dieses Mannes als ihr Bruder es erforderlich machen würde, daß sie zugäbe, nicht die volle Wahrheit gesagt zu haben. Mrs. Smith weigerte sich, ihre Story zu ändern, und so mußte sich die Beziehung zwischen den »Geschwistern« unweigerlich abkühlen.

Die Spellers waren jedoch an Oberst Goleniewski interessiert; ein paar Monate später, im März 1964, als die ersten Zeitungsartikel über den Fall Goleniewski erschienen, beauftragte Michał Goleniewski Robert Speller, bei den Bemühungen, seine Romanow-Identität zu bestätigen, in seinem Namen zu handeln. Mrs. Smith brach daraufhin schleunigst ihre Beziehungen zur Firma Speller mit der Erklärung ab, daß ihr »Bruder« eine »Erfindung« des Verlegers sei. Im März 1965 schlugen die Spellers zurück, indem sie eine Erklärung veröffentlichten, sie hätten mit der Publikation von Eugenia Smiths Buch »eine Lüge zu verewigen geholfen«. Sie seien nach wie vor überzeugt, daß die Autorin Großfürstin Anastasia sei, doch rückten sie von Mrs. Smiths Versicherung ab, daß nur Anastasia dem Massaker in Jekaterinburg entkommen sei. Sie drückten ihr Bedauern aus, »um den Schaden wiedergutzumachen, der damit seiner kaiserlichen Hoheit, dem Thronerben, Zarewitsch und Großfürsten Alexej Nikolajewitsch von Rußland, Chef des Hauses Romanow, zugefügt« worden sei.

Michał Goleniewski und Eugenia Smith haben einander nicht mehr gesehen, doch Goleniewski behauptete weiterhin, sie sei seine Schwester Anastasia. Einmal während Anna Andersons langem Kampf mit den deutschen Gerichten, um als jüngste Tochter des Zaren anerkannt zu werden, reichte Goleniewski eine mehrseitige eidesstattliche Erklärung ein, weshalb Anna Anderson nicht seine Schwester sein konnte. Später berichtete er, seine »wirkliche Schwester«, Eugenia Smith, sei 1968 in New York gestorben. Sie sei ermordet worden nach dem Besuch von »sehr mächtigen Männern, zwei davon waren Rockefellers«.[10]

* * *

Die Frauen, die von sich behaupteten, Großfürstin Anastasia zu sein, wurden von Verwandten, die ihr Gedächtnis auf die Probe stellten, von Anthropologen, die ihre Gesichter ausmaßen, und von Graphologen, die ihre Handschrift analysierten, angegriffen. Die Männer, die als Zarewitsch anerkannt werden wollten, sahen sich einer strengeren Prüfung ausgesetzt. Nikolais II. einziger Sohn war ein Bluter. Das ist eine unheilbare Erbkrankheit, die von der Mutter auf den Sohn vererbt wird. Das hieß, daß das Blut des Zarewitsch nicht wie bei den meisten Menschen gerinnen konnte. Ein Stoß oder eine Prellung, die ein kleines Blutgefäß unter der Haut verletzte, konnte den Beginn eines langsamen Durchsickerns von Blut in die umgebenden Muskeln und das Fettgewebe bedeuten. Anstatt rasch zu gerinnen, floß das Blut immer weiter und verursachte eine Schwellung oder ein Hämatom, manchmal von der Größe einer Orange oder Grapefruit. Es gab keine Transfusionen von Blut oder Blutbestandteilen wie heute, die die Blutung stillen konnten. Schließlich, wenn die Haut mit Blut gefüllt, straff und hart war, konnte der Druck auf das verletzte Blutgefäß die Blutung verlangsamen und die Bildung eines Gerinnsels ermöglichen. Dann, nach Wochen, begann der Prozeß der Absorbtion und färbte die Haut von lichtem Rosa in ein marmoriertes Gelbgrün. Ein einfacher Kratzer auf dem Finger war ungefährlich. Kleinere Schnitte und Kratzer irgendwo auf der Oberfläche des Körpers wurden mit Druck und festen Bandagen behandelt, die das Blut abklemmten und das Fleisch heilen ließen. Ausnahmen waren Blutungen innerhalb des Mundes oder der Nase – Regionen, die nicht bandagiert werden konnten.

Der dauernde Behinderungseffekt bei Alexejs Hämophilie kam von inneren Blutungen in den Gelenken. Blut, das in den engen Raum eines Ellenbogens, eines Knies oder eines Fußgelenks eindrang, drückte auf die Nerven, was starke Schmerzen hervorrief. Manchmal war die Ursache einer Verletzung sichtbar, manchmal nicht. In jedem Fall wachte Alexej morgens auf und rief: »Mama, ich kann heute nicht laufen« oder »Mama, ich kann meinen Ellenbogen nicht biegen«. Anfangs, solange das Glied noch biegsam war und den einströmenden Flüssigkeiten in der Gelenkpfanne größtmöglichen Raum ließ, war der Schmerz noch gering. Wenn sich aber der Zwischenraum auffüllte, begann es zu schmerzen. Wenn dann der Schmerz alles andere in seinem Bewußtsein auslöschte, konnte Alexej nur noch weinen: »Mama, hilf mir, hilf!« Ärzte wurden zu Rate gezogen, Eispackungen angewandt, Gebete gesprochen. Nichts half. Dann wurde Grigori

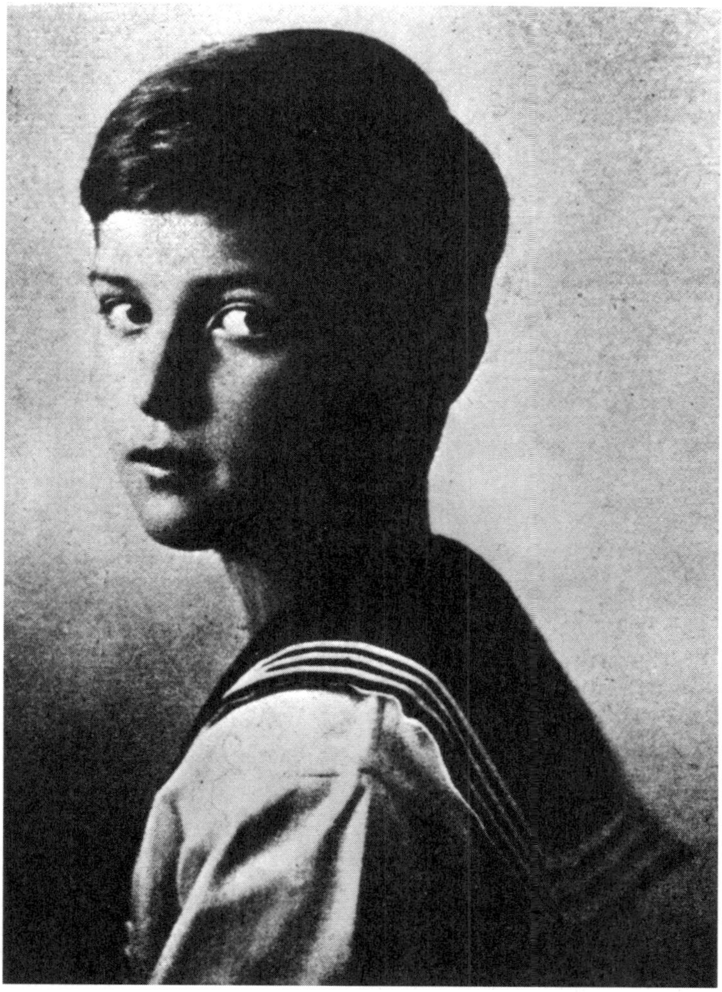

Zarewitsch Alexej

Rasputin, der sibirische Bauer, von dem es hieß, er habe die wunderbare Fähigkeit des Gesundbetens, zu Alexandra gebracht.

Jede Blutung verschlimmerte den Schaden. Wenn das Blut erst im Gelenk war, wirkte es ätzend und zerstörte Knochen, Knorpel und Gewebe. Weil sich die Knochenformation änderte, waren die Glieder in gebogener Position arretiert. Und es blieben nur Ruhe und Abwarten, bis das Hämatom absorbiert war. Die beste Therapie war ständiges Bewegen und Massieren, aber damit riskierte man, daß die Blutung von neuem begann. Als Alexej fünf Jahre alt war, wurden zwei Matrosen der kaiserlichen Marine abgestellt, ihn zu behüten. Wenn er krank war, trugen sie ihn; viele Fotos und Filme von kaiserlichen Zeremonien unter Nikolai II. zeigen den Zar und die Zarin voranschreiten, nicken und sich verneigen, gefolgt von einem großen Matrosen, der einen hübschen sechs-, acht- oder zehnjährigen Jungen trägt.

Als die Revolution ausbrach, wurde diese Betreuung abgeschafft. Einer der beiden Matrosen desertierte, der andere wurde schließlich weggeholt und erschossen. Alexej ging es in den ersten sieben Monaten der Gefangenschaft der Familie in Tobolsk gut. Dann, im April, wollte er seiner Energie freien Lauf lassen, trug einen Schlitten ans obere Treppenende im Haus und fuhr damit hinunter. Er stürzte und begann, in der Leiste zu bluten. In den verbleibenden vier Monaten seines Lebens konnte er nicht laufen. Als ein von Moskau abgesandter Kavallerietrupp in Tobolsk eintraf, um die kaiserliche Familie in die Hauptstadt des Urals zu bringen, war Alexej zu krank für die Reise und wurde zurückgelassen. Drei Wochen später traf er in Jekaterinburg wieder mit seinen Eltern zusammen. Während der achtundsiebzig Tage der abschließenden Gefangenschaft im Ipatjew-Haus blieb Alexej den größten Teil des Tages im Zimmer seiner Eltern im Bett. Wenn der Familie erlaubt wurde, spazierenzugehen, trug Nikolai den dreizehnjährigen Zarewitsch in den Garten. In der Nacht des 16. Juli 1918, als Jurowski die Familie holen kam, trug Nikolai seinen Sohn die Treppen in den Keller hinab.

Schwer zu glauben, daß ein Bluter das Massaker im Ipatjew-Keller überlebt haben könnte. Wenn Alexej irgendwie gerettet und über Tausende von Kilometern in politische Sicherheit gebracht worden sein sollte, wären seine Aussichten medizinisch gesehen immer noch trübe gewesen. Bluter, die zu Beginn dieses Jahrhunderts geboren sind, haben einen Großteil ihres Lebens im Bett oder im Rollstuhl verbracht, weil ihre Glieder durch dauernde Gelenkschäden verrenkt waren. Viele sind keine zwanzig geworden, andere starben, ehe sie die Dreißig erreichten. Selbst heute kann Hämophilie nicht geheilt werden.

VIERZEHNTES KAPITEL
DIE PRÄTENDENTIN

»Frau Tschaikowski ist entweder Großfürstin Anastasia oder ein Wunder.«
Botschafter Sergej Botkin, Präsident des Russischen Flüchtlingsbüros in Berlin, 1926

Eine Romanow-Prätendentin stand abseits von allen anderen. Von ihrem Auftauchen 1920 bis zu ihrem Tod 1984 blieb die Identität dieser Frau, die je nachdem als *Fräulein Unbekannt*, Frau Tschaikowski, Anna Anderson, Anastasia Manahan oder als Franziska Schanzkowska bekannt war, eines der berühmtesten Geheimnisse des zwanzigsten Jahrhunderts. Sie bestand darauf, Großfürstin Anastasia, Nikolais II. jüngste Tochter, zu sein. Über die Legitimität dieses Anspruchs waren die Überlebenden der Revolution, von denen einige Anastasia gut gekannt hatten, untereinander hoffnungslos zerstritten. Tanten, Onkel, Cousins, Großherzöge, Großfürsten, Großfürstinnen, ehemalige Hofdamen, ehemalige Kindermädchen, Erzieher, Offiziere der Armee, der kaiserlichen Yacht, selbst Nikolais II. ehemalige Geliebte waren aufgerufen oder boten sich an, ihre Meinung zu äußern. Sie gaben Stellungnahmen ab, unterzeichneten eidesstattliche Erklärungen, gaben Interviews und schrieben Bücher. Vom Fall dieser Anastasia fühlte sich eine Legion von Sympathisanten weltweit zu Ergebenheit und persönlichen Opfern aufgerufen. Gleichzeitig brachte er ihnen und ihren Anhängern wie ihren Widersachern Verleumdungen, Gerichtsverfahren und in manchen Fällen den finanziellen Ruin. Als sie starb, schien man der Lösung nicht näher gekommen als vierundsechzig Jahre zuvor, damals, als sie zum ersten Mal auftauchte.

* * *

Am 17. Februar 1920 – neunzehn Monate nach den Morden in Jekaterinburg – sprang in Berlin um neun Uhr abends eine junge Frau von einer sechs Meter hohen Brücke in den Landwehrkanal. Ein Polizist sah sie, rettete sie und brachte sie in ein Krankenhaus. Sie hatte keine Tasche bei sich, keine Papiere, nichts, was über ihre Identität Auskunft gegeben hätte. Als sie zu sich kam, weigerte sie sich, zu sagen, wer sie war, wo sie wohnte oder wovon sie lebte. Als die Polizei insistierte, zog sie die Decke über den Kopf und drehte sich zur Wand. Nach sechs Wochen wurde sie als *Fräulein Unbekannt* ins Dalldorfer Irrenhaus eingeliefert und zusammen mit vierzehn anderen Frauen in Verwahrung genommen. Sie war damals 168 Zentimeter groß und wog 110 Pfund. Bei der ärztlichen Untersuchung stellte man fest, daß ihr Körper mit Narben übersät und daß sie nach Meinung der Ärzte nicht mehr jungfräulich war. Ihre Zähne waren in schlechtem Zustand, sieben oder acht wurden ihr von Anstaltsärzten gezogen.

Sie blieb über zwei Jahre in Dalldorf. Nach Monaten des Schweigens begann sie mit einigen der Schwestern zu reden. Später sagte eine von ihnen – eine russischsprechende Deutsche –, sie spreche Russisch »wie eine gebürtige Russin«. Im Herbst 1921 blätterte die Patientin einmal eine Illustrierte mit Fotos der russischen kaiserlichen Familie durch und fragte dann eine der Schwestern, ob ihr eine Ähnlichkeit zwischen ihr und der jüngsten Tochter des Zaren auffiele. Als die Schwester bestätigte, daß sie eine Ähnlichkeit feststellen könne, erklärte die Patientin, daß sie Großfürstin Anastasia sei. Die Nachricht, Großfürstin Tatjana sei im Krankenhaus, drang rasch nach außen, und Baronesse Buxhöwden, eine ehemalige Hofdame von Kaiserin Alexandra, kam sie besuchen. Als die Patientin sich weigerte zu reden und sich unter der Decke versteckte, riß die Baronin ihr unbarmherzig die Decke weg, dann lief sie aus dem Zimmer und sagte: »Sie ist zu klein, um Tatjana zu sein.« Später erzählte die Patientin den Schwestern erneut, sie sei Anastasia. Ende Mai 1922 verließ *Fräulein Unbekannt* Dalldorf und ließ sich in einer kleinen Berliner Wohnung bei einem russisch-baltischen Baron und seiner Frau nieder. Bald füllte sich der Salon des Barons mit anderen russischen Emigranten, die sie unbedingt sehen und ihre Geschichte hören wollten.

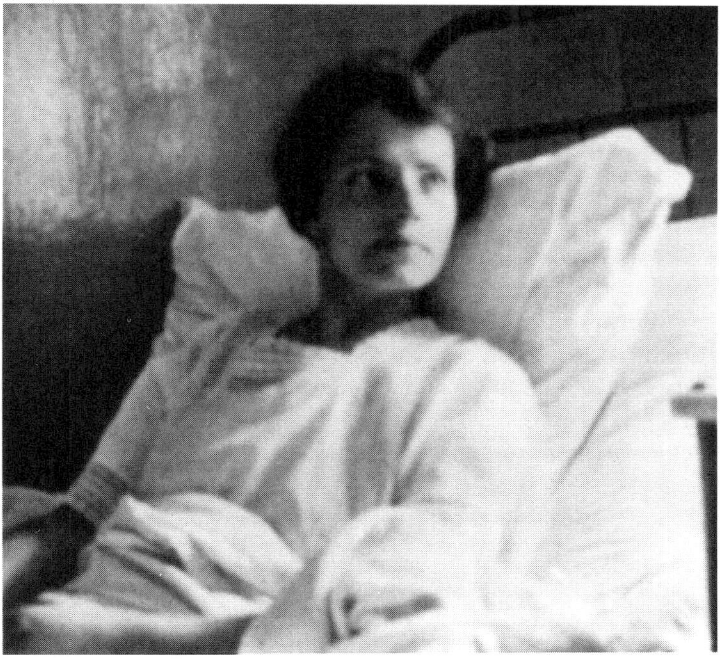

SAMMLUNG IAN LILBURNE

Die Frau, die sich später Anna Anderson nannte, 1925 in einem Berliner Krankenhaus

Wie sie erzählte, soll einer der Soldaten, als die Leichen ihrer Familie aus dem Keller getragen wurden, bemerkt haben, daß sie zwar bewußtlos war, aber noch lebte. Dieser Mann, ein Pole, der den Namen Alexander Tschaikowski angenommen hatte, trug sie mit Hilfe seines Bruders Sergej zu sich nach Hause in Jekaterinburg. Bald darauf flohen Alexander, Sergej, ihre Mutter, ihre Schwester und die noch halb besinnungslose junge Frau in einem Bauernwagen aus Jekaterinburg. Nach viereinhalb Monaten und über dreitausend Kilometern Wegstrecke überquerten sie die Grenze nach Rumänien und erreichten schließlich Bukarest. Dort stellte die junge Frau zu ihrem Leidwesen fest, daß sie schwanger war. Tschaikowski gab die Vergewaltigung zu. Als das Kind, ein Sohn, unehelich geboren wurde, wollte die junge Mutter es nur loswerden. Mit drei Monaten wurde das Baby Tschaikowskis Mutter und Schwester übergeben. »Ich wünschte nichts sehnlicher, als daß man es fortgeben sollte«, sagte die junge Frau. Das Kind wurde in einem Waisenhaus untergebracht und verschwand danach aus Geschichte und Legende. Nach einer Version wurden seine Mutter und Tschaikowski dann irgendwann vermutlich nach römisch-katholischem Ritus getraut. Bald darauf soll Tschaikowski in Bukarest bei Straßenkämpfen getötet worden sein.

Wie die junge Frau dann weitererzählte, habe sie den Entschluß gefaßt, nach Berlin zu gehen und Kaiserin Alexandras Schwester, Prinzessin Irene von Preußen, die Großfürstin Anastasias Patin und Tante war, um Hilfe zu bitten. Da sie weder Paß noch Geld hatte, war ihr ein männlicher Begleiter, möglicherweise Sergej Tschaikowski, behilflich, der sie auf ihrem Weg durch Europa begleitete und nachts über die Grenzen brachte, um eine Entdeckung zu vermeiden. Endlich erreichte sie Berlin und ging zum niederländischen Palais von Prinzessin Irene. Als sie so allein vor dem Tor stand, entschied sie, daß ihre Tante wahrscheinlich nicht zu Hause sei und niemand drinnen sie erkennen würde. In einem Anfall von Verzweiflung habe sie sich in den Kanal gestürzt.

Das war die Geschichte ihres Entkommens. Als man später die Namen der Wachen im Ipatjew-Haus überprüfte, fand man weder einen Alexander Tschaikowski, noch gab es irgendeine Familie dieses Namens, die 1918 in oder bei Jekaterinburg gelebt hätte. Ebensowenig ergaben die Nachforschungen in den zwanziger Jahren in Bukarest eine Spur von einem Tschaikowski in dieser Stadt, noch fanden sich Unterlagen über eine Heirat oder eine Geburt unter diesem Namen oder irgendein Bericht über einen Mord oder Tod eines Mannes dieses Namens auf den Straßen der Stadt oder sonstwo. Daß Großfürstin Anastasia Monate in Bukarest verbracht und sich nicht an Königin Maria von Rumänien gewandt habe, obwohl diese eine Cousine ersten Grades sowohl ihres Vaters als auch ihrer Mutter war und sie noch im Juni 1914 gesehen hatte, als man über eine Eheschließung zwischen Mitgliedern der beiden Familien sprach, war »unerklärlich«, wie Marias Tochter kommentierte. Die Prätendentin sagte dazu später, sie sei in Bukarest nicht zur Königin gegangen, weil sie schwanger war und sich geschämt habe. Anastasias Tante, Großfürstin Olga, wies diese Entschuldigung zurück und sagte: »1918 oder 1919 hätte Königin Maria Anastasia sofort erkannt ... Maria wäre niemals über irgend etwas schokkiert gewesen, und meine Nichte hätte das gewußt ... *Meine* Nichte hätte gewußt, daß ihr Zustand hingegen [Prinzessin] Irene wirklich schockiert hätte.« Also hielt Olga es für undenkbar, daß eine Tochter des Zaren Königin Maria den Rücken kehren und durch Europa wandern würde, um Prinzessin Irene aufzusuchen.

Alles in allem war das »Entkommen« das wohl am wenigsten nachprüfbare Kapitel in Anastasias Legende; man mußte es guten Glaubens akzeptieren – wie ihre Anhänger es taten – oder als vollkommen unwahrscheinlich ablehnen wie ihre Gegner. Schließlich stand es nicht länger zur Debatte, denn man interessierte sich nicht dafür, wie sie aus dem Keller entkommen war. Man wollte wissen, wer sie war.

* * *

Anastasia Nikolajewna, die vierte und jüngste Tochter von Zar Nikolai II. und seiner Frau Alexandra, wurde am 18. Juni 1901 geboren. Ihre älteren Schwestern Olga und Tatjana waren die Tonangebenden unter den kaiserlichen Geschwistern, die dritte, Maria, war sanft, fröhlich und kokett; so blieb für Anastasia, ein kleines, rundliches, blauäugiges Kind, nur, sich in der Familie den Ruf als Rebell und Spaßvogel zu sichern. Wenn auf der kaiserlichen Yacht bei Sonnenuntergang aus der Kanone Salut geschossen wurde, verzog sich Anastasia in eine Ecke, steckte die Finger in die Ohren, riß die Augen weit auf und ließ in gespieltem Schrecken die Zunge raushängen. Von rascher Auffassungsgabe und drollig, war sie aber auch dickköpfig, boshaft und frech. Ihr feines Gehör, ihre Sprachbegabung, mit der sie sich am raschesten und perfektesten von den Schwestern den Akzent fremder Sprachen aneignete, befähigte sie auch hervorragend zur Schauspielerin. Manchmal äffte sie erbarmungslos Sprache und Manierismen der Leute um sie herum nach. Sie kletterte auf Bäume und weigerte sich, wieder herunterzukommen, ehe es ihr nicht ausdrücklich von ihrem Vater befohlen wurde. Sie weinte selten. Ihre Tante, Großfürstin Olga, erinnerte sich noch, wie Anastasia einmal so grausam stichelte, daß sie dem Kind eine Ohrfeige gab. Das Gesicht des kleinen Mädchens wurde puter-

Großfürstin Tatjana

BETTMANN ARCHIV

Großfürstin Olga

Großfürstin Maria

BETTMANN ARCHIV

Großfürstin Anastasia

rot, aber statt zu weinen, rannte sie wortlos aus dem Zimmer. Manchmal gingen Anastasias Streiche zu weit. Einmal steckte sie einen Stein in einen Schneeball und warf ihn nach Tatjana. Das Geschoß traf ihre Schwester im Gesicht und ließ sie zu Boden gehen. Vor Schreck begann Anastasia endlich zu weinen.

Als Töchter des russischen Zaren ohne einen größeren Kreis von Freunden standen sich die vier Großfürstinnen näher als Geschwister üblicherweise. Auch gab es nur sechs Jahre Altersunterschied zwischen Olga, der ältesten, und Anastasia, der jüngsten Schwester. Die vier jungen Mädchen wählten sich als Symbol ihrer Einmütigkeit ein gemeinsames Namenszeichen, OTMA, das sich aus den Anfangsbuchstaben ihrer Namen zusammensetzte. Mit OTMA unterschrieben sie gemeinsam Briefe und machten Geschenke. Sie erhielten eine einfache Erziehung, schliefen auf harten Feldbetten ohne Kissen und begannen jeden Tag mit einem kalten Bad. Ihre Betten machten sie zusammen mit den Zimmermädchen. Sie baten eher um etwas, als daß sie Befehle erteilten: »Wenn es Ihnen nicht zuviel Mühe macht, bittet meine Mutter Sie zu kommen.« Innerhalb des Hauses wurden sie nicht als »Ihre kaiserliche Hoheit«, sondern auf einfache russische Art als »Olga Nikolajewna« oder »Anastasia Nikolajewna« angeredet. Untereinander und mit dem Vater und den Dienern sprachen sie Russisch. Mit der Mutter, die in England von ihrer Großmutter Königin Victoria erzogen worden war, sprachen sie Englisch.

Für diejenigen, die sie kannten, waren die vier Großfürstinnen in Erscheinung und charakteristischen Merkmalen klar voneinander unterschieden. Baronesse Buxhöwden erinnerte sich an Anastasias »blondes Haar, ihre schönen Augen und dunklen Augenbrauen, die in der Mitte fast zusammengewachsen waren. Sie war selbst noch mit siebzehn ziemlich klein und ausgesprochen pummelig, aller Unfug ging von ihr aus.« Tatiana Botkin, die Tochter des Familienarztes, der im Keller mit ermordet worden war, erinnerte sich an Anastasias »strahlend blaue Augen« und daß sie »lebhaft, ungestüm und mutwillig war. Wenn Anastasia Nikolajewna lachte, wandte sie nie ihren Kopf herum, um einen anzusehen, linste vielmehr verschmitzt aus den Augenwinkeln.« Gleb Botkin, Tatianas jüngerer Bruder, erinnerte sich an Anastasias Haar, »blond mit leicht rötlichem Schimmer, lang, wellig und weich. Ihre Gesichtszüge waren unregelmäßig, die Nase relativ lang und der Mund ziemlich groß, doch hatte sie ein kleines und gerades Kinn.« Er erinnerte sich auch daran, daß sie selbstsicher war und sich nicht im geringsten darum kümmerte, was andere von ihr dachten. Anastasias zwei Jahre jüngere Cousine, Fürstin Xenia, erinnerte sich an die jüngste der Großfürstinnen als Spielgefährtin, die »wahnsinnig temperamentvoll, wild und ungestüm« war und »beim Spielen schummelte, trat, einen kratzte und an den Haaren zerrte«.

* * *

Nachdem man sie aus dem Kanal gezogen hatte, lebte die Prätendentin acht Jahre lang meistens in Deutschland. Seit 1922 suchten Mitglieder der ehemaligen deutschen Kaiserfamilie, der Hohenzollern, sie auf, um herauszufinden, ob dies wirklich ihre russische Verwandte war. Die erste war Anastasias Tante, Prinzessin Irene von Preußen, die mit dem Bruder des ehemaligen Kaisers verheiratet war. Tante Irene hatte ihre Nichte seit 1913, vor Ausbruch das Krieges zwischen Deutschland und Rußland, nicht mehr gesehen; damals war Anastasia zwölf. Neun Jahre waren verstrichen, genügend, um jede Erinnerung schwierig zu machen, besonders bei einer Kranken, die physische und emotionale Traumen erlitten hatte. Und Frau Tschaikowski, wie sie sich jetzt nannte, gab ihrer vorgeblichen Tante nicht die geringste Chance. Die Prinzessin, die mit falschem Namen vorgestellt wurde, starrte intensiv über den Tisch auf die Patientin. Die sprang verängstigt auf und lief aus dem Zimmer. Prinzessin Irene folgte ihr, aber die Patientin wandte sich ab, schlug die Hände vors Gesicht und weigerte sich zu sprechen. »Sie gab nicht einmal eine Antwort, als ich sie bat, ein Wort zu sagen oder mir ein Zeichen zu geben, daß sie mich erkannt hatte«, sagte Prinzessin Irene. Gekränkt durch dieses Verhalten, brach die Prinzessin auf und ging. »Ich sah sofort, daß sie keine meiner Nichten sein konnte«, schrieb sie. »Obwohl ich sie neun Jahre nicht mehr gesehen hatte, konnten sich doch die Gesichtszüge nicht so grundlegend verändert haben, besonders die Stellung der Augen, der Ohren usw.« Später schien Prinzessin Irene nicht mehr ganz so sicher. »Ich kann mich nicht geirrt haben«, meinte sie beharrlich, als sie von einem Neffen angegriffen wurde, der an die Prätendentin glaubte. »Sie *hat* Ähnlichkeit. Sie hat Ähnlichkeit. Aber was bedeutet das schon, wenn sie es doch nicht ist?« Verwirrt und aufgewühlt begann sie zu weinen. Aber ihren Besuch bei Frau Tschaikowski wiederholte sie nie.

Nach und nach folgten andere Mitglieder der ehemaligen deutschen kaiserlichen Familie. 1925 wandte sich Kronprinzessin Cäcilie, Schwiegertochter des Exkaisers, an die Prätendentin. Cäcilie war »zunächst perplex wegen der Ähnlichkeit der jungen Person mit der Mutter des Zaren und dem Zaren selbst, aber von der Zarentochter konnte ich nichts bei ihr erkennen«. Und wieder verhielt sich Frau Tschaikowski abweisend. »Es war praktisch unmöglich, Kontakt zu der jungen Person zu bekommen«, stellte Cäcilie fest. »Sie blieb vollkommen still, entweder aus Eigensinn oder weil sie vollkommen verwirrt war.« Später wurde Prinzessin Cäcilie schwankend in ihrer Meinung, wie vor ihr schon Prinzessin Irene. »Ich glaube fast, sie muß es sein«, erklärte sie. Aber als Anastasias Tante Irene und ihr Onkel Ernst von Hessen sich dem Anspruch widersetzten, entschied Cäcilie, daß »es nicht meine Aufgabe war, der Frage ihrer Identität nachzugehen«. 1952, nach drei weiteren Besuchen bei der Prätendentin, hatte die Kronprinzessin ihre Meinung geändert. »Heute bin ich überzeugt, daß sie die jüngste Tochter des Zaren ist«, sagte sie. »Ich entdecke die Züge ihrer Mutter in ihr.« Für ein Geburtstagsgeschenk bedankte sie sich bei der Prätendentin: »Gott segne Dich, und ein liebevoller Kuß von Deiner Dich liebenden Tante Cäcilie.« Prinzessin Cäcilie sagte ihrer Schwiegertochter, Prinzessin Kira von Rußland, die mit ihrem Sohn, Prinz Louis Ferdinand, damals Anwärter auf den Hohenzollernthron, verheiratet war: »Sie [die Prätendentin] ist Deine Cousine.« Louis Ferdinand und Kira waren anderer Meinung. Am unteren Rand von Cäcilies eidesstattlicher Erklärung, die die Legitimität der Prätendentin bestätigt, schrieb Louis Ferdinand mit großen Federstrichen: »Kira und ich können keine Ähnlichkeit entdecken.«

Inzwischen schickte ein anderer Hohenzoller, Prinzessin Irenes Sohn Prinz Sigismund von Preußen, von seinem Haus in Costa Rica eine Liste mit achtzehn Fragen, die die Prätendentin beantworten sollte. Es handelte sich um Geheimnisse ihrer Kindheit, behauptete er, die nur seine Cousine Anastasia wissen konnte. Die Prätendentin antwortete für Sigismund gut genug, daß er, ohne sie je gesehen zu haben, verkündete: »Das hat mich überzeugt. Sie ist zweifellos Anastasia von Rußland.«[11] Selbst der alte Exkaiser Wilhelm II., der im holländischen Exil lebte, schickte seine zweite Frau, Kaiserin Hermine, die Prätendentin in einem deutschen Sanatorium aufzusuchen. Danach wurde keine Erklärung abgegeben, doch von dieser erlauchten Seite hatte Schweigen Zustimmung zu bedeuten.

* * *

Charakterlich war die junge Frau, wie sie ihre angeblichen Verwandten in all diesen Jahren sahen, oft alles andere als anziehend. Konnte sie schon launisch, barsch und wenig entgegenkommend zu einer russischen Baronesse oder deutschen Prinzessin sein, die sie besuchte, so war ihr Benehmen noch weit schlechter gegenüber Leuten, die sie ernst nahmen und zu helfen versuchten. In ihrer Gegenwart war sie reizbar, anspruchsvoll und herrisch und zeigte ein heftiges Temperament. »Sie wird manchmal so wütend, daß man Angst bekommt«, sagte eine ihrer Gastgeberinnen, »dann bekommen ihre Augen einen wilden Ausdruck, und sie zittert.« In solchen Augenblicken droht sie, sie werde »die Straßen mit den Schädeln ihrer Feinde pflastern« und »alle ihre Verwandten als Verräter an Laternenpfählen aufhängen«. Sie hatte weder Zuhause noch Geld, doch gewöhnlich war sie es, die einen Besuch beendete und unter Verwünschungen zur Tür hinausrannte. Denn immer gab es noch einen anderen Ort, wo sie hingehen konnte. Endlos zog sie von Familie zu Familie, von Haus zu Haus und schließlich auch von Schloß zu Schloß. In den vierundsechzig Jahren, die sie noch lebte, nachdem man sie aus dem Kanal gezogen hatte, war sie immer auf Wohlwollen und Mildtätigkeit angewiesen.

Ihre schlechte Gesundheit mochte ihr Benehmen teilweise entschuldigen. Besonders in den frühen Jahren war sie ständig krank und kam von einem Krankenhaus ins andere, in Irrenhäuser und Sanatorien. 1925 wäre sie fast an Knochentuberkulose gestorben. Auch ihre geistige Gesundheit war instabil. Ihre Nerven waren zerrüttet und ihr Gedächtnis beeinträchtigt; das war der Grund, wie ihre Anhänger sagten, daß sie sowohl Russisch als auch Englisch vergessen hatte und ausschließlich Deutsch sprach. Tatiana

Botkin erklärte das so: »Ihr Verhalten ist kindlich, auf keinen Fall kann man mit ihr wie mit einer erwachsenen, verantwortlichen Person rechnen, sondern muß sie leiten und dirigieren wie ein Kind. Sie hat nicht nur die Sprachen vergessen, sie hat generell die Fähigkeit zu genauem Sprechen vergessen, wenn auch nicht zum Denken. Selbst die einfachsten Geschichten kann sie nicht zusammenhängend und korrekt erzählen; es sind eigentlich nur Worte, die sie in unmöglichem, ungrammatischem Deutsch aneinanderhängt … Ihr Defekt liegt offenbar im Bereich des Gedächtnisses und der Augen. Sie behauptet, sie hätte nach ihrer Krankheit nicht mehr die Uhr lesen können und es erst mühsam wieder erlernen müssen …«

Die Unfähigkeit – oder Weigerung –, Russisch zu sprechen, war ein Haupthindernis bei ihren Bemühungen, als Anastasia anerkannt zu werden. Es gab Personen wie die Schwester in Dalldorf, die behaupteten, sie hätten sie »Russisch wie eine Russin sprechen hören … sie sprach in vollständigen, miteinander verbundenen Sätzen, ohne jede Schwierigkeit«. In einem Arztbericht aus derselben Zeit heißt es: »Im Schlaf spricht sie Russisch mit guter Aussprache, meist belanglose Dinge.« Häufiger machte sie den Eindruck, als ob sie Russisch verstünde, aber nicht spreche. Der russische Arzt, der 1925 ihren tuberkulosekranken Arm operierte, sagte: »Vor der Operation sprach ich Russisch mit ihr, und sie beantwortete alle meine Fragen, allerdings auf deutsch.« Ihre Anhänger waren geteilt: einige wie Tatiana Botkin schoben ihre *Unfähigkeit*, Russisch zu sprechen, auf einen Hirnschaden mit Gedächtnisverlust; andere sagten, ihre *Weigerung*, in ihrer Muttersprache zu sprechen, beruhe auf einer psychischen Hemmung, die durch das Trauma der Gefangenschaft und der Nacht im Keller verursacht sei. Sie selbst erklärte, daß die Familie in Jekaterinburg Russisch sprechen mußte, damit die allgegenwärtigen Wachen ihren Gesprächen folgen konnten; die Sprache der Wachen sei grob, gemein und häufig obszön gewesen; die letzten Worte, die sie im Keller gehört habe, seien russisch gewesen. Russisch sei für sie die Sprache der Demütigung, des Terrors und des Todes. Unter ihren Gegnern hieß es natürlich, daß sie nicht Russisch spreche, weil sie es nicht könne. Dieses Problem wurde nie gelöst. 1965 versuchte ein frustrierter deutscher Richter, ihr russische Lieder vorzusingen, um festzustellen, ob sie sie verstand. Sie hörte ihm ungerührt zu.

* * *

Die wichtigsten potentiellen Zeugen waren natürlich die engsten Mitglieder der Familie, von der sie behauptete, daß es ihre sei, die Romanows. Anastasias Großmutter, Kaiserinwitwe Maria, hatte die Revolution überlebt und war in ihre Heimat Dänemark zurückgekehrt. Die alte Dame, ältestes der überlebenden Mitglieder der Dynastie, hatte sich geweigert, Berichte über den Tod ihres Sohnes und seiner Familie entgegenzunehmen, und zeigte auch kein Interesse an Geschichten, eine ihrer Enkelinnen, die ein uneheliches Kind geboren habe, sei in Berlin aufgetaucht. Ebensowenig war Kaiserin Marias ältere Tochter, Großfürstin Xenia, die als Dauergast König Georgs V. in London lebte, daran interessiert. Doch die jüngere von Marias zwei Töchtern, Großfürstin Olga, weigerte sich, einer jungen Frau, die ihre heißgeliebte *Malenkaja* (Kleine) sein konnte, die kalte Schulter zu zeigen, ohne sie gesehen zu haben.

In ihrer jugendlichen Tante Olga Alexandrowna hatten die vier jungen Großfürstinnen eine besondere Freundin und Wohltäterin gehabt. Jeden Samstag kam sie aus St. Petersburg, um den Tag mit ihren Nichten in Zarskoje Selo zu verbringen. Sie war der Ansicht, die jungen Mädchen müßten hin und wieder aus dem Palast herauskommen, und überredete Kaiserin Alexandra, ihr zu erlauben, die Mädchen in die Stadt mitzunehmen. Also bestiegen jeden Sonntag morgen die Tante und ihre vier aufgeregten Nichten den Zug in die Hauptstadt. Erster Aufenthalt war ein formelles Essen mit ihrer Großmutter, der Kaiserinwitwe. Von dort ging es weiter zu Tee, Spielen und Tanzen mit anderen jungen Leuten in Olga Alexandrownas Haus. »Die Mädchen genossen es in vollen Zügen«, schrieb Großfürstin Olga mehr als fünfzig Jahre später. »Besonders meine liebe Patentochter [Anastasia]. Ich habe noch immer ihr Gelächter im Ohr. Tanzen, Musik, Spiele – sie stürzte sich mit Haut und Haaren hinein.«

Olga Alexandrowna selbst hatte keine glückliche Jugend gehabt. Mit neunzehn wurde sie mit Fürst Peter von Oldenburg verheiratet, einem Mann, der sich nicht für Frauen interessierte, und nach dreizehnjähriger unvollzogener Ehe erwirkte sie die Erlaubnis ihres Bruders für deren Annullierung. 1916 heiratete sie den Mann, den sie liebte, einen Bürgerlichen, Oberst Nikolai Kulikowski. Nach der Revolution ließen sich Olga, ihr Mann und ihre beiden Söhne, Tichon und Guri, in Dänemark bei ihrer Mutter, der Kaiserinwitwe, nieder. Als die Nachricht vom Auftauchen der Prätendentin kam, schrieb Großfürstin Olga an Pierre Gilliard, den ehemaligen Französischlehrer der Zarenkinder: »Bitte fahren Sie sofort nach Berlin, um die arme Frau zu besuchen. Stellen Sie sich vor, wenn es wirklich die Kleine wäre, es wäre so eine Schande, wenn sie in ihrem Unglück allein gelassen würde. Wenn sie es wirklich ist, bitte schicken Sie mir ein Telegramm, und ich komme nach Berlin, um Sie zu treffen.«

Gilliard war hervorragend geeignet, um diesen Auftrag auszuführen. Er kannte die Kinder der russischen kaiserlichen Familie besser als alle, die die Prätendentin bisher gesehen hatten. Dreizehn Jahre lang hatte er zum inneren Kreis des kaiserlichen Haushalts gehört und den jungen Großfürstinnen und dem Zarewitsch mehrmals in der Woche Französischunterricht gegeben. Gilliard war der Familie mit absoluter Hingabe zugetan und folgte ihr nach Sibirien; er verbrachte den Winter mit ihnen in Tobolsk, gab ihnen weiterhin Unterricht, richtete französische Stücke ein, daß seine Schüler sie aufführen konnten, und sägte im Hof mit Nikolai und dem Zarewitsch Holz. Er reiste auch mit ihnen nach Jekaterinburg, wo ihn nur die durch den Ural-Sowjet verfügte Trennung von ihnen daran hinderte, mit im Ipatjew-Haus zu wohnen. Nach dem Massaker im Keller und der Rückeroberung der Stadt durch die Weißen unterstützte Gilliard Sokolow bei dessen Ermittlungen. Beim Durchsieben der grausigen Überreste aus dem Grubenschacht bei den »Vier Brüdern« rief er aus: »Aber die Kinder? Die Kinder?« Gilliard verließ Rußland in Begleitung der Zofe der jungen Großfürstinnen, Alexandra Tegljowa, genannt Schura. Nach der Rückkehr in seine Schweizer Heimat 1919 heiratete er Schura und erhielt eine Professur an der Universität Lausanne.

Als Pierre Gilliard Großfürstin Olgas Brief erhielt, machten er und seine Frau sich sofort auf die Reise nach Berlin. Die Person, die sie im St.-Marien-Krankenhaus vorfanden, hatte hohes Fieber, sie delirierte und halluzinierte. Eine Tuberkelinfektion in ihrem linken Arm, verschlimmert noch durch eine Staphylokokkeninfektion, hatte eine schmerzhafte offene Wunde verursacht. Der Arm war »zu einer formlosen Masse« angeschwollen, die Patientin selbst hingegen zum Skelett abgemagert. Während die Gilliards an ihrem Bett saßen, verlangte Schura, die Füße der Patientin sehen zu dürfen. Großfürstin Anastasia hatte nämlich an einem *Hallux Valgus* gelitten, einer Mißbildung der Gelenke an der Wurzel der beiden großen Zehen, was aussah, als ob der vergrößerte Knöchel nach einer Seite verkrümmt war. »Die Füße sehen aus wie die der Großfürstin«, sagte Schura, als die Bettdecke weggezogen war. »Bei ihr [Anastasia] war es genauso: beim rechten Fuß war es schlimmer als beim linken.« Weil die Prätendentin so krank war, bestand Gilliard darauf, daß sie in ein besseres Krankenhaus verlegt wurde. »Das Wichtigste im Augenblick ist, sie am Leben zu erhalten. Wir kommen beide wieder, sobald sich ihr Zustand gebessert hat.« In einer Privatklinik entfernte ein russischer Chirurg die Muskeln und einen Teil des Knochens am linken Ellenbogen und setzte ein Silbergelenk ein, wodurch der Knochen immer bloßlag. Wochenlang bekämpfte die Patientin den Schmerz mit Morphiumspritzen. Ihr Gewicht ging auf weniger als fünfundsiebzig Pfund zurück.

Drei Monate später kamen Gilliard und seine Frau wieder. Zunächst setzte sich Gilliard allein ans Bett der Patientin und sagte: »Bitte lassen Sie uns doch ein wenig plaudern. Erzählen Sie mir alles, was Sie von ihrer Vergangenheit wissen.« Die Patientin war schockiert und ärgerlich. »Ich kann nicht plaudern«, erwiderte sie. »Glauben Sie, wenn jemand versucht hat, Sie umzubringen, wie es mir geschehen ist, Sie wüßten noch viel von vorher?« Gilliard ging weg. Am Nachmittag betrat eine Frau im violetten Mantel das Zimmer, ging ans Bett der Patientin, lächelte und reichte ihr die Hand. Es war Großfürstin Olga. Sie kam am nächsten Morgen wieder, und die beiden unterhielten sich weiter, Olga sprach Russisch, die Patientin Deutsch. Am Nachmittag erschien auch Schura. Als die Patientin ihre Hand mit Eau de Cologne überschüttete, erinnerte sich Schura, daß Großfürstin Anastasia, »die verrückt nach Parfüm war«, das oft gemacht hatte. Olga, die auf dem Balkon stand und die Szene beobachtete, sagte zu einem der Freunde der Patientin: »Unsere Kleine und Schura scheinen ganz glücklich, daß sie einander wiedergefunden haben. Ich bin so froh, daß ich gekommen bin und daß ich es getan habe, obwohl Mama es nicht wollte. Sie war böse auf mich ... Und dann rief meine Schwester [Großfürstin Xenia] aus England an und sagte, ich dürfe unter keinen Umständen herkommen und die Kleine sehen.« Als Gilliard das nächste Mal kam, schien auch er von der Überzeugung mitgerissen, daß hier eine Familie wiedervereint war. »Ich will tun, was ich nur kann, um der Großfürstin zu helfen«, sagte er. Und an den Arzt gewandt, der sie operiert hatte, fragte er: »Wie geht es Ihrer Kaiserlichen Hoheit?« Der Arzt antwortete, daß sie noch nicht außer Gefahr sei.

Am nächsten Tag, bei seinem dritten Besuch, versuchte Gilliard noch einmal, die Patientin nach ihrer Vergangenheit, vor allem nach Sibirien, zu fragen. Er hatte wenig Erfolg, und die Besucher entschlossen sich abzureisen. Als Großfürstin Olga sich verabschiedete, brach die Patientin in Tränen aus. Olga küßte sie auf beide Backen und sagte: »Weine nicht. Ich schreibe Dir. Du mußt wieder gesund werden. Das ist die Hauptsache.« Als sie hinausging, sagte sie zum dänischen Botschafter, der sie begleitet hatte: »Mein Verstand kann es nicht fassen, aber mein Herz sagt mir, daß die Kleine Anastasia ist.« Schura weinte bei der Abreise. »Ich habe sie so geliebt!« schluchzte sie. »Ich habe sie so geliebt! Warum liebe ich diese Kranke genauso? Können Sie mir das erklären?« Gilliard hatte seine Gefühle und seine Meinung besser unter Kontrolle und sagte beim Weggehen: »Wir gehen, ohne sagen zu können, daß sie *nicht* Großfürstin Anastasia Nikolajewna ist.«

Die Zuneigung, die man ihr bei diesen Besuchen entgegenbrachte, munterte die Patientin einige Monate lang auf. Von Kopenhagen schrieb Großfürstin Olga fünfmal voller Zärtlichkeit und Sorge. Der erste Brief bestimmte den Ton: »Ich sende Dir all meine Liebe, denke ständig an Dich. Es war so traurig, wegzugehen und zu wissen, daß Du krank bist, leidend und alleine. Hab keine Angst. Du bist jetzt nicht mehr allein, wir werden Dich nicht im Stich lassen ... Iß ordentlich und trink Sahne.« Olgas dritter Brief kam mit einem Geschenk. »Ich schicke meiner kleinen Patientin meinen Seidenschal, der sehr warm ist. Ich hoffe, Du wirst ihn Dir um Arme und Schultern wickeln, das wird Dich warm halten im kalten Winter. Ich habe diesen

Schal vor dem Krieg in Jalta gekauft.« Der Schal war aus reiner Seide, rosafarben, zwei Meter lang und über einen Meter breit. Doch ein sechster Brief ist nach dem fünften nie mehr gekommen. In Wahrheit war nämlich die warmherzige, großzügige und leicht zu beeinflussende Olga sich ihrer Sache doch nicht ganz sicher. Noch in der Nacht, als sie nach Kopenhagen zurückkehrte, schrieb sie sogar gleichzeitig mit dem ersten ihrer Briefe an die Kranke in Berlin auch an Botschafter Zahle, der Frau Tschaikowski unterstützte. »Ich hatte eine lange Unterredung mit meiner Mutter und Onkel Waldemar über unsere arme kleine Freundin. Ich kann gar nicht sagen, wie sehr ich sie mochte – wer immer sie sein mag. Mein Gefühl sagt mir, daß sie nicht die ist, die sie zu sein glaubt – aber man kann auch nicht sagen, daß sie es wirklich nicht ist, weil es da eine Reihe von seltsamen Details gibt, die sich nicht erklären lassen.« Dreißig Jahre später war Großfürstin Olga rückblickend entschiedener in ihrer Ablehnung: »Meine geliebte Anastasia war fünfzehn, als ich sie 1916 zum letzten Mal sah. Sie wäre 1925 vierundzwanzig gewesen. Ich fand, Frau Anderson sah viel älter aus. Natürlich mußte man die lange Krankheit berücksichtigen ... Und doch konnten die Züge meiner Nichte sich unmöglich so stark verändert haben. Die Nase, der Mund, die Augen – alles war anders.« Doch lange bevor Großfürstin Olga diese Erklärung abgab, hatte die Prätendentin ihr letztes Wort über diese Beziehung gesprochen. »Jetzt bin ich es, die sie nicht mehr empfängt«, sagte Frau Tschaikowski.

Eine Zurückweisung – auch wenn sie nur zögernd erfolgte – durch Großfürstin Olga, die Romanow-Überlebende, die Anastasia am besten gekannt und sich bis dahin als einzige die Mühe gemacht und sie besucht hatte – das war ein schwerer Schlag für die Sache der Prätendentin. Die Meinung der Tante wurde von den meisten Familienmitgliedern und praktisch allen russischen Emigranten als negative Entscheidung aufgefaßt. Pierre Gilliard lieferte der gegnerischen Seite noch weitere Munition. Er hielt Vorträge, schrieb Artikel und schließlich sogar ein Buch, *Die falsche Anastasia*. Er behauptete, er habe auf den ersten Blick erkannt, daß die Prätendentin nicht seine ehemalige Schülerin sei. »Die Kranke hatte eine lange, am Ende hochgestülpte Nase, einen sehr großen Mund, dicke und fleischige Lippen; die Großfürstin dagegen hatte eine kurze spitze Nase, einen viel kleineren Mund und hübsche Lippen ... Abgesehen von der Augenfarbe konnten wir nichts entdecken, das uns glauben machte, dies sei die Großfürstin.« Alles, was die Prätendentin vom Privatleben der kaiserlichen Familie wußte, habe sie in veröffentlichten Memoiren lesen oder auf Fotos sehen können. Er verurteilte Frau Tschaikowski als »eine gemeine Abenteurerin« und »erstklassige Schauspielerin«.

* * *

In den Jahren nach der Ablehnung durch Großfürstin Olga erklärten sich nur zwei Romanows zugunsten der Prätendentin. Der eine war Großfürst Andrej, Nikolais II. Vetter, der die junge Anastasia gelegentlich bei Familienessen gesehen hatte. Beunruhigt wegen ihres Anspruchs, bat er Kaiserin Maria um Erlaubnis, sich um die Ermittlungen zu kümmern. Im Januar 1928 verbrachte er zwei Tage mit der Prätendentin. Nach der ersten Begegnung rief er glücklich aus: »Ich habe Nikkis Tochter gesehen! Ich habe Nikkis Tochter gesehen!« Später schrieb er an Großfürstin Olga: »Ich habe sie aus nächster Nähe sorgfältig beobachtet und muß nach bestem Wissen und Gewissen feststellen, daß Anastasia Tschaikowski keine andere ist als meine Nichte, Großfürstin Anastasia Nikolajewna. Ich habe sie sofort erkannt, und mein erster Eindruck hat sich bei längerer Beobachtung nur verstärkt. Für mich gibt es absolut keinen Zweifel: es ist Anastasia.« Bei derselben Gelegenheit besuchte auch seine Frau, die ehemalige Primaballerina Matilda Kschessinskaja, die Prätendentin. 1967, nach Andrejs Tod, fragte man seine inzwischen fünfundneunzigjährige Witwe, die ein Dreivierteljahrhundert zuvor die Geliebte des jungen Nikolai II. gewesen war, über die Prätendentin. »Ich bin immer noch sicher, daß sie es war«, antwortete Madame. »Als sie mich ansah, wissen Sie, mit diesen Augen – das war's. Es war der Kaiser, der Blick des Kaisers. Wer einmal die Augen des Kaisers gesehen hat, wird sie nie vergessen.«

Die andere Romanow, die die Prätendentin unterstützte, war Anastasias Cousine, Fürstin Xenia von Rußland, die mit achtzehn einen amerikanischen Zinngrubenerben, William B. Leeds, geheiratet hatte und auf seinen Besitz in Oyster Bay, Long Island, gezogen war. Xenia war zwei Jahre jünger als Anastasia und hatte sie zuletzt 1913 auf der Krim gesehen, als sie zehn und Anastasia zwölf Jahre alt gewesen war. Vierzehn Jahre waren vergangen, aber Xenia, die Frau Tschaikowski zu sich eingeladen und über einen Zeitraum von sechs Monaten beobachtet hatte, erklärte: »Ich bin fest davon überzeugt.« Ihre ältere Schwester, Fürstin Nina, lernte die Prätendentin ebenfalls kennen, war aber vorsichtiger: »Wer immer sie ist, sie ist eine Dame der Gesellschaft.«

* * *

Das letzte Wort in der Romanow-Familie hatte Kaiserinwitwe Maria, und trotz der oft wiederholten Animosität der alten Dame hoffte Frau Tschaikowski nach wie vor, daß Maria ihre Meinung ändern würde. »Meine Großmama, sie wird mich erkennen«, so pflegte sie zu sagen. Es fiel Tatiana Botkin zu, die Nachricht zu überbringen, daß die Kaiserin sie nie empfangen würde, daß ihre Großmutter nichts mit ihr zu tun haben wollte und daß Frau Tschaikowski endlich davon ablassen sollte, auf eine Einladung aus Kopenhagen zu warten. »Warum stoßen sie mich zurück? Was habe ich getan?« rief die Prätendentin. Man sagte ihr, das liege zum Teil an ihrem unehelichen Kind. Frau Tschaikowski protestierte: »Ich habe doch mein Kind nicht mehr gesehen, seit es drei Monate alt war! Glauben Sie denn, ich würde einem kleinen Bastard gestatten, sich als Enkel des Zaren und Kaisers von Rußland auszugeben?« Aber die Kaiserinwitwe ließ sich nicht erweichen und starb zum Kummer der Prätendentin im Oktober 1928, nachdem sie sie bis zuletzt abgelehnt und keines Wortes gewürdigt hatte.

Schlimmeres folgte auf dem Fuße. Vierundzwanzig Stunden nach der Beerdigung wurde ein Dokument veröffentlicht, das von nun an die Romanow-Erklärung heißen sollte. Von zwölf Mitgliedern der russischen kaiserlichen Familie, außerdem vom Bruder der Zarin, Großherzog Ernst von Hessen, und zweien ihrer Schwestern, Prinzessin Victoria von Battenberg und Prinzessin Irene von Preußen, unterzeichnet, verkündete es ihrer »aller übereinstimmende Überzeugung, daß die Frau, die jetzt in den USA lebt (Frau Tschaikowski hielt sich bei Fürstin Xenia in Long Island auf), nicht die Tochter des Zaren ist«. Das Dokument, das die Ansichten von Großfürstin Olga, Pierre Gilliard und Baronin Buxhöwden zitierte, überzeugte die Öffentlichkeit weitgehend davon, daß die gesamte Familie die Beweismittel überprüft und die Prätendentin zurückgewiesen habe. Das war jedoch nicht der Fall. Von den vierundvierzig lebenden Romanows hatten nur zwölf unterzeichnet. Die zwei Romanows, die Frau Tschaikowskis Anspruch akzeptiert hatten, Großfürst Andrej und Fürstin Xenia, hatte man nicht gebeten, zu unterschreiben. Von den fünfzehn Unterzeichnern hatten nur zwei, Großfürstin Olga und Prinzessin Irene, die Prätendentin je gesehen.

Die Romanow-Erklärung wurde nicht in Kopenhagen, wo die Kaiserinwitwe gestorben war, sondern in Hessen-Darmstadt, der Heimat Großherzog Ernst Ludwigs von Hessen, zum ersten Mal veröffentlicht. Von all den vorgeblichen Verwandten der Prätendentin zeigte sich Ernst am unerbittlichsten und feindseligsten. Ihre Anhänger glaubten, diese Feindseligkeit beruhe auf Ernsts Entschlossenheit, seinen eigenen Ruf zu wahren, weshalb er nicht einmal davor zurückschrecke, die Identität und den Anspruch des einzig überlebenden Kindes seiner Schwester Alexandra zu übergehen und zu unterdrücken. Folgendes war geschehen: 1925 hatte die Prätendentin einer Freundin gesagt, sie hoffe auf einen Besuch ihres »Onkel Ernie«, den sie seit seiner Rußlandreise 1916 nicht mehr gesehen habe. Tatsächlich hatte 1916 der Krieg zwischen Deutschland und Rußland getobt, und Ernst, ein deutscher General, war Truppenkommandeur an der Westfront gewesen. Ein Besuch in Rußland, ohne Wissen der deutschen Regierung oder des Generalstabs unternommen, um seine Schwester und seinen Schwager, den Zaren, zu besuchen, konnte ihm als Verrat ausgelegt werden. Obgleich die Mission vermutlich mit dem Segen des Kaisers unternommen worden war, um den Versuch zu machen, einen Separatfrieden auszuhandeln, war die Sache doch äußerst peinlich für den Herzog. Da er nach dem Krieg von seinem kleinen Thron abgesetzt worden war, hoffte er immer noch, ihn zurückzubekommen, und eine Behauptung, er habe in Kriegszeiten mit dem Feind Umgang gehabt, machte diese unwahrscheinliche Möglichkeit noch unwahrscheinlicher.

Die Wahrheit über diese geheime Mission wird wohl nie herauskommen. Die Geschichte weiß nichts darüber zu berichten.

Herzog Ernsts Tagebücher aus dieser Zeit handeln von der Westfront, und seine Briefe an seine Frau sind auch von dort abgeschickt worden. Allerdings wurde zu jener Zeit zweifellos sowohl in Rußland als auch in Deutschland darüber geredet, daß man Gespräche führen sollte, um dem Gemetzel ein Ende zu bereiten. Nach Aussage eines großherzoglichen Beraters gab es einen Plan für diese Reise, der vom Großherzog dem Kaiser vorgelegt, von diesem jedoch zurückgewiesen wurde; der Zeuge wußte nicht mehr zu sagen, ob Ernst aus eigener Initiative vorgeprescht war. Ein anderer Zeuge, der britische Botschafter Sir George Buchanan, schrieb nach dem Krieg, daß Herzog Ernst einen Emissär in Gestalt einer Russin geschickt habe, die dem Zaren mitteilen sollte, der Kaiser sei bereit, Rußland großzügige Friedensbedingungen zu garantieren. Nikolai habe sie eingesperrt. 1966 bezeugte der Stiefsohn des Kaisers vor Gericht unter Eid, ihm habe der Kaiser im Exil erzählt, Herzog Ernst sei 1916 tatsächlich in Rußland gewesen, um über die Möglichkeit eines Separatfriedens zu sprechen. Ebenfalls unter Eid erklärte Kronprinzessin Cäcilie über die Reise des Hessen nach Rußland: »Ich kann aus persönlicher Kenntnis versichern – die Quelle ist mein Schwiegervater [das heißt der Kaiser] –, daß man in unseren Kreisen sogar zu jener Zeit davon wußte.« Die Wahrheit läßt sich wohl nicht mehr feststellen, aber, ob wahr oder falsch – jedenfalls war die Äußerung von Frau Tschaikowski äußerst kühn. Wenn sich ihre Beschreibung von »Onkel Ernies« Reise als korrekt erwiesen hätte, hätte das ihrem Anspruch, Großfürstin Anastasia zu sein, starken Nachdruck verliehen: wer sonst als eine Tochter des Zaren konnte dieses Geheimnis kennen? Und selbst wenn ihre Behauptung falsch war, muß man doch staunen, wie eine bettlägerige junge Frau in Berlin auf eine so heikle dynastische und diplomatische Geschichte kommen konnte.

Großherzog Ernst wies Frau Tschaikowskis Story vehement zurück, verurteilte ihre Urheberin und schickte sich an, ihre Glaubwürdigkeit mit allen nur denkbaren Mitteln, die ihm zu Gebote standen, zu erschüttern. Sie sei eine »Hochstaplerin«, sei »geisteskrank«, eine »schamlose Kreatur«. Er drohte mit Klagen. Großfürst Andrej wurde gewarnt, eine Fortsetzung seiner Ermittlungen über ihre Identität könnte »gefährlich« werden. Großherzog Ernst machte sich Pierre Gilliard zum Verbündeten, der bald ebensoviel Zeit in Darmstadt wie in Lausanne verbrachte. Und er beteiligte sich an einer Aktion – manche behaupten sogar, er habe dahintergestanden und sie finanziert –, die nicht nur den Nachweis erbringen sollte, daß Frau Tschaikowski *nicht* Großfürstin Anastasia sei, sondern daß sie jemand anderes *sei.*

* * *

Im März 1927 brachte eine Berliner Zeitung die Nachricht, daß Frau Tschaikowski, die Anastasia-Prätendentin, in Wirklichkeit Franziska Schanzkowska sei, eine polnische Fabrikarbeiterin bäuerlicher Herkunft. Quelle für diesen Knüller war eine Frau namens Doris Wingender, die behauptete, Franziska sei bis zu ihrem Verschwinden im März 1920 Untermieterin im Hause ihrer Mutter gewesen. Über zwei Jahre danach, im Sommer 1922, so berichtete Doris Wingender, sei Franziska plötzlich zurückgekehrt und habe erzählt, sie hätte bei einigen russischen monarchistischen Familien gelebt, »die sie offenbar für jemand anderen hielten«. Franziska sei drei Tage geblieben, und in dieser Zeit hätten sie untereinander Kleider ausgetauscht: Franziska habe von Doris Wingender ein dunkelblaues Kostüm – mit schwarzer Spitze und rotem Band besetzt und mit Hornknöpfen – und einen kleinen kornblumenblauen, mit sechs gelben Blumen bestickten Hut genommen und ihr dafür ein malvenfarbenes Kleid, etwas Unterwäsche mit Monogramm und einen Kamelhaarmantel gegeben. Danach sei Franziska wieder verschwunden. Um diese Geschichte zu überprüfen, hatte die Zeitung einen Detektiv, Martin Knopf, beauftragt, der die Kleidung, die Franziska bei Wingenders zurückgelassen hatte, zu einem der russischen Emigrantenhaushalte brachte, wo *Fräulein Unbekannt* 1922 gewohnt hatte. Baron und Baronesse von Kleist erkannten die Kleidung. »Ich habe den Kamelhaarmantel selbst gekauft«, versicherte der Baron. »Das ist die Unterwäsche. Ich selbst habe die Monogramme eingenäht«, rief die Baronesse. Im Interesse der Zeitungsleser war »das Rätsel Anastasia« gelöst, wobei Doris Wingender noch Schützenhilfe geleistet hatte, indem sie eine Augenzeugenbeschreibung von Franziska Schanzkowska lieferte: »untersetzt«, »grobknochig«, »schmutzig und gewöhnlich«, mit »abgearbeiteten Händen« und »schwarzen Zahnstümpfen«.

Großherzog Ernst von Hessen war erfreut; er sagte dem Verfasser der Zeitungsserie, daß ihm »durch die Lösung dieses Falls ein großer Stein vom Herzen gefallen« sei.

Doch die Affäre war damit noch nicht zu Ende. Es stellte sich heraus, daß Doris Wingender den Anstoß dazu gegeben hatte, indem sie bei der Zeitung anrief und fragte, wieviel ihnen die Geschichte wert sei. Man versprach ihr eintausendfünfhundert Mark dafür, daß sie ihre Geschichte erzählte und die Prätendentin bei einer Gegenüberstellung persönlich identifizierte. Die Rolle des Großherzogs von Hessen in dieser Episode wurde immer deutlicher. Informationen, die der Detektiv Knopf gesammelt hatte, machten ihren Weg nach Darmstadt, bevor sie an die Zeitung gingen. »Es ist jetzt bekannt, daß der Detektiv von Darmstadt angestellt war und nicht von der *Nachtausgabe*«, sagte Großfürst Andrej. Der Herzog von Leuchtenberg, bei dem Frau Tschaikowski zu der Zeit wohnte, hörte vom Autor der Zeitungsserie, daß der Großherzog von Hessen der Zeitung fünfundzwanzigtausend Reichsmark für ihre »Ermittlung« in der Anastasia-Affäre gezahlt hatte. Diese Behauptung, in einer anderen Berliner Zeitung publik gemacht, führte zu Verleumdungsklagen. Inzwischen fand die Gegenüberstellung von Doris Wingender und der Untermieterin ihrer Mutter statt. Frau Tschaikowski blieb angesichts der Vorwürfe, eine falsche Identität angenommen zu haben, keine Wahl. Wie der Reporter der Berliner *Nachtausgabe* berichtete, der mit Martin Knopf bei der Gegenüberstellung anwesend war, geschah folgendes:

»Die Zeugin, Fräulein Doris Wingender, betritt das Zimmer. Franziska Schanzkowska liegt auf dem Sofa, das Gesicht teilweise mit einer Decke bedeckt. Die Zeugin hat kaum guten Tag gesagt, als Franziska Schanzkowska hochspringt und mit starkem Akzent schreit: ›Das Ding muß raus!‹ Die plötzliche Erregung, der wilde Zorn in ihrer Stimme, das Entsetzen in ihren Augen lassen keinen Zweifel: Sie hat die Zeugin Wingender erkannt.

Fräulein Wingender steht wie versteinert. Sie hat die Dame auf dem Sofa sofort als Franziska Schanzkowska erkannt. Das ist dasselbe Gesicht, das sie jahrelang Tag für Tag gesehen hat. Das ist dieselbe Stimme, derselbe nervöse Tick mit dem Taschentuch – das ist dieselbe Franziska Schanzkowska.«

Eine weitere Bestätigung lieferte ein paar Wochen später Franziska Schanzkowskas Bruder Felix, der die Prätendentin identifizierte. Sie trafen sich in einem bayrischen Biergarten. Sobald er sie erblickte, erklärte er: »Das ist meine Schwester Franziska.« Frau Tschaikowski kam ihm entgegen und begann, mit ihm zu reden. Am selben Abend legte man Felix eine eidesstattliche Erklärung vor, nach der er die Prätendentin »ohne jeden Zweifel« als seine Schwester identifiziert habe. Er verweigerte die Unterschrift. »Nein, das tue ich nicht«, sagte er. »Sie ist nicht meine Schwester.« Elf Jahre später, 1938, gab es eine letzte Gegenüberstellung der Prätendentin mit der Schanzkowski-Familie. Auf Anordnung der Naziregierung in Berlin erschien die Prätendentin in einem Zimmer, in dem vier Schanzkowskis – zwei Brüder und zwei Schwestern – warteten. Sie ging auf und ab, während die Schanzkowskis sie anstarrten und leise miteinander redeten. Schließlich verkündete ein Bruder: »Nein, diese Dame sieht zu anders aus.« Das Treffen schien beendet, als plötzlich Gertrude Schanzkowska mit den Fäusten auf den Tisch hämmerte und schrie: »Du bist meine Schwester! Du bist meine Schwester! Ich weiß es! Du mußt mich erkennen!« Der anwesende Polizist starrte Frau Tschaikowski an, und sie starrte ruhig zurück. »Was erwartet man, was ich sagen soll?« fragte sie. Die beiden Brüder und die andere Schwester waren peinlich berührt und versuchten, Gertrude zu beruhigen, die noch lauter schrie: »Gib es zu! Gib es zu!« Ein paar Minuten später gingen alle nach Hause.

* * *

Als die zwanziger Jahre zur Neige gingen, hörten die persönlichen Gegenüberstellungen nahezu auf. Beide Seiten waren erschöpft. Fürst Waldemar von Dänemark, der Bruder der Kaiserinwitwe Maria, der Frau Tschaikowskis Krankenhaus- und Sanatoriumsrechnungen bezahlt hatte, obwohl das seine Schwester mißbilligte, wurde schließlich von der Familie unter Druck gesetzt, damit aufzuhören. Der dänische Botschafter in Deutschland, Herlauf Zahle, der treueste offizielle Anhänger der Prätendentin in Berlin, wurde von seiner Regierung angewiesen, seine Aktivitäten zu ihren Gunsten einzustellen. »Ich habe mein möglichstes getan, daß meine [dänische] Königsfamilie nicht mit

Schande in die Geschichte eingeht«, sagte er bitter. »Wenn die russische kaiserliche Familie wünscht, daß eines ihrer Mitglieder in der Gosse stirbt, dann kann auch ich nichts mehr tun.«

Nachdem Zahle der Prätendentin seine Unterstützung entzogen hatte, wurde ihr von Herzog Georg von Leuchtenberg, einem entfernten Mitglied der Romanow-Familie, Besitzer des Schlosses Seeon in Oberbayern, Zuflucht angeboten. Der Herzog bezog eine mittlere Position, als er seine Gastfreundschaft anbot: »Ich kann nicht sagen, ob sie eine Tochter des Zaren ist oder nicht. Aber solange ich das Gefühl habe, daß eine Person meine Hilfe braucht, die zu meinem engeren Gesellschaftskreis gehört, habe ich auch die Pflicht, sie zu gewähren.« Die Frau des Herzogs, Herzogin Olga, teilte diese Gefühle nicht. Elf Monate lang zankte sie sich mit ihrem Gast über das Essen, die Diener, die Tischwäsche, das Teeservice und die Blumenarrangements. »Für wen hält sie sich eigentlich?« fragte sie empört. »Ich bin die Tochter Ihres Kaisers«, kam die gebieterische Antwort. Die Leuchtenberg-Familie war geteilt: die älteste Tochter Nathalie trat leidenschaftlich für die Authentizität der Prätendentin ein; der Sohn Dimitri und seine Frau Katharina waren voller Animosität gegen sie. Die englische Erzieherin, Faith Lavington, die in den Gängen des Schlosses umherwanderte, sah »die kranke Dame« jeden Tag und bewunderte ihren »reinsten und besten englischen Akzent«. Miss Lavingtons Meinung war: »Ich bin sicher, daß sie es ist.«

Als Fürstin Xenia Frau Tschaikowski Ruhe und Frieden auf ihrem Landgut in Long Island anbot, nahm sie an. Sechs Monate später waren die neue Gastgeberin und ihr Gast heillos zerstritten, und der Komponist Sergej Rachmaninow sorgte dafür, daß Frau Tschaikowski in einer bequemen Hotelsuite in Garden City, Long Island, wohnen konnte. Hier meldete sie sich als »Mrs. Anderson« an, um der Presse aus dem Weg zu gehen; später fügte sie noch als Vornamen »Anna« hinzu, und von nun an war von einer Frau Tschaikowski nichts mehr zu hören. Anfang 1929 zog sie zu Miss Annie B. Jennings, einem wohlhabenden Fräulein in der Park Avenue, die begierig war, eine Zarentochter unter ihrem Dach zu beherbergen. Achtzehn Monate lang war das einstige *Fräulein Unbekannt* der Star der New Yorker Gesellschaft, eine feste Einrichtung bei Dinnerparties, Lunchs, Tanztees und in der Oper. Dann verstärkten sich wieder die alten Muster destruktiven Verhaltens. Sie beklagte sich über ihr Zimmer und das Essen, produzierte Wutanfälle, griff die Bediensteten mit Stöcken an und lief splitternackt auf dem Dach herum. Dann warf sie Sachen aus dem Fenster auf die Straße, stand im Eingang eines Kaufhauses und erzählte der Menge, wie schlecht Miss Jennings sie behandelte. Schließlich unterzeichnete Richter Peter Schmuck vom Obersten Gericht in New York eine Verfügung, und zwei Männer brachen ihre verschlossene Tür auf und brachten sie in eine psychiatrische Klinik. Sie blieb über ein Jahr im Four Winds Sanatorium in Katonah, New York.

* * *

Während Anna Anderson in Amerika war, tauchte der Schemen eines geheimen Zarenvermögens in der Bank of England auf.

Die Reise der Prätendentin nach Amerika war in erster Linie die Idee Gleb Botkins gewesen, eines jüngeren Sohnes des Arztes, der mit der kaiserlichen Familie ermordet worden war. Gleb Botkin arbeitete in Long Island als Schriftsteller und Illustrator und war gebeten worden, für mehrere Zeitungen Artikel über die jüngste Zarentochter zu schreiben, die er als Kind gekannt hatte. Fürstin Xenia las diese Artikel und lud die Frau, die ihre Cousine sein konnte, ein, bei ihr in Oyster Bay zu wohnen. Während die Prätendentin bei Xenia lebte, wurde Gleb zu ihrem wichtigsten Ratgeber und besuchte sie häufig. Damals waren Gleb und seine ältere Schwester Tatiana, die die Prätendentin in Europa kennengelernt hatte, davon überzeugt, daß sie die Großfürstin sei. Schon als Junge war Gleb ein geschickter Zeichner gewesen, und seine Karikaturen von Tieren, meistens Schweinen, die bis in die Details genau ausgeführte russische Hofuniformen trugen, hatten die jungen Großfürstinnen, vor allem Anastasia, begeistert. Als er die Prätendentin zum ersten Mal in Schloß Seeon besuchte, war ihre Frage, ehe sie ihn empfing: »Fragen Sie ihn, ob er seine lustigen Tiere mitgebracht hat?« Das hatte er, und als sie sie ansah und sich offensichtlich erinnerte, lachte sie wehmütig. Danach hatte Gleb sie gedrängt, weil er absolut von ihrer Identität überzeugt war, sie solle sich

Anna Anderson

von der feindseligen Familie in Europa abwenden und über den Atlantik kommen.

In Amerika stürzte sich Gleb auf ihren Fall. Als die Romanow-Erklärung veröffentlicht wurde, holte er zum Gegenschlag aus mit einem verletzend scharfen Brief an Großfürstin Xenia, die ältere von Anastasias beiden Romanow-Tanten:

»Eure Kaiserliche Hoheit!

Noch sind keine vierundzwanzig Stunden nach dem Tod Ihrer Mutter vergangen ... und Sie haben nichts Eiligeres zu tun, als einen weiteren Schritt in der Verschwörung zum Betrug an ihrer Nichte zu unternehmen ...

Vor dem Unrecht, das Eure Kaiserliche Hoheit begehen, verblaßt selbst die grausame Ermordung des Kaisers, seiner Familie und meines Vaters durch die Bolschewiki. Es ist leichter, Verständnis für ein Verbrechen aufzubringen, das von einer Bande wahnsinniger und betrunkener Bestien vollbracht wurde, als für die kühle, systematische, endlose Verfolgung eines Mitglieds Ihrer eigenen Familie ... Großfürstin Anastasia Nikolajewna, deren einziger Fehler es ist, daß sie als einzig rechtmäßige Erbin des letzten Kaisers ihren gierigen und skrupellosen Verwandten im Weg steht.«

Glebs Brief gab letztlich den Ausschlag für eine bleibende Entfremdung unter den Romanows. Großfürst Andrej war entsetzt. »Alles ist verloren«, schrieb er an Glebs Schwester Tatiana. »Merkt er denn nicht, was er angerichtet hat? Er hat alles restlos zerstört.« Tatiana Botkin schrieb: »Großfürst Andrej erwähnte auch, daß der Fall mehr und mehr nach einer Intrige um das Zarenvermögen aussah; das stieß ihn zutiefst ab, er wollte nicht, daß sein Name noch weiter damit in Verbindung gebracht würde.«

Tatsächlich hatte sich Gleb Botkin auch um Geld Gedanken gemacht – das Geld der Prätendentin, wie er glaubte – und hatte einen Anwalt genommen, der ihr helfen sollte, seiner habhaft zu werden. Die Gerüchte von einem sagenhaften Romanow-Erbe, von Millionen Rubeln in Zarengold, die bei der Bank of England deponiert seien, wollten nicht verstummen. Im Juli 1928, als die Prätendentin noch Gast in Oyster Bay war, beauftragte Botkin einen amerikanischen Anwalt, Edward Fallows, in dieser Angelegenheit Ermittlungen anzustellen. Fallows war einverstanden, erhielt die Vollmacht der Prätendentin und begann mit den Nachforschungen, die die letzten zwölf Jahre seines Lebens verschlingen sollten. Zunächst ließ er seine Klientin eine Erklärung unterschreiben, in der behauptet wurde, daß Zar Nikolai II. in Jekaterinburg seinen vier Töchtern kurz vor ihrer Ermordung gesagt hätte, er habe vor dem Krieg für jede von ihnen bei der Bank of England fünf Millionen Rubel deponiert. Sodann gründete Fallows, um sein eigenes Honorar zu sichern und weitere für diesen Fall benötigte Summen bereitzustellen, eine Delaware Corporation unter dem Akronym »Grandanor«, das aus »**Gran**d **D**uchess **A**nastasia **N**icholaevna **o**f **R**ussia« gebildet war. Miss Jennings' wohlhabende Freunde wurden aufgefordert, Geld zu investieren. So gerüstet, reiste Fallows nach London, um die Bank of England anzugehen.[12] Darauf antwortete die Bank, sie könne keine Informationen über private Depots herausgeben, auch nicht darüber, ob solche Depots überhaupt vorhanden seien oder nicht. Fallows solle sich erst an den Court of Chancery wenden und sich eine Verfügung darüber geben lassen, daß seine Klientin tatsächlich Großfürstin Anastasia sei. Fallows reiste zwischen Europa und Amerika hin und her und verbrauchte die Gelder, die Miss Jennings bereitgestellt und in Grandanor eingebracht hatte; später arbeitete er ohne Bezahlung, machte seine eigene Versicherung zu Geld, verkaufte seine Ersparnisse, seine Wertpapiere, sein Haus und verfrachtete seine Familie in gemietete Zimmer. Schließlich »brachten ihn seine Anstrengungen um«, wie seine Tochter sagte.

Die Kontroversen über das Romanow-Vermögen bei englischen Banken gingen nach Fallows Tod 1940 weiter. 1955 erklärte Madame Lili Dehn, die eine von Kaiserin Alexandras engsten Freundinnen gewesen war, unter Eid, die Kaiserin habe zu ihr gesagt, nachdem die Familie in Zarskoje Selo verhaftet worden war und darauf wartete, nach England verfrachtet zu werden: »Wenigstens werden wir nicht betteln müssen, denn wir haben ein Vermögen bei der Bank of England.« Dieses Vermögen ist nie ermittelt worden. Es gibt Beweise, daß Nikolai II. während des Ersten Weltkriegs nach Hause transferierte, was immer er und seine Frau an privatem Geld bei britischen Banken deponiert hatten, und diese Mittel dazu verwendete, um damit Krankenhäuser und Lazarettzüge zu finanzieren. Eine Reihe von adligen und begüterten russischen Familien folgten dem Beispiel des Zaren und taten dasselbe. Nach der Revolution lebten Nikolais Mutter und seine beiden Schwestern von dem, was sie durch den Verkauf ihres Schmucks einlösen konnten, und im übrigen von der Mildtätigkeit ihrer dänischen und englischen Verwandten. Anna Andersons Anhänger argumentierten, daß das Geld, das Nikolai für seine vier Töchter beiseite geschafft hatte, um es eventuell für die Mitgift verwenden zu können, sicherlich nicht nach Rußland zurücktransferiert oder an Tanten und eine Großmutter verteilt worden sei. Diese Hoffnung, daß immer noch Geld für die Töchter in sicherer Verwahrung sei, schwand 1960, als Sir Edward Peacock, einer der Direktoren der Bank of England zwischen 1920 und 1946, erklärte: »Ich bin ziemlich sicher, daß nie irgendwelches Geld der russischen kaiserlichen Familie bei der Bank of England oder irgendeiner anderen Bank in England deponiert war. Natürlich ist es problematisch, ›nie‹ zu sagen, aber das eine weiß ich zumindest sicher, daß es nach dem Ersten Weltkrieg und während meiner langen Amtszeit als Direktor der Bank nie solches Geld gegeben hat.«

Selbst heute noch sind britische Bankleute es gewohnt, daß man ihnen in diesem Punkt nicht glaubt. John Orbell, Archivar von Baring Brothers, einer Londoner Privatbank, die noch nach der Revolution Depots der russischen kaiserlichen Regierung verwaltete[13], ist von müder Höflichkeit, wenn man ihn nach dem Geld der Romanow-Familie fragt. »Die Leute fragen immer wieder«, sagt er. »Sie wollen ›nein‹ als Antwort nicht akzeptieren. Es ist frustrierend. Wenn es denn ein Familienvermögen gegeben haben sollte, wäre das doch schon längst bekanntgeworden. Es hätte ein Stück Papier gegeben, eine Erklärung der Bank, irgend etwas. Irgendein kleiner Bankangestellter hätte es gefunden und wäre aufgetreten und hätte durch eine Mitteilung an die Presse sein Glück gemacht. Aber es ist nie etwas aufgetaucht.«

* * *

Im August 1932 kehrte Anna Anderson auf dem Dampfer »Deutschland« in einer verschlossenen Kabine, begleitet von einer privaten Krankenschwester, nach Deutschland zurück. Ihre Wohltäterin von der Park Avenue, Annie B. Jennings, zahlte ihr diese Reise, so wie sie fünfundzwanzigtausend Dollar für den einjährigen Aufenthalt im Four Winds Sanatorium gezahlt hatte und wie sie eine weitere sechsmonatige Behandlung in der Irrenanstalt von Ilten bei Hannover bezahlen würde. Als diese Kur beendet war, begab sich Frau Anderson erneut auf eine siebenjährige Wanderschaft. Sie lebte einige Jahre in Hannover, verbrachte ein Jahr in Berlin, zog dann nach Bayern, Pommern, Westfalen, Sachsen, Thüringen, sogar nach Hessen. Während des Zweiten Weltkriegs war sie in Hannover, wo sie die schweren Bombenangriffe der Alliierten miterlebte. Nachdem die Stadt größtenteils zerstört war, floh sie in ein herzogliches Schloß im Osten. Als dieses Territorium bei Kriegsende von sowjetischen Truppen besetzt wurde, entkam sie mit Hilfe eines deutschen Fürsten und des schwedischen Roten Kreuzes nach dem späteren Westdeutschland. 1949 brachte Fürst Friedrich von Sachsen-Altenburg sie mit seinen eigenen spärlichen Mitteln in einer kleinen ehemaligen Militärbaracke im Dorf Unterlengenhardt am Rande des Schwarzwalds unter. In diesem bescheidenen Ort lebte Anna Anderson, umgeben von dicht wuchernden Sträuchern, Weinreben, Brombeeren und hoch rankendem Unkraut, beschützt von vier riesigen Hunden, halb Bernhardiner, halb Wolfshund, die nächsten neunzehn Jahre. Eine Gruppe gebildeter deutscher Damen mittleren Alters wechselte sich darin ab, ihre Anweisungen entgegenzunehmen und ihr das notwendige Essen zu bringen. Sie sprach Englisch mit ihnen, was von diesem Zeitpunkt an bis zu ihrem Lebensende ihre bevorzugte Sprache war – Ironie des Schicksals: ihr Gebrauch des Englischen und ihr Nicht-Gebrauch des Russischen wurde als Waffe gegen sie eingesetzt. »Es war eben nicht das Englisch eines Menschen, der es von Kindheit an gesprochen hat wie Anastasia«, erklärte der englische Schriftsteller Michael Thornton, der 1960 zum ersten Mal nach Unterlengenhardt fuhr. »Der Akzent war deutsch, die Satzstruktur deutsch, die Grammatik hoffnungslos. Ich kannte Großfürstin Xenia, Anastasias Tante, die in London lebte. Ihr Englisch war schlicht, rein und elegant; das Englisch eben, das die Romanows sprachen.«

In den Jahren in Unterlengenhardt traten zwei letzte Augenzeugen auf den Plan: Lili Dehn, die Freundin der Kaiserin, und Sidney Gibbes, der Englischlehrer der Zarenkinder. Ihr Zeugnis war widersprüchlich. »Ich habe sie erkannt, physisch und intuitiv, durch Zeichen, die nicht täuschen können«, sagte Madame Dehn. Gibbes widersprach. »Wenn sie Großfürstin Anastasia ist, will ich ein Chinese sein«, sagte er einem Freund. In einer eidesstattlichen Erklärung drückte er seine Ansicht formeller aus: »Sie hat keinerlei Ähnlichkeit mit der echten Großfürstin Anastasia, die ich gekannt habe ... Ich bin fest überzeugt, daß sie eine Hochstaplerin ist.«[14]

In diesen Jahren kamen das Theaterstück und der Film *Anastasia* heraus, was Anna Anderson weltweit eine neue Welle der Publizität einbrachte. Die Autoren, die sich nicht darüber im klaren gewesen waren, daß sie noch lebte, wurden von Mitleid mit ihr gepackt und gaben ihr aus freien Stücken dreißigtausend der vierhunderttausend Dollar, die ihnen von Twentieth Century Fox gezahlt wurden. Anna Anderson verwendete es dazu, um sich auf dem Grundstück der baufälligen Militärbaracke ein kleines modernes Häuschen bauen zu lassen. Später, als man Fotos von Anna Anderson zu sehen bekam, beschwerte sich das Publikum, daß sie nicht aussah wie Ingrid Bergman. Wie sie tatsächlich in jenen Jahren aussah, hat Mme. Dominique Auclères, eine Korrespondentin des Pariser *Figaro*, beschrieben. Sie besuchte die Prätendentin erstmals im August 1960 in Unterlengenhardt und wurde in der Folge eine ihrer getreuen Anhängerinnen. »Plötzlich ging die Tür auf, und vor mir stand die seltsamste Frau, die ich je in meinem Leben gesehen habe – eine winzige Madame Butterfly, die sich als Tirolerin verkleidet hatte. Sie trug einen japanischen Kimono, darüber einen österreichischen Lodenumhang und darüber einen schwarzen Gummimantel. Über die spitze Kapuze ihres Umhangs hatte sie einen grünen Tiroler Filzhut gestülpt. Ihr Haar war dunkelblond mit grauen Strähnen und unter den Ohren abgeschnitten. Sie trug schwarze Lederhandschuhe und hatte einen schwankenden Gang, was ihrer Erscheinung etwas Unwirkliches verlieh. Ich bemerkte eine leicht gebogene und schiefe Nase (ich sah sie nur im Profil) und ein eher graues als blaues Auge. Eine ihrer schwarzbehandschuhten Hände hielt einen kleinen Papierfächer vor ihren Mund, der während meines Besuchs nie bewegt wurde.« Bevor sie sich verabschiedete, überrumpelte Mme. Auclères sie jedoch einmal und konnte ihren Mund sehen, der »durch den Oberkiefer leicht nach rechts deformiert« war. Das Interview wurde auf englisch geführt, als Mme. Auclères jedoch einmal versehentlich ins Französische verfiel, antwortete ihr die Gastgeberin sofort in dieser Sprache. Ihre Aussprache sei »perfekt« gewesen, wie Mme. Auclères sich äußerte.

* * *

Kein Verfahren hat die deutschen Gerichte im zwanzigsten Jahrhundert so lange beschäftigt wie der Fall Anna Anderson. Es begann 1938, als Anna Anderson die Aufteilung eines kleinen Vermögens unter Kaiserin Alexandras deutschen Verwandten anfocht, ruhte dann während des Zweiten Weltkriegs, wurde in den fünfziger und sechziger Jahren in Hamburg wieder aufgegriffen und schließlich 1970 mit der Zurückweisung ihrer Berufung durch den Obersten Gerichtshof in Karlsruhe beendet. Die gegnerische Seite in diesen deutschen Prozessen um Anna Andersons Ansprüche wurde durch das Haus Hessen vertreten, wo man sie immer noch unerbittlich zu diskreditieren suchte. Großherzog Ernst war tot, aber sein Sohn, Prinz Ludwig, hatte sich gemeinsam mit seiner Nichte Barbara, Herzogin von Mecklenburg, der Sache seines Vaters angenommen. Finanziell wurden die Hessen von Lord Louis Mountbatten, dem britischen Kriegshelden, ehemaligen Vizekönig von Indien, Chef des Verteidigungsstabes und Onkel vom Ehemann der englischen Königin, Prinz Philip, unterstützt. Lord Mountbatten stammte aus dem Hause Hessen; seine Mutter, Prinzessin Victoria von Battenberg, war Kaiserin Alexandras Schwester, die Preußenprinzessin Irene seine Tante, Großherzog Ernst von Hessen sein Onkel. Hätte man juristisch Anna Andersons Identität mit Großfürstin Anastasia nachweisen können, so hätte Mountbatten sie als seine Cousine anerkennen müssen. Er war entschlossen, das niemals zu tun, und um es zu verhindern, gab er Tausende von Pfund, die er von seiner reichen Frau geerbt hatte, für Anwaltsrechnungen aus.

Eine Kategorie von Beweisen, die in den frühen Jahren des Falles Anna Anderson weitgehend ignoriert worden war, rückte während der deutschen Gerichtsverfahren in den fünfziger und sechziger Jahren stärker in den Vordergrund: die medizinischen und naturwissenschaftlichen Beweise, die in erstaunlichem Maße Anna Andersons Ansprüche stützten. In den ersten Jahren nach dem Auftauchen der Prätendentin waren die Ärzte – meistens Psychiater – geneigt, ihre Geschichte zu glauben. 1925 äußerte Dr. Lothar Nobel, Direktor der Mommsen-Klinik in Berlin, seine Meinung, daß »keine Geisteskrankheit irgendeiner Art vorliegt ... Es scheint unmöglich, daß ihre Kenntnis so vieler kleiner Details auf etwas anderem beruht als ihrer persönlichen Erfahrung.

Außerdem ist es psychologisch kaum vorstellbar, daß jemand, der die Rolle einer anderen Person spielt, sich so verhält, wie die Patientin es tut.« Diese Ansicht, daß die Patientin unfähig sei, eine Rolle zu spielen, wurde 1927 wiederholt. Nachdem die Prätendentin acht Monate in einem Sanatorium in den bayrischen Alpen verbracht hatte, erklärte dessen Direktor, Dr. Saathof: »Es ist meiner Ansicht nach vollkommen undenkbar, daß Frau Tschaikowski eine Hochstaplerin ist. Selbst in kritischen Momenten verhält sie sich fast immer exakt entgegengesetzt zu dem, was man von einer Hochstaplerin erwarten würde.« Ähnlich, wenn auch unprofessionell, äußerte sich Fürstin Xenia, nachdem sie die Patientin in ihrem Landgut auf Long Island beobachtet hatte: »Eines der überzeugendsten Elemente ihrer Persönlichkeit war die gänzlich unbewußte Annahme ihrer Identität [als Großfürstin Anastasia]. Nie machte sie auch nur entfernt den Eindruck, als ob sie eine Rolle spielte.«

Während der Hamburger Prozesse beschloß das Gericht, sich mit Hilfe der Naturwissenschaften physische Beweise zu verschaffen. Es benannte zwei berühmte Experten als Gutachter: Dr. Otto Reche, einen international bekannten Anthropologen und Kriminologen, der die Gesellschaft deutscher Anthropologen gegründet hatte, und Dr. Minna Becker, eine Graphologin, die am Echtheitsnachweis des Tagebuchs der Anne Frank mitgewirkt hatte. Diesen Fachleuten ging es weder um Geld noch um Ruhm, sie widmeten sich von Berufs wegen der Untersuchung einer prozeßführenden Partei. Reche sammelte über hundert Fotos der Großfürstin Anastasia und nahm dann Anna Anderson aus denselben Blickwinkeln und unter denselben Lichtbedingungen auf. Er verglich die beiden Gesichter Millimeter für Millimeter und kam zu dem Schluß, daß »eine solche Übereinstimmung zwischen zwei menschlichen Gesichtern nicht möglich ist, es sei denn, es handelt sich um dieselbe Person oder eineiige Zwillinge. Frau Anderson ist niemand anderes als Großfürstin Anastasia.« Dr. Becker verglich mehr als einhundert Proben von Großfürstin Anastasias Handschrift mit Schriftproben von Anna Anderson. »Ich habe noch nie zuvor zwei Handschriftenproben gesehen, die all diese übereinstimmenden Merkmale aufweisen und doch von zwei verschiedenen Personen stammen sollen«, schloß sie. »Es kann sich um keinen

Irrtum handeln. Nach vierunddreißig Jahren als vereidigte Expertin bei deutschen Gerichten bin ich bereit, unter Eid und auf meine Ehre festzustellen, daß Frau Anderson und Großfürstin Anastasia identisch sind.« Doch trotz der Gutachten von Dr. Reche und Dr. Becker erklärte das Gericht den Fall für ungeklärt, als »weder bewiesen noch widerlegt«.

Anna Anderson konnte in ihrem Leben noch einen weiteren wissenschaftlichen Sieg verbuchen, den sie 1977 durch Dr. Moritz Furtmayr, einen prominenten deutschen Experten der Gerichtsmedizin, errang. Furtmayr hatte ein System entwickelt, den menschlichen Schädel mit Gittern und Diagrammen zu kartographieren, um das, was er einen »Kopfabdruck« nannte, herzustellen: etwas, was niemals bei zwei Personen gleich sein könne. Mit dieser »P.-I.-K.-Methode«, die bei Kriminalfällen von deutschen Gerichten anerkannt wurde, bewies Furtmayr, daß die anatomischen Punkte und Gewebeformationen von Anna Andersons rechtem Ohr mit dem rechten Ohr von Großfürstin Anastasia in siebzehn Punkten übereinstimmten, fünf mehr als die bei deutschen Gerichten erforderlichen zwölf, um Identität festzustellen.

Furtmayrs Bericht war ein schwerer Schlag für Lord Mountbatten. Trotz seiner hohen Geldinvestition war er der Prätendentin nie begegnet. 1977 jedoch besuchte Michael Thornton Earl Mountbatten in Broadlands, seinem Landgut, und brachte eine Kopie von Furtmayrs Bericht mit. »Er saß mir gegenüber und las es zweimal durch, auf deutsch und in der englischen Übersetzung«, erinnert sich Thornton. »Auf seinem Gesicht spiegelte sich ein regelrechtes Drama, während er sich hineinvertiefte. Was ich darauf lesen konnte, war die schreckliche Erkenntnis, daß dieses rasende Weib, das so exzentrisch war, so unsympathisch und das von neunzig Prozent der Leute, denen sie begegnete, kurzerhand weggeschickt wurde, möglicherweise tatsächlich seine Cousine, Großfürstin Anastasia, war.«

* * *

Die Richtersprüche waren in sich nicht schlüssig. Die Gerichte sagten nicht, daß Anna Anderson nicht Großfürstin Anastasia sei; sie entschieden nur, daß es ihr nicht gelungen sei, zu beweisen, daß sie es sei. Achttausend Seiten Beweismaterial wurden zu neunundvierzig Bänden zusammengebunden, auf die hintersten Regale verbannt und vergessen. In Unterlengenhardt verkündete Anna Anderson, daß sie die Sache nicht mehr interessiere. »Ich weiß sehr wohl, wer ich bin«, sagte sie. »Ich brauche es nicht vor irgendeinem Gericht oder vor dem Gesetz zu beweisen.« Inzwischen verschlechterte sich ihre Situation. Sie hatte sich von der Welt zurückgezogen, versperrte ihre Tür selbst vor Freunden und lebte allein mit sechzig Katzen in ihrem Haus. Als der dritte ihrer großen Hunde starb, begrub sie ihn in einem flachen Grab – zu flach offenbar, denn der Gestank verbreitete sich über das Dorf und brachte ihr eine Beschwerde des regionalen Gesundheitsamtes ein. Gekränkt, beschloß sie kurzerhand, eine Einladung anzunehmen, die ihr ihr treuer Freund seit vierzig Jahren, Gleb Botkin, besorgt hatte. Gleb, der jetzt in Charlottesville, Virginia, lebte, hatte mit einem wohlhabenden Genealogen, Dr. John Manahan, Freundschaft geschlossen. Auf Glebs Vorschlag hin hatte Manahan, ein Junggeselle, der Prätendentin seine Gastfreundschaft in Virginia so lange sie wollte angeboten. Am 13. Juli 1968 flog sie überstürzt und ohne irgend jemandem in Europa ein Wort zu sagen, auf Manahans Kosten nach Dulles Airport. Manahan und Gleb holten sie ab und fuhren sie nach Charlottesville. Im Dezember 1968 wurden ihre Freunde in Europa noch einmal schockiert, als sie den dreiundzwanzig Jahre jüngeren rundlichen John Manahan mit dem Bürstenschnitt heiratete. Es sei eine formale Ehe, sagten sie sich; ihr amerikanisches Visum wäre sonst ausgelaufen. Manahan selbst war belustigt und erfreut. »Was würde wohl Zar Nikolai denken, wenn er seinen neuen Schwiegersohn sähe?« fragte er Gleb Botkin, seinen Trauzeugen. »Ich glaube, er wäre dankbar«, antwortete Gleb.

Anastasia und John Manahan lebten mehr als fünfzehn Jahre zusammen. Sie hatten getrennte Schlafzimmer in seinem elegant-klassizistischen Haus an einer ruhigen Straße in Charlottesville, nur wenige Straßen von der Universität und Thomas Jeffersons berühmter Bibliothek mit ihrem Atriumbau entfernt. Sie nannte ihn aus unerklärlichen Gründen Hans, während er sie mit Anastasia anredete. Sie fuhren fast täglich zu seiner nahe gelegenen großen Farm und speisten häufig im Farmingdale Country Club. Anastasia, eine winzige Person mit kastanienbraun gefärbtem

BETTMANN ARCHIV

Anna Anderson heiratete Dr. John Manahan und wurde am 22. Dezember 1968 Anastasia Manahan. Sie war zweiundsiebzig, er war neunundvierzig

Haar, häufig in Bluse und mit hellroten Hosen, die mehrere Nummern zu groß für sie waren, sammelte dort sorgfältig die Reste von allen Tellern am Tisch ein und wickelte sie in Folie, um sie nach Hause für ihren neuen und rasch anwachsenden Katzenbestand mitzunehmen. Es dauerte nicht lange, und Haus und Garten glichen sich denen in Unterlengenhardt an. Hochgeschossene Büsche, Kletterpflanzen und Unkraut füllten den Vorgarten und blockierten die Eingangstür. Innen auf dem Boden des Wohnzimmers türmten sich Bücherstapel, überall lagen Zeitungen herum, die sie ausgebreitet hatte, um Katzendreck zu bedecken. Wenn eine der Katzen starb, verbrannte sie sie im Kamin. Manahan schien das alles nichts auszumachen. »So will

Anastasia eben leben«, erklärte er. Den Nachbarn jedoch machte es etwas aus, und 1978 wurden die Manahans wegen des Geruchs angezeigt – »ich glaube, man könnte es als Gestank beschreiben, was von dem Besitz ausging«, gab ein Freund zu.

Manahan genoß es, ihr Ehemann zu sein; manchmal beschrieb er sich als ein »Großfürst im Wartestand«. Seine Frau schien desinteressiert. »Das liegt so weit zurück und ist so tot«, sagte sie, »ist schon längst vergangen. Rußland existiert nicht mehr.« Allmählich glitt das Paar immer mehr aus bloßer Exzentrik in Geistesverwirrung. Bei einer Gelegenheit verkündete Manahan einer Versammlung, daß seine Frau eine Nachkommin von Dschingis-Khan sei; später fügte er ihrem Stammbaum noch Ferdinand und Isabella hinzu. 1974 verschickte er eine neuntausend Wörter umfassende Weihnachtskarte unter der Überschrift »Anastasias Geld und das Zarenvermögen«, worin er Franklin D. Roosevelt beschuldigte, er habe die marxistische Verschwörung unterstützt mit dem Ziel, die Welt kommunistisch zu machen, und eine Episode vom Ende des Zweiten Weltkriegs in Europa bezeichnete er als die Ankunft der »amerikanischen Neger mit angelegtem Gewehr«. Er und seine Frau stünden unter der Überwachung der CIA, des KGB und des britischen Geheimdienstes. Frau Manahan erzählte einem Besucher, daß im Ipatjew-Haus die gesamte kaiserliche Familie mit Ausnahme des Zarewitsch wiederholt vergewaltigt worden sei, und alle seien gezwungen worden zuzusehen, als die anderen geschändet wurden. Im November 1983 wurde sie in eine Anstalt eingewiesen. Ein paar Tage später entführte sie ihr Mann, und sie fuhren drei Tage lang auf Nebenstraßen zurück nach Virginia und machten nur zum Essen an Schnellgaststätten halt. Ein über dreizehn Staaten ausgerufener Polizeialarm führte endlich zu ihrer Festnahme und Wiedereinlieferung in die psychiatrische Anstalt.

Drei Monate später, am 12. Februar 1984, starb Anastasia Manahan an Lungenentzündung. Ihr Leichnam wurde noch am selben Nachmittag verbrannt, und im Frühjahr wurde ihre Asche auf dem Friedhof von Schloß Seeon begraben. Manahan starb sechs Jahre später.

Bei ihrem Tod war die Kontroverse über Anna Andersons Identität nach wie vor ungelöst. Doch ahnungslos hatte sie ein Beweisstück hinterlassen, das der Welt sagen sollte, wer sie war.

FÜNFZEHNTES KAPITEL
EINE SACHE DER FAMILIENEHRE

Viereinhalb Jahre vor ihrem Tod machte Anastasia Manahan eine schwere gesundheitliche Krise durch. Am 20. August 1979 wurde sie, nachdem sie sich mehrere Tage lang übergeben, aber hartnäckig jede ärztliche Hilfe verweigert hatte, auf schnellstem Wege ins Martha-Jefferson-Krankenhaus in Charlottesville gebracht. Dr. Richard Shrum operierte sofort. Im Dünndarm fand er eine Verstopfung und Brand, hervorgerufen durch Verwachsungen mit einem Eierstockgeschwür. Er entfernte fast dreißig Zentimeter Dünndarm, verkürzte den Darm und schloß die Wunde. Mrs. Manahan war eine schwierige Patientin. Zuerst, nach dem Eingriff, riß sie sich wiederholt die Kanülen aus dem Leib. Schließlich besserte sich ihr Benehmen. »Sie blieb verschlossen, mochte nicht mit anderen reden und lächelte selten«, erinnert sich Shrum. »Sie saß herum und hielt sich immer ein Taschentuch an die Nase, als hätte sie Angst, sich etwas wegzuholen.«

Unmittelbar nach der Operation schickte Shrum, der Standardprozedur der Klinik entsprechend, das Gewebe, das er entfernt hatte, ans pathologische Labor, welches etwa fünfzehn Zentimeter des Dünndarms aufbewahrte. Dieses Gewebe wurde in fünf Segmente zu je drei Zentimetern aufgeteilt; jedes Segment wurde in Formalin, ein Gewebe-Konservierungsmittel, getaucht, in einem Block Paraffinwachs von 3 mal 3 mal 1,5 Zentimeter versiegelt und in einem kleinen blauweißen Kästchen in ein Regal gestellt, wo lauter ähnliche Kästchen aufbewahrt wurden, die ebenfalls Gewebeproben enthielten. Daß entnommenes Gewebe nach der Operation konserviert wird, geschieht zu rein medizinischen Zwecken: sollte derselbe oder ein ähnlicher Zustand sich wiederholen, dann kann aktuelles Gewebe, das schon früher entnommen wurde, ein nicht zu unterschätzendes Diagnoseinstrument sein. 1979 war das pathologische Labor des Martha-Jefferson-Krankenhauses neu, erst im Vorjahr eröffnet. »Wir haben alles, seit es eröffnet wurde, aufgehoben«, sagt ein Krankenhausangestellter, »jede Probe von allen Patienten, gleichgültig, wer es war.« Sowie sie eingelagert sind, bleiben die Gewebeproben ganz den schriftlichen Krankenberichten entsprechend rechtsgültiger Besitz des Krankenhauses. Das Krankenhaus, das eine treuhänderische Verpflichtung gegenüber dem Patienten, seiner Familie und seinen Erben eingeht, bewacht dieses Material aufs strengste. Jede Freigabe von Berichten oder Proben an irgendeine Person außer dem Patienten, seiner Familie, seinen Erben oder dem Nachlaßverwalter bedarf einer richterlichen Verfügung.

* * *

William Maples' Bekanntmachung vom Juli 1992, Großfürstin Anastasia fehle im Grab in Jekaterinburg, erregte natürlich internationales Aufsehen, und es war wohl nicht überraschend, daß bald Sondierungsgespräche geführt wurden, ob das Martha-Jefferson-Krankenhaus im Besitz von Blut- oder Gewebeproben von Anastasia Manahan sei. Am 22. September schrieb Syd Mandelbaum, ein Hämatologe von Long Island mit Verbindung zu mehreren Großlabors, an das Krankenhaus, er beabsichtige, ein Buch über den Einsatz von DNS-Tests als gerichtsmedizinisches Instrument zu schreiben, und wolle ein Kapitel über Anna Anderson mit aufnehmen. »So weit hergeholt das klingen mag«, hieß es in Mandelbaums Brief, »aber wir versuchen, eine Genprobe zu bekommen ... in Form einer Blutprobe, eines Haarfollikels oder einer Gewebekultur«, um sie im Cold-Spring-Harbor-Labor oder in der Harvard Medical School zu testen. D. D. Sandridge, der geschäftsführende Direktor des Martha-Jefferson-Krankenhauses, antwortete Mandelbaum: »Wir haben hier nichts, was nützlich für Sie sein könnte.« Später erklärte mir das Krankenhaus den Fehler als Versehen beim Anschreiben: »Man hatte die falsche Person gebeten, danach zu suchen.«

Die richtige Person dafür war Mrs. Penny Jenkins, die die Krankenberichte verwaltete. Sie war es auch, die mit den nächsten beiden Bewerbern zu tun hatte, die nach Gewebeproben fragten. Die erste, die sich im November 1992 meldete, war Mary DeWitt, die sich als »Studentin der Gerichtspathologie an der Universität von Texas« vorstellte und um das Gewebe bat, weil sie »ein Referat darüber schreibe«. Penny Jenkins nahm an, daß DeWitt eine junge Studentin sei, »die an einem Referat arbeitete wie meine Tochter in der Highschool. Hier ging es also weder um ›medizinisch notwendige Erkenntnis‹ noch um das ›Wohl eines Patienten‹«, entschied Jenkins, »deshalb sagte ich: ›Nein, ich kann Ihnen nicht helfen.‹« Mary DeWitt jedoch ließ sich nicht abwimmeln. Sie nahm statt dessen Kontakt zu James Blair Lovell auf, einem Washingtoner Schriftsteller, der die letzte Anastasia-Biographie geschrieben hatte, und erklärte ihm, sie wisse, daß das Krankenhaus über Gewebe verfüge, brauche aber die Mitwirkung der Manahan-Familie, um die notwendige gerichtliche Verfügung zu erhalten. Sie schlug ihm Zusammenarbeit vor und bot an, einen Anwalt zu bezahlen, wenn Lovell sich an die Manahans wenden würde. Lovell war einverstanden und bekam einen Brief von John Manahans Vetter, Fred Manahan, der ihn autorisierte, über das Gewebe zu verfügen. DeWitt nahm sich einen Anwalt in Charlottesville. Im Frühjahr 1993 jedoch schrieb sie an Penny Jenkins, daß von nun an sie, Mary DeWitt, mit dem Krankenhaus über alles im Zusammenhang mit dem Gewebe verhandeln werde, während James Lovells Rolle als Historiker sich darauf beschränke, über den Prozeß zu berichten. Als Lovell von diesem Brief erfuhr, wurde er wütend und sagte zu Jenkins: »Sie will mich rausdrängen!« Jenkins mußte eine Wahl treffen. »Weil ich den Eindruck hatte, daß Jimmy Lovells Anliegen etwas seriöser war, beschloß ich, daß wir uns mit Mary DeWitt nicht länger abgeben sollten.« Penny Jenkins hörte nie mehr von Mary DeWitt, erfuhr aber später, daß sie eine Frau in den Vierzigern war, Ehefrau eines privaten Ermittlers.

Zwei Tage nachdem sie den ersten Brief von Mary DeWitt erhalten hatte, wurde Penny Jenkins von Dr. Willi Korte angerufen, der sich als deutscher Anwalt und Geschichtsforscher vorstellte. Er erzählte ihr, er habe mit dem gerichtsmedizinischen Institut der Universität München zu tun und arbeite in einem internationalen Team zur Identifizierung der Gebeine von Jekaterinburg und zur Lösung des Anastasia-Rätsels mit. »Er war sehr glatt, sehr charmant«, erinnert sich Penny Jenkins. »Und nannte eine Menge Namen. Dr. Maples in Florida, Dr. Baden in New York und andere. Er sagte, seine Aufgabe sei es, überall herumzureisen und nach Vergleichsproben von Gewebe Ausschau zu halten, und fragte mich, ob wir welches hätten. ›Ja, wir haben eine Probe‹, sagte ich. Kurze Zeit später rief mich ein Anwalt aus Washington, D. C., an, Thomas Kline von Andrews & Kurth, um sich nach dem Gewebe zu erkundigen, denn Korte, mit dem er zusammenarbeite, sei ja nicht im Lande. Ich bestätigte noch einmal: ›Ja, wir haben Gewebe.‹ Das war das letzte, was ich von den beiden gehört habe. Ich habe Korte nie gesehen, bis wir alle im Gerichtssaal saßen. Da sprachen wir aber nicht mehr miteinander.«

Im Januar 1993 wandte sich Thomas Kline an Fred Manahan, von dem er annahm, er habe Verfügungsgewalt über das Gewebe. Manahan verwies ihn an James Lovell. Am 16. April, nach mehreren Telefongesprächen, schrieb Kline einen dreiseitigen Brief an Lovell und bat ihn in aller Form um seine Unterstützung, damit er Zugang zu Anastasia Manahans Gewebe für DNS-Tests bekäme, die vom gerichtsmedizinischen Institut der Universität München durchgeführt werden sollten. Er sagte, daß das Institut bereits Kontakte zu einer Reihe lebender Verwandter der kaiserlichen Familie aufgenommen habe, deren Blut für DNS-Vergleiche benutzt werden könne. Um seinem Appell Nachdruck zu verleihen, zitierte Kline zwei wissenschaftliche Artikel, die sich mit DNS-Analysen befaßten. Einer stammte aus dem von Peter Gill geleiteten Team des britischen FSS. Am 18. Juni schrieb Kline noch einmal an Lovell, um Willi Kortes Rolle bei den Ermittlungen des Münchener Instituts klarzustellen. Korte sei ein erfahrener Forscher, kein Arzt. Kline fügte hinzu, daß das Münchener Institut Arbeitsbeziehungen zu Gerichtsmedizinern in den Vereinigten Staaten hergestellt habe, »speziell zu Dr. Mary-Claire King, [die] sich bereit erklärt hat, mit dem gerichtsmedizinischen Institut zusammenzuarbeiten«.

James Lovell war beunruhigt wegen dieser Korrespondenz mit Thomas Kline. Da er sich über seinen eigenen juristischen Status nicht sicher war, konsultierte er Richard Schweitzer, einen Anwalt in Virginia, der wie er davon überzeugt war, Frau Manahans Anspruch, die Tochter des Zaren zu sein, sei berechtigt, und beklagte sich bei ihm über Kline: »Er hetzt mich nachgerade zu Tode. Immer wieder sagt er: ›Wir müssen eine Antwort haben! Wir können das nicht so lassen! Wir müssen handeln! Wir brauchen jetzt sofort eine Antwort von Ihnen!‹« Lovell fragte Schweitzer, was er tun solle. »Sie müssen überhaupt nichts tun, Jimmy«, riet ihm Schweitzer. »Sie müssen nicht einmal mit ihm telefonieren.« Später erzählte Schweitzer: »Als Kline das nächste Mal anrief, machte Jimmy – aus eigenem Antrieb, ich hatte ihn dazu nicht einmal angeregt – das Beste, was er überhaupt tun konnte. Als er nämlich wieder hörte: ›Sie müssen mir jetzt sofort antworten, ja oder nein!‹, sagte er: ›Dann ist die Antwort nein!‹ und hängte auf. Dann sagte er zu mir: ›Glauben Sie, ich habe es richtig gemacht? Was können sie als nächstes tun?‹ Und ich sagte ihm: ›Jimmy, gar nichts können sie tun. Sie haben keinerlei Klagerecht hier. Sie können im Staate Virginia ohne entsprechendes Klagerecht an keinem Gerichtsverfahren teilnehmen. Der einzige Mensch aus diesem Staat, von dem ich weiß, daß er vor Gericht gehen kann und in einer Beziehung zu diesem Fall steht, ist Marina.«

* * *

Marina Botkin-Schweitzer aus Virginia, Gleb Botkins Tochter, ist eine Dame mit ruhigem Auftreten und dem weichen Akzent der Südstaaten. Ihre russische Herkunft – für Außenstehende nicht gleich offensichtlich – ist von fundamentaler Bedeutung für sie. Ihr Urgroßvater, Dr. Sergej Botkin, war der Vater der klinischen Medizin in Rußland, im übrigen war er Freund und Leibarzt von Zar Alexander II.; ihr Großvater, Dr. Jewgeni Botkin, spielte dieselbe Rolle für Zar Nikolai II. und starb infolge seiner Loyalität zur kaiserlichen Familie im Keller von Jekaterinburg. Marina Schweitzer liest und spricht Russisch und Deutsch und sieht sich jeden Tag die *Wremja*-Abendnachrichten aus Moskau über Kabelfernsehen an. Als einzige Tochter von Gleb Botkins vier Kindern wurde Marina in Brooklyn geboren, wuchs in Long Island auf und absolvierte ihr Studium am Smith College. Bei ihrer Arbeit in einem Anwaltsbüro in Charlottesville lernte sie Richard Schweitzer kennen.

Richard Schweitzer, der im Namen seiner Frau einen Ein-

Dr. Jewgeni Botkin, der mit der Familie umkam

Mann-Krieg vor Gericht gegen eine landesweit operierende Anwaltsfirma führen sollte, die zweihundertfünfzig Anwälte beschäftigt, ist schweizer Herkunft. Seine Vorfahren kamen im frühen neunzehnten Jahrhundert aus dem Kanton Basel nach Amerika und wollten als Missionare die Indianer in Wisconsin bekehren. Richard Schweitzer hat an der Universität Virginia sein Examen gemacht und im Zweiten Weltkrieg vier Jahre bei der U-Boot-Abwehr im Nordatlantik gedient. Eine Zeitlang war er Mitglied eines geheimen Nahkampftrupps der amerikanischen Marine, ausgebildet, um deutsche U-Boot-Bunker in die Luft zu

PHOTO TOM GOGILL, VOM MARTHA-JEFFERSON-KRANKENHAUS FREUNDLICH ÜBERLASSEN

Richard und Marina Schweitzer

jagen. Später hatte Schweitzer eine Praxis für internationale Versicherungen und Finanzierungen und ging 1990 in den Ruhestand. Mit seinen dreiundsiebzig Jahren ist er reizbar und, wenn er sich aufregt, heftig. Er hält sich gerade, sein Gesicht hinter der randlosen Brille ist scharfgeschnitten und sein weißes Haar gelichtet. Seine Redeweise verrät den Anwalt, aber hinter dieser Fassade verbirgt sich ein feiner Sinn für Humor und Ironie. Bei dem anstehenden Prozeß tendierten seine Gegner dazu, ihn von oben herab anzusehen und als Kleinstadtanwalt zu behandeln. Da machten sie einen Fehler.

Die Frau, die sich Anna Anderson nannte, war Teil von Marina Schweitzers Leben gewesen, seit sie fünf war, da hatte ihr Vater die Prätendentin auf Schloß Seeon besucht. Marina hatte die Prätendentin flüchtig kennengelernt, als Anna Anderson Ende der zwanziger Jahre in Amerika war. In den fünfziger Jahren, erzählt Schweitzer, »als sie verarmt im Schwarzwald lebte, steckten wir immer wieder Geldscheine in einen Briefumschlag und schickten sie ihr eingeschrieben. Schließlich schrieb jemand an Gleb: ›Bitte teilen Sie Mrs. Schweitzer mit, sie solle aufhören, Geld zu schicken, weil sie es nur verwendet, um Fleisch für die Hunde zu kaufen, nicht Essen für sich selber.‹ Wir hörten nicht auf. So nahm sie uns als Menschen, die helfen wollten, zur Kenntnis.« Nachdem Anna Anderson 1968 nach Amerika kam und Anastasia Manahan wurde, »sahen wir sie zwei- bis dreimal im Jahr«, fährt Marina Schweitzer fort. »Aber das war mehr wegen der engen Beziehung zu meinem Vater als zu uns.«

Marina Schweitzer war immer ein wenig vorsichtig mit Anastasia Manahan. »Sie telefonierte häufig mit uns ... vor allem wenn sie Probleme mit Jack hatte. Ich hielt sie bewußt auf Distanz, weil sie bekannt war dafür, daß sie noch immer mit Leuten, die ihr nahestanden, Streit bekommen hatte. Wir haben nie gestritten. Sie nannte mich ›Marina‹ und Dick ›Mr. Schweitzer‹. Ein weiterer Grund, weshalb wir nicht oft hinfuhren, war, daß ich Jack und die Art, wie er sie behandelte, nicht ertragen konnte: wie einen preisgekrönten Besitz, etwas, womit man prahlen konnte. Ich glaube, er hat ihrer Sache mehr geschadet als alle ihre Feinde zusammengenommen. Er benutzte sie, um sein eigenes Ego aufzubessern. Und was mich rasend machte, war, daß er, bevor er sie heiratete, meinen Vater und sie auf seine Bank schleppte und sie schwören ließ, daß sie Anastasia sei, und dann mußte auch noch mein Vater schwören, daß er wüßte, daß sie Anastasia sei.«

Doch wie immer sie sich benahm – und in ihren letzten Jahren war sie oft schwierig, wie die Schweitzers zugeben –, Marina und Richard Schweitzer zweifelten nie daran, daß die Frau, die sie kannten, die Tochter des Zaren war. Sie fanden ihr Verhalten nicht unnormal für eine Frau, die Erfahrungen wie sie durchgemacht hatte. Die Krux war ihre Identität. »Für uns, die wir Anastasia all die Jahre gekannt haben«, sagte Richard Schweitzer,

»war es eine Sache der Familienehre, daß wir taten, was wir konnten, um ihr den lebenslangen Wunsch zu erfüllen, daß man ihre Identität als Großfürstin Anastasia anerkannte.«

* * *

Die Manahan-Familie und James Blair Lovell machten sich Anfang 1993 nicht klar, daß sie nach dem Gesetz des Staates Virginia nicht berechtigt waren, über das Gewebe von Anastasia Manahan zu verfügen. In Virginia geht in Fällen, wo kein Testament und weder ein überlebender Ehegatte noch Kinder vorhanden sind, der Nachlaß auf den nächsten Blutsverwandten über. John Manahans Vettern waren die nächsten Verwandten seiner Frau, aber nicht blutsmäßig, und als das Martha-Jefferson-Krankenhaus erfuhr, daß der Fall strittig war, informierte man die Manahans höflich über dieses Gesetz. Wenn nun die Manahans keine Verfügungsgewalt hatten, dann konnten sie sie auch nicht auf James Lovell übertragen, der sie seinerseits auch nicht an Mary DeWitt oder Thomas Kline oder sonstjemand weitergeben konnte.

Penny Jenkins, die durch die Krankenhausanwälte darüber informiert wurde, begann sich Sorgen zu machen. Sie hatte bereits mit Richard Schweitzer gesprochen, als Mary DeWitt einen Anwalt in Charlottesville genommen hatte, um zu versuchen, das Gewebe an sich zu bringen. Zu der Zeit hatte Schweitzer gesagt: »Hören Sie, wenn diese Leute zu Ihnen kommen, und Sie wollen ihnen nichts geben, dann sagen Sie mir sofort Bescheid. Ich werde nach Charlottesville kommen, in Marinas Namen Zulassung einer Nebenintervention beantragen und darauf bestehen, daß nichts abgegeben werden darf, wenn nicht das Krankenhaus geschützt und ein Teil der Proben zurückgehalten wird.« Die »Nebenintervention« ist ein Rechtsmittel, das ein gerichtlich anerkanntes Eingreifen einer außenstehenden Partei in ein laufendes Gerichtsverfahren beschreibt. Da Marina sowohl Bürgerin von Virginia als auch direkter Nachkomme eines der Opfer des Massakers im Ipatjew-Haus war, war sich Schweitzer seiner Sache sicher, daß man ihrer Intervention stattgeben würde.

Nachdem Mary DeWitt verschwunden war, blieben Schweitzer und Penny Jenkins weiter im Gespräch. Jenkins erkannte, daß dem Krankenhaus eine Lawine von Anfragen nach dem Gewebe bevorstand. Und wieder bot Schweitzer seine Hilfe an. Er sah die in Frage kommenden Gesetze durch und begann in Zusammenarbeit mit Jenkins und den Krankenhausanwälten, einen Antrag vorzubereiten, die es dem Martha-Jefferson-Krankenhaus erlauben sollte, das Gewebe an ein qualifiziertes Labor herauszugeben. Schweitzer erinnert sich, daß die Arbeit langsam voranging. Die Krankenhausanwälte seien »händchenhaltende Advokaten von der Sorte, die am Gängelband der Vermögensverwalter gehen, verkalkt, Büroleute, Treuhänder-Anwälte, Schreibtischanwälte, die mit Testamenten und Nachlässen arbeiten und nie vor Gericht ziehen, sehr gründlich, ja pingelig sind und langsam. Sie haben sich nie mit mir getroffen. Immer wieder haben sie ihren Standpunkt geändert, ich mußte ständig neu formulieren und umformulieren, um ihren Forderungen nachzukommen. Schließlich übergaben sie den Fall an einen geschickten Prozeßanwalt, Matthew Murray, und dann haben wir es geschafft. Es dauerte von Mai bis September, aber wenn Matt es von Anfang an in die Hand genommen hätte, hätten wir den Fall im Juni abgeschlossen.« Im September hatte Schweitzer alle zufriedengestellt und ein auf Übereinkunft beruhendes Dokument verfaßt, von dem das Krankenhaus sagen konnte: »Ja, das ist die Art Antrag, wie wir sie uns vorstellen und wie Sie sie bei Gericht einreichen sollten.«

Während Schweitzer für das Krankenhaus arbeitete, sah er sich auch nach einem Labor um, das das Gewebe, sowie es freigegeben wurde, testen konnte. Er nahm Kontakt zum AFIP in Maryland auf, konnte sich aber mit dessen Vertretern nicht über die Bedingungen einigen. Dazu kam noch, daß das AFIP über kein DNS-Material von Romanows oder Mitgliedern des Hauses Hessen verfügte, um es mit dem Manahan-Gewebe zu vergleichen. Deshalb wandte sich Schweitzer an Peter Gill und den britischen FSS, der natürlich nicht nur über die DNS-Profile der Jekaterinburger Gebeine verfügte, sondern auch über die Blutprobe von Prinz Philip, die seine Verbindung zu den Gebeinen der mutmaßlichen Kaiserin Alexandra bestätigte. Im Sommer nahm Schweitzer zusätzliche Verhandlungen mit den Anwälten des Innenministeriums auf, um einen privaten Auftrag zu erwirken. Schließlich wurde eine schriftliche Vereinbarung unterzeichnet. Schweitzer leistete eine Anfangszahlung von fünftausend Pfund in bar und deponierte weitere fünftausend Pfund als Reserve bei einer englischen Bank, die, falls nötig, abgehoben werden konnten.

Am 30. September 1993 reichte Richard Schweitzer Marina Schweitzers Antrag auf Freigabe des Gewebes beim sechzehnten Bezirksgericht von Virginia ein. Mrs. Schweitzer habe, wie es in dem Antrag hieß, aus dreierlei Gründen Klagebefugnis vor Gericht: als Bürgerin von Virginia, als Enkelin von Dr. Jewgeni Botkin und als die einzige in Virginia ansässige Person, die eine langjährige ernstzunehmende Beziehung zu Leben und Identität von Anastasia Manahan gehabt habe. Die Grundlage für den Antrag seiner Frau war, wie Schweitzer dem Gericht erklärte, daß sie als Dr. Botkins Enkelin ein Recht darauf habe, zu erfahren, was ihrem Großvater zugestoßen sei. »Die Identifizierung eines mutmaßlichen Überlebenden der Morde [das heißt der Großfürstin Anastasia] würde zur sichereren Identifizierung aller, einschließlich des Großvaters der Antragstellerin, Dr. Botkin, beitragen.« Schweitzer beantragte nicht, daß das Gericht eine Verfügung über die Freigabe des Gewebes an seine Frau erlassen möge; er bat nur darum, Peter Gill die Entnahme einer geringen Menge Gewebe zu genehmigen, damit er es testen konnte. Marina Schweitzer sei, wie ihr Mann schloß, bereit, alle Kosten für diese DNS-Tests zu übernehmen.

Das Martha-Jefferson-Krankenhaus bezog keine Stellung zu diesem Antrag und teilte dem Gericht lediglich mit, es werde handeln, wie immer das Gericht entscheide. Informell erklärte Matthew Murray: »Wenn die Klägerin beweisen kann, daß sie ein Anrecht auf das Gewebe hat, und das Gericht eine entsprechende Anordnung erteilt, gibt es keine Probleme damit. Wir haben dabei nichts zu gewinnen oder zu verlieren.« Schweitzer war überzeugt, daß jetzt alles problemlos über die Bühne ginge. »Ich entwarf sogar die Anweisung für den Richter so, wie das Krankenhaus sie haben wollte«, sagte er. »Der Richter setzte eine Anhörung für den 1. November an. Ich glaubte, wir kämen glatt durch.«

* * *

Am Nachmittag des 1. November 1993 raffte Bezirksrichter Jay T. Swett, ein jung aussehender Mann mit blondem Haar, seine schwarze Robe zusammen, nahm auf seinem erhöhten Sitz im Gerichtssaal Platz und schickte sich an, die Verhandlung in der Sache Gewebeprobe von Anastasia Manahan im Martha-Jefferson-Krankenhaus zu eröffnen. Vor und neben ihm saßen drei Anwälte: Richard Schweitzer, Anwalt seiner Frau Marina, die wollte, daß das Gewebe für DNS-Tests in England zur Verfügung gestellt würde; Matthew Murray, Anwalt des Krankenhauses, der dazu bereit war, vorausgesetzt, das Gericht hatte nichts dagegen; und ein Anwalt der *Richmond Times*, der sich vergewissern wollte, daß die Verhandlung nicht unter Ausschluß von Presse und Öffentlichkeit stattfand. Über letzteres einigte man sich rasch, als Schweitzer einwilligte, daß die gesamte Verhandlung öffentlich sein und keine Gerichtsdokumente unter Verschluß gehalten werden sollten. Es schien kaum noch etwas zu tun, und Richter Swett wies Schweitzer und Murray an, sich zusammenzusetzen und eine Anordnung aufzusetzen, die er unterzeichnen könne. Der Fall schien abgeschlossen; das Gewebe würde Peter Gill bald zur Verfügung stehen.

»Gibt es noch etwas, was das Gericht wissen sollte, ehe wir fortfahren?« fragte Richter Swett.

»Hohes Gericht, es sind noch andere Personen hier, die angehört werden wollen, weil sie glauben, von der Angelegenheit betroffen zu sein«, antwortete Matthew Murray.

In diesem Augenblick erhob sich hinten im Raum eine junge Frau mit braunem Haar, das sie zu einem Pferdeschwanz zusammengebunden hatte. Sie stellte sich als Lindsey Crawford vor, Anwältin des Büros von Andrews & Kurth in Washington, D. C., in dem auch Thomas Kline arbeitete. Sie sagte: »Hohes Gericht, einer unserer Klienten wünscht und hat Anspruch darauf, gehört zu werden. Ich bin soeben von Fürst Nikolai Romanow, dem Oberhaupt des Hauses Romanow, den die meisten lebenden Romanows als legitimen Thronanwärter anerkennen, beauftragt worden. Er hat mich buchstäblich heute morgen gebeten, herzukommen und nachzuforschen, was hier vorgeht und welche Konsequenzen es, wenn überhaupt, für seine Familie haben könnte.« Sie forderte Richter Swett auf, das Verfahren zu vertagen, um ihr Zeit zu geben, »sein Interesse und das der Familie Romanow zu wahren«. Außerdem vertrete ihre Kanzlei auch noch einen anderen Klienten, der ein Interesse an dem Gewebe von Anastasia Manahan habe. Das war eine New Yorker Vereinigung, die sich Russische Adelsgesellschaft nannte.

»Wollen Sie einen Antrag stellen?« fragte Richter Swett.

»Nein, hohes Gericht, denn unser Klient hat erst heute morgen mit mir gesprochen.«

Richard Schweitzer, der den Namen Andrews & Kurth erkannt hatte, widersetzte sich jeder Verzögerung. »Der wahre Klient dieser Anwaltsfirma ist nicht irgendein Mitglied der Familie Romanow oder der Russischen Adelsgesellschaft. Es ist ein Herr Korte«, teilte er dem Gericht mit. Er zog eine Kopie des Briefes hervor, den Thomas Kline im Juni an James Lovell geschrieben hatte, um die Arbeit von Willi Korte zu beschreiben. »Diese Firma, Andrews & Kurth, hat Herrn Korte monatelang vor dieser Anhörung vertreten«, sagte Schweitzer dem Richter. »Sie haben versucht, dieses Gewebe für die Zwecke des Herrn Korte in die Hand zu bekommen und andere daran zu hindern, Zugang dazu zu erhalten.«

Einige Minuten lang grübelte Richter Swett nach. Dann sagte er Lindsey Crawford, er wolle die Angelegenheit um drei Tage verschieben, so daß sie einen Antrag stellen könne. Penny Jenkins, die in der Nähe von Lindsey Crawford im Gerichtssaal saß, hörte sie ungläubig sagen: »Das schaffen wir unmöglich in drei Tagen.« Mrs. Jenkins bemerkte außerdem einen großen Mann mit gelocktem Haar und spitzer Nase, vermutlich an die vierzig, der neben Lindsey Crawford saß. Er trug keinen Schlips, hatte Sandalen an und einen Rucksack umgehängt. Penny Jenkins ging ein Licht auf. »Ich weiß nicht wie, aber mir wurde einfach klar, daß das Willi Korte war. Ehe die Anhörung zu Ende war, stand er auf und verließ rasch den Gerichtssaal.«

Im Rückblick, nachdem der Fall erledigt war, stellte Richard Schweitzer über das, was bis dahin geschehen war, folgende Hypothese auf: »Andrews & Kurth wollten Marina den Zugang zu dem Gewebe versperren und für ihren Klienten die Exklusivrechte dafür erlangen. Ich glaubte damals, daß dieser Klient Willi Korte sei. Er hatte monatelang daran gearbeitet, das Gewebe zu erhalten, doch als es ihm dann mit Manahans und Jimmy Lovell mißlungen war, wußte er nicht mehr, was tun. In Virginia konnte er nicht selbst vor Gericht gehen, weil er nicht klagebefugt war. Er brauchte einen Klienten, der als Intervenient in unserem Verfahren zugelassen würde. So kreuzten er und seine Kollegen aus Europa überall in der Welt herum auf der Suche nach einem oder mehreren Klienten. Dann tischten sie dem Gericht Nikolai Romanow und die Russische Adelsgesellschaft auf.«

In Europa bemühte sich einer von Kortes Mitarbeitern, ein gewisser Maurice Philip Remy, die Fürsten Romanow am Blokkieren der Schweitzers zu beteiligen. Fürst Nikolai, der in Rom lebte, rief seinen Vetter, Fürst Rostislaw an, der in London lebte, und beklagte sich, er werde unter Druck gesetzt, in den Virginia-Prozeß einzugreifen. Rostislaw rief New York und Fürst Alexis Scherbatow, den Präsidenten der Russischen Adelsgesellschaft an, den er nicht kannte, um sich zu erkundigen, was da vor sich gehe. Rostislaw und Scherbatow redeten eine halbe Stunde, dann telefonierte Rostislaw mit seinem Londoner Freund Michael Thornton. Der schildert das so: »Unmittelbar nach dem Gespräch mit Scherbatow rief Rosti mich an und sagte: ›Mein Gott, was ist bloß los mit dem Mann?‹ Dann erzählte er mir alles, was ihm Scherbatow gesagt hatte: Schweitzer sei ein Betrüger, er habe einen sehr dubiosen Hintergrund, da wären Dinge, wenn wir wüßten, die Haare würden uns zu Berge stehen. Sie sähen es als eine finstere Verschwörung an, die auf eine Anerkennung der Prätendentin abziele.« Scherbatow hatte Rostislaw auch gesagt, daß Anna Andersons Gewebe nicht in England getestet werden dürfe, »die einzige Stelle, wo es fachgerecht gemacht werden könnte, wäre in Kalifornien das Labor einer gewissen Dr. Mary-Claire King«.

Thorntons Reaktion auf Rostislaw war: »Das ist doch alles Unsinn! Schick um Gottes willen ein Fax an Nikolai und sag ihm, er soll die Finger von der Geschichte in Charlottesville lassen. Sonst gibt es ein Chaos.« Thornton selbst schrieb einen Brief an Rostislaw, den dieser an Nikolai faxte, und erklärte, weshalb er es für ein Desaster für die Romanows hielt, wenn sie sich da hineinziehen ließen. »Ich sagte, daß man sie heftig kritisieren würde, wenn sie jetzt, nachdem sie Anna Anderson ihr Leben lang abgelehnt hätten, nach ihrem Tod Teile ihres Körpers beanspruchten. Die Medien würden über sie herfallen. Außerdem würde das eine Kehrtwendung in der lange vertretenen Politik der Familie Romanow bedeuten, die doch davon ausging, daß sie nicht echt war. Wenn sie jetzt Teile ihres Körpers beanspruchten, so werde alle Welt daraus den Schluß ziehen, sie hätten einen Fehler gemacht. Das beste wäre, die Finger davon zu lassen.«

Michael Thorntons Botschaft hatte Erfolg. Fürst Nikolai Romanow zog sich sofort als potentieller Klient von Andrews & Kurth zurück, und in der Folge wurden weder er noch irgendein Romanow in den Gerichtsdokumenten erwähnt.

* * *

Am Donnerstag, dem 4. November, war Lindsey Crawford, wie von Richter Swett angewiesen, bereit, ihr Gesuch auf Intervention einzureichen. Das Dokument nannte nur noch einen einzigen Klienten, die Russische Adelsgesellschaft. Crawford hatte es zusammen mit Thomas Kline von ihrer Firma und Page Williams, einem Anwalt aus Charlottesville, der als örtlicher Berater zugezogen wurde, unterzeichnet. In dem Gesuch bezeichnete sich die Gesellschaft als »eine historische [sic!] und philanthropische Organisation, die es als ihre Aufgabe ansieht, die Authentizität der Stammlinie der russischen kaiserlichen Familie und der Ereignisse vor 1917 in Rußland zu schützen«. Sie zweifelte die Berechtigung von Marina Schweitzer an, sich um das Gewebe zu bemühen, da sie blutsmäßig weder mit »Anastasia Romanow [der Zarentochter] noch mit Anastasia Anderson [der Prätendentin] verwandt sei«. Sie leugnete, daß eine Identifizierung der Gewebeproben im Martha-Jefferson-Krankenhaus hilfreich dabei wäre, die sterblichen Überreste von Dr. Botkin zu ermitteln. Sie räumte ein, daß ein Test der Mitochondrien-DNS nützlich sein könnte, um die wahre Identität von Anastasia Manahan zu bestimmen, bestand aber im weiteren darauf, es sei »wesentlich, daß jegliche Tests an den Gewebeproben mit höchster wissenschaftlicher Zuverlässigkeit erfolgen, und das ist in der von Schweitzer angestrebten Form nicht gewährleistet« (nämlich im Labor von Peter Gill). In einem dem Antrag als Anlage beigefügten Memorandum fuhr die Russische Adelsgesellschaft noch weitere Verleumdungen gegen Peter Gill auf: sein Labor sei angeblich »zweite Wahl für wissenschaftliche Tests«, und seine Proben seien möglicherweise »kontaminiert«. Schließlich behauptete die Adelsgesellschaft (zu Unrecht, wie sich herausstellen sollte), es gebe »keinen wissenschaftlichen Beweis dafür, daß die Gewebeproben so aufgeteilt werden können, daß man in zwei Labors Paralleltests durchführen könnte«. Das Argument der Russischen Adelsgesellschaft war: Wenn das Gericht das Gewebe an Gill übergab, dann war jede Chance vertan, die Identität der Prätendentin zu klären. Die einzige Lösung sei, so drängte die Gesellschaft, das Gewebe an ihren Kandidaten zu schicken, »die erste Genforscherin in den Vereinigten Staaten«, Dr. Mary-Claire King in Berkeley.

Dem Antrag der Russischen Adelsgesellschaft waren eidesstattliche Erklärungen von Fürst Alexis Scherbatow, dem Präsidenten der Organisation, und Dr. William Maples beigelegt. Scherbatows eidesstattliche Erklärung plapperte den Antrag mehr oder weniger nach. Bezeichnenderweise beruhten die wissenschaftlichen Behauptungen und Empfehlungen in allen drei Dokumenten – dem Gesuch der Russischen Adelsgesellschaft, ihrem Memorandum und der eidesstattlichen Erklärung ihres Präsidenten, des Fürsten Scherbatow – auf der Erklärung von Maples, der, wie wir wissen, Mary-Claire King anpries und Peter Gill verunglimpfte und dessen mit 98,5 Prozent Sicherheit gewonnenen Befund, daß die Gebeine aus Jekaterinburg die der Romanows seien, als »wissenschaftlich nicht signifikant« bezeichnete. Die Heteroplasmie, die Gill und seine Kollegen bei der DNS von Nikolai II. entdeckt hatten, wurde als »eher das Ergebnis von kontaminierten Proben« hingestellt. Das Gericht versuchte man damit einzuschüchtern, daß nicht genügend Material vorhanden sei, um es aufteilen zu können. »Wenn Blut- oder Gewebeproben von Anastasia Manahan für Tests der Mitochondrien-DNS benutzt werden, werden sie in dem Verfahren vermutlich vollständig aufgebraucht ... Deshalb ist es unwahrscheinlich, daß genügend genetisches Material zur Verfügung steht, daß es von zwei verschiedenen Labors getestet werden kann.«

* * *

Die Russische Adelsgesellschaft ist eine Vereinigung von Nachkommen aristokratischer Familien, die früher das kaiserliche Rußland mitregiert haben. 1990 bestand sie aus etwa einhun-

Fürst Alexis Scherbatow

dert zahlenden Mitgliedern, von denen die meisten Kinder und Enkel derer sind, die während der Revolution aus Rußland emigrierten. Von denjenigen, die unter dem Zaren in Rußland gelebt hatten, tragen viele noch den Titel Fürst und Fürstin oder Graf und Gräfin. In Amerika benutzen sie ihn nur bei Wohltätigkeitsveranstaltungen, denen sie dadurch ein wenig historischen Glanz verleihen und so die Amerikaner, die sich von Titeln beeindrucken lassen, anlocken wollen. Finanziell ist die Organisation kümmerlich ausgestattet. Haupteinnahmequelle ist ein Ball im Mai, der ihr einen Reingewinn von zwölf- bis achtzehntausend Dollar bringt. Das meiste von diesem Geld schluckt die Miete für eine Wohnung im zweiten Stock in der First Avenue, wo die Gesellschaft eine Bibliothek mit verrottenden Büchern über russische Genealogie untergebracht hat. Der Rest geht an Kinder, bedürftige Alte und Kranke.

Niemand auf der Welt ist ein besserer Experte für das Aufspüren von Blutsverwandtschaften der russischen Aristokratie als der Präsident der Russischen Adelsgesellschaft, der vierundachtzigjährige Alexis Scherbatow. Scherbatow hat sein Leben als Emigrant zugebracht. Seine Familie hat in der Revolution alles bis auf ihr Leben verloren; sie emigrierte nach Bulgarien, er lebte in Italien, machte seinen Hochschulabschluß an der Universität Brüssel, kam dann 1938 in die Vereinigten Staaten und wurde im Zweiten Weltkrieg Sergeant der amerikanischen Armee. Nach dem Krieg lehrte er Geschichte an der Fairleigh-Dickinson-Universität in New Jersey und übersetzte russische und lateinische Dokumente für andere Historiker und Schriftsteller. Seine Ansichten sind typisch für viele Russen seiner Generation: Er haßt den Kommunismus, mißtraut dem postkommunistischen Rußland und verachtet England (»die Engländer – das ist ein Haufen von Lügnern«). Anna Andersons Anspruch, Anastasia zu sein, hat er nie akzeptiert. Als Argument bringt er vor, daß er 1916, als fünfjähriger Knabe, die Großfürstin mit eigenen Augen gesehen habe.

* * *

Richard Schweitzer reagierte auf das Eingreifen der Russischen Adelsgesellschaft in das Gerichtsverfahren seiner Frau mit der Feststellung: »Es geht nicht um die Vorzüge der jeweiligen wissenschaftlichen Institute. In Wahrheit geht es darum, ob die Russische Adelsgesellschaft überhaupt das Recht hat, in irgendeiner Weise an der Wahl eines wissenschaftlichen Instituts beteiligt zu werden. Vor Gericht deutet nichts auf eine derartige Berechtigung hin.« Er wies darauf hin, daß die Gesellschaft weder ein Zeugnis ihres offiziellen Vertreters eingereicht habe noch einen beglaubigten Beschluß ihrer Direktoren oder Bevollmächtigten als Zeichen des Einverständnisses, daß das Gericht in Charlottesville für ihre Aktivitäten in diesem Vorgang zuständig sei. Privat war Schweitzer der Ansicht, daß die Mitglieder der Russischen Adelsgesellschaft keine Ahnung hatten, was da vorging. Er war auch überzeugt, daß jemand anderes die Gerichtskosten der Gesellschaft trug. »Sie haben zwei Anwaltsfirmen, eine in Charlottesville und eine in Washington, D. C.«, sagte er. »Sie geben eine Menge Geld für Anwaltshonorare aus. Es sollte die Mitglieder interessieren, was da für Geld ausgegeben wird.«[15]

Schweitzer ließ einen Hagel von Dokumenten los. Er sagte, er habe bei Gericht nie um das *exklusive* Recht für den Zugriff auf das Gewebe nachgesucht. Er bezweifelte, daß die Gefahr eines ernstlichen Verschleißes der Gewebeproben drohte; man habe ihm gesagt, daß die Wissenschaftler nur feinste Schnitte von 24/10000 Inches Stärke von jeder der Proben brauchten. Am 16. November sagte er dem Gericht, er wolle sich Tests von Dr. King in Berkeley nicht widersetzen; er sei nur dagegen, daß *ausschließlich* Dr. King teste. Bei einem weiteren Vorstoß sagte er, daß die Russische Adelsgesellschaft in diesem Fall keine Klagebefugnis erhalten sollte, weil Anastasia Manahan nie die Mitgliedschaft im Russischen Adel beantragt habe; sie habe immer gesagt, sei sei ein Mitglied der russischen kaiserlichen Familie. Privat verachteten die beiden Schweitzers Alexis Scherbatow, weil er seine eidesstattliche Erklärung mit »Fürst« unterschrieben hatte. »Als er amerikanischer Staatsbürger wurde, hat er geschworen, seine ausländischen Titel abzulegen. Es fällt mir schwer, jemandes Eid zu akzeptieren, der einen ausländischen Titel in einer eidesstattlichen Erklärung beansprucht, wenn dieselbe Person bei der Einbürgerung allen fremden Titeln und Loyalitäten abgeschworen hat. Entweder der eine oder der andere Eid ist von zweifelhaftem Wert.« Schweitzer goß seinen Zorn über William Maples aus: »Maples' eidesstattliche Erklärung ist keine glaubwürdige Basis [für die Wahl eines Labors, das die Tests durchführen soll]«, sagte er dem Gericht. »Er hat im öffentlichen Fernsehen kategorisch erklärt, daß Großfürstin Anastasia nicht überlebt haben könne. Er ist kein unvoreingenommener Wissenschaftler. Maples ist Anthropologe, kein Genetiker. Er gibt keine Expertise ab, die ihn qualifiziert, die Kriterien für Genuntersuchungen zu bestimmen.«

* * *

Richard Schweitzer war nicht der einzige, der Maples' eidesstattliche Erklärung sofort kritisierte. Als Dr. Mary-Claire King diese Erklärung wenige Tage, nachdem sie bei Gericht eingereicht worden war, las, war sie empört. Am 19. November rief sie Peter Gill in England an, distanzierte sich von Maples' Bemerkungen über seine Inkompetenz und sagte ihm, es würde sie freuen, wenn sie in Zusammenarbeit mit ihm das Anastasia-Manahan-Gewebe untersuchen könnte. Später am selben Tag telefonierte sie mit Marina und Richard Schweitzer. Per Fax, das ebenfalls noch an diesem Tag an Mary-Claire King abging, versuchte Schweitzer, die Position seiner Frau und seine eigene Haltung darzulegen: Sie würden einen privat finanzierten Auftrag an Dr. Gill geben, ohne Kontrolle: »weder gängeln noch die Fäden ziehen«. Gills Bericht, was immer seine Schlußfolgerungen über Mrs. Manahans Anspruch wären, Anastasia zu sein, sollte direkt an das Gericht und das Krankenhaus gehen, nicht an die Schweitzers. Was Mary-Claire Kings Rolle anbelangte, so teilte ihr Schweitzer mit: »Es ist nicht unser Wunsch, Sie von der Zusammenarbeit mit Peter Gill an dieser Serie von Verfahren und Schlußfolgerungen auszuschließen, die doch rein wissenschaftlich und vollkommen unvoreingenommen sein sollten.« Tatsächlich bot Schweitzer an, Dr. King in seinen eigenen Antrag an das Gericht mitaufzunehmen, teilte ihr jedoch auch mit: »Unglücklicherweise ist Ihr Name durch eine New Yorker genealogische Gesellschaft vor Gericht gebracht worden, die versucht hat, den von uns für Dr. Gill beantragten Zugriff gerichtlich unterbinden zu lassen. Unserer Ansicht nach ist das in Wahrheit eine Aktion des Anwaltsbüros Andrews & Kurth im Auftrag von ungenannten Parteien, die seit März oder April 1993 im Hintergrund gestanden haben.«

Bei ihrem Gespräch bat Mary-Claire King Schweitzer, er solle Lindsey Crawford ansprechen, ob es nicht eine Möglichkeit gäbe, daß sie und Dr. Gill zusammen oder zumindest parallel arbeiteten. Am nächsten Tag leitete Schweitzer diese Botschaft an Lindsey Crawford von Andrews & Kurth weiter und schlug vor, daß

Dr. King in den Antrag seiner Frau aufgenommen werden und Andrews & Kurth sich von dem Fall zurückziehen sollten. Zwei Wochen lang hörte Schweitzer nichts; am 4. Dezember erfuhr er, daß Andrews & Kurth nicht beabsichtigten, sich zurückzuziehen, am 6. Dezember, daß Thomas Kline beschwert habe, Schweitzer mische sich bei »seinem« Experten ein. Schweitzer rief Kline sofort an, der einen Rückzieher machte und zugab, daß Dr. King nicht ihm gehöre und daß die Kontakte der Schweitzers zu ihr vollkommen in Ordnung seien. Danach schrieb jedoch Lindsey Crawford an Schweitzer und bat um Kopien »aller sechs Faksimile-Sendungen an Dr. King«. Eine Woche später schrieb Crawford wieder und verlangte hartnäckig, daß ihr die sechs Fax-Sendungen geschickt werden sollten, »unmittelbar nach Erhalt dieses Briefes. Dieser Vorfall unterstreicht die Notwendigkeit, die gesamte das Verfahren betreffende oder in irgendeinem Zusammenhang damit stehende Kommunikation bei mir zusammenzuführen.« Schweitzer schickte Kopien seiner Faxe an Richter Swett, nicht an Lindsey Crawford.

Inzwischen brachte Mary-Claire King ihre Ansichten zu Papier. Am 7. Dezember 1993 schrieb sie eine notariell beglaubigte Erklärung und widersprach dem, was Maples über Gill und seine Kompetenz behauptet hatte. Obwohl ihre Erklärung auf Anforderung von Andrews & Kurth und scheinbar zur Unterstützung der Russischen Adelsgesellschaft geschrieben war, verfolgte Dr. King einen eigenen Kurs. »Ich habe die vergangenen sieben Monate an der Identifizierung der Skelettreste der neun Individuen gearbeitet, von denen angenommen wird, daß sich Zar Nikolai II. und Mitglieder seiner Familie darunter befinden. Ich habe außerdem Blut- und Gewebeproben von Nachkommen[16] des Zaren und seiner Frau Alexandra erhalten. Ich bin dabei, einen Bericht über meine Befunde zusammenzustellen. Ich kenne die DNS-Forschungen an den Gebeinen von Jekaterinburg, die Dr. Peter Gill durchgeführt hat. Falls es genügend Mitochondrien-DNS-tragendes Material gibt, wäre es ideal, wenn zwei qualifizierte Labors die Mitochondrien-DNS-Tests durchführten und ihre Ergebnisse verglichen. Ich habe mit Dr. Gill gesprochen und hätte gerne Gelegenheit, mit ihm zusammen an der Analyse der Proben zu arbeiten.«

Weil Mary-Claire Kings Erklärung das meiste der wissenschaftlichen Argumentation über den Haufen warf, auf der Andrews & Kurth ihren Fall aufgebaut hatten, wurde sie von dieser Anwaltsfirma zurückgehalten und drei Monate lang weder dem Gericht vorgelegt noch den Anwälten der Gegenseite zu lesen gegeben.

* * *

Unterdessen war die Zahl der Parteien, die versuchten, bei Schweitzers Gerichtsverfahren zugelassen zu werden, gewachsen. Am 10. November stellte eine sechsundfünfzigjährige Frau aus Mullan, Idaho, Ellen Margarete Theres Adam Kailing, in Deutschland am 23. Oktober 1937 geboren und immer noch deutsche Staatsbürgerin, Antrag auf Intervention. Sie sei, wie sie schwor, »die lange verloren geglaubte Tochter« von Großfürstin Anastasia und Fürst Heinrich von Reuß. Sie sagte, sie habe im Januar 1993, nur zehn Monate zuvor, ihren legalen Namen in Anastasia Romanow geändert. Ihr Argument war, »wenn erwiesen ist, daß Mrs. Manahan Großfürstin Anastasia Romanow ist, dann bin ich, Anastasia Romanow, als ihre Tochter ein Mitglied der kaiserlichen Familie von Rußland«. Deshalb habe sie allein ein Anrecht auf die Gewebeprobe ihrer Mutter, und sie allein werde entscheiden, ob, wo und durch wen die Probe getestet werden sollte, teilte sie dem Gericht mit.

Mrs. Kailing-Romanow erklärte, daß ihre Mutter, die spätere Mrs. Manahan, sie als Kind nicht aufgezogen habe, weil ihre Verwandten glaubten, die Großfürstin sei dazu nach der Ermordung ihrer Familie nicht in der Lage. Mrs. Kailing-Romanow behauptete, daß sie aus einem Konzentrationslager gerettet und in einer deutschen Familie untergebracht worden sei. »Ich erfuhr 1964, daß ich eine Prinzessin bin.« 1968 sei sie in die Vereinigten Staaten gekommen, habe einen Amerikaner geheiratet und mehrere Kinder bekommen. »Die Wahrheit über meine Identität wurde mir bis zum 10. Juni 1990 vorenthalten ... [als] Mutter Alexandra, Äbtissin des orthodoxen Klosters zu Christi Verklärung in Ellwood City, Pennsylvania, mir sagte, daß ich die Tochter von Anastasia Romanow sei. Als ich die Fotos in Peter Kurths Buch sah, wußte ich, daß das meine Geschichte war. Tatsächlich hat mir Lovell in seinem Buch die richtigen Informationen gegeben. [sic!] Jetzt war das Bild vollständig [sic!] und paßte. Die letzte Information erhielt ich aus dem Buch von Edward Radsinski.«

Um ihrem Anliegen Nachdruck zu verleihen, nahm Mrs. Kailing-Romanow Kontakt zur Gesellschaft *Locators Inc.* in Charlottesville auf, deren Prospekt verspricht: »Wir spüren vermißte Personen auf – Rasche Maßnahmen – Erstaunliche Resultate«. In ihrem Honorarvertrag wurde festgelegt, wenn ermittelt sei, daß die Antragstellerin ein Anrecht auf Teilhabe am Vermögen von Nikolai Romanow, Alexandra Romanow und Anastasia Romanow habe, dann sollte die Firma dreiunddreißig Prozent vom Vermögensanteil der Antragstellerin erhalten. Außerdem: »falls festgestellt wird, daß die Antragstellerin gesetzmäßige Erbin von Zar Nikolai II. ist und das wiederum zur Folge hat, daß sie in eine Position mit Regierungsautorität in Rußland versetzt wird«, sollte eine zusätzliche Vergütung erfolgen in Form einer Zahlung in russischen Staatsobligationen, die 1916 ausgeschüttet wurden, »zusammen mit den angesammelten Zinsen, als erster offizieller Akt unter der Regierung der Antragstellerin«. Mrs. Kailing-Romanow entschied jedoch, daß *Locators Inc.* nicht zu trauen war, und unterschrieb den Vertrag nicht.

Danach gab Mrs. Kailing-Romanow gegenüber dem Gericht weitere Erklärungen ab: »Ich erhole mich gerade von einer Arsenvergiftung. Mein Einkommen liegt unter der Armutsgrenze.« Sie verlangte, daß alle Gerichtstermine im voraus festgelegt werden sollten, denn »die Antragstellerin fliegt nicht, sie reist nur mit dem Zug oder dem Auto. Sie lebt in Idaho, über dreitausend Kilometer entfernt, mit dem Zug braucht man mehr als drei Tage, um nach Charlottesville, Virginia, zu kommen. Das Amt des Zaren ist gottgegeben und untersteht keiner irdischen Gewalt. Ich, Anastasia Romanow, habe einen Sohn, er wird die Linie fortsetzen.«

Richard Schweitzer war der Ansicht, daß die Russische Adelsgesellschaft und Mrs. Kailing-Romanow sein Gerichtsverfahren in einen Zirkus verwandelten. Er erklärte, Mrs. Kailing-Romanows Schriftsatz sei »zu inkohärent, um eine Antwort zu verdienen«, und schlug vor, das Gericht solle »die Geschäftsfähigkeit der Antragstellerin, ihre eigenen oder sonstigen Interessen zu vertreten«, feststellen, und bat um sofortige Ablehnung ihres Interventionsantrags. Doch wieder, wie schon bei der Russischen

Adelsgesellschaft, wählte das Martha-Jefferson-Krankenhaus in der Hoffnung, in der Angelegenheit mit der Gewebeprobe nur einmal zu prozessieren, den entgegengesetzten Weg und verlangte, daß Mrs. Kailing-Romanow als Intervenient zugelassen werde.

Am 7. Dezember verkündete Richter Swett zu Richard Schweitzers Bestürzung, daß sowohl die Russische Adelsgesellschaft als auch Mrs. Kailing-Romanow als Intervenienten bei dem Verfahren zugelassen seien.

SECHZEHNTES KAPITEL
DIESE LEUTE HABEN KEIN KLAGERECHT

Richter Swetts Entscheidung, die Russische Adelsgesellschaft und Anastasia Kailing-Romanow als Intervenienten bei dem Verfahren der Schweitzers zuzulassen, wurde allen Parteien in einem Brief mitgeteilt, in dem sie auch angewiesen wurden, sich zu treffen, miteinander Rücksprache zu halten und untereinander die Fragen zu entscheiden, wie und wo das Gewebe getestet werden sollte. Für den Fall, daß die Gewebemenge ausreichend war, gab er Anweisung, daß Paralleltests durch Dr. Gill und Dr. King durchgeführt werden sollten. Außerdem hielt er die Parteien an, sich in der Frage der Kostenübernahme und darüber zu einigen, wie die Testergebnisse bekanntgegeben werden sollten. Wenn sie alles ausgehandelt hätten, sollten sie ihm einen Entwurf einer richterlichen Anordnung zur Unterschrift vorlegen.

Richard Schweitzer und Lindsey Crawford waren gleich über den ersten Punkt ihres Vorgehens verschiedener Meinung. Schweitzer wollte mit dem Treffen und der Rücksprache beginnen; Crawford dagegen begann sofort, ihre eigene Version eines Entwurfs für den Richter vorzubereiten. Schweitzer schrieb wiederholt und drängte auf ein Treffen: »Ich bin bereit, in Ihr Büro zu kommen, wann immer es Ihnen paßt, zum frühestmöglichen Zeitpunkt, vorzugsweise diese Woche, noch vor den Weihnachtsfeiertagen«, schrieb er am 20. Dezember. Crawford antwortete: »Wir sind dabei, wie vorgeschlagen, einen Entwurf vorzubereiten, den wir vermutlich in den nächsten Tagen allen Parteien zuschicken werden. Danach werde ich mich mit Ihnen bezüglich eines Treffens in Verbindung setzen.«

Als dann Crawfords Entwurf ankam, entdeckte Schweitzer zu seinem Erstaunen, daß eine bedeutsame Verschiebung in der Argumentation seiner Gegner stattgefunden hatte. Früher hatten Andrews & Kurth sich die Auffassung von Maples zu eigen gemacht und Peter Gills Labor als einen Ort verdammt, wo DNS-Beweise möglicherweise kontaminiert worden waren und nur »zweitrangige wissenschaftliche Tests« angeboten wurden. Nunmehr schlug Lindsey Crawfords Entwurf vor, der Richter möge Anweisung geben, daß das Gewebe *sowohl* Peter Gill als auch Mary-Claire King zur Verfügung gestellt werden solle. Dennoch war Schweitzer verärgert. Ihm mißfiel, was er als Crawfords Arroganz bezeichnete, mit der sie bis in die Details festlegte, wie wissenschaftlich vorgegangen werden sollte; ihm mißfiel, daß Crawford darauf bestand, daß sowohl King als auch Gill ohne Vergütung arbeiten sollten (Schweitzer wußte, daß der britische FSS nicht ohne Bezahlung arbeiten würde); und er bestand darauf, daß jeder der Wissenschaftler die Freiheit hätte, seine Ergebnisse, sobald sie feststünden, zu veröffentlichen. Er schrieb den Krankenhaus-Anwälten: »Diese Dokumente sind Beweis genug, daß wir uns zuerst treffen und miteinander reden sollten, wie vom Gericht angewiesen, und uns nicht durch Versuche von Anwalt Crawford beschränken lassen, mit ›Entwürfen‹ oder sonstwie die Kontrolle über den Verhandlungsgegenstand zu erlangen.« Am Tag nach Weihnachten begab sich Schweitzer in wachsendem Ärger erneut zu seinem Faxgerät und informierte die anderen Anwälte, daß »Rechtsanwalt Crawford unsere Bitte um ein Treffen wie angewiesen verschmäht und es vorgezogen hat, einen Entwurf für das, was sie einen ›Vertrag‹ nennt, vorzubereiten und herumzuschicken«. Schweitzer fügte hinzu, daß er nunmehr vorankommen und ein Treffen mit den Krankenhausanwälten wolle, »an dem Rechtsanwalt Crawford teilnehmen kann oder nicht, ganz wie sie wünscht«.

Das ließ Lindsey Crawford aufmerken. Sie setzte eine Zusammenkunft aller beteiligten Anwälte an, bei der eine Antwort auf den Brief von Richter Swett diskutiert werden sollte. Und zwar auf den 10. Januar 1994; Ort war das Büro von Page Williams, dem Anwalt in Charlottesville, den Andrews & Kurth zu dem Fall hinzugezogen hatten. Die Schweitzers, die in Erfahrung gebracht hatten, daß für den 10. schlechtes Wetter vorhergesagt war, fuhren am Vorabend hin. Am Nachmittag des 10., als das Treffen begann, waren die Schweitzers, Page Williams und der Krankenhausanwalt Matt Murray anwesend, aber Lindsey Crawford, die das Treffen einberufen hatte, fehlte. Das Wetter war schlecht; sie konnte unmöglich fahren, erklärte Williams. Das Wetter verhinderte jedoch nicht den Auftritt einer anderen Figur, die am selben Tag von Washington nach Charlottesville gefahren war. Als die Anwälte Kopien der zu vereinbarenden Gerichtsverfügung ausgaben, mit der die Verteilung des Gewebes geregelt werden sollte, öffnete sich die Tür, und Dr. Willi Korte spazierte in den Raum. Schweitzer fragte, weshalb Korte anwesend sei. Williams erklärte, daß Korte da sei, »um die Russische Adelsgesellschaft zu vertreten«. Schweitzer verlangte eine Legitimation oder einen Nachweis seiner Vollmacht. Korte zog ein Dokument aus der Brieftasche, das am selben Tag von Alexis Scherbatow unterschrieben worden war. »Hiermit beauftrage und bevollmächtige ich Willi Korte, die Russische Adelsgesellschaft und ihre Anwälte in dem Rechtsstreit zu unterstützen«, hieß es da. »Die hiermit gewährte Vollmacht befugt Dr. Korte, mit den Anwälten der Gesellschaft in den Vereinigten Staaten zusammenzuarbeiten, Verhandlungen zu führen, Dokumente einzusehen, Rat zu erteilen und auch sonst alle nötigen und angemessenen Schritte zu unternehmen, um die Interessen der Gesellschaft in diesen Angelegenheiten geltend zu machen.«

* * *

Je länger der Rechtsstreit dauerte, desto mehr verstärkte sich bei Richard Schweitzer der Eindruck, daß er es mit einer Vielzahl von Gegnern zu tun hatte, wo der eine hinter dem anderen verborgen war. Monatelang war er sich der Anwesenheit von Willi Korte bewußt, doch bis zum 10. Januar hatte er diesen Gegner noch nicht zu Gesicht bekommen. Und selbst da wußte Schweitzer noch nicht viel über ihn. Julian Nott, ein britischer Filmemacher, der an einer Fernseh-Dokumentation über Anastasia arbeitete, brachte mehr in Erfahrung. »Korte macht bewußt ein Geheimnis um seine Person«, sagte er ein paar Wochen nach Schweitzers Konfrontation mit Korte. »Er möchte nicht viel über sich oder denjenigen, der ihn bezahlt, bekanntwerden lassen. Er ist Deutscher, wohnt aber in der Nähe von

Washington, D. C. Er ist ein sehr guter Ermittler. Normalerweise arbeitet er verdeckt, macht gestohlene Kunstwerke ausfindig. Vor ein paar Jahren half er, den verschwundenen Schatz von Quedlinburg aufzuspüren, der auf zweihundert Millionen Dollar bis ›unschätzbar‹ eingestuft wurde und unmittelbar nach dem Zweiten Weltkrieg von einem Leutnant der amerikanischen Armee gestohlen und in Texas versteckt worden war. Im Fall Romanow bin ich ihm in Boston bei einem Treffen von Gerichtsmedizinern begegnet, als Awdonin seinen Vortrag hielt, dann in Harvard, als er die Sokolow-Dokumente durchsah, und in London.

Er wirkte sehr überzeugend auf einige dieser Familien, vor allem die Hessen, und er hat sie geködert, damit sie ihm helfen. Er versetzte sie in Furcht und Schrecken damit, daß er sagte: ›Wissen Sie überhaupt, was hier vorgeht? Ist Ihnen klar, daß Gleb Botkins Schwiegersohn, Richard Schweitzer, und James Lovell dabei sind, Ihnen diese unglaubliche Schwindlerin auf immer zu erhalten? Und hier bin ich. Warum unterstützen Sie mich nicht?‹

Mein Gefühl sagt mir, daß Korte Drahtzieher und treibende Kraft hinter alledem ist. Er beweist große Entschlossenheit und läßt sich auf keinen Kompromiß ein. Er geht aufs Ganze, will Schweitzer völlig ausschalten. Was er aber tatsächlich erreichen wird, ist das schrecklichste Durcheinander.«

Julian Nott irrte sich jedoch; Willi Korte war nicht die treibende Kraft hinter Richard Schweitzers Gegnern. Seit Januar gewann eine andere Person hinter Korte Kontur: Maurice Philip Remy, ein deutscher Fernsehproduzent aus München und wie Julian Nott daran interessiert, einen Film über Anastasia zu drehen. Ein paar Wochen später fuhr Julian Nott nach München, um seinen Rivalen zu treffen. »Er ist ein reicher Mann aus einer aristokratischen Familie, und seine Fernsehgesellschaft ist recht erfolgreich«, erzählte Nott, als er zurückkehrte. »Und er möchte das sechsundsiebzig Jahre alte Geheimnis in einer TV-Show lüften. Leider hat er mehr Geld als Anstand. Er ist hinter dieser Sache her und wird sie nicht aus der Hand geben. Er hat bestätigt, daß er hinter Korte steht; er hat über ihn geredet, als wäre der noch etwas weniger als sein Butler: ›Ich habe Korte geschickt, das zu machen, ich habe ihn jenes machen lassen ...‹ Über die Russische Adelsgesellschaft redete er sehr viel vorsichtiger. ›Ich habe großen Einfluß auf sie‹, erzählte er mir.«

Remys Einstellung zu Anna Anderson war ausgesprochen feindselig. »Es geht ihm nicht darum, objektiv zu sein«, erklärte Nott. »Er will beweisen, daß sie eine Hochstaplerin war. Er hat sich mit den Hessen verbündet, vor denen er sich immer nur voller Verachtung über Anna Anderson äußerte.« Remy machte sich auch Dr. von Berenberg-Gossler, den früheren Anwalt Mountbattens und der Hessen, zum nützlichen Verbündeten, der auch noch mit fünfundachtzig Jahren Anna Anderson als eine »Betrugskünstlerin« und »Schwindlerin« beschreibt.

Allmählich wurde Nott klar, daß es Remys Ziel war, die vollständige Kontrolle über den Fall Anna Anderson zu erlangen. Daß er versuchte, Richard und Marina Schweitzer auszuschalten, allein an das Gewebe heranzukommen, es testen zu lassen und dann über die Bekanntgabe jeglicher Informationen zu bestimmen. Er und seine Bevollmächtigten schwärmten aus über Europa und begnügten sich nicht damit, Archive, Briefe, Filme, private Filme, Aufzeichnungen, Interviews und Rundfunksendungen zu durchforsten, sondern versuchten auch, sie aufzukaufen. »Kein gewöhnliches Fernsehprogramm, kein Fernsehsender würde das tun; es ist zu teuer. Remy steckt hinter dieser ganzen Hetzjagd, also will er die Schweitzers und Gill stoppen, zumindest bis er festlegen kann, daß alles gleichzeitig bekanntgemacht wird. Als Grund wird er wohl angeben, es diene der Wissenschaft, wenn alles Material jedermann als öffentliche Darstellung der Arbeit der Wissenschaftler zugänglich wäre. Der wahre Grund ist aber wohl sein geschäftlicher Vorteil. Inzwischen versucht er insgeheim, die Produktion weltweit lahmzulegen. Dann wird er an alle Rundfunk- und Fernsehsender in Europa und überall auf der Welt herantreten und versuchen, einen Film mit den Exklusivrechten an den Anna-Anderson-DNS-Tests vorab zu verkaufen. Er wird allen sagen, daß Anna Anderson ihm gehört.«

* * *

Im Januar 1994 tauchte eine weitere Figur in dem Verfahren auf. Das war Baron Ulrich von Gienanth, ein sechsundachtzigjähriger ehemaliger deutscher Diplomat, der nach dem Krieg ein Freund von Anna Anderson geworden war und während ihrer Jahre in Unterlengenhardt ihre kargen Finanzen geregelt hatte. In einer Serie von fünf Testamenten, die zwischen 1949 und 1957 geschrieben wurden, hatte die Prätendentin von Gienanth als einen ihrer vier Testamentsvollstrecker genannt. (Die anderen, von denen 1994 keiner mehr lebte, waren ihr Freund Fürst Friedrich von Sachsen-Altenburg und ihre Hamburger Anwälte, Kurt Vermehren und Paul Leverkuehn.)

Am 21. Januar 1994 unterzeichnete Baron von Gienanth in Bad Liebenzell, wo er wohnte, eine Erklärung, daß er als der einzig Überlebende von ursprünglich vier Testamentsvollstreckern die Funktion des Vollstreckers von Anna Andersons letztem Willen übernehme.

Von Gienanths Erklärung mußte, falls vom Gericht akzeptiert, dem ganzen Fall ein völlig anderes Aussehen verleihen. Marina Schweitzers Gesuch an das Gericht beruhte auf der Voraussetzung, daß es keine Blutsverwandten, keine Erben und keine Nachlaßverwalter gab. Wenn er als Nachlaßverwalter anerkannt würde, wäre Marina Schweitzer natürlich ihrer Position beraubt und damit jede Möglichkeit einer Nebenintervention für die Russische Adelsgesellschaft und Anastasia Kailing-Romanow ausgeschlossen. Dennoch sah Richard Schweitzer einen legalen Ausweg und beschloß, ihn zu nutzen. Er stellte fest, daß von Gienanth mit Paralleltests des Gewebes durch Gill und King vorgehen wollte, und beantragte bei Gericht, von Gienanth als persönlichen Vertreter der Prätendentin in Virginia zu benennen. Schweitzer wußte, wenn das Gericht zustimmte, dann würde seine auf Übereinkunft beruhende Klage gegen das Krankenhaus abgewiesen. Gleichzeitig wäre aber auch die Teilnahme von Andrews & Kurth und Anastasia Kailing-Romanow beendet. Andrews & Kurth suchten dem vorzubeugen und reichten einen Antrag ein, mit dem verhindert werden sollte, daß von Gienanths Erklärung dem Gericht vorgelegt würde.

An diesem Punkt mißverstanden die Gegner Schweitzers entweder seine Ziele, oder sie unterschätzten seinen juristischen Scharfsinn. Am 22. Februar erschienen Schweitzer, Matthew Murray, Lindsey Crawford und Page Williams vor Richter Swett, angeblich, damit der einen Termin für eine Anhörung zu den ungelösten Streitpunkten festsetzen konnte, die er in seinem Brief vom 7. Dezember genannt hatte: wie die beiden Seiten übereinkommen wollten, welche Labors den Test durchführen und in welcher Form der Öffentlichkeit die Ergebnisse mitgeteilt werden sollten. »Haben Sie sich über einen Antrag geeinigt?« wollte der Richter wissen. Schweitzer sagte bloß: »Nein.« Der Richter starrte die Anwälte an. Dann sagte Murray: »Hohes Gericht, wir meinen eigentlich, daß die erste Anhörung über neues Beweismaterial gehen sollte, das wir erhalten haben – daß da jemand ist [von Gienanth], der den Anforderungen der Gesetze entspricht. Wenn diese Anhörung durchgeführt werden könnte, wäre alles andere ein hypothetischer Streitfall. Ich würde Ihnen gern dieses Gesuch zeigen, das wir von dem Mann erhalten haben, der vorgibt, der Nachlaßverwalter zu sein.«

»Hat er Schriftsätze in diesem Verfahren eingereicht?« fragte der Richter.

»Nein«, sagte Murray.

»Ist er Partei in diesem Verfahren?«

»Nein«, sagte Murray, »aber wenn er der ist, der er zu sein behauptet, dann ist das Krankenhaus berechtigt, die Klage abweisen zu lassen, so daß wir direkt mit ihm verhandeln können.«

»Mr. Murray, in dem Fall sollte das Krankenhaus einen Antrag auf Klageabweisung stellen und diese neuen Dokumente als stützendes Beweismaterial beifügen. Dieses Gericht kann nicht entscheiden, weil wir keinen Antrag auf Abweisung haben.«

Jetzt meldete sich Schweitzer zu Wort. »Hohes Gericht, hier ist ein Antrag auf Klageabweisung. Ich habe ihn als Reaktion auf den letzten Klagevortrag der Russischen Adelsgesellschaft gestellt.«

Der Richter war überrascht. »Begreifen Sie, daß Sie, wenn ich das Krankenhaus abweise, im Endeffekt Ihren eigenen Fall aufgeben« [der juristische Terminus ist »der Schlüssigkeit berauben«], sagte er zu Schweitzer. »Ist Ihnen klar, daß Sie damit auf Klageabweisung plädieren?«

»Ja«, sagte Schweitzer.

»Sind Sie gewillt, einen solchen Antrag zu stellen?«

»Ja«, sagte Schweitzer.

»Anwalt, Sie plädieren also auf Klageabweisung vor diesem Gericht?«

»Ja.«

»Dann ist dieser Fall abgewiesen«, sagte Richter Swett.

Die andere Seite war wie gelähmt. »Hohes Gericht, wir erheben Einspruch gegen den Antrag auf Abweisung, weil wir die

Nebenintervenienten sind«, protestierte Lindsey Crawford. »Wir haben ein Interesse und einen Anspruch auf dieses Gewebe.«

»Wenn Sie einen Anspruch oder ein Interesse an dem Gewebe haben, dann können Sie ihre eigene Klage einreichen«, sagte der Richter und machte eine Pause, »wenn Sie die Klagebefugnis haben.« Richard Schweitzer, der monatelang argumentiert hatte, daß die Russische Adelsgesellschaft kein Klagerecht hatte, konnte kaum glauben, was er gehört hatte.

Im Ergebnis dieser Anhörung und mit dem Eintrag von Richter Swetts Antrag auf Abweisung am 1. März hatte Baron von Gienanth, jedenfalls zeitweise, die Kontrolle über das Gewebe. Von Gienanth schrieb sofort an das Martha-Jefferson-Krankenhaus und verlangte, daß das Gewebe für Dr. Gill zugänglich gemacht würde, damit er den Auftrag der Schweitzers ausführen könne. Außerdem wandte er sich an Lindsey Crawford und drängte auf eine Übereinkunft, mit der das gleiche Gewebe auch Dr. King zugänglich gemacht werden sollte. Wenn man das bedenkt, so muß es äußerst seltsam erscheinen, wie sich Andrews & Kurth danach verhielten. Selbst als Baron von Gienanth anbot, exakt das zu machen, was Lindsey Crawford in ihrem Vertragsentwurf vorgeschlagen hatte, versuchte sie mit allen Mitteln, von Gienanths Legitimation zu untergraben. Andrews & Kurth holten sich Rat in Deutschland und erfuhren, daß Anna Andersons Testament in Deutschland nie gerichtlich bestätigt worden war, weil sie zur Zeit ihres Todes nicht in diesem Land gelebt und auch keinen Besitz gehabt hatte. Außerdem autorisierte ihr Testament »zwei meiner Testamentsvollstrecker«, tätig zu werden, und da – wie Lindsey Crawford später Page Williams sagte – nur noch einer lebte, »konnte und kann das Testament nicht nach deutschem Recht bestätigt werden [und] vermutlich auch nicht in Virginia«. Dies veranlaßte Page Williams, Matthew Murray darüber zu informieren, daß Baron von Gienanth »persönlich erscheinen müsse, um das Testament zu bestätigen und als Vollstrecker benannt zu werden«. Doch der sechsundachtzigjährige und schwerhörige von Gienanth war nicht bereit, die Flugreise zu unternehmen.

In der Zwischenzeit wandte man sich bei Andrews & Kurth – in dem Bemühen, mit dem abrupten Ausscheiden als Intervenienten durch Schweitzers Rücknahme des Gesuchs seiner Frau fertigzuwerden – an Richter Swett und ersuchte ihn, den Antrag auf Klageabweisung noch einmal zu überprüfen, zu klären und zu modifizieren. Am 4. März, anläßlich einer Anhörung über diesen Antrag, wurde endlich Mary-Claire Kings eidesstattliche Erklärung, die sie am 7. Dezember geschrieben hatte, eingereicht. Der Richter wies die Bitte von Andrews & Kurth zurück; er sagte ihnen, das sei eine Klageabweisung, sie seien draußen, es gebe keinen Gegenanspruch, keine Gegenklage oder einen Anspruch einer dritten Partei. Schluß jetzt, dieses Verfahren sei beendet. Wenn Mrs. Schweitzer diesen Fall beenden und sie ausschließen wolle, dann habe sie das Recht, das zu tun.

Lindsey Crawford und ihre Klienten mußten nun erkennen, daß das Martha-Jefferson-Krankenhaus sich frei fühlen konnte, die Gewebeproben an Baron von Gienanth zu übergeben, der sie dann seinerseits an Dr. Gill weitergeben würde. »Hohes Gericht«, fragte Lindsey Crawford, »können wir eine einstweilige Verfügung oder eine Anordnung auf Unterlassung gegen das Krankenhaus bekommen, bis wir eine weitere Aktion gegen das Krankenhaus anstrengen?«

»Wenn Sie eine einstweilige Verfügung wünschen«, sagte der Richter, »dann beantragen Sie eine einstweilige Verfügung.«

* * *

In diesem Stadium waren die Anwälte der Russischen Adelsgesellschaft entschlossen, jede Freigabe des Gewebes zu verhindern. Frustriert durch das plötzliche Ende von Schweitzers Gerichtsverfahren, begann die Gesellschaft, Matthew Murray mit Briefen zu überschütten und ihm vorzuschreiben, was das Martha-Jefferson-Krankenhaus zu tun und was es zu lassen habe. Am 18. März, drei Wochen nach Einstellung von Richard Schweitzers auf Übereinkunft beruhendem Verfahren gegen das Krankenhaus, reichte die Russische Adelsgesellschaft ihre eigene gegnerische Klage ein und versuchte, mit einer Verbotsverfügung die Freigabe des Anastasia-Manahan-Gewebes zu verhindern, bis das Gericht über ihren Einwand gegen von Gienanths Referenzen entschieden hätte. Der Antrag wiederholte, daß »die Tests unbedingt von ›höchster wissenschaftlicher Integrität‹ sein müssen«, mit der wichtigen Modifizierung, daß die Gesellschaft jetzt »bei zwei qualifizierten Labors [nur eines, Dr. Kings Labor in Kalifornien, war genannt] um Paralleltests« nachsuchte. Die Freigabe der Gewebeproben oder auch nur eines Teils davon würden, so hieß es, der Gesellschaft in diesem Stadium »großen und irreparablen Schaden« zufügen, denn »die Möglichkeit, ein Maximum an wissenschaftlicher Integrität bei den Tests der Mitochondrien-DNS zu gewährleisten, könnte für immer verlorengehen [und] die Nachwelt würde die wahre Identität von Anna Manahan nie erfahren«.

Es war das Pech der Russischen Adelsgesellschaft, daß dieses von Lindsey Crawford unterzeichnete Dokument einen schwerwiegenden sachlichen Fehler enthielt, der sich letzten Endes für sie verhängnisvoll auswirkte. Crawford hatte geschrieben: »Soweit wir informiert sind und wie wir glauben, gibt es keine zur Vertretung des Nachlasses von Anna Manahan berechtigten Personen.«

* * *

Und wieder einmal war Richard Schweitzer seinen Gegnern überlegen. Um den 8. März entdeckte er ein obskures Gesetz des Staates Virginia über aufgegebenes Eigentum. »Es bezog sich hauptsächlich auf Farmland«, sagt Schweitzer. »Wenn ein Farmer starb oder verschwand oder seinen Hof aufgab, sein Vieh nicht mehr fütterte und so weiter, konnte jedermann – es brauchte niemand mit familiären Beziehungen zu sein –, der davon erfuhr, vor Gericht gehen und den Sheriff auffordern, sich des Eigentums anzunehmen, bis derjenige käme, der die Verantwortung dafür übernehmen sollte. Dann änderte man das Gesetz – und das ist der Teil, den ich früher nicht begriffen hatte –, weil die Sheriffs überfordert waren von Eigentumsverwaltung, dem Zahlen der Versicherung und alledem, was sie mit dem Budget des Sheriffs zu bestreiten hatten. Das neue Gesetz sieht vor, daß man bei Gericht beantragen kann, nicht nur Sheriffs, sondern jeden anderen, der im Land oder der Stadt ansässig ist, als Verwalter eines aufgegebenen Eigentums einzusetzen. Also redete ich mit Ed Deets, meinem Exkompagnon und Studienfreund seit 1953 an der juristischen Fakultät der Universität von Virginia. Er war einverstanden, sich benennen zu lassen, worauf ich ihm sagte: ›Ich fungiere dann als dein Anwalt, so daß dir keinerlei Gerichtskosten entstehen, auch die Sicherheitsleistung werde ich bezahlen‹, was sich auf etwa fünfundsiebzig Dollar belief, da es sich nicht um materielles Vermögen handelte. Richter Swett war einverstanden, und am 16. März wurde mein früherer Kompagnon Ed Deets als persönlicher Vertreter und Verwalter von Anastasia Manahans Eigentum in Virginia vereidigt. Matt Murray hörte von meinen Taten. Er war den Fall leid, der das Krankenhaus so viel Geld kostete, und sagte: ›Zum Teufel damit, mach los und stell den Antrag!‹ Auch Baron von Gienanth erfuhr davon, und da seine Legitimation angefochten werden sollte, stimmte er ebenfalls zu. Nach diesem Gesetz hat der Verwalter einen Rechtsanspruch auf medizinische Berichte inklusive Proben und Gewebe. Ed reichte sofort ein Gesuch ein, daß das Gewebe an Dr. Gill geschickt werden sollte.«

Ed Deets Ernennung verschaffte dem Krankenhausanwalt Matthew Murray Munition, mit der er Crawfords Antrag auf eine Verbotsverfügung wirkungsvoll attackieren konnte. Am 24. März reichte er zwei Gerichtsdokumente ein mit einem kräftigen Seitenhieb auf die fehlende Klagebefugnis der Russischen Adelsgesellschaft, die, wie er ausführte, nie beglaubigte Kopien ihrer Registrierung als juristische Person oder ein Zeugnis über ihr Klagerecht eingereicht hätte. Er beschrieb die New Yorker Gesellschaft als »eine offensichtlich rein genealogische Gesellschaft«, die keinerlei Verbindung zu »der Person Anna Manahan« habe. »Außerdem«, fuhr Murray fort, habe die Gesellschaft versäumt, Fakten oder Argumente zur Stützung ihrer Behauptung beizubringen, daß sie »irgendwelchen Schaden erleiden würde, geschweige denn irreparablen Schaden, wenn eine Weitergabe von Gewebeproben erfolgen würde«. Zum Schluß gab ihr Murray noch den Gnadenstoß: am 16. März, zwei Tage bevor die Adelsgesellschaft ihren Antrag auf eine Verbotsverfügung eingereicht hatte, war Ed Deets zum Verwalter von Anastasia Manahans Eigentum bestellt worden. Das machte ihn, nicht das Krankenhaus, verantwortlich, über das Gewebe zu verfügen. »Wenn Sie eine Verbotsverfügung wünschen«, sagte Murray, »klagen Sie gegen Ed Deets.«

Murray hoffte, daß die Angelegenheit damit weitgehend erledigt sei. »Wenn der Richter positiv entscheidet, dann wird es nie zu der einstweiligen Verfügung kommen«, sagte er damals. »Binnen kurz oder lang ist die Russische Adelsgesellschaft weg vom Fenster. Bald wird Ed Deets wie ich ein Dokument einreichen, das letztlich aussagt, ›Richter, diese Leute haben kein Klagerecht, und Sie sind nicht zuständig‹. Dann wird der Richter gezwungen sein zu entscheiden. Sie [die Russische Adelsgesellschaft] könnten Berufung einlegen, aber ich bezweifle, daß sie das tun. Wenn ja, dann müssen sie eine Sicherheitsleistung hinterlegen, um uns daran zu hindern, in der Zwischenzeit das Gewebe weiterzugeben. Sie müßten vor das Oberste Gericht von Virginia gehen – und das Oberste Gericht dazu zu bringen, eine Verbotsverfügung zu erlassen, ist so gut wie ausgeschlossen. Die eigentliche Frage ist jetzt, wer sie sind und was sie in Virginia zu suchen haben.«

Am Nachmittag des 30. März 1994 versammelte sich erneut eine Gruppe von Personen in Richter Swetts Gerichtsraum im Bezirksgericht von Charlottesville, einem roten Backsteingebäude im Kolonialstil. Die gegnerischen Anwälte, Matthew Murray für das Krankenhaus und Lindsey Crawford und Page Williams für die Russische Adelsgesellschaft, saßen vorne an gegenübergestellten Tischen. Alexis Scherbatov von der Russischen Adelsgesellschaft nahm neben seinen beiden Anwälten Platz. Auf den hinteren Bänken an der einen Seite des Raums saßen Marina und Richard Schweitzer, Ed Deets, Penny Jenkins, der englische Dokumentarfilmer Julian Nott, Ron Hansen, Reporter einer Lokalzeitung, und ich selbst, auf der anderen Seite Dr. Willi Korte und Dr. Adrian Ivinson, ein Herausgeber der wissenschaftlichen Zeitschrift *Nature Genetics*.

Gegenstand der Verhandlung sollte der Antrag der Adelsgesellschaft auf Verbotsverfügung sein, aber Matthew Murray bat den Richter sofort, über seine Anfechtung des Klagerechts der Gesellschaft zu entscheiden. Richter Swett befand jedoch, daß Ed Deets neue Rolle und die Tatsache, daß er noch keinerlei Papiere eingereicht oder seine Wünsche geltend gemacht habe, es rechtfertige, den Punkt Klagerecht zurückzustellen, an diesem Tag wolle er lediglich die Argumente für und wider eine einstweilige Verfügung anhören.

Das bemerkenswerte Ereignis dieses Nachmittags war die von Andrews & Kurth öffentlich zur Schau gestellte Kehrtwendung ihrer Haltung gegenüber Peter Gill und den Paralleltests. Dabei hatten die Washingtoner Anwälte keine andere Wahl: Mary-

Claire Kings eidesstattliche Erklärung, die sie zunächst zurückgehalten hatten, die inzwischen aber zu einem Bestandteil der Prozeßakten geworden war, machte die Irrtümer in William Maples' Attacke gegen Peter Gill offenkundig. Nunmehr, wo Ed Deets volle Verfügungsgewalt über das Gewebe hatte, mußten Andrews & Kurth damit rechnen, daß Peter Gill in naher Zukunft wohl ein Stück Anastasia Manahan erhalten und analysieren würde. Lindsey Crawford konnte nun nur noch darauf hoffen, daß das Gewebe nicht eher an Gill geschickt würde, als es an Mary-Claire King abging. Daher wurde Crawford, die sich Paralleltests bisher immer widersetzt hatte, nun zu deren Befürworterin.

Instrument dieser neuen Strategie war Adrian Ivinson, ein junger Engländer, der in klinischer und molekularer Human-Genetik promoviert hatte. Er trat im Gerichtssaal von Charlottesville als Experte für die Russische Adelsgesellschaft auf. Im Zeugenstand erklärte Ivinson, wenn man das Gewebe für Paralleltests an zwei Labors übergebe, so sei das wissenschaftlich aussagekräftiger als Tests in nur einem Labor.

Richter Swett fragte, was Ivinson von den beiden berühmten DNS-Spezialisten halte. »Ich nehme an, Sie haben höchste Wertschätzung für Dr. King als international bekannte Wissenschaftlerin«, sagte er.

»Ja«, sagte Ivinson.

Richter Swett fragte, ob Ivinson Peter Gill und das Labor des FSS kenne und ob er es gleich hoch einstufe wie Mary-Claire Kings Labor.

»Ja«, sagte Ivinson[17].

* * *

Am Ende dieses Tages erließ Richter Swett keine einstweilige Verfügung, wie die Gesellschaft beantragt hatte, weil Matthew Murray sich während der Verhandlung erboten hatte, zu veranlassen, daß das Krankenhaus das Gewebe ein wenig länger zurückhielt – »die nächsten paar Tage oder Wochen«, bis zum Abschluß des Verfahrens. In der Zwischenzeit wies der Richter die Russische Adelsgesellschaft an, mit Ed Deets zu verhandeln, dem neuen Verwalter von Anastasia Manahans Eigentum.

Deets richtete sein Augenmerk sofort auf die Beziehungen der Adelsgesellschaft zu Mary-Claire King. Er fragte Page Williams, ob die Gesellschaft eine schriftliche Übereinkunft mit Mary-Claire King habe und, wenn ja, welcher Art. Er bat auch um eine Kopie von Kings Bericht über ihre Arbeit an den Gebeinen von Jekaterinburg. Williams schrieb zurück, daß die Russische Adelsgesellschaft keine schriftliche Übereinkunft mit Dr. King habe. Ed Deets versuchte, Dr. King anzurufen. Zuerst blieben seine Anrufe unbeantwortet. Als er sie schließlich erreichte, war keiner vom anderen sonderlich angetan. Deets sagte, wenn sie die Gewebeproben testen würde, dann sollte es einen definitiven Zeitplan geben. King, von diesem Vorschlag offensichtlich verletzt, hängte ein.

Die abschließende Verhandlung über das Anastasia-Manahan-Gewebe fand am 11. Mai 1994 statt. Inzwischen hatten sowohl das Martha-Jefferson-Krankenhaus (Matthew Murray) als auch der Verwalter von Anastasia Manahans Eigentum (Ed Deets) Anträge eingereicht, die verlangten, das Verfahren der Russischen Adelsgesellschaft abzuweisen, weil das Gericht nicht zuständig sei und die Russische Adelsgesellschaft kein Klagerecht habe. Dagegen argumentierte Lindsey Crawford ein letztes Mal, daß das Interesse der Gesellschaft an adligen Stammlinien und ihr Anliegen, »die Geschichte des kaiserlichen Rußland zu schützen«, ihr automatisch ein Klagerecht verleihe.[18] Trotz Crawfords Einrede nahm Richter Swett die Argumente des Krankenhauses und von Ed Deets an und wies den Fall ab. Seine richterliche Verfügung wurde am 19. Mai 1994 eingetragen und ließ der Russischen Adelsgesellschaft und Andrews & Kurth dreißig Tage, um Widerspruch einzulegen. Wenn sie das nicht taten, war der Fall erledigt.

* * *

Richard Schweitzer wartete bis genau zu dem Tag, an dem diese Frist zur Anfechtung von Richter Swetts Entscheidung für die Russische Adelsgesellschaft abgelaufen war. Dann, am 19. Juni 1994, kam Peter Gill in Charlottesville an, um Proben vom Gewebe Anastasia Manahans zu holen. Seine Reise war geheimgehalten worden; Richard Schweitzer fürchtete immer noch, daß Andrews & Kurth den Versuch machen könnten, Gill abzufangen oder daran zu hindern, Zugriff auf das Gewebe zu bekommen. »Man könnte Gill mit einem Prozeß heimzahlen, um seine Arbeit zu verhindern«, schrieb Schweitzer an Matt Murray und warnte vor dem Plan des Krankenhauses, den Besuch publik zu machen. »Es könnten Versuche unternommen werden, ihn wegen irgendwelcher stumpfsinniger Vorschriften daran zu hindern, dieses [menschliche] Material aus den Vereinigten Staaten herauszuschaffen. Er oder seine Proben könnten physischen Belästigungen ausgesetzt werden, obgleich ich für Geleitschutz gesorgt habe. Außerdem ist die Wahrscheinlichkeit groß, daß ein weiterer gerichtlicher Schritt durch Korte ausgelöst wird. Ich habe aus Deutschland einen Hinweis bekommen, daß er vorhat, im passenden Augenblick einzuschreiten.«

Gill aß mit den Schweitzers zu Mittag und fuhr dann in das Krankenhaus, um das Gewebe abzuholen. Dort wurde er von Ed Deets, Matthew Murray, Penny Jenkins und Dr. Hunt Macmillan, dem Direktor des pathologischen Krankenhauslabors, begrüßt. Während die Anwälte und Nichtwissenschaftler aus dem Hintergrund des Laborraumes zusahen und ein Dokumentarfilm-Team alles, was geschah, aufzeichnete, nahm der Vorgang seinen Lauf. Hunt Macmillan, Peter Gill und Betty Eppard, eine eingetragene Histologie-Technikerin, die das eigentliche Schneiden des Gewebes vornahm, traten in sterilen Masken, Kitteln und Handschuhen in Aktion. Die fünf Paraffinblöcke, die das Gewebe von Anastasia Manahan enthielten, wurden vorgelegt, und dann wurde dasselbe Verfahren fünfmal wiederholt: Macmillan übergab Gill einen Gewebeblock und identifizierte ihn. Gill sterilisierte ihn und reichte ihn an Mrs. Eppard weiter. Mrs. Eppard legte ihn auf ein Mikrotom, eine Maschine, die einem Schinkenschneider ähnelt, und schnitt geschickt drei bis sechs dunkelbraune Scheiben ab, von denen jede eine Stärke von zwei Haaren hatte. Gill, der Pinzetten benutzte, hob die Gewebeschnitte vorsichtig hoch und legte sie in sterilisierte Phiolen. Dr. Macmillan schob die Phiolen in fälschungssichere durchsichtige Plastiktaschen und versiegelte und etikettierte sie. Nach jedem Block wurde das Mikrotom mit reinem Äthanol abgewischt und das Messerblatt ausgetauscht. Bei einer hastig einberufenen Pressekonferenz im Anschluß daran warnte Gill: »Ich kann im Moment nicht mit Sicherheit sagen, wie groß die Wahrscheinlichkeit ist, daß wir DNS aus den Proben gewinnen können.« Er habe keine Ahnung, wie sich das Alter des Gewebes oder der Gebrauch des chemischen Konservierungsmittels Formalin auf die DNS auswirke. Wenn der Vorgang des DNS-Extrahierens gut laufe, dann hoffe er, innerhalb von drei bis sechs Monaten einen Vergleich zwischen Anastasia Manahans DNS und den DNS-Profilen der kaiserlichen Familie, die von den Gebeinen aus Jekaterinburg gewonnen worden seien, durchführen zu können.

* * *

Am 29. Juni, zehn Tage nachdem Peter Gill das Gewebe in Charlottesville abgeholt hatte, schrieb Maurice Remy Richard Schweitzer einen bemerkenswerten Beichtbrief. In diesem Brief, in einer darauffolgenden Presseveröffentlichung und in einer großen Zahl von anderen Dokumenten, die er an Schweitzer schickte, enthüllte Remy alles, was in seinem Lager vor und während des langen Kampfes vor Gericht geschehen war. Sein Unternehmen habe angefangen, als er 1987 Geli Rjabow in Moskau getroffen und beschlossen habe, einen Dokumentarfilm über die Ermordung des Zaren und seiner Familie zu produzieren. Im Juli 1992 war er bei der Jekaterinburger Tagung über die sterblichen Überreste der kaiserlichen Familie anwesend. Dort lernte er Maples und sein Team kennen und erfuhr von ihm, daß die Skelette von Alexej und Anastasia fehlten. Er habe daraufhin sofort beschlossen, seine Bemühungen auf die fehlende Großfürstin zu konzentrieren und seine Forschungen auszuweiten und einen DNS-Test an Anastasia Manahan miteinzubeziehen.

Als Remy erfuhr, daß Anastasia Manahan verbrannt worden war, begann er nach Blut- oder Gewebeproben zu suchen, die sie hinterlassen haben könnte. Er ließ Dr. Korte Nachforschungen im Martha-Jefferson-Krankenhaus in Charlottesville anstellen und fand heraus, daß tatsächlich Gewebeproben existierten. Als nächstes bat er Thomas Kline von Andrews & Kurth, sich wegen der Zustimmung zu einer Gewebeanalyse an die Manahan-Familie und James Lovell zu wenden. Dieses Vorgehen scheiterte jedoch. Inzwischen war Korte in Remys Auftrag in Deutschland und Griechenland tätig, um Blutproben von Prinzessin Sophie von Hannover und Xenia Sfiris für Vergleichstests zu beschaffen. Zur selben Zeit suchte Remy nach einer alternativen Identität für Anastasia Manahan und machte eine Nichte von Franziska Schanzkowska ausfindig, die er dazu überredete, Blut zu spenden.

Remy legte auch die Gründe für William Maples' Angriff auf Peter Gill offen. Im Juni 1993 hatte Korte als Remys Agent eine briefliche Übereinkunft mit William Maples und Lowell Levine unterzeichnet. Maples und Levine versprachen, die Dienste von Dr. Mary-Claire King zu nutzen, um DNS-Tests an Vergleichsmaterial der Romanows und der Hessen, das Korte liefern würde, durchführen zu lassen. Sie versprachen außerdem, Kortes Arbeit strikt vertraulich zu behandeln.[19] Die einzige Entschädigung, die Korte ihnen versprach, war die Erstattung der Reisekosten, allerdings müsse jede Reise vorher durch ihn persönlich genehmigt werden. So wurde Maples ein Teil von Remys Team. Als man im November 1993 das Zeugnis eines Wissenschaftlers brauchte, um den Antrag der Russischen Adelsgesellschaft auf Intervention bei dem Charlottesville-Verfahren zu stützen, steuerte Maples seine aggressive, schlechtinformierte eidesstattliche Erklärung bei.

Remy, der erfuhr, daß Richard und Marina Schweitzer Zugang zu dem Gewebe im Martha-Jefferson-Krankenhaus für Dr. Gill beantragten, zog daraufhin Scherbatow und die Russische Adelsgesellschaft in die Sache hinein. Während der folgenden beiden Verfahren war nominell die Russische Adelsgesellschaft Klient von Andrews & Kurth, in jedem Gerichtsdokument so benannt, wenn auch Fürst Scherbatow, wie Remy betonte, nicht genau informiert wurde, wie er benutzt werden sollte. Die Führung des Verfahrens lag bei Remy, vor Ort vertreten durch Korte, und Remy zahlte auch die gesamten Gerichtskosten.

Seine Beziehung zu Dr. Mary-Claire King beschrieb Remy so: Im Sommer 1993 habe sich das Münchener Gerichtsmedizinische Institut von den Ermittlungen zurückgezogen, und als Ersatz schlug William Maples Mary-Claire King vor. So wurde eine mündliche Übereinkunft mit Dr. King getroffen, in Ergänzung zu der schriftlichen zwischen Korte und Maples, woraufhin Korte die Blutproben von Sophie von Hannover und Xenia Sfiris nach Kalifornien brachte. Doch solange das Gewebe von Anastasia

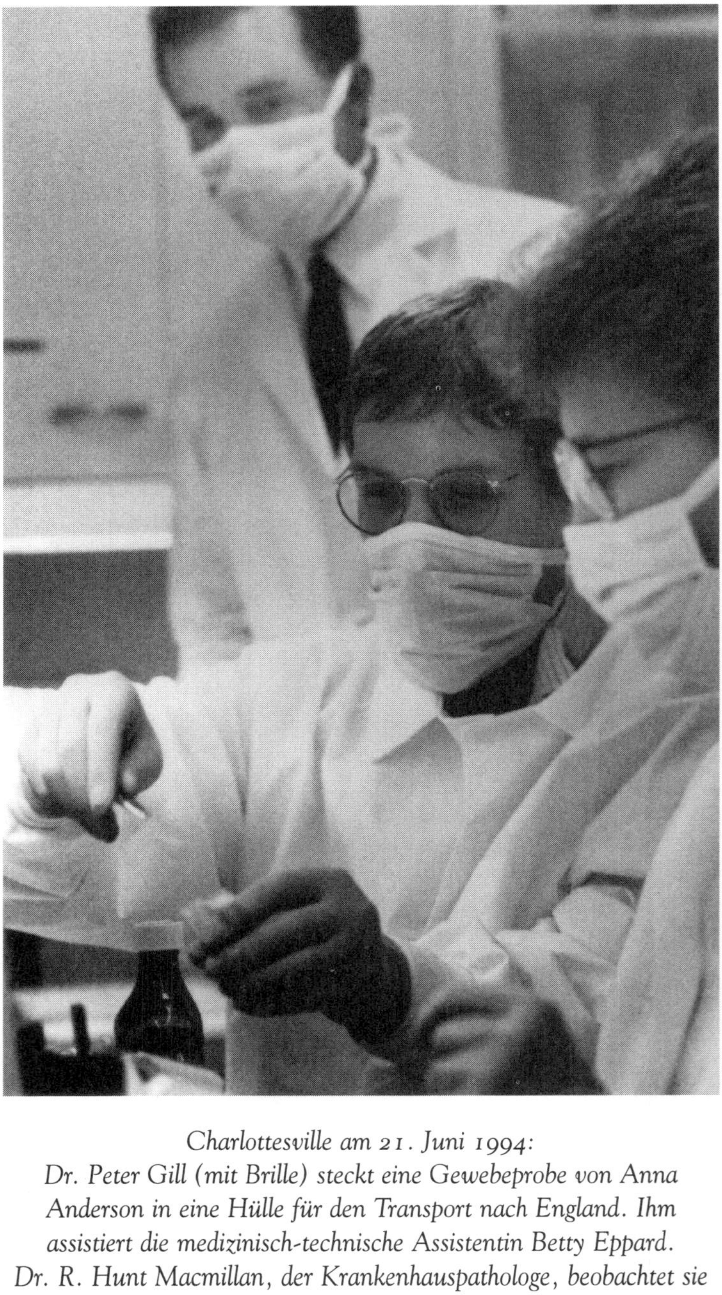

PHOTO TOM COGILL, VOM MARTHA-JEFFERSON-KRANKENHAUS FREUNDLICH ÜBERLASSEN

Charlottesville am 21. Juni 1994:
Dr. Peter Gill (mit Brille) steckt eine Gewebeprobe von Anna Anderson in eine Hülle für den Transport nach England. Ihm assistiert die medizinisch-technische Assistentin Betty Eppard. Dr. R. Hunt Macmillan, der Krankenhauspathologe, beobachtet sie

PHOTO TOM COGILL, VOM MARTHA-JEFFERSON-KRANKENHAUS FREUNDLICH ÜBERLASSEN

Ed Deets (links) und Matthew Murray beobachten Dr. Gill bei der Arbeit

Manahan wegen eines erbitterten Rechtsstreits unzugänglich blieb, hatte Remy kein Vergleichsmaterial der wichtigsten Prätendentin, der Frau, die ihn am meisten interessierte.

In seinem Geständnis gegenüber Schweitzer versuchte er, die gerichtlichen Kämpfe des vergangenen Winters in einem milderen Licht erscheinen zu lassen. All dies Unerfreuliche sei, wie Remy Schweitzer schrieb, das Ergebnis von Mißverständnissen, falschem Rat und mangelhafter organisatorischer Disziplin. Kortes Berichte über das, was in Amerika passierte, seien ungenau gewesen, er mache sich Vorwürfe, daß er keine striktere Kontrolle ausgeübt habe. Inzwischen habe er sich auch von Korte getrennt.

* * *

Als das Gewebe nach England ging, fanden siebzehn Monate eines gerichtlichen Manövers und Kampfes in Charlottesville ein Ende. Im Rückblick bleibt jedoch eine wichtige Frage im Zusammenhang mit diesem Fall unbeantwortet: die Rolle von Dr. Mary-Claire King.

Ursprünglich hatte Dr. King, eine renommierte Wissenschaftlerin und engagierte Forscherin über die Ursachen von Brustkrebs, der Überredungskunst von Dr. Maples und Dr. Levine nachgegeben und Knochen- und Zahnproben von den Skeletten aus Jekaterinburg entgegengenommen, um festzustellen, ob es sich um die Gebeine der Romanows handelte. Ihr Bericht darüber ist trotz immer dringlicherer Anrufe von Maples nie veröffentlicht worden. Dennoch nahm sie einen weiteren Romanow-Auftrag an, als sie mündlich ihr Einverständnis erklärte, eine Gewebeprobe von Anastasia Manahan zu testen und mit DNS-Material von Romanow-Verwandten und Abkömmlingen zu vergleichen, das ihr Korte übergeben sollte. Von dem scheinbar endlosen Gezänk in Charlottesville ermüdet, vielleicht auch abgestoßen, lehnte es Mary-Claire King über viele Monate ab, irgendeine schriftliche Verpflichtung darüber einzugehen.

Die Frage erhebt sich, warum Mary-Claire King, beansprucht, wie sie war von ihrer Forschungsarbeit über eine Krankheit, die das Leben von Millionen von Frauen bedroht und zerstört, einwilligte, sich und ihr Labor an erster Stelle mit der Identität der Romanows zu befassen. Sie machte es nicht für Geld; um sich die absolute Kontrolle zu sichern, lehnt sie in solchen Fällen jede Bezahlung ab. Wenn sie es um ihrer Reputation willen tat oder weil sie davon fasziniert war, warum zog sie es dann nicht durch? Tatsache ist jedenfalls: wenn sich die Russische Adelsgesellschaft und Andrews & Kurth nicht auf Mary-Claire Kings Namen, ihre Reputation und die Aussicht hätten berufen können, daß sie bereit war, das Gewebe zu testen, hätten sie wohl kaum die Test-Vereinbarungen, die zwischen Richard Schweitzer, Peter Gill und dem Martha-Jefferson-Krankenhaus getroffen worden waren, blockieren können. Im Endeffekt verbrachten viele Leute viel Zeit damit und gaben viele Tausende Dollar aus, weil sie auf Mary-Claire Kings Ergebnisse warteten. Sie lieferte nichts.

SIEBZEHNTES KAPITEL
SO GUT WIE DIE MENSCHEN, DIE SIE BENUTZEN

Im Sommer 1994, während Peter Gill und seine Kollegen beim FSS daran arbeiteten, DNS aus dem Gewebe von Anastasia Manahan zu extrahieren, das Gill aus Charlottesville mitgebracht hatte, bemühte sich Maurice Remy immer noch, eine Quelle für Anastasia-Manahan-DNS für sich ausfindig zu machen. Die Abweisung der Klage der Russischen Adelsgesellschaft gegen das Martha-Jefferson-Krankenhaus wegen fehlenden Klagerechts verhinderte nicht, daß Remy vom Krankenhaus ein Stück Gewebe erhielt, welches dem, das Gill mitgenommen hatte, völlig entsprach. Tatsächlich ließ Richter Swetts Abweisung der Klage Remy vollkommen freie Hand, sich bei Ed Deets, dem Verwalter von Anastasia Manahans Eigentum, um eine Gewebeprobe zu bewerben, die an Mary-Claire Kings Labor in Kalifornien geschickt werden sollte. Remy hatte jedoch seine Zweifel an Kings Zuverlässigkeit. Als er noch überlegte, was er als nächstes tun sollte, wandte er sich unvermittelt an seinen früheren Gegner Richard Schweitzer. Wie sollte er nach Schweitzers Meinung mit Dr. King umgehen? Schweitzer versuchte zu helfen. »Mary-Claire King hat die eigentliche Arbeit an diesem Material nicht selbst gemacht«, sagte er zu Remy. »Das war damals einer ihrer Mitarbeiter, Charles Ginther. Er ist inzwischen *persona non grata* in ihrem Labor, arbeitet aber immer noch in einem anderen Labor dort draußen, ich kann Ihnen seine Telefonnummer geben.« Remy rief sofort Dr. Ginther an. Und fand sich bald tief in weitere Schwierigkeiten verstrickt.

Dr. Charles Ginther, ein jüngerer DNS-Wissenschaftler, der in Mary-Claire Kings Labor arbeitete, hatte aus dem Jekaterinburger

Material, das Maples mitgebracht hatte, und aus den Blut-Proben von Xenia Sfiris und Prinzessin Sophie von Hannover, die Remy geliefert hatte, Mitochondrien-DNS extrahiert. Er hatte, wie Mary-Claire King Richard Schweitzer erklärte, »seinen Bericht fertiggestellt und eingereicht, aber ich kann ihn nicht bekanntgeben. Er ist ein guter Wissenschaftler, aber kein guter Verfasser von Berichten. Ich mußte ihm den Bericht zur Überarbeitung zurückschicken, damit er ihn in eine Form bringt, daß wir ihn als regulären Bericht dieses Labors herausgeben können.« Das mag so stimmen, aber zusätzlich können noch andere Beweggründe Mary-Claire King veranlaßt haben, diesen Bericht zurückzuhalten: daß nämlich die Ergebnisse, die in ihrem Labor ermittelt wurden, die gleichen oder vielleicht gar von schlechterer Qualität waren als die, die Peter Gill bereits in England bekanntgegeben hatte. Wenn das der Fall war – wie es ein anderer DNS-Wissenschaftler andeutete –, wollte Mary-Claire King möglicherweise nicht sagen: »Hier sind unsere Ergebnisse. Sie sind nicht so gut wie die von Gill.« Wahrscheinlich hielt sie es für besser, einfach gar nichts zu sagen.

Auf jeden Fall hatten Mary-Claire King und Charles Ginther, als das Verfahren in Charlottesville zum Abschluß kam, Meinungsverschiedenheiten, und Ginther zog über den Flur in das Labor von Dr. George Sensabaugh. »Dr. King äußerte sich mir gegenüber in schärfster Form über ihren Streit«, sagt Richard Schweitzer. »Ich habe noch nie einen Wissenschaftler einen anderen dermaßen herabsetzen hören, aber im wesentlichen sagte sie, daß sie Chuck Ginther aus ihrem Labor entfernen mußte. Daß ein Wissenschaftler so etwas einem Laien gegenüber sagt, schien mir ungewöhnlich.« Dr. Ginther, der noch nicht so lange wie Dr. King an dieser Universität ist, spricht äußerst behutsam über ihr Verhältnis: »Mary-Claire King ist eine sehr renommierte Wissenschaftlerin. Sie ist die richtige Person, die zur rechten Zeit über die richtige Krankheit [Brustkrebs] arbeitet. Sie als Frau arbeitet an einer berühmten Universität über eine Frauenkrankheit. Und viele Menschen wünschen sehr, daß sie dabei Erfolg hat. Aber sie ist sehr schwierig, wenn man für sie arbeitet.«

Dies waren die Zusammenhänge, als sich Maurice Remy an Richard Schweitzer wandte. »Remy hatte Probleme damit, wie er die Proben aus Jekaterinburg den Händen Mary-Claire Kings entreißen und zu Ginther über den Gang transportieren sollte«, erinnert sich Schweitzer. »Also half ich ihm. Ich entwarf Dokumente für ihn.« Warum bemühte sich Schweitzer, der gerade einen siebenmonatigen zermürbenden Kampf gegen Remy vor Gericht ausgefochten hatte, seinem früheren Gegner zu einer Übereinkunft mit Ginther zu verhelfen? »Weil ich wollte, daß noch mehr Tests durchgeführt und das Manahan-Gewebe mit dem der Hessen verglichen werden konnte«, erklärt Schweitzer. »Ich wußte, daß Charles Ginther ein hervorragender Wissenschaftler und Techniker auf diesem Gebiet ist. Ich hatte nichts dagegen, daß Remy derjenige war, der es machen ließ. Mein Problem mit Remy und seiner Gruppe bestand darin, daß ihnen gleichgültig war, was für einen Schaden sie anrichteten, Hauptsache, sie konnten ihren Willen haben. Sie kapierten nicht, daß sie ihren Willen auch ohne Schaden anzurichten haben konnten. Ich sagte Remy, daß meiner Ansicht nach das sein Hauptfehler war.«

Im Juni bat Remy – mit Schweitzers Hilfe – Ginther, einen Auftrag zu übernehmen, so daß er ein ordentliches Gesuch einreichen konnte, um von Ed Deets eine Gewebeprobe zu bekommen. Abgesehen von dem Manahan-Gewebe, hatte Ginther bereits alles, was er für die Arbeit brauchte. Er hatte in Kings Labor DNS-Profile der Hessen und der Romanows ermittelt – genau die gleichen wie die von Peter Gill in *Nature Genetics* veröffentlichten. Wenn Ginther Gewebe aus Charlottesville erhielt, konnte er weitermachen und Remys Auftrag zügig ausführen. Ginther (der für seine Arbeit nicht bezahlt werden sollte) stellte zwei Vorbedingungen: Erstens wollte er, daß Mary-Claire King unmißverständlich und schriftlich erklärte, sie wolle den von Remy angebotenen Auftrag nicht übernehmen und habe nichts dagegen, daß er ihn übernehme. Außerdem verlangte er, Remy möge dafür sorgen, daß Mary-Claire King die Vergleichsmaterialien der Hessen und der Romanows aus ihrem Labor freigab. Remy unternahm einen Versuch und rief Mary-Claire King an. Erst konnte er sie nicht erreichen, und als es ihm schließlich gelang, konnte er sie nicht überreden. Daraufhin beauftragte er die Anwaltsfirma O'Melveny & Myers in Los Angeles einzuschreiten. Die Anwälte teilten Remy mit, Mary-Claire King habe, als sie mit ihr telefoniert hätten, gesagt, sie würde die Blutproben gern abgeben, wenn sie sie nur finden könnte … sie wisse nicht genau, wo sie seien … das sei ja nur eines von vielen Projekten, die in ihrem Labor liefen. Sie beschwerte sich auch über Herrn Remy, mit dem nicht zu verhandeln sei, weil er am Telefon getobt und gelärmt und versucht habe, ihr Vorschriften zu machen. Sie wolle ihre Zeit nicht an so jemanden verschwenden. Remys Antwort war: »Ich weiß nicht, wovon sie redet.«

Schließlich übergab Mary-Claire King die Vergleichsproben an Ginther. Später beschwerte sich Remy jedoch bei Schweitzer, daß sie Ginther sehr wenig Material für seine Arbeit gegeben hätte. »Sie hat einfach das meiste weggeworfen, das Material, um das wir so hart gekämpft haben.« Ob sie wirklich versäumt hatte, die Blutproben aufzubewahren, oder ob sie etwas für künftige Zwecke aufheben wollte, wußte keiner. Remy war überzeugt, daß ihr Motiv Bosheit war. Schweitzer widersprach: »Ich glaube einfach nicht, daß sie noch irgendein Interesse daran hatte. Sie arbeitete an etwas anderem, es war ihr einfach egal.«

Ginther hatte wie Remy das Gefühl, als ob Mary-Claire King ihm nicht erlauben wollte, genügend Material, was Umfang und Gewicht betrifft, aus ihrem Labor zu holen. Wie er sich gegenüber Schweitzer äußerte, konnte Gill mit anderthalb Gramm DNS-Material operieren, während er mit weniger als einem Gramm auskommen mußte. Dennoch machte er sich auch mit diesem knappen Material ans Werk. Das meiste hatte er bereits in Mary-Claire Kings Labor getestet, wollte es aber wiederholen, damit man ihm nicht vorwerfen konnte, er benutze ihre Arbeit. Noch einmal extrahierte er Mitochondrien-DNS aus dem Material der Hessen und der Romanows. Noch einmal extrahierte er Mitochondrien-DNS aus einer Blutprobe, die ihm Remy geschickt hatte und die von einer gewissen Frau Margaret Ellerick stammte. (Frau Ellerick war eine Nichte von Franziska Schanzkowska, der Polin, die in Berlin etwa zu der Zeit verschwand, als man *Fräulein Unbekannt* aus dem Kanal zog.) Doch nicht einmal im Juli 1994, als er diese Arbeit machte, verfügte Charles Ginther über Gewebe oder Blut oder Knochen oder Haare, von denen er die DNS der Frau extrahieren konnte, die zu identifizieren ihn Remy beauftragt hatte – Anastasia Manahan.

* * *

Remy, frustriert, weil er keine Ergebnisse von Mary-Claire King bekam und weil es so lange dauerte, bis er die von Ginther geforderten Arbeitsbedingungen erfüllen konnte, wurde anderenorts aktiv. Er erkannte, daß trotz allem, was seine Anwälte und die Experten bei Gericht über die Vorteile von Paralleltests geäußert hatten, jedes Ergebnis, das Ginther bei seinen Tests am Gewebe aus Charlottesville erzielte, nur ein Duplikat der Testergebnisse sein konnte, die von Peter Gill bereits gewonnen waren. Als zweiter bei diesem Wettkampf ins Ziel zu gelangen, lag nicht in Remys Absicht. »Ich glaube, damals beschloß Remy, die Gill-Probe zu umgehen und woanders eine eigene Probe ausfindig zu machen«, sagt Ginther.

Remy und seine Assistenten machten sich auf und fahndeten überall in Deutschland in Krankenhäusern, Sanatorien und Arztpraxen, ob sich nicht Blutproben von Anna Anderson auftreiben ließen, die von medizinischen Untersuchungen während ihrer vier oder fünf Jahrzehnte in diesem Lande stammten. Einer entdeckte eine Spur, und zwar eine Kanüle mit Blut, das bei einer Routineuntersuchung in den späten fünfziger Jahren abgenommen worden war; der Arzt hatte sie als Kuriosität aufgehoben. Doch war nichts Brauchbares daraus zu gewinnen. Im Juli spürte er Professor Stefan Sandkühler auf, den ehemaligen Hämatologen der Universität Heidelberg, der Anna Anderson am 6. Juni 1951 untersucht hatte. Man hatte sie zu ihm gebracht, um sie als potentielle Trägerin der Hämophilie untersuchen zu lassen, vermutlich um ihren Anspruch zu bekräftigen, sie sei eine Tochter von Kaiserin Alexandra. Sandkühler hatte eine Blutprobe entnommen und dann nach der üblichen Prozedur einen Blutstropfen auf ein Glasplättchen geschmiert, wo er trocknete und konserviert wurde. Diese Probe nun fand sich wieder, und Sandkühler übergab sie an Remy. Die einzige Quellenangabe war der ins Glas geritzte Name der Patientin. Remy behauptet, er habe dort »Anastasia« gelesen. Der Hämophilie-Test von 1951 hatte, wie Sandkühler Remy sagte, nichts erbracht.

Remy teilte das Glasplättchen, das er von Sandkühler bekommen hatte, in zwei Teile. Die eine Hälfte schickte er an Professor Bernd Herrmann, Spezialist für STR-Identifikationen von Zellkern-DNS am Anthropologischen Institut der Universität Göttingen. Die andere Hälfte ging an Charles Ginther nach Berkeley. Herrmann gelang es, von seiner Hälfte DNS zu extrahieren, die er an Ginther schickte, damit der sie sequenzieren und ein Profil herstellen konnte. Ginther stellte fest, daß die DNS weder zu dem Profil der Hessen paßte (d. h., daß der Blutspender nicht mit Kaiserin Alexandra verwandt war) noch zu dem Schanzkowska-Profil, das er von Margaret Ellerick erhalten hatte. Da das Blut auf dem Glasplättchen also zu »keiner der interessierenden Personen« paßte, bezweifelte Ginther Integrität und Herkunft des Glasplättchens. »Es war ein unversiegeltes Glasplättchen. Es konnte kontaminiert sein. Nicht einmal in einer Hülle steckte es. Jemand hatte einfach Blut darauf geschmiert, das dann getrocknet war«, meint er. Der einzige Schlüssel für die Zuweisung war der Name »Anna Anderson« (nicht »Anastasia«, wie von Remy behauptet), der ins Glas geritzt war.

* * *

Im Sommer 1994 wartete man in englischen Palästen und deutschen Schlössern voller Sorge auf Peter Gills Befunde von dem Gewebe aus Charlottesville. Früher schon hatte der Bericht, daß Anastasias Skelett im Grab von Jekaterinburg nicht aufgefunden worden war, Unbehagen in den dynastischen Familien beider Länder verursacht. Fast ausnahmslos hatten die Angehörigen des britischen Königshauses wie ihre deutschen Verwandten stets Anna Andersons Anspruch, die Tochter des Zaren zu sein, strikt zurückgewiesen. Die britische Königsfamilie folgte dem Beispiel von Prinz Philips Onkel Lord Mountbatten und bezeichnete Mrs. Manahan gewöhnlich als »die falsche Anastasia«. Die hessischen Vettern von Prinz Philip benutzten stärkere Worte. Jetzt, wo Gill seinen Bericht abgeben sollte, tat sich ein gespenstischer Abgrund vor diesen Familien auf. Was, wenn man eine moralisch verwerfliche und politisch peinliche Ungerechtigkeit gegen eine hilflose königliche Cousine begangen hatte?

Jahrelang hatte Maurice Remy alles darangesetzt, um die Hessen, das heißt die Nachkommen der Familie von Kaiserin Alexandra und ihrem Bruder, Großherzog Ernst-Ludwig, in diese Affäre hineinzuziehen und an seinen Bemühungen, die Schweitzers zu blockieren, zu beteiligen. Prinz Philips ältere Schwester, Prinzessin Sophie von Hannover, inzwischen einundachtzig, hatte Remy Blut zur Verfügung gestellt, das er zu Vergleichszwecken an Mary-Claire King schickte. Remy war an Prinzessin Margarete von Hessen herangetreten, die zweiundachtzigjährige Witwe von Prinz Ludwig von Hessen, dessen Vater, Großherzog Ernst, in den zwanziger Jahren die Prätendentin bekämpft hatte. Als Margaret Geddes in Schottland geboren, hatte Prinzessin Margarete Schloß Wolfsgarten im Rheinland geerbt, wo Kaiserin Alexandra ihre Kindheit verbracht hatte. Sie verwaltete auch das Privatarchiv des Hauses Hessen, das sie eine Zeitlang für Remys Forscher öffnete. Ein dritter Betroffener der Hessen war Prinz Moritz, der Schloß Wolfsgarten nach dem Tode der kinderlosen Prinzessin Margarete erben würde.

Remys Bemühungen wurden in erster Linie durch Prinz Philip und seinen Privatsekretär, Sir Brian McGrath, durchkreuzt. Der Prinz hatte nichts dagegen, daß seine Schwester Sophie eine Blutprobe gab – schließlich hatte er ja sein eigenes Blut Peter Gill zur Verfügung gestellt, um behilflich zu sein, die Gebeine von Jekaterinburg zu identifizieren. Aber als Remy weiterging und versuchte, Sophie, Margarete und Moritz in das Verfahren in Charlottesville hineinzuziehen, gab McGrath als Sprachrohr Prinz Philips den deutschen Verwandten den strikten »Rat«, sich da herauszuhalten. Nicht, daß das britische Königshaus ernstlich besorgt gewesen wäre, die Prätendentin könnte Anastasia gewesen sein; tatsächlich war man der felsenfesten Überzeugung, daß sie es nicht war. Man war eher besorgt, daß sich die Kontroverse über die Identität von Anastasia Manahan und die daraus resultierenden Gerichtsverfahren in Charlottesville kompromittierend auf den anstehenden Staatsbesuch von Königin Elisabeth II. in Rußland auswirken könnten. Niemand wollte, daß dieses diplomatische Ereignis durch eine Presseverlautbarung, Anna Anderson sei die Tochter Nikolais II., überschattet würde, vor allem nicht, solange Elisabeth tatsächlich in Rußland weilte. Die Berater der Königin favorisierten daher eine Lösung in bezug auf die Identität der Prätendentin, noch ehe Ihre Majestät am 17. Oktober nach Moskau aufbrach.

* * *

Anfang September teilte Peter Gill Richard Schweitzer mit, daß er wohl bald Ergebnisse haben werde. Schweitzer und der FSS einigten sich auf ein Datum, den 5. Oktober, an dem Gill seine

Befunde auf einer Pressekonferenz in London bekanntgeben sollte. Gleichzeitig sollte Ed Deets diese Ergebnisse bei Gericht einreichen und eine Pressekonferenz in Charlottesville abhalten. Der FSS stellte gegenüber Schweitzer klar, daß es seine und nicht des FSS Sache war, die Pressekonferenz einzuberufen und abzuhalten, da es sich ja um einen privaten Auftrag handelte.

Weder Gill noch Schweitzer wollten Exklusivität für Gills Tests. Im Gegenteil, sagt Schweitzer, »von dem Tag an, als Peter Gill nach Charlottesville kam, um die Gewebeproben zu holen, bestand er darauf, daß das AFIP eine weitere Testserie durchführen sollte, um zu überprüfen, was er machte. Gill wollte diese Bestätigung, noch bevor er seine Ergebnisse öffentlich bekanntgeben würde. Eigentlich hatte er die Hoffnung, es könnte eine gemeinsame Pressekonferenz mit den amerikanischen Wissenschaftlern geben.« Zur selben Zeit verhandelte Schweitzer, ebenfalls im Einvernehmen mit Gill, über einen dritten Test des Manahan-Gewebes mit Dr. Mark Stoneking, einem Spezialisten für Mitochondrien-DNS an der Pennsylvania State University. Schließlich wurde noch am 21. September, nur zwei Wochen vor der Londoner Pressekonferenz, eine Vereinbarung mit dem AFIP ausgearbeitet. Susan Barritt, eine AFIP-Wissenschaftlerin, kam nach Charlottesville und holte zwei Sätze Gewebeschnitte des Anastasia-Manahan-Gewebes, einen für das AFIP und einen für Dr. Stoneking. Danach setzte Gill alles daran, um dem AFIP zu einer raschen Durchführung der Tests zu verhelfen. Anstatt die Wissenschaftler der US-Regierung nur mit seinen publizierten Ergebnissen arbeiten zu lassen, schickte er ihnen alle seine Protokolle und Codes nach Maryland; gleichzeitig gingen dieselben Daten auch an Mark Stoneking. Schweitzer war hocherfreut über diese Demonstration von Zusammenarbeit unter Wissenschaftlern und stimmte Gills Vorschlag begeistert zu, die Ergebnisse beider Forschungen gemeinsam zu publizieren.

* * *

Maurice Remy war nach wie vor entschlossen, die dominierende Rolle bei der Lösung des Anastasia-Rätsels zu spielen. Nachdem ihm Richard Schweitzer noch im Juni geholfen hatte, eine Vereinbarung mit Charles Ginther auszuarbeiten, brach der Kontakt zwischen ihnen ab. Dennoch drangen Gerüchte zu Schweitzer und Gill, daß Remy weitere Tests an den Blutprobenplättchen von 1951 in Auftrag gegeben habe, und Remy wiederum erfuhr, daß Gills Pressekonferenz für den 5. Oktober angesetzt war. Remy reagierte darauf in zweierlei Form: Er bedrängte Schweitzer, er möge ihm erlauben, bei der Pressekonferenz dabeizusein und sich daran zu beteiligen; gleichzeitig bereitete er sich darauf vor, neue Erkenntnisse, die Herrmann offenbar aus der Blutprobe von 1951 gewonnen hatte, bekanntzugeben.

Remys Bitte, an der Londoner Pressekonferenz teilnehmen zu dürfen, wurde von Schweitzer partiell akzeptiert; da er die Kosten von Gills Tests trug, hatte er das Recht, diese Entscheidung zu treffen. »Ich sagte ihm, ich würde mich freuen, wenn er käme«, sagt Schweitzer, »und erwähnte dabei, daß wir beabsichtigten, seine Rolle als ursprünglicher Entdecker des Gewebes im Martha-Jefferson-Krankenhaus voll zu würdigen und auch seine jahrelange Arbeit zu erwähnen. Ich sagte, ich wolle bekanntgeben, daß er im Anschluß an die Pressekonferenz denjenigen, die mit ihm sprechen wollten, zur Verfügung stehe. Eine gemeinsame Pressekonferenz werde es jedoch nicht geben.« Eine Nebenrolle war jedoch nicht das, was Remy vorschwebte. Jetzt drohte er, falls seine Bedingungen nicht erfüllt würden, könne er seine eigenen Befunde noch vor dem 5. Oktober bekanntgeben. Nebenbei erwähnte er noch, daß die Londoner *Sunday Times*, die gewöhnlich Tausende Pfund für Exklusivmeldungen über berühmte Stories zahle, ihr Interesse bekundet habe. Schweitzer und Gill waren jedoch nicht bereit, auf die von Remy geforderten Änderungen einzugehen.

Am Sonntag, dem 2. Oktober, posaunte die *Sunday Times* ihre Exklusivmeldung heraus: Anna Anderson ist »entlarvt als die Schwindlerin des Jahrhunderts. Gentests lassen nicht den geringsten Zweifel daran, daß Anna Anderson eine der größten Betrügerinnen war, die die Welt je gesehen hat. Die Neuigkeit wurde am Ende eines weltweiten Wettrennens zur Lösung des Rätsels bekannt. Die jüngsten Ergebnisse verweisen ein britisches Team unter der Leitung von Dr. Peter Gill, der seine Befunde am Mittwoch mitteilen wird, auf den zweiten Platz. Die Blutprobe wurde von Maurice Philip Remy, einem deutschen Fernsehproduzenten, entdeckt; er hat fünfhunderttausend Pfund ausgegeben, um den genetischen Schlüssel zu finden, der Anastasias

Vergangenheit erschließen kann.« Weiter wurde berichtet, daß der Test von Professor Bernd Herrmann vom Anthropologischen Institut der Universität Göttingen durchgeführt worden sei; darüber hinaus wurden keine wissenschaftlichen Details mitgeteilt. Mehr oder weniger die gleiche Geschichte erschien am selben Wochenende im deutschen Nachrichtenmagazin *Der Spiegel*.

* * *

Die übrige Londoner Presse ignorierte die *Sunday Times* und drängte sich bei Peter Gills Pressekonferenz. Richard und Marina Schweitzer saßen mit Peter Gill und seinem Kollegen, Dr. Keven Sullivan, auf dem Podium. Vor ihnen in der ersten Reihe hatte Fürst Rostislaw Romanow, Großneffe von Nikolai II., Platz genommen, neben ihm sein Freund Michael Thornton, der einst Bevollmächtigter von Anna Anderson in Großbritannien gewesen war. Neben Thornton saß Ian Lilburne, ein Anhänger der Prätendentin, der in den sechziger Jahren jede Sitzung in den zermürbenden Hamburger Gerichtsschlachten mitgemacht hatte. Seitlich an der Wand hatte sich ein großer, weißgesichtiger Mann mit blondem, glatt anliegendem Haar und Brille gesetzt. Das war Maurice Philip Remy.

Schweitzer stellte sich und seine Frau vor und sprach zunächst Remy seine Anerkennung dafür aus, daß er die Gewebeproben im Martha-Jefferson-Krankenhaus entdeckt habe. Dann beschrieb Peter Gill mit Hilfe von Fotos und Schaubildern an einer Leinwand, was er gemacht hatte: Er habe sowohl Zellkern-DNS als auch Mitochondrien-DNS aus dem Gewebe von Charlottesville extrahiert (welches, wie er vorsichtig formulierte, »von Anna Anderson stammen soll«). Sodann habe er das DNS-Profil des Charlottesville-Gewebes mit den DNS-Profilen des mutmaßlichen Zaren und der Zarin (die von den Gebeinen aus Jekaterinburg gewonnen worden seien), den Blutproben, die von Prinz Philip zur Verfügung gestellt worden waren, und einer Blutprobe eines deutschen Landwirts, Karl Maucher, eines Großneffen von Franziska Schanzkowska, verglichen. Mit Hilfe der STR-Technik habe er bei der Zellkern-DNS festgestellt, daß Anna Anderson, »vorausgesetzt, diese Proben stammen von ihr, nicht mit Zar Nikolai und Zarin Alexandra verwandt sein kann«. Weiter habe er die Mitochondrien-DNS aus dem Gewebe mit der DNS-Sequenz von Prinz Philip verglichen, denn wenn Anna Anderson Großfürstin Anastasia gewesen wäre, dann hätte ihre Mitochondrien-DNS-Sequenz zu der von Philip passen müssen. In diesem Fall gab es in einem charakteristisch hypervariablen Segment sechs Unterschiede bei den Basenpaaren. Das hielt Gill für ausreichend, um zu schließen, daß »die Probe, die angeblich von Anna Anderson stammt, nicht mit einem Verwandten mütterlicherseits der Kaiserin oder mit Prinz Philip in Verbindung gebracht werden kann. Das ist definitiv.« Schließlich verglich Gill das DNS-Profil der Mitochondrien der Gewebeprobe aus Charlottesville mit dem von Karl Maucher. Er erzielte eine »hundertprozentige Übereinstimmung, eine absolute Identität«. Und wieder formulierte Gill vorsichtig: »Das läßt vermuten, daß Karl Maucher ein Verwandter von Anna Anderson ist.«

Bei dieser Pressekonferenz sagte Gill nie direkt, daß Anna Anderson nicht Großfürstin Anastasia gewesen sei oder daß sie Franziska Schanzkowska gewesen sei. Er erläuterte, daß er seine eigene Datenbank mit dreihundert kaukasischen Sequenzen zusätzlich weiterer DNS-Sequenzen, die er vom AFIP und Mark Stoneking erhalten hatte, für die Vergleiche benutzt habe. Während er zwischen den DNS-Profilen von Maucher und Anderson völlige Übereinstimmung festgestellt habe, habe er in seiner Datenbank keine identischen Profile finden können. Deshalb liege die Wahrscheinlichkeit, daß Anna Anderson ein Mitglied der Schanzkowski-Familie gewesen sei, bei dreihundert zu eins, vielleicht noch höher.[20]

Die Journalisten bewegten ganz andere Probleme. Sie fragten Gill, wie sicher er sei, daß das Gewebe für seine Tests von Anna Anderson stamme. Er antwortete vorsichtig. »Ich bin nicht befugt, über das Vorgehen im Martha-Jefferson-Krankenhaus zu sprechen. Aber als ich dort war, zeigten sie mir eine ausgezeichnete Dokumentation; die Nummern auf den Wachsblöcken entsprachen exakt den Nummern der Fallbeschreibungen.« Jemand wollte wissen, ob er DNS-Profile für unfehlbar halte. »Eine Technik ist immer gerade so gut wie die Menschen, die sie benutzen. Aber vorausgesetzt, sie stellen ihre Befunde immer in den richtigen Zusammenhang, dann, ja, dann müßten sie unfehlbar sein.« Man bat ihn, seine Arbeit mit der in Deutschland durchgeführten zu vergleichen. »Als ich unsere Ergebnisse mit den ihrigen verglich, waren sie«, hier stockte Gill, »anders. Und daraus schloß ich, daß die Probe, die ich analysiert hatte, und die Probe, die sie analysiert hatten, mit an Sicherheit grenzender Wahrscheinlichkeit von verschiedenen Leuten stammten.«

Das war eine Überraschung. Michael Thornton sprang auf und starrte zu Maurice Remy hinüber. Thornton war ein Freund von Richard Schweitzer, und Remys Versuch, Peter Gills Forschungen und der Pressekonferenz zuvorzukommen, gefiel ihm gar nicht. Er erklärte, Gills Enthüllung, daß die aus Remys Blutprobe extrahierte DNS nicht mit der aus dem Charlottesville-Gewebe extrahierten übereinstimme, »stellt uns vor die Tatsache, daß die Blutprobe, die für den *Spiegel* und die *Sunday Times* benutzt wurde, falsch war. Sie stammt nicht von Anna Anderson.«

Remy, dem das Blut zu Kopf stieg, erhob sich, um seine Tests und seine Blutprobe zu verteidigen. Offenbar hatte er, schon ehe er nach London flog, erfahren, daß das DNS-Profil, das sein Wissenschaftler gewonnen hatte, sich von dem von Peter Gill erzielten unterschied. »Ich möchte Sie nicht mit der Problematik langweilen, ob die Probe nun echt ist oder nicht«, sagte er dem Publikum. »Wir haben sorgfältig gearbeitet. Ich glaube, jetzt wäre es das beste, wenn die Wissenschaftler dieses Problem lösten. Gestern, bei der Abreise aus Deutschland, sagten mir meine Wissenschaftler, es gebe zehn Gründe, weshalb die DNS verschieden sein könnten. Einer könne die Provenienz der Probe sein, und die neun anderen könnten an der Analyse der Proben liegen. Ich betätige mich als Vermittler zwischen den Wissenschaftlern, wir werden es herausbekommen. Doch besteht für mich kein Zweifel an der Provenienz der Blutprobe, die wir benutzt haben.«

Thornton insistierte. »Warum haben Sie dann eine andere DNS?«

»Ich bin kein Wissenschaftler, deshalb bin ich vielleicht nicht der richtige Mann, diese Frage zu beantworten«, sagte Remy, »aber wir werden versuchen, es herauszubekommen. Jedenfalls sind die Ergebnisse die gleichen.«

»Nein«, sagte Thornton unerbittlich, »sie sind nicht die gleichen. Die DNS ist anders.«

»Die DNS ist nicht so anders. Aber ich will Sie nicht länger ermüden.«

»Die DNS ist verschieden«, wiederholte Thornton. Er wandte sich an Peter Gill. »Können Sie bestätigen, daß es vollkommen verschiedene DNS ist, Dr. Gill?«

»In meinen Augen sah sie ziemlich verschieden aus«, gab Gill zu.

»Also ist die DNS verschieden und die Blutprobe falsch«, schloß Thornton.

Remy versuchte es noch einmal: »Überlassen wir es den Wissenschaftlern und fangen keinen Krieg an zwischen einem Darm und einer Blutprobe.«

»Da gibt es keinen Krieg«, sagte Thornton. »Da geht es um die Wahrheit.«

Remy, der sehr nervös geworden war, wollte, daß Thornton ihn in Ruhe ließe. »Wir werden es schon herausfinden«, sagte er rasch. »Wir überlassen es den Wissenschaftlern. Wir haben nichts zu verbergen. Wir werden alle unsere Ergebnisse vorlegen. Sie werden veröffentlicht. Dann können wir ja sehen.«

»Wir sind gespannt«, bemerkte Thornton kühl und setzte sich wieder.

Am Schluß der Pressekonferenz blieben viele Journalisten noch da und interviewten die Hauptpersonen. Richard Schweitzer erzählte einer Gruppe, er akzeptiere zwar die Wissenschaftlichkeit von Dr. Gills Befunden, aber es »widerspricht jeglicher rationalen Erfahrung all derer, die Anna Anderson gekannt, mit ihr gesprochen und mit ihr zusammengelebt haben, zu glauben, daß sie eine polnische Bäuerin gewesen ist«. Remy lief inzwischen im Saal umher und verteilte eine fünfseitige Pressemitteilung mit der Behauptung, er und sein deutscher Wissenschaftler hätten den »Durchbruch geschafft, ein Ergebnis mit nahezu hundertprozentiger Sicherheit. Nicht eines der vier DNS-Partikel, die aus dem Zellkern gewonnen wurden, entsprach der DNS des Zaren und seiner Frau.« An der anderen Seite des Raumes fuhr Michael Thornton in seiner Kritik an Remys Verhalten fort: »Er hat versucht, Dr. Gills Ankündigung mit seiner eigenen Sensationsmeldung zu relativieren, die jedoch einer genaueren Prüfung nicht standhält. Außerdem ist das die schlimmste Art von schlechtem Benehmen, auf der Pressekonferenz eines anderen aufzukreuzen und eine eigene Pressemitteilung zu verteilen, die voller Selbstbeweihräucherung ist und übrigens vor Sachfehlern nur so strotzt.«

ACHTZEHNTES KAPITEL
DIE KLÜGSTE DER VIER GESCHWISTER

»Das Spiel ist aus, das Thema Anna Anderson hat sich erledigt! Das ist das Aus für die Pro-Anna-Partei!« jubelte Sir Brian McGrath, der mit Prinz Philip in Sandringham war, als die Nachricht bekannt wurde. »Es ist vorbei«, erklärte Fürst Rostislaw Romanow in London. »Es wird auch Zeit«, sagte Fürst Nikolai Romanow in der Schweiz. Keiner war glücklicher als Fürst Alexis Scherbatow. »Ich hatte recht«, frohlockte er in New York. »Mir war von vornherein klar, daß sie eine Schwindlerin war.«

Die Anhänger von Anna Anderson und Anastasia Manahans Freunde hingegen waren schockiert, bestürzt und – ungläubig. »Meine Bekanntschaft mit ihr ging über zwölf Jahre«, sagte Peter Kurth, der Autor von *Anastasia. Das Rätsel der Anna Anderson.* »Fast dreißig Jahre habe ich mich mit ihrer Geschichte beschäftigt. Und jetzt, bloß wegen der paar Tests, kann ich doch nicht einfach sagen: ›Na ja, da habe ich mich eben geirrt.‹ So einfach ist das nicht. Ich finde, es ist jammerschade, daß eine so eindrucksvolle Legende, ein solches Abenteuer, diese erstaunliche Geschichte, die so viele Menschen einschließlich meiner Person inspiriert hat, nun plötzlich auf ein kleines Glasplättchen reduziert werden sollte.«

Brian Horan, ein Anwalt aus Connecticut, der Anna Anderson 1970 kennengelernt und danach ein nie veröffentlichtes Dossier über alles Beweismaterial, pro und contra, erarbeitet hat, sagte, er sei »perplex« über die Schanzkowska-Identität. »Sie müssen schon verzeihen, aber ich habe von den Schanzkowska-

Ergebnissen erst vor so kurzer Zeit erfahren, da ist es nach all den vielen Jahren praktisch unmöglich für mich, diese Information zu verdauen. Es ist doch einfach nicht möglich, daß eine polnische Bäuerin in den zwanziger Jahren, lange bevor das Fernsehen uns alle so gleich gemacht hat, diese Frau werden konnte. Ich hätte viel weniger Schwierigkeiten, wenn einfach festgestellt worden wäre, daß sie nicht Anastasia war. Aber daß sie, wie behauptet wird, eine polnische Bäuerin gewesen ist, das will mir nicht in den Kopf.«

Richard und Marina Schweitzer weigerten sich wie Brian Horan, die Schanzkowska-Identität zu akzeptieren. »Eines weiß ich bestimmt«, sagte Schweitzer unmittelbar nach der Londoner Pressekonferenz. »Anastasia war keine polnische Bäuerin.«

Schweitzer machte deutlich, daß er nicht Peter Gills Befunde anzweifelte, wonach das von Gill getestete Gewebe aus Charlottesville mit Kaiserin Alexandra nicht, hingegen mit der Schanzkowski-Familie vermutlich verwandt war. Statt dessen äußerte er Zweifel an der Echtheit der Proben, die Gill getestet hatte. »Wenn man sagt, daß Gill korrekt gearbeitet hat, daß aber Anna Anderson nicht Franziska Schanzkowska gewesen sei, so bedeutet das, daß das getestete Gewebe nicht von Anna Anderson stammte«, erklärte Schweitzer, noch während er in London war. »Wir haben den Eindruck, daß es da eine Manipulation oder Substitution in irgendeiner Form in einem der Labors gegeben hat. Das bedeutet konkret, daß irgendwie jemand ins Martha-Jefferson-Krankenhaus eingedrungen ist und das Gewebe ausgetauscht oder untergeschoben hat. Das erste, was ich tun werde, ist, zum Krankenhaus zu gehen und die Dokumentation aller ihrer Vorgänge einzusehen: wie das Krankenhaus sein Archiv verwaltet hat, wie zuverlässig sein Sicherheitssystem war, wie sicher sie sind, daß es nicht geknackt werden konnte. Dann will ich verschiedene mögliche Szenarios durchspielen. Wann im November 1992 besuchte Willi Korte Penny Jenkins, wieviel Material hatte sie damals auf ihrem Schreibtisch vor sich? Waren Aktenordner herausgezogen, die möglicherweise sichtbare Nummern trugen? Waren die Ordner so aufgestellt, daß jemand die Nummern umgekehrt lesen konnte? Oder waren sie so in ihrem Büro untergebracht, daß jemand später eindringen, den Aktenschrank öffnen und vielleicht sagen konnte: ›da ist es‹, um dann den Ordner herauszunehmen und die Nummern festzustellen? Penny sagte mir nämlich, daß die Ärzte das Gewebe nicht finden konnten, als sie zum ersten Mal danach suchten, so daß sie mitgehen mußte, und sie dann gemeinsam das richtige Kästchen in der richtigen Nische fanden. Dann habe das Krankenhaus es unter besondere Aufsicht, ›Eigentumsschutz‹, genommen.«

Was wäre das Motiv für eine solche Verschwörung? Schweitzer bietet zwei Möglichkeiten an: »Als es so aussah, als ob Lovell sie daran hinderte, auf legalem Wege an das Gewebe heranzukommen, entwendeten sie das echte Gewebe und ersetzten es durch etwas anderes [das »andere« wäre Gewebe aus der Schanzkowski-Familie gewesen]. Dann, nachdem sie eine lange Suche vorgetäuscht hatten, konnten sie mit dem verlorenen, echten Gewebe auftreten, die richtigen Befunde vorweisen und den Ruhm für sich beanspruchen, das Rätsel gelöst zu haben. Oder wenn sie sichergehen wollten, daß sie als Schanzkowska anerkannt wurde, ließe sich das mit dem Austausch wunderbar erreichen. Wer konnten ›sie‹ gewesen sein? Es gab viele Menschen und viele Gründe – familiäre Gründe, ja, auch Erbschaftsgründe –, weshalb man nicht wünschte, daß sie Großfürstin Anastasia gewesen sei. Geld wäre für diese Menschen kein Problem.«

Um diese Nachforschungen weiterzutreiben, beschloß Schweitzer, noch andere Fragen zu stellen: »Können wir Geschlecht und Alter der Person feststellen, von der das Gewebe entnommen wurde? [Gill informierte Schweitzer später, daß das Gewebe tatsächlich von einer Frau stammte.] Können wir bestimmen, wie alt die Gewebeprobe als solche war? Also, war sie etwa fünfzehn Jahre alt, wie sie es als Ergebnis einer Operation von 1979 gewesen sein müßte? Von welchem Teil des menschlichen Körpers stammte sie, vom unteren Gedärm oder von wo sonst? Wurde damals vom Krankenhaus dasselbe Konservierungsmittel benutzt? Stützen die Arztberichte die Tatsache, daß das entfernte Gewebe brandig war?«

Richard Schweitzers Freunde, selbst die, die seine Ansichten teilen, glauben, daß die Wahrscheinlichkeit stark gegen ihn spricht. Brian Horan, loyaler Anhänger von Anna Anderson, sagt: »Die Verschwörungstheorie wird wohl nicht ernst genommen. Man kann sich doch kaum vorstellen, daß jemand so eine Unterschiebung bewerkstelligt hätte, das wäre ja vollkommen absurd!« Doch vorläufig macht Richard Schweitzer keinen Rückzieher. Gefragt, ob es ihm etwas ausmache, ein Verschwörungstheoretiker genannt zu werden, sagt er: »Ich bin siebzig Jahre alt. Ich kümmere mich nicht darum, was andere denken. Ich habe keine Theorie, sondern nur eine Reihe von Mutmaßungen. Ich suche nach der Wahrheit.«

* * *

Penny Jenkins, die für die Archivierung der Arztberichte inklusive Blut- und Gewebeproben im Martha-Jefferson-Krankenhaus verantwortlich ist, hat großen Respekt vor Richard Schweitzer, ebenso wie er vor ihr. Als sie erfuhr, daß er auf einen möglichen Austausch der Gewebe im Krankenhaus abzielte, rief sie ihn an und sagte: »Das ist unmöglich, und zwar aus folgendem Grund.« Später wiederholte sie mir gegenüber, was sie ihm damals gesagt hatte: »Wir haben zwei getrennte Aufbewahrungsorte. 1979, als Dr. Shrum Mrs. Manahan operierte, entnahmen wir Gewebeschnitte, zusätzlich zur Konservierung der größeren Segmente von herausgeschnittenem Gewebe in Paraffin. Daß man bei einer Operation Schnitte entnimmt, ist reine Routine, man sieht sie sich an und sagt, das ist Krebs, oder es ist kein Krebs, es ist eine Infektion oder sonstwas. Wir konservieren diese Schnitte an einem Ort und das Gewebe in Paraffinwachs an einem ganz anderen Ort.

Außerdem entnahm der Assistenzpathologe Dr. Thomas Dudley neue Schnitte von einem der Blöcke, als wir Anfang 1993 dieses Gewebe aus dem Lager zurück ins Krankenhaus brachten. Wir verglichen sie mit den ursprünglichen Schnitten, die 1979 entnommen worden waren. Sie waren identisch. Wenn jemand sie in den letzten paar Jahren im Lager ausgewechselt hätte, dann hätten sie jetzt nicht zusammengepaßt. Und die Wahrscheinlichkeit, daß jemand sich zu beiden Orten Zutritt verschaffen und die Schnitte austauschen könnte, ohne an die Probennummern heranzukommen, ist gleich Null. Ich glaube, Dick hat das nicht gern gehört, aber ich mußte es ihm sagen.«

* * *

Noch in London erfuhr Richard Schweitzer die Ergebnisse von zwei anderen DNS-Tests an Gewebe- beziehungsweise an Haarproben, beide angeblich von Anastasia Manahan. Keiner der Befunde bestärkte Schweitzer in seinem Glauben, daß sie Großfürstin Anastasia gewesen war. Der Gewebebericht kam vom AFIP in Bethesda. AFIP-Wissenschaftler hatten Mitochondrien-DNS aus der Gewebeprobe extrahiert, die Susan Barritt aus Charlottesville mitgebracht hatte. Dieses Profil wurde mit dem von Peter Gill publizierten DNS-Profil von Prinz Philip verglichen. Das Ergebnis war das gleiche wie das von Gill: Sie paßten nicht zusammen. Also wurde für dieses Gewebe ebenso wie für das von Gill eine Verwandtschaft mit Prinz Philip und Kaiserin Alexandra ausgeschlossen. Das AFIP stellte keinen Vergleich mit dem polnischen, von Karl Maucher gewonnenen DNS-Profil an. Deshalb machten sie in ihrem Bericht auch keine Angaben darüber, wer die Spenderin sein könnte, nur, wer sie nicht war.

Eine weitere Bestätigung für Peter Gills Ergebnisse kam aus einer überraschenden Quelle. Susan Burkhart, eine einunddreißigjährige Beamtin des Blue Cross/Blue Shield-Programms in Durham, North Carolina, war seit ihrem zwölften Lebensjahr fasziniert von dem Anastasia-Rätsel. 1992 hatte sie erfahren, daß John Manahans umfangreiche Bibliothek an ein Antiquariat in Chapel Hill verkauft worden war, und verbrachte von da an viel Zeit im Keller des Ladens und sah Hunderte von Kisten mit alten Büchern durch. Eines Tages entdeckte der Ladeninhaber, Barry Jones, in einer dieser Kisten einen Briefumschlag, auf den John Manahan mit Bleistift »Anastasias Haar« geschrieben hatte. Darin war ein verfilztes Büschel Haare, das offenbar von einer Bürste abgenommen worden war. Die Farbe war »Pfeffer und Salz mit einigen kastanienbraunen Strähnen«, an den Haarwurzeln waren bemerkenswerterweise immer noch Follikel vorhanden. Frau Burkhart, die mit einem DNS-Forscher verheiratet ist, kannte die Bedeutung von Follikeln und kaufte den Umschlag mit Inhalt für zwanzig Dollar. Der Autor Peter Kurth schließlich brachte Frau Burkhart mit dem DNS-Enthusiasten Syd Mandelbaum zusammen, der mit Dr. Mark Stoneking von der Pennsylvania State University aushandelte, daß er das Haar auf DNS testete.

Am 7. September 1994 schickte Susan Burkhart sechs Haare an Stoneking. Er schaffte es, Mitochondrien-DNS zu extrahieren, und bestätigte, daß sie die gleiche DNS-Sequenz aufwies wie die, welche Peter Gill aus dem Charlottesville-Gewebe gewonnen hatte. Stoneking verglich dann die DNS des Haars mit der veröffentlichten DNS der Hessen, die Gill aus den vom Herzog von Edinburgh zur Verfügung gestellten Blutproben extrahiert hatte. Stoneking stellte fest, daß die beiden nicht zusammenpaßten; der Träger des Haares, der also nicht mit Prinz Philip verwandt war, konnte folglich auch in keinem verwandtschaftlichen Verhältnis zu Kaiserin Alexandra stehen. Für Stoneking ergab sich daraus: »Wenn die Haarproben von der Prätendentin Anna Anderson stammen, so liefert diese Analyse den Nachweis, daß sie nicht Großfürstin Anastasia sein konnte.«[21]

Stonekings Testergebnisse waren sehr beruhigend für Peter Gill, was die Genauigkeit seiner eigenen DNS-Tests anbelangte. Das AFIP hatte dieselbe Quelle benutzt, das Gewebe aus Charlottesville, und die gleichen Ergebnisse erzielt. Mark Stoneking hatte eine andere Quelle benutzt und hatte dieselbe DNS-Sequenz und die gleichen Ergebnisse erhalten. Für Richard Schweitzers Mutmaßung über eine Vertauschung des Gewebes waren Stonekings Haar-Ergebnisse jedoch nachteilig: Wenn Haar und Gewebe von ein und derselben Person stammten, wie wahrscheinlich war es dann noch, daß die Verschwörer nicht nur in das Martha-Jefferson-Krankenhaus eingedrungen waren, um Anastasia-Manahan- gegen Franziska-Schanzkowska-Gewebe auszutauschen, sondern auch ein Haarbüschel in einem Umschlag mit John Manahans Handschrift zu plazieren und es Jahre später im Keller eines Antiquars in North Carolina auffinden zu lassen?

* * *

Als Schweitzer den Kampf noch nicht aufgab, wurde er wegen seiner Weigerung, die Befunde der Wissenschaft zu akzeptieren, kritisiert. Der *London Evening Standard* beschrieb ihn als jemanden, der »die Art unermüdlicher Begeisterung an den Tag legt, wie sie auch die Anhänger der Theorie, die Erde sei eine Scheibe, in Trab hält«. *Nature Genetics*, eine im allgemeinen angesehene Zeitschrift, brachte als Leitartikel: »Warum weigern sich Schweitzer und seine Helfer, die Ergebnisse zu akzeptieren, und erkunden selbst jetzt noch andere Wege, um zu beweisen, daß sie und die verstorbene Anna Anderson recht haben? Was kann die Wissenschaft bei solchem Widerstand tun, um die Öffentlichkeit davon zu überzeugen, daß sie weiß, wovon sie redet?« Leider unterlief *Nature Genetics* mit diesem Leitartikel ein für ihren Ruf schlimmer Fehlgriff. Der Verfasser war nämlich derselbe Adrian Ivinson, der im Gerichtssaal von Charlottesville für die Russische Adelsgesellschaft ausgesagt hatte. Nicht nur, daß sie einen gegenüber den Schweitzers Befangenen zu Wort kommen ließ (von Richard Schweitzer hieß es, er sei »verheiratet mit einer Frau, die behauptet, die Enkelin von Dr. Botkin zu sein«), der Leitartikel strotzte nur so vor Fehlern, im Zusammenhang mit den vom Fall betroffenen Personen, der Abfolge der Ereignisse, den Befunden der verschiedenen Wissenschaftler und sogar der Genforschung. Die Zeitschrift mußte sich schließlich entschuldigen.

* * *

Maurice Philip Remy suchte auch noch im Winter und Frühjahr 1995 nach einem Weg, um seinen eigenen Beitrag zur Ermittlung von Anna Andersons Identität zu leisten. Ironie des Schicksals – nach zweieinhalb Jahren intensiver Anstrengungen hatte er kaum Nennenswertes erreicht. Er hatte nie Zugang zu dem Gewebe in Charlottesville erhalten und besaß auch nicht eines der Haare von Chapel Hill. Seine einzige Quelle dessen, was er für Anna Andersons DNS hielt, war das Blutplättchen von 1951, von dem Charles Ginther in Berkeley keine DNS zu extrahieren vermochte. Remys Wissenschaftler, Dr. Bernd Herrmann von der Universität Göttingen, konnte auf dem Glas Zellkern-DNS finden. Er verglich die STRS, die er von dem Glasplättchen gewonnen hatte, mit den veröffentlichten STRS von Nikolai und Alexandra und kam zu dem Schluß, daß Anna Anderson nicht Anastasia gewesen sein konnte. Doch zu allem Pech für Remy erklärte Peter Gill bei der Londoner Pressekonferenz vom 5. Oktober auch noch, daß die DNS von Remys Glasplättchen und die DNS von dem Charlottesville-Gewebe nicht zusammenpaßten. Folglich konnte niemand sagen, wer der Spender des Bluts gewesen war. Dazu kam, daß Peter Gill leise Zweifel an Herrmanns

Technik geäußert hatte. Ein Versuch, DNS von einem Glasplättchen zu gewinnen, das für Kontaminationen äußerst anfällig ist, muß fast mit Sicherheit schiefgehen, meint Gill; ein Wissenschaftler erhielte eher die DNS seines eigenen Atems oder Speichels. Schließlich gestand Peter Gill, er habe noch nie etwas von einem Dr. Herrmann gehört, bevor dieser Name in Verbindung mit Remys angeblichem Sieg in der *Sunday Times* auftauchte.

Dennoch gab es Remy auch im Mai 1995 nicht auf, seine Wissenschaftler zu drängen, sie sollten mehr DNS von dem Glasplättchen zu extrahieren versuchen und es an Ginther schicken, damit der es mit den Hessen-Profilen vergleichen konnte. Sollte er eine Übereinstimmung feststellen (was belegen würde, daß der Spender mit Kaiserin Alexandra verwandt war), dann wäre das tatsächlich etwas Neues, und alle früheren Testergebnisse müßten umbewertet werden. Die Ironie der Geschichte ist, daß dieses Ergebnis Remys einstigen Gegnern, den Schweitzers, große Freude bereiten würde, während seine ehemaligen Verbündeten, die Hessen und Fürst Scherbatov, entsetzt wären.

Ein neues Ergebnis hätte Willi Korte in diesem Stadium nicht mehr sonderlich beunruhigt; er arbeitete nicht mehr für Remy, sondern wieder auf seinem eigentlichen Gebiet, dem Aufspüren gestohlener Kunstwerke. Die Beziehung zwischen Remy und Korte ist heute distanziert. Korte, ein professioneller Ermittler, war nicht erbaut davon, daß Remy die meisten der ursprünglichen Überlegungen in diesem Fall sich selber zuschrieb (Korte erzählte der Münchner *Abendzeitung*, daß die Idee, Anna Anderson zu identifizieren, indem man eventuell noch vorhandene Proben von Gewebe oder Blut aufspürte – die Remy für sich beanspruchte –, ihm im August 1992 gekommen sei, als er in der Lobby des Moskauer Hotels Slawjanskaja saß). »Um es kurz zu machen«, sagte Korte, »ich war es, der diese ganze Sache angeregt hat. Aber ich finde nicht, daß sie zu meinen besten Fällen gehört. Sie ging schief, weil zu viele Amateure dabei mitmischten. Zu guter Letzt verloren auch noch einige Leute die Nerven. Sie waren überall und versuchten, ihre Haut zu retten.«

* * *

Wer war Franziska Schanzkowska, die Frau, die über sechzig Jahre lang behauptet hatte, sie sei Großfürstin Anastasia? Sie wurde 1896 in der preußischen Provinz Posen geboren, die unmittelbar an Polen angrenzte, das damals ein Teil des russischen Reichs war. Zweihundert Jahre früher hatten ihre Vorfahren zum niederen polnischen Adel gehört; Ende des neunzehnten Jahrhunderts waren die Schanzkowskis eine Landarbeiterfamilie. Franziskas Vater, ein verarmter Alkoholiker, starb, als seine Kinder noch klein waren. In dem Dorf, in dem Franziska aufwuchs, war sie immer anders als die übrigen Kinder, ging ihrer eigenen Wege. Sie schloß keine Freundschaften und bemühte sich besonders, zu ihren Schwestern Distanz zu halten. Zur Erntezeit, wenn das ganze Dorf bei der Heuernte war, konnte man Franziska gewöhnlich auf einem Wagen liegend finden, wo sie Bücher über Geschichte las.

»Meine Tante Franziska war die klügste der vier Geschwister«, sagt Waltraud Schanzkowski, die heute in Hamburg lebt. »Sie wollte nicht in einer kleinen Provinzstadt begraben sein. Sie wollte raus in die Welt, wollte Schauspielerin werden, etwas Besonderes.« 1914, kurz vor Ausbruch des Ersten Weltkrieges, verließ Franziska mit achtzehn Jahren die polnischen Provinzen, um nach Berlin zu gehen. Sie arbeitete als Kellnerin, lernte einen jungen Mann kennen und verlobte sich mit ihm. Doch ehe sie heiraten konnten, wurde der Verlobte zum Militär eingezogen. Franziska begann in einer Munitionsfabrik in der Hauptstadt zu arbeiten. 1916 fiel der junge Mann an der Westfront. Bald danach ließ Franziska eine Granate aus der Hand aufs Fließband fallen; sie explodierte in unmittelbarer Nähe von ihr, die Granatsplitter verwundeten sie am Kopf und an anderen Körperteilen und zerfetzten einen Vorarbeiter, der vor ihren Augen starb. Sie wurde in ein Sanatorium gesteckt, wo zwar ihre physischen Wunden verheilten, der Schock jedoch blieb. Schließlich wurde sie für »nicht geheilt, aber ungefährlich« erklärt und entlassen. Frau Wigender nahm die auf Fürsorge angewiesene Franziska auf und gab ihr ein eigenes Zimmer. Unfähig, längere Zeit zu arbeiten, zog Franziska von einem Sanatorium ins andere; in der Zwischenzeit hielt sie sich in der Wohnung der Wigenders auf, war meist bettlägerig, klagte über Kopfschmerzen, schluckte Pillen und las Bücher über Geschichte aus der

Stadtbibliothek. Im Februar 1920 erhielt ihr Lieblingsbruder Felix die letzte Nachricht von ihr. Am 17. Februar 1920 verschwand sie.

* * *

DNS ist unfehlbar, sagt Peter Gill, und deshalb wissen wir, daß *Fräulein Unbekannt*, Anna Tschaikowski, Anna Anderson und Anastasia Manahan alle aus Franziska Schanzkowska hervorgegangen sind. Ihre polnische Familienidentität erklärt den zentralen Makel in ihrem Anspruch: nämlich ihre Fähigkeit, Russisch zu verstehen, es aber nicht wie eine gebürtige Russin zu sprechen. Dennoch war es eine erstaunliche, eine brillante Leistung. Es läßt sich fast mit Sicherheit sagen, daß sie nicht als Hochstaplerin angefangen hat. Sie war zwei Jahre in der Dalldorfer Irrenanstalt; sie hatte eine starke Ähnlichkeit mit einer der Zarentöchter; die Menschen um sie herum wollten daran glauben. Dann zog sie aus und lebte unter den Emigranten. Hier gab es ein interessantes neues Leben für sie. Die Leute schenkten ihr Aufmerksamkeit; manche verneigten sich vor ihr und knicksten und nannten sie »Kaiserliche Hoheit«. Mit der Zeit nahm ihr Verstand diese alternative Identität an, und sie verwandelte sich.

Nach Peter Gills Pressekonferenz sagten einige ihrer Anhänger, daß sie vielleicht nicht die Tochter des Zaren gewesen sei, daß sie aber unmöglich eine polnische Bäuerin gewesen sein konnte. Und doch haben viele berühmte professionelle Schauspielerinnen von ähnlich einfacher Herkunft ihr Publikum überzeugt, wenn sie die Rollen von majestätischen *grandes dames* spielten. Eine »große Dame« ist nicht immer oder notwendigerweise eine Frau aus alter Familie und mit einer teuren Ausbildung. Sie kann durchaus jemand sein, der sich über eine lange Zeit an ein bestimmtes Milieu gewöhnt hat und sich seiner Stellung gewiß ist. Anna Anderson hatte dreiundsechzig Jahre, um ihre Rolle zu lernen.

Als eine Persönlichkeit von großer Willensstärke war sie sich der Rolle, die sie für sich gefunden hatte, sicher. Selbst ihr Feind, Dr. Günther von Berenberg-Gossler, der ihren Anspruch jahrelang vor deutschen Gerichten angefochten hatte, zollte dieser »exzeptionellen« Begabung und ihrer »Lebensleistung« seinen

Tribut. »Bereiten Sie sich gut vor«, riet er einem jungen Mann, als der sie zum erstenmal treffen sollte. »Sie wird Sie auf ihre Seite ziehen. Sie hat die stärkste Suggestivkraft, der ich je begegnet bin.« Tatsächlich hat sie nach der Anfangsphase nie selbst versucht, andere von ihrer Identität zu überzeugen. Statt dessen waren es andere, die sich ihres Falles annahmen, ihn vor Gericht brachten und von der Welt verlangten, daß man sie anerkannte.

Heute, mehr als ein Jahrzehnt nach ihrem Tod, ist das Rätsel ihrer Identität gelöst. Die Frau, die in Berlin aus dem Landwehrkanal gezogen wurde, war nicht Großfürstin Anastasia; sie war ein Hochstaplerin, die physisch auf erstaunliche Weise der jungen Frau ähnelte, die 1918 in einem Jekaterinburger Keller starb. Dennoch war ihr Leben exzeptionell. Wenn sie auch einst eine polnische Fabrikarbeiterin gewesen ist, wurde sie doch in ihrer eigenen Vorstellung und in der ihrer Anhänger zur Prinzessin. Ihr Bild, das immer noch so lebendig ist, daß mancher sich nicht davon trennen mag, verlieh dem zwanzigsten Jahrhundert Farbe. Viele echte Großfürsten und Großfürstinnen haben die Revolution überlebt, ihr Leben danach und ihr Sterben vollzog sich aber in relativer Verborgenheit. Vor diesem Hintergrund wird nur eine Frau in Erinnerung bleiben: Anna Anderson.

TEIL 3

Die Überlebenden

NEUNZEHNTES KAPITEL
DIE ROMANOW-EMIGRANTEN

Weder begann das Abschlachten der Romanows mit dem Zaren und seiner engsten Familie, noch endete es damit. Der erste Romanow, der nach Lenins Machtergreifung sterben mußte, war der achtundsechzigjährige Großfürst Nikolai Konstantinowitsch, der wegen seiner Verbannung nach Zentralasien durch Zar Alexander II. die meiste Zeit seines Lebens in Taschkent verbracht hatte. Hier wurde er im Februar 1918 von den Bolschewiki unter unbekannten Umständen umgebracht. Der zweite Romanow, der ermordet wurde, war Nikolais II. jüngerer Bruder, der vierzigjährige Großfürst Michail Alexandrowitsch. Michail und sein englischer Sekretär, Brian Johnson, wurden in Gatschina bei Petrograd verhaftet und in einem Hotel in Perm im Ural interniert. Sechs Monate lang war die Behandlung liberal, man gestand Michail »alle Rechte eines Bürgers der Republik« zu und erlaubte ihm, in der Stadt spazierenzugehen und den Gottesdienst zu besuchen. Dann, in der Nacht des 13. Juli 1918, drei Tage vor den Morden in Jekaterinburg, drangen drei Männer in Michails Hotelzimmer ein, ergriffen ihn und seinen Sekretär, stießen die beiden in zwei Pferdewagen und fuhren sie aus der Stadt hinaus. Nachdem sie von der Straße in den Wald abgebogen waren, hielten sie an und boten dem Großfürsten eine Zigarette an. Während er noch rauchte, zog der eine der Männer plötzlich einen Revolver und schoß Johnson in die Schläfe. Michail rannte mit ausgestreckten Armen zu seinem Sekretär und Freund, als ob er ihn schützen wollte. Da wurden drei Kugeln auf ihn abgefeuert. Dann wurden die Leichen mit Ästen bedeckt, sie sollten später vergraben werden. Andrej Markow, der Anführer der Mörder, fuhr danach nach Moskau, wo er auf Swerdlows Vorschlag zu Lenin gebracht wurde, um ihm seine Geschichte zu erzählen.

Weniger als vierundzwanzig Stunden, nachdem die kaiserliche Familie in Jekaterinburg exekutiert worden war, wurden etwa zweihundert Kilometer entfernt in Alapajewsk sechs weitere Romanows getötet, nämlich Großfürstin Jelisaweta Fjodorowna, vierundfünfzig Jahre, die Schwester von Kaiserin Alexandra; Großfürst Sergej Michailowitsch, neunundvierzig Jahre; drei Söhne von Großfürst Konstantin Konstantinowitsch: die Großfürsten Ioann Konstantinowitsch, zweiunddreißig Jahre, Konstantin Konstantinowitsch, siebenundzwanzig Jahre, und Igor Konstantinowitsch, vierundzwanzig Jahre; außerdem Graf Wladimir Palej, einundzwanzig Jahre, Sohn aus einer morganatischen Ehe von Großfürst Pawel Alexandrowitsch, Nikolais II. Onkel. Großfürstin Jelisaweta Fjodorowna war wie ihre Schwester als deutsche Prinzessin von Hessen-Darmstadt geboren. Seit ihr Mann, Großfürst Sergej (Nikolais II. Onkel), 1905 ermordet worden war, lebte sie als Nonne und schien den Märtyrertod nachgerade zu suchen. Nach der Abdankung des Zaren und selbst noch nach der bolschewistischen Machtergreifung hatte sie alle Angebote, ihr zur Flucht zu verhelfen und sie in Sicherheit zu bringen, zurückgewiesen. Im März 1917 hatte die provisorische Regierung sie aufgefordert, ihr Kloster zu verlassen und im Kreml Zuflucht zu suchen. Sie hatte abgelehnt. Anfang 1918 machte Kaiser Wilhelm II., der sie geliebt hatte, bevor sowohl er als auch sie heirateten, über diplomatische Kanäle mehrfach den Versuch, sie nach Deutschland zu holen. Wieder lehnte sie ab. Durch die Bolschewiki nach Alapajewsk östlich des Ural gebracht, verlebte sie den Winter 1917/18 in einer ehemaligen Provinzschule, das »Haus bei den Feldern« genannt. Am Tag nach dem Tod ihrer Schwester wurden Jelisaweta Fjodorowna und die anderen Romanows, die mit ihr interniert waren, in Bauernkarren gezwungen und über Land an einen aufgegebenen Grubenschacht gebracht. Es gibt verschiedene Berichte darüber, wie sie starben. Bis vor kurzem war Nikolai Sokolows Version die gemeinhin akzeptierte: Die Opfer mußten mit verbundenen Augen über einen Balken gehen, der über den fast zwanzig Meter tiefen offenen Grubenschacht gelegt war. Alle fügten sich mit Ausnahme von Großfürst Sergej Michailowitsch, einem ehemaligen Artilleristen, der sich wehrte und sofort erschossen wurde. Die anderen, die nichts sehen konnten, als sie auf den Balken traten, stolperten unweigerlich und stürzten in die Tiefe. Um die Sache zu beenden, schleuderte man dann Handgranaten und schwere Holzbalken in den Schacht. Doch nicht alle Opfer waren sofort tot. Ein Bauer, der bis an den Grubenrand gekrochen war, nachdem die Mörder abgefahren waren, berichtete, er habe aus der Tiefe geistliche Lieder singen gehört. Als die Weißen die Leichen fanden – dies wiederum nach Sokolows Bericht –, entdeckten sie, daß die Wunde am Kopf eines der jungen Männer mit dem Taschentuch der Großfürstin verbunden war. Wie Sokolow schreibt, fand man bei der Autopsie Erde in den Mündern und Mägen einiger der Opfer, was darauf hinweist, daß sie letztlich an Unterkühlung, Durst und Hunger starben. Heute wird diese Version durch anderes Beweismaterial widerlegt, das Ermittlungsleiter Wladimir Solowjow beigebracht hat. Er glaubt, daß die Großfürstin, der Großfürst und die vier jungen Männer einfach an den Grubenschacht geführt und mit Kopfschuß getötet wurden, worauf sie in die Tiefe stürzten.

Sechs Monate später, am 28. Januar 1919, wurden vier weitere Großfürsten, darunter auch Pawel Alexandrowitsch, ein Onkel des Zaren und Vater des in Alapajewsk getöteten Grafen Palej, im Hof der Peter-Pauls-Festung in Petrograd exekutiert. Ihre Leichen wurden in ein Massengrab in einer der Festungsbastionen geworfen. (Damals wurden an diesem Ort so viele Gefangene exekutiert, daß ihre Gebeine später durcheinandergerieten, weshalb man den Versuch, sie zu trennen, gar nicht erst unternommen hat, wahrscheinlich auch nie unternehmen wird.) Einer dieser ermordeten Großfürsten war Nikolai Michailowitsch, ein angesehener liberaler Historiker. Wegen seines Rufs als Wissenschaftler setzte sich der Schriftsteller Maxim Gorki bei Lenin dafür ein, daß man ihn verschonen sollte. Lenin lehnte ab. »Die Revolution braucht keine Historiker«, erklärte er.

Mit Zar Nikolai II. und seiner Frau Alexandra massakrierten die Bolschewiki siebzehn andere Romanows, darunter acht von sechzehn Großfürsten, die zur Zeit der Revolution lebten, fünf von siebzehn Großfürstinnen und vier junge Prinzen. Nach diesem Gemetzel blieben noch die Kaiserinwitwe, acht Großfürsten und zwölf Großfürstinnen, von denen vier Ausländerinnen waren, den Titel also durch ihre Heirat mit russischen Großfürsten erworben hatten.

* * *

1919 hatten sich die meisten der überlebenden Romanows auf die Krim gerettet, wo eine Reihe von Sommerpalästen der Familie vertraute Zufluchtsstätten boten. Die Mutter des Zaren, Kaiserinwitwe Maria, hielt sich im kaiserlichen Palast Liwadija auf, von wo aus man auf Jalta, den Kurort am Schwarzen Meer, blickt. Bei ihr war ihre jüngere Tochter, Großfürstin Olga Alexandrowna, mit ihrem neuen Ehemann, Oberst Nikolai Kulikowski und ihrem kleinen Sohn Tichon. Ganz in der Nähe im Palais Ai-Todor wohnte Marias ältere Tochter, Großfürstin Xenia Alexandrowna, mit ihrem Mann, Großfürst Alexander Michailowitsch, und sechs ihrer sieben Kinder. Außerdem lebte dort in seinem eigenen Palast Großfürst Nikolai Nikolajewitsch, bei Ausbruch des Krieges Oberkommandierender der Russischen Armee, mit seinem Bruder, Großfürst Pjotr Nikolajewitsch, und beider Frauen, den montenegrinischen Schwestern, Großfürstinnen Anastasia und Miliza. Großfürst Nikolai hatte keine Kinder, aber Großfürst Pjotrs einundzwanzigjähriger Sohn Roman war bei ihnen.

Achtzehn Monate lang, während die Fronten des russischen Bürgerkriegs hin- und herwogten, hatten die verängstigten kaiserlichen Flüchtlinge Zuflucht in dieser komfortablen, aber unsicheren Gegend gefunden. Ihr Bangen endete im April 1919, als das britische Schlachtschiff »H. M. S. Marlborough« nach Jalta kam und anbot, die Kaiserinwitwe mitzunehmen. Maria weigerte sich, die Krim zu verlassen, es sei denn, die Briten erklärten sich bereit, alle Romanows sowie ihre Diener und eine Anzahl anderer, die wegwollten, an Bord zu nehmen. Als das große Kriegsschiff nach Malta abfuhr, drängten sich auf den Decks Russen, von denen keiner die Heimat wiedersehen sollte. Von der »Marlborough« zerstreuten sich die Flüchtlinge über Europa und die übrige Welt. Die Kaiserinwitwe kehrte in ihre Heimat Dänemark zurück, deren König Christian X. ihr Neffe war. Großfürstin Xenia, von ihrem Mann getrennt, zog schließlich nach London, wo sie von 1936 bis 1960 in einer kleinen

Villa mit dem durchaus angemessenen Namen »Haus Wildnis« lebte, die ihr von der britischen Krone zur Verfügung gestellt wurde. Großfürstin Olga und ihr Mann blieben bis nach dem Zweiten Weltkrieg in Dänemark, dann siedelten sie nach Kanada über. Nach dem Tod ihres Mannes zog Olga zu einem russischen Ehepaar in eine Wohnung über einem Friseurladen in Toronto. Dort starb sie im November 1960, sieben Monate nach dem Tod ihrer Schwester Xenia.

Eine andere Romanow-Familie überlebte, weil die Revolution sie auf ihrem Sommersitz in Kislowodsk im Kaukasus überraschte. Das waren Großfürstin Maria Pawlowna, eine gebürtige Deutsche, Witwe von Großfürst Wladimir Alexandrowitsch, dem ältesten Onkel des Zaren, und ihre beiden jüngeren Söhne, die Großfürsten Boris und Andrej Wladimirowitsch. Die beiden wurden von ihren Geliebten begleitet; Boris von Sinaida Rachewskaja und Andrej von Matilda Kschessinskaja, der ehemaligen Primaballerina, die vor Nikolais II. Heirat und Thronbesteigung dessen erste und einzige Geliebte gewesen war. Sowie sie Rußland verlassen hatten, heirateten beide Großfürsten ihre Begleiterinnen und ließen sich in Paris und seinen Vororten nieder.

Ihr älterer Bruder, Großfürst Kirill Wladimirowitsch, seine englische Frau, Großfürstin Viktoria Melitta, und ihre beiden jungen Töchter waren die einzigen Romanows, die Rußland über eine nördliche Route verließen. Das war nicht schwierig, da sie bereits im Juni 1917 ausreisten, als die moderate provisorische Regierung noch an der Macht war. Sie baten Alexander Kerenski, damals Ministerpräsident, um Genehmigung, erhielten ihre Papiere, bestiegen in Petrograd den Zug und fuhren nach Finnland. Später im selben Sommer, als sie noch in Finnland waren, wurde ihr Sohn Wladimir geboren. Großfürst Dmitri Pawlowitsch, der sechsundzwanzigjährige Mörder von Rasputin und Vetter ersten Grades sowohl von Nikolai II. als auch von Großfürst Kirill, verließ Rußland über die äußerste südliche Route. Er war wegen seiner Rolle bei der Ermordung in den Kaukasus verbannt worden und entkam bald nach der Abdankung des Zaren über die Berge nach Persien.

* * *

Im Laufe der letzten fünfundsiebzig Jahre teilten sich die überlebenden Romanows in fünf Clans, die auf russische Art nach dem jeweiligen Clan-Patriarchen genannt werden: es sind das die *Michailowitschi*, die *Wladimirowitschi*, die *Pawlowitschi*, die *Konstantinowitschi* und die *Nikolajewitschi*. Die *Michailowitschi*, die von Michail, einem Sohn von Zar Nikolai I., abstammen, stehen Zar Nikolai II. blutsmäßig am nächsten und sind auch die größte Gruppe. Das waren und sind die Kinder und Enkel von Großfürstin Xenia, Nikolais Schwester, und ihrem Mann Großfürst Alexander, einem Sohn des obenerwähnten Michail. Xenia hatte sieben Kinder, die um die Jahrhundertwende geboren sind. Die Älteste war Irina, die den Fürsten Jussupow, einen der Mörder Rasputins, heiratete. Die Jussupows ließen sich in Paris nieder, wo sie nahezu fünfzig Jahre bis zu ihrem Tod lebten. Sie hatten ein Kind, eine Tochter, die ihrerseits eine Tochter hatte, die wiederum eine Tochter hat. Es war Jussupows Enkelin, Xenia Sfiris, die Peter Gill eine Blutprobe zur Verfügung stellte und ihm damit half, den Oberschenkelknochen von Nikolai II. zu identifizieren. Großfürstin Xenia hatte außerdem sechs Söhne. Diese Jungen und jungen Männer wuchsen im Westen auf, lebten zunächst bei ihrer Mutter in Dänemark und London, dann verteilten sie sich auf Paris, Biarritz, Cannes, Chicago und San Francisco. Deutschland, die bevorzugte Quelle für Romanow-Bräute, war nach dem Ersten Weltkrieg für diesen Zweck ausgefallen, so daß sich die jungen Fürsten nun ihre Bräute aus den ihnen bekannten russischen aristokratischen Familien wählten – den Kutusows, Golizyns, Scheremetjews, Woronzow-Daschkows –, den ältesten und glänzendsten Namen des russischen Adels. Xenias Söhne waren redegewandt, wohlerzogen, mit guter Schulbildung und gut gekleidet, aber ohne Ambitionen oder Tatkraft. »Sie sprachen sechs Sprachen«, sagt Rostislaw Romanow, dessen Vater, der auch Rostislaw hieß, einer der sechs Brüder war. »Aber keiner sagte je etwas, so daß man von ihnen gerne sagte, sie schwiegen in sechs Sprachen. Ich erinnere mich, daß ich meinen Vater zu einem Besuch bei seinem Bruder Nikita mitnahm. Sie sagten einander ›Hallo‹, und das war's dann auch. Ein andermal schlug einer von Nikitas Söhnen vor: ›Fahren wir doch mal rüber und besuchen Onkel Rostislaw.‹ – ›Wozu?‹ fragte Nikita, ›ich kenne ihn schon.‹« Großfürstin Xenias jüngster

Die sieben Romanow-Fürsten in Paris 1992
Von links nach rechts:
Nikolai, Dmitri, Michail, Alexander, Andrej, Rostislaw, Nikita

Sohn, Fürst Wassili, der 1907 geboren wurde und Rußland mit zwölf verließ, verbrachte die meiste Zeit seines Erwachsenenlebens in Woodside, Kalifornien, nicht weit von San Francisco. Er züchtete Tomaten, die Preise erhielten, und hatte eine Reihe von Jobs, darunter auch den Verkauf (und die Lieferung) von Sekt und Wein. Privat leistete er sich gern den Scherz, am Hintereingang eines Landsitzes von Freunden vorzufahren, die bestellten Kisten abzuliefern, um dann mit Jackett und Schlips ums Haus herum zum Vordereingang zu gehen, zu klingeln, seine Karte zu überreichen, die »Prince Vassily of Russia« ankündigte, und zu fragen, ob Madame zu Hause sei.

Fürst Wassili starb 1987, und Xenias Enkel sind inzwischen Männer und Frauen in den Sechzigern und Siebzigern. Die Männer, die sich in Gesellschaft und in der Presse alle »Fürst Romanow« nennen lassen, haben unterschiedliche Karrieren gemacht. Fürst Andrej, der im Zweiten Weltkrieg als Marinesoldat bei der Royal Navy auf der arktischen Konvoi-Route diente, ist Maler und lebt in Inverness, Kalifornien. Fürst Michail, dessen beide Großväter Großfürsten waren, hat sein Leben zumeist als Filmdirektor in Frankreich verbracht und lebt jetzt in Paris und Biarritz. Fürst Nikita, ein Historiker mit einem Doktortitel der Universität Stanford, lebt wie sein Bruder, Fürst Alexander, in New York. Der jüngste und aktivste dieser Fürsten ist Rostislaw, der Englisch mit stark amerikanischem Akzent spricht. Das ist nicht erstaunlich, da er in Chicago geboren und aufgewachsen ist, eine amerikanische Schule besucht und in Yale sein Studium absolviert hat. In New Haven scherte sich keiner seiner Kommilitonen darum, daß er ein Romanow war, und ihm selbst war die Gruppe das wichtigste. Heute ist er Londoner Bankkaufmann und fährt täglich von Sussex nach Waterloo Station. Obgleich er vierzehn Jahre in England gearbeitet hat, hat die britische Königsfamilie ebensowenig Notiz von ihm genommen wie seine Kommilitonen in Yale. Rostislaw macht das nichts aus. Er ist anglophil. Nach Rußland zieht es ihn nicht, es sei denn als Besucher. »Das Leben hier sagt mir zu«, meint er.

* * *

Neben den Schwestern, Neffen und Nichten des Zaren waren seine nächsten überlebenden Verwandten die *Wladimirowitschi*, also seine Vettern ersten Grades, die Großfürsten Kirill, Boris und Andrej Wladimirowitsch und ihre Schwester Großfürstin Jelena, alle Kinder von Nikolais ältestem Onkel, Großfürst Wladimir. Zu normalen Zeiten hätte der fast gleichzeitig erfolgte Tod eines Zaren, seines Sohns und seines Bruders – wie 1918 geschehen – automatisch den ältesten dieser Vettern, Kirill Wladimirowitsch, der damals zweiundvierzig war, auf den Kaiserthron gebracht. Doch da gab es ja kein Kaiserreich und keinen Thron mehr, folglich geschah auch nichts mehr automatisch. Die russische Thronfolge regelte sich nach der Lex Salica, was bedeutete, daß die Krone nur an Männer und über Männer vererbt wurde, bis kein geeigneter mehr da war. Wenn ein Kaiser starb und weder Sohn noch Bruder zur Verfügung standen, sollte der älteste Mann aus dem Familienzweig die Nachfolge antreten, der dem verstorbenen Monarchen am nächsten stand. In diesem Fall wäre das Kirill gewesen. Auf Kirill folgten seine zwei Brüder, Boris und Andrej, und auf sie der einzig Überlebende der *Pawlowitschi*, ihr Vetter Großfürst Dmitri, Sohn des jüngsten Onkels von Nikolai II., Großfürst Pawel. Nikolais sechs Neffen, die Söhne seiner Schwester Xenia, standen ihm zwar blutsmäßig näher als Kirill, kamen aber nicht in Frage, weil die Thronfolge nicht über eine Frau (Xenia) weitervererbt werden konnte.

Kirill Wladimirowitsch, der in Frankreich lebt, hielt sich mit seinem Anspruch als Thronprätendent zurück. Kaiserinwitwe Maria wollte nicht glauben, daß ihr Sohn und seine Familie tot waren und lehnte es ab, an Gedenkgottesdiensten für sie teilzunehmen. Eine Proklamation der Thronfolge durch Kirill hätte die alte Frau schockiert und zutiefst verletzt. Daneben gab es noch einen anderen, nicht sehr bereitwilligen Prätendenten: Großfürst Nikolai Nikolajewitsch, ehemaliger Oberkommandierender der russischen Armee, von den *Nikolajewitschi*, einem entfernteren Zweig des Romanow-Stammbaums, unter seinen Landsleuten jedoch wesentlich angesehener und populärer als Kirill. Nikolai Nikolajewitsch war ein energischer Mann und Rußlands berühmtester Soldat, wohingegen Kirill Kapitän der Kriegsmarine gewesen war und sich, nachdem ein Schiff unter ihm gesunken war, geweigert hatte, erneut zur See zu gehen. Wenn russische Emigranten jedoch mit Großfürst Nikolai über eine Thronbesteigung im Exil sprachen, lehnte er ab und erklärte, daß er die Hoffnungen der Kaiserinwitwe nicht zunichte machen wolle. Außerdem war er mit Maria der Meinung, daß das russische Volk, falls Nikolai II., sein Sohn und sein Bruder wirklich tot waren, die Freiheit haben sollte, sich wen es wollte – einen Romanow oder einen anderen Russen – zum neuen Zaren zu wählen.

Vier Jahre vor dem Tod von Maria und als der alte Soldat Nikolai Nikolajewitsch noch fünf Jahre zu leben hatte, beschloß Kirill, nicht länger zu warten. Er proklamierte sich selbst zuerst zum »Curator des Throns« und dann, 1924, zum »Zar aller Reußen«, sagte allerdings einschränkend dazu, daß man ihn im täglichen Umgang mit dem geringeren Titel eines Großfürsten anreden sollte. Er hielt in seiner kleinen Villa im Dorf Saint-Briac in der Bretagne Hof, veröffentlichte Manifeste und verteilte Titel. Obgleich seine Töchter und sein Sohn eigentlich Fürstinnen und Fürst waren, erhob er sie kraft seines neuen Amtes als »Zar« zu Großfürstinnen und Großfürst. Als sein Vetter, Großfürst Dmitri Pawlowitsch, seinen Anspruch unterstützte, revanchierte sich Kirill, indem er Dmitris amerikanische Frau Audrey Emery zur Fürstin Romanovsky-Ilyinsky adelte; 1929 gaben Dmitri und Audrey diesen Namen und Fürstentitel an ihren kleinen Sohn Paul weiter.

Kirill war zweiundsechzig, als er im Oktober 1938 im amerikanischen Krankenhaus in Paris starb und seinen Anspruch an seinen einundzwanzigjährigen Sohn Wladimir weitergab. Dieser junge Mann, der privat von einem Hauslehrer erzogen worden war und dann ein russisches Lyzeum in Paris besucht hatte, brachte seine Sommer damit zu, an Motorrädern herumzubasteln und sie über die engen Straßen der Bretagne zu jagen. Sechs Monate arbeitete er bei einer Autowerkstatt in England, um »das Leben eines Menschen der Arbeiterklasse kennenzulernen«. 1946 zog er nach Madrid und heiratete zwei Jahre später, mit einunddreißig, eine georgische Prinzessin, Leonida Bagration-Muchranski. Leonida war vorher mit einem älteren wohlhabenden Auslandsamerikaner, Sumner Moore Kirby, verheiratet gewesen, von dem sie eine Tochter Helen hatte. 1937 wurde die dreiundzwanzigjährige Leonida von Kirby geschieden, der während des Zweiten Weltkriegs in Frankreich blieb, von der Gestapo gefaßt wurde und in einem deutschen KZ starb.

Die viereinhalb Jahrzehnte ihrer Ehe lebten Wladimir und Leonida zurückgezogen. Sie bewohnten im Winter eine Villa in Madrid, zogen im Sommer nach Saint-Briac und hielten sich eine Wohnung in Paris. Gelegentlich besuchten sie New York, wo monarchistische Freunde für sie Limousinen mieteten, Diners gaben und zuhörten, wenn Wladimir in einwandfreiem Englisch, Russisch, Französisch oder Spanisch zu ihnen sprach. Ich begegnete ihm mehrfach bei solchen Anlässen. Er war ein gutaussehender, angenehmer, leise sprechender Mann, der ganz nach königlicher Tradition wenig Bemerkenswertes von sich gab. Seine eigentliche Leidenschaft galt Maschinen, der Konstruktion und Bedienung von Autos, Motorrädern und Hubschraubern. Er war weder Gelehrter noch Historiker; als sein Jugendfreund Alistair Forbes ihn anstachelte, die Identität der Anna Anderson zu erforschen, antwortete er liebenswürdig: »Jaja, Ali, stimmt schon, was du sagst, aber ich werde dir die Dokumente, die ich dazu habe, nicht zeigen, also laß uns von was anderem reden.« Wladimir hatte keine andere Beschäftigung als die, Prätendent

BETTMANN ARCHIV

Großfürst Wladimir, Anwärter auf den russischen Thron, 1938-1992, und seine Frau, Großfürstin Leonida, in Madrid

zu sein, und die meisten nahmen an, daß das Paar von Helen Kirby unterstützt wurde, die das amerikanische Vermögen ihres Vaters geerbt hatte und bei ihrer Mutter und ihrem Stiefvater lebte.

Großfürst Wladimir und Leonida hatten nur ein Kind, eine Tochter Maria, die 1953 zur Welt kam, als ihre Mutter neununddreißig war. 1969, als offensichtlich war, daß er nie einen Sohn haben würde, schritt Wladimir zur Tat, um sicherzustellen, daß die Thronfolge in seiner Linie verbliebe. Er verfaßte ein Manifest, mit dem zum Ärger der meisten anderen Romanows bekanntgegeben wurde, daß mit seinem Tod seine Tochter »Curatrix des Thrones« würde. Maria war dazu erzogen worden, eine dynastisch bedeutende Rolle zu spielen. Sie war in Madrid und Paris zur Schule gegangen und hatte danach einige Semester russische Geschichte und Literatur an der Universität Oxford studiert. 1978 heiratete sie einen Hohenzollernprinz, Franz-Wilhelm von Preußen, einen Großenkel von Kaiser Wilhelm II. Vor der Eheschließung war Franz-Wilhelm zum orthodoxen Glauben übergetreten, hatte den russischen Namen Michail Pawlowitsch angenommen und von seinem neuen Schwiegervater den Titel eines Großfürsten erhalten. 1981 bekamen Maria und ihr Mann ihr einziges Kind, Georgi, dem der Großvater ebenfalls den Titel eines Großfürsten verlieh.

Wladimir hatte nie erwartet, als Zar nach Rußland zurückzukehren, obgleich er häufig erklärte, daß er dazu bereit sei. Zur Zeit von *Glasnost* und *Perestroika* war er siebzig, und als Jelzin zum Präsidenten gewählt wurde, hatte er bereits sein vierundsiebzigstes Lebensjahr erreicht. Plötzlich überstürzten sich die Ereignisse. Ein paar Wochen nach Jelzins Amtseinführung im Juli 1991 wechselten der Präsident und der Thronprätendent Briefe. In jenem Herbst stimmte die Stadt Leningrad dafür, wieder ihren alten Namen St. Petersburg anzunehmen. Oberbürgermeister Anatoli Sobtschak lud den Romanow-Prätendenten ein, dem Festakt beizuwohnen. Wladimir und Leonida flogen in die ehemalige kaiserliche Hauptstadt und blickten von einem Balkon des ehemaligen Winterpalais (heute das Eremitage-Museum) auf etwa sechzigtausend Menschen hinab, die sich auf dem Schloßplatz drängten. Als sich Wladimir dann ins Innere des Schlosses begab, um eine Pressekonferenz abzuhalten, erhoben sich dreihundert Journalisten, Russen und Ausländer, von ihren Plätzen. Fünf Monate später flog Wladimir nach Miami, um vor fünfzehnhundert Führungskräften von Wirtschaft und Finanzen eine Rede zu halten. Bei der folgenden Pressekonferenz, als er Fragen beantwortete, sackte er plötzlich in seinem Stuhl zusammen und starb kurz darauf. Zwei Tage später unterzeichnete Jelzin ein Dekret, mit dem die erste Begräbnismesse für einen Romanow in Rußland seit einem Dreivierteljahrhundert gestattet wurde. Am 29. Mai 1992 wurde Wladimir in einer Gruft in der Peter-Pauls-Festung in St. Petersburg beigesetzt.

* * *

Wladimirs Status als Prätendent auf den russischen Thron war offenbar von Sobtschak, vielleicht sogar von Jelzin gebilligt worden, bei der Mehrzahl der Romanows jedoch heiß umstritten. Der Riß, der durch die Romanow-Familie ging – und der Wladimir sein Leben lang geplagt hatte und heute seine Tochter belastet –, tat sich aber nicht erst mit Wladimir oder Maria auf. Er geht bereits auf Wladimirs Vater, den ersten Prätendenten, Großfürst Kirill, zurück.

Das russische Gesetz über die Thronfolge, das 1797 von Kaiser Paul erlassen wurde, legt fünf Kriterien für die Thronfolge fest: Erstens muß der Monarch orthodoxen Glaubens sein. Zweitens muß er ein Mann sein, solange es irgend dafür in Frage kommende Männer im kaiserlichen Haus gibt. Drittens muß sowohl die Mutter als auch die Ehefrau des Monarchen oder des nächsten Thronanwärters zum Zeitpunkt ihrer Eheschließung orthodoxen Glaubens sein. Viertens muß der Monarch oder Thronerbe eine standesgemäße Ehe, das heißt mit einer Frau aus einem ebenfalls »regierenden Hause«, eingehen; eine ungleiche Ehe mit einer Frau minderen Ranges, selbst wenn sie aus der Hocharistokratie stammt, disqualifiziert dieses Paar und seine Nachkommen für den Thron. Fünftens darf der künftige Monarch nur mit Erlaubnis des regierenden Zaren heiraten. (Anders als Großbritannien machte Rußland eine vorherige Scheidung der Frau nicht zu einem Hindernis für ihre Einheirat in die kaiserliche Familie, ja nicht einmal für ihren Status als Gemahlin des Zaren.) Großfürst Kirill konnte zwei dieser Kriterien nicht genügen: Weder seine Mutter noch seine Frau waren orthodoxen Glaubens, als sie heirateten. Außerdem hatte Kirill ohne die Erlaubnis – genaugenommen sogar gegen den Willen – von Zar Nikolai II. geheiratet.

Kirills Mutter, Großfürstin Maria Pawlowna, eine deutsche Prinzessin von Mecklenburg-Schwerin, hatte darauf bestanden, ihren lutherischen Glauben zu behalten, als sie Kirills Vater, Großfürst Wladimir Alexandrowitsch, heiratete. Und sie blieb dabei, vierunddreißig Jahre lang – bis 1908, als ihr bewußt wurde, daß ihr Mann und ihr Sohn Kirill wegen der Krankheit des kleinen Zarewitsch Alexej die nächsten Anwärter auf den Thron waren. Um deren Chancen zu erhöhen, konvertierte sie verspätet zum orthodoxen Glauben. Damals waren allerdings Kirills Angelegenheiten auch aus anderen Gründen hoffnungslos verworren. Als junger Mann hatte er sich in seine Cousine, Viktoria Melitta, eine Enkelin von Königin Victoria, verliebt. Doch die alte Königin, die für ihre Dutzende von Nachkommen ständig Ehen arrangierte, hatte beschlossen, daß Viktoria Melitta ihren Enkel aus einer anderen Linie, Großherzog Ernst von Hessen, heiraten sollte. Viktoria Melitta gehorchte der Großmutter, obgleich sie Kirill liebte. Ihre Ehe mit Ernst war unglücklich – Ernsts Gefühle für Frauen waren ambivalent –, und Viktoria Melitta begann, ihn immer häufiger zu verlassen, um wochenlang mit Kirill in Rußland oder Deutschland zusammenzusein. Für einen Außenstehenden ist Kirills Anziehungskraft auf eine Großherzogin von Hessen schwer zu verstehen; Viktoria Melittas Schwester, die spätere Königin Marie von Rumänien, beschrieb ihn als einen »Mann aus Marmor, außerordentlich kalt und egoistisch, er macht einen frösteln und hat eine abstoßende Art, mit Menschen umzugehen«. Dennoch ließen sich Viktoria Melitta und Ernst wenige Monate nach Königin Victorias Tod 1901 scheiden, und Viktoria Melitta fand endlich ihr Glück in der Ehe mit Kirill.

Aber es gab immer noch Probleme für diese Ehe. Viktoria Melittas dynastische Voraussetzungen waren zwar hervorragend, denn sie stammte aus dem Hause Sachsen-Coburg, das den Thron von England innehatte. Doch da die russisch-orthodoxe Kirche Ehen zwischen Vettern und Cousinen ersten Grades – und um eine solche handelte es sich hier – untersagte, konvertierte sie erst drei Jahre nach ihrer Heirat. Doch Ironie der Geschichte, dieser Umstand, der ihr zwar die eine Falle zu vermeiden half, ließ sie in eine zweite geraten: damit wurde die Regel des russischen Kaiserhauses verletzt, wonach Thronfolgeberechtigte nur Frauen heiraten durften, die zur Zeit der Eheschließung orthodoxen Glaubens waren. Das gravierendste Problem bestand jedoch darin, daß für Viktoria Melittas Ehe mit Kirill die Erlaubnis des regierenden Zaren, Nikolais II., gefehlt hatte. Das lag daran, daß Viktoria Melittas früherer Ehemann, Ernst von Hessen, der Bruder von Nikolais II. Frau Alexandra war. Die puritanische Kaiserin war empört, daß Viktoria Melitta ihren Bruder verschmähte und sich offen auf eine Affäre mit Kirill eingelassen hatte. Alexandra war entschlossen, ihren Einfluß auf den Zaren geltend zu machen und diese Heirat zu verhindern. Der Zar konnte einem wirklich leid tun: fast erdrückt von den politischen Problemen der Regierung seines Imperiums hatte er nun auch noch mit derartigen Affären innerhalb der erweiterten kaiserlichen Familie zu kämpfen. Echte Liebesverbindungen wie die des Zaren waren selten. Einige Romanows heirateten phlegmatische deutsche Prinzessinnen und machten es sich in einer lebenslangen Langeweile bequem; andere, wie Boris und Andrej Wladimirowitsch oder wie Sergej Michailowitsch, nahmen sich lebhafte Geliebte; und Menschen wie der Bruder des Zaren, Großfürst Michail Alexandrowitsch, und sein Onkel, Großfürst Pawel Alexandrowitsch, heirateten russische Frauen von niedrigerem Rang, die schon einmal verheiratet gewesen waren. Michail hatte vor seiner unstandesgemäßen Ehe einen Sohn mit seiner Geliebten; Pawel hatte zwei Kinder von der Frau, mit der er in morganatischer Ehe lebte. Nikolai II. bemühte sich, das Gesetz durchzusetzen und verbannte Bruder und Onkel aus Rußland.

Kirill Wladimirowitsch und Viktoria Melitta hatten sich nach Ansicht des Zaren eines ähnlich gesetzwidrigen Verhaltens schuldig gemacht, als sie 1905 heimlich in Deutschland heirateten. Als Kirill heimkehrte, in der Hoffnung auf einen Sieg dadurch, daß er seine Ehe als *fait accompli* präsentierte, verlor er statt dessen Rang und Befehlsgewalt bei der Marine, seine Apanage, die ihm als Angehörigen der kaiserlichen Familie zustand, und wurde aufgefordert, Rußland innerhalb von achtundvierzig Stunden zu verlassen. Seiner Frau wurde der Titel einer Großfürstin verweigert. Das Paar lebte in einer kleinen Wohnung in der Avenue Henri-Martin in Paris, bis ihre Verbannung 1909, beim Tod von Kirills Vater, aufgehoben wurde. Dennoch blieb, trotz offizieller Versöhnung, eine tiefe Kluft zwischen den Familien.

Während des Ersten Weltkriegs blieb Kirill, der einzig seines Namens wegen zum Konteradmiral befördert worden war, in Petersburg als Kommandeur der *Garde Equipage*, einer Eliteeinheit von Matrosen, die in Friedenszeiten die Mannschaft der kaiserlichen Yacht stellte. Zur Zeit der Krise im Februar 1917 befand sich der Zar im Hauptquartier der Armee achthundert Kilometer von der Hauptstadt entfernt. Alexandra und ihre fünf Kinder, von denen außer Maria alle an Masern erkrankt waren und in verdunkelten Räumen lagen, hielt sich im Alexanderpalais in Zarskoje Selo, fünfundzwanzig Kilometer von der Stadt entfernt, auf. Durch St. Petersburg zog plündernd eine Menge betrunkener aufrührerischer Soldaten und grölte ihre Absicht heraus, »die Deutsche« und ihren Sohn festzunehmen. Die zuverlässigste Einheit, die den Palast bewachte, war ein Bataillon der *Garde Equipage*, das mit Lagerfeuer und Suppenküchen im Hof des Palastes seine Stellung bezogen hatte. In der Nacht des 13. März ging Alexandra, in einen Umhang gehüllt und von ihrer Tochter Maria begleitet, zu den Matrosen.

»Die Szene bleibt unvergeßlich«, schrieb Baronin Buxhöwden, die von einem der oberen Fenster aus zusah. »Es war stockfinster, bis auf einen leichten Schimmer, der vom Schnee ausging und von den polierten Gewehrläufen reflektiert wurde. Die Truppen standen in Gefechtsordnung aufgereiht ... Die Kaiserin und ihre Tochter schritten eine Linie nach der anderen ab, der weiße Palast schimmerte als gespenstische Masse im Hintergrund.« Alexandra schritt von Mann zu Mann und sagte ihnen, daß sie ihnen vollkommen vertraue und daß das Leben des Thronfolgers in ihrer Hand liege. Bei der Rückkehr zum Palast war sie überschwenglich. »Sie sind alle unsere Freunde«, sagte sie. Jeweils beim Schichtwechsel brachte sie die Männer in den Palast, um sie mit heißem Tee zu bewirten.

Sechsunddreißig Stunden später, am Morgen des 15. März, blickte die Kaiserin auf den Hof hinaus – er war leer. Großfürst Kirill hatte der *Garde Equipage* befohlen, nach St. Petersburg zurückzukehren und die Frau des Zaren und ihre Kinder schutzlos zurückzulassen. Am Vortag hatte Kirill – nach Aussage des französischen Botschafters Maurice Paléologue – »sich offen für die Revolution ausgesprochen«. Mit einer roten Schleife an seiner Marineuniform ausstaffiert, hatte er sich an die Spitze seiner Leute gestellt und war mit ihnen den Newski-Prospekt hinunter bis zur Duma marschiert, wo er dem Dumapräsidenten, Michail Rodsjanko, seine Dienste anbot. Noch hielt sich der Zar auf dem Thron, und Rodsjanko kämpfte, um die Monarchie in irgendeiner Form zu retten. Angewidert von Kirills Bruch seines Eides auf den Zaren sagte er dem Großfürsten: »Gehen Sie. Ihr Platz ist nicht hier.« Eine Woche später verschlimmerte Kirill seinen Verrat. In einem Interview mit einer Petrograder Zeitung sagte er: »Ich habe mich mehrfach gefragt, ob die Exkaiserin eine Komplizin von Wilhelm [dem Kaiser] ist, aber jedesmal zwang ich mich, den Gedanken zu verwerfen.« Zur selben Zeit ging der französische Botschafter die Glinkastraße entlang und »sah etwas über [Großfürst Kirills] Palast flattern: eine rote Fahne«. Von da an und für den Rest seines Lebens fanden viele russische Monarchisten, selbst die, die ihn trotz des lutherischen Glaubens seiner Mutter für den legitimen Thronanwärter hielten, daß er sich durch seinen Verrat an der Kaiserin und ihren Kindern, seinen Bruch des Eides auf seinen Souverän, und sein Zur-Schau-Tragen der roten Schleife und der roten Flagge für den Anspruch auf den Thron disqualifiziert habe.

* * *

Großfürst Wladimirs Leben war frei von der Schande, die seinen Vater entehrte, aber nichtsdestotrotz war er nicht unumstritten. Wladimirs Heirat übertrat wie die seines Vaters ein Gesetz der kaiserlichen Familie: Leonida Bagration-Muchranski war zwar zweifellos orthodox. Sie hatte auch sicherlich die Erlaubnis des »Zaren«, denn der »Zar« war Wladimir selbst. Sie war vorher schon einmal verheiratet gewesen und geschieden, aber eine Scheidung war für die Kirche nicht anrüchig und wurde nie als Argument gegen Kirill vorgebracht. Der springende Punkt bei Wladimirs Ehe mit Leonida war, ob sie von einem »regierenden Hause« abstammte oder nicht. Die Debatte darüber wurde im verborgenen, aber erbittert innerhalb der Familie ausgetragen. Leonida Bagration-Muchranski stammt von einem Zweig jener Familie, die das Königreich Georgien drei Jahrhunderte lang regiert hat. 1801 verleibte Zar Paul I. Georgien dem Russischen Reich ein, und nach Meinung von *Burke's Royal Families of the World* »hörte das georgische Königreich damit auf zu existieren ... die Prinzen von königlichem Blut wurden nach Rußland deportiert, [und] ihre Nachkommen wurden an die russische Aristokratie assimiliert«. Die Bagrations stiegen rasch zu einer der führenden Familien des russischen Adels auf; Marschall

Pjotr Bagration wurde zum Helden im Krieg gegen Napoleon und starb auf dem Schlachtfeld von Borodino. Für mehr als hundert Jahre dienten die Bagrations wie die Golizyns, die Scheremetjews und andere den Zaren in der russischen Armee und am kaiserlichen Hof. Wladimir und Leonida bestanden jedoch darauf, daß die Bagrations nach wie vor »ein regierendes Haus« seien. Und so war Leonida nach ihrer Argumentation vollkommen geeignet, die Frau des Mannes zu werden, der für sich beanspruchte, Anwärter auf den russischen Thron zu sein, und sie fühlte sich berechtigt, den Titel einer Großfürstin von Rußland zu tragen und Kinder und Enkel zu bekommen, die die künftigen Souveräne sein konnten.

Wladimir und Leonida empfanden die Schwäche ihrer Position, weshalb sie auf Fragen nach »standesgemäßen Ehen« und »regierenden Häusern« immer aggressiv reagierten, wenn sie sich auf andere Romanows bezogen. Sie vertraten die Ansicht, daß seit der Revolution kein männlicher Romanow außer Wladimir eine standesgemäße Ehe mit einer Frau aus einem regierenden Hause eingegangen sei. Durch unstandesgemäße Ehen hätten all die anderen Romanows ihre Kinder nicht nur für die Thronfolge disqualifiziert, sondern auch für die Anerkennung als Mitglied der kaiserlichen Familie, den Titel »Fürst«, ja sogar für den Familiennamen Romanow. Wladimir war der Meinung, daß ihm dieser leere dynastische Horizont, wo männliche Anwärter fehlten, das Recht verlieh, seine sechzehnjährige Tochter in die Thronfolge zu erheben.

Diese Proklamation von 1969 schürte die Opposition unter den Dutzenden von Personen, denen die Neuigkeit, daß sie weder Fürsten noch Romanows seien, überraschend und unannehmbar schien. Die führenden Mitglieder der drei anderen noch existierenden Zweige – Fürst Wsewolod von den *Konstantinowitschi*, Fürst Roman von den *Nikolajewitschi* und Fürst Andrej von den *Michailowitschi* –, die alle noch vor der Revolution in Rußland geboren waren (anders als Wladimir), schlossen sich zusammen, um schriftlich zu protestieren. In diesem Brief redeten sie Wladimir nicht als Großfürst, sondern nur als Fürst an, was vor der Revolution sein Titel gewesen wäre. Sie erklärten, daß Leonidas Ehe mit Wladimir nicht standesgemäß sei und daß Leonida keinen höheren Status als die Frauen anderer Romanow-

Fürsten und kein Anrecht auf den Titel einer Großfürstin habe. Sie könne nicht als Großfürstin anerkannt werden, und die Proklamation von Maria als künftiger Regentin des russischen Throns und Oberhaupt des russischen Kaiserhauses sei illegal.

Die Familienfehde ging weiter, als Maria 1976 Prinz Franz-Wilhelm von Preußen heiratete und Wladimir seinen Schwiegersohn zum Großfürsten ernannte. Sie verschärfte sich noch 1981, als Marias Sohn Georgi zur Welt kam und Wladimir seinen Enkel Großfürst nannte. Fürst Wassili, ein Neffe des Zaren, reagierte darauf mit einer Erklärung: »Der Verband der Familie Romanow erklärt hiermit, daß das freudige Ereignis im preußischen Königshaus den Verband der Familie Romanow nicht betrifft, da der neugeborene Prinz weder ein Mitglied des russischen Kaiserhauses noch der Familie Romanow ist. Alle Fragen von dynastischer Bedeutung können nur auf russischem Boden durch das große russische Volk entschieden werden.« Wladimir bemühte sich, den kleinen Georgi vor der (in Rußland) abträglichen Behauptung zu schützen, er sei ein Hohenzoller; deswegen änderte er den Namen seines Enkels offiziell in Romanow und ließ ihn bei den französischen Behörden als »Großfürst Georgi von Rußland« registrieren. Darüber geriet Georgis Vater, Prinz Franz-Wilhelm, in Zorn, der sich inzwischen von Maria getrennt hatte (»er kam eines Tages nach Hause und fand seine Sachen in der Diele«, erzählt ein Freund). Im März 1994 sagte Franz-Wilhelm, der seinen russischen Namen und seinen Großfürstentitel wieder abgelegt hat, von seinem Sohn: »Ich habe seinen deutschen Paß hier ...« und pochte an die Brusttasche seines Jacketts. »Ich trage ihn immer bei mir. Dort steht, daß er Prinz Georg von Preußen ist.«

* * *

Die Familienfehde darüber, wer befugt war und wer nicht, Anspruch auf einen nichtexistierenden Thron zu erheben, wer Großfürst war und wer nicht, wer ein Fürst oder ein Romanow war, wurde auf beiden Seiten voller Erbitterung ausgetragen, aber die größere Aggressivität herrschte bei Kirill, Leonida, Wladimir und Maria. Seit der Revolution hat es keine anderen Prätendenten oder Prätendentenlinie neben diesem Zweig der Familie gegeben. Für sie war das aber nicht genug. Sie verlangten Zustimmung und Unterstützung für ihren Anspruch, und wenn das verweigert wurde, schlugen sie zurück. 1992 schrieb Großfürstin Maria Wladimirowna an Präsident Jelzin wegen der Beisetzung der Gebeine von Jekaterinburg. Sie informierte Jelzin mit Bezug auf ihre Vettern, die Nikolai II. blutsmäßig näher standen als sie, daß »Mitglieder der Romanow-Familie, Nachkommen aus unstandesgemäßen Ehen, die in keinerlei Beziehung zum kaiserlichen Hause stehen, nicht das leiseste Recht haben, in dieser Frage ihre Ansichten und Wünsche zu äußern. Sie können das Grab besuchen und beten wie jeder andere Russe, der das wünscht.« Im selben Sommer trafen sich die sieben ältesten Romanow-Fürsten von den Linien der *Michailowitschi* und *Nikolajewitschi*[22] in Paris, um eine wohltätige Familien-Stiftung zu gründen. Mit dieser Stiftung sollte medizinische und andere Hilfe für Rußland beschafft werden. Eine Pressekonferenz, bei der diese Gründung bekanntgegeben werden sollte, wurde von Anhängern Marias infiltriert, die eine eigene, von Maria unterzeichnete Pressemitteilung verteilten, in der es hieß: »... die anderen lebenden Mitglieder des Hauses Romanow haben infolge der unstandesgemäßen Ehen ihrer Eltern alle Rechte auf die Thronfolge verloren.« 1994 wurden vier Romanow-Fürsten sowie Maria nach St. Petersburg eingeladen, um die Ausstellung »Nikolai und Alexandra« in der Eremitage zu besuchen. Maria lehnte es ab zu kommen. Und in einem Schreiben von Leonidas Sekretär hieß es, daß Ihre Kaiserliche Hoheit Großfürstin Leonida von Rußland schockiert sei über den Mißbrauch von Titeln und Protokoll bei den Einladungen an die Fürsten. Schon früher, bei einer Pressekonferenz in Jekaterinburg, wo Maria, Leonida und Georgi auf dem Podium saßen, verkündete der Moderator: »Es gibt nur noch drei Romanows auf der Welt. Sie sind alle in diesem Raum.«[23]

* * *

Großfürstin Maria Wladimirowna, die zweiundvierzigjährige »Regentin des russischen Throns«, lebt mit ihrem Sohn in einer von Bäumen beschatteten Villa auf den waldigen Hügeln außerhalb von Madrid. Sie teilen das Haus mit Marias Halbschwester, Helen Kirby, die auf die Sechzig geht. (Marias und Helens Mutter Leonida lebt meist in Paris.) In der Eingangshalle der Madrider Villa hängt ein Porträt von Marias Ururgroßvater, Zar Alexander II., neben dem die Großfürstin gerne posiert, wenn sie Gäste hat. Im Wohnzimmer hängt ein großes Porträt von Miss Kirby über dem Kamin.

Maria ist der Mittelpunkt dieses Hauses. Sie ist klein und stattlich, ihr rundes Gesicht wird von dunklem Haar gekrönt, das sie hochgesteckt trägt. Ihr Englisch ist fließend und hat einen Oxford-Akzent; ebenso fließend ist ihr Russisch. In Interviews sowohl in Rußland als auch im Westen beginnt sie vorsichtig mit einstudierten Antworten und tastet sich voran. Manchmal vergißt sie aber auch ihre sorgfältige Ausdrucksweise, in der sie geschult ist, und spricht offener. Viele Russen im Ausland, die Wladimirs Anspruch auf den Thron nicht unterstützen mochten, hatten für ihn als Menschen dennoch Sympathie. Dasselbe gilt für seine Tochter.

Sie antwortet ganz offen, daß sie nicht sagen kann, wann oder ob überhaupt die russische Regierung und das russische Volk die Monarchie wieder einführen wollen. »Ich weiß nicht. Schwer zu sagen. Wahrscheinlich sagen sie sich: Vielleicht kommt sie zurück, vielleicht auch nicht. Am besten, wir bleiben mit ihr in Verbindung und sind nett zueinander, man kann ja nie wissen. Sie behandeln uns immer freundlich und respektvoll, wenn wir nach Rußland kommen. Im Sommer 1993 haben wir eine zweimonatige Wolgareise gemacht und dreißig Städte besucht. Die Piers und Flußufer waren voller Menschen, von denen viele fragten: ›Wann kommen Sie zurück?‹ und ›Werden Sie uns vergeben?‹ Ich glaube, in ihrem Innersten denken sie an eine Monarchie. Aber ich bin kein Prophet. Unsere Rückkehr kann in ein paar Monaten sein oder im nächsten Jahr oder in zehn Jahren. Einstweilen fahren wir einfach hin, um unser Land kennenzulernen und zu sehen, ob wir helfen können, ohne den Wunsch – den unmittelbaren Wunsch –, uns eine Krone aufzusetzen.« Maria ist nicht daran interessiert, das Vergangene wiederaufzurühren. »Man muß vergeben, vergessen darf man nie«, erklärt sie. Was die Beisetzung der Gebeine von Jekaterinburg anbelangt, so meint sie, sie werde »durch die Ermittlungen der russischen Regierungskommission und die Entscheidung der russischen Regierung gebunden sein. Ich hoffe, der Patriarch wird die Familie bald kanonisieren und mit ihr alle Märtyrer der Revolution.«

Maria hat ein gutes Verhältnis zum derzeitigen Patriarchen der russisch-orthodoxen Kirche, Alexi II. »Jedesmal, wenn wir nach Rußland fahren, empfängt er uns freundlich. Ich glaube, er meint wirklich, wir könnten ein gutes Gespann bilden und zusammenarbeiten.« Sie kümmert sich nicht um die fortwährenden Anschuldigungen von der Orthodoxen Kirche im Ausland, die Kirche in Rußland werde von früheren Agenten des KGB beherrscht. »Irgend jemand mußte unsere Kirche in jener Ära am Leben halten, und diesen Kirchenmännern, die in Rußland lebten, ist es zu verdanken, daß es immer noch eine Kirche in Rußland gibt. Es ist doch absurd, daß eine kleine Zahl von Priestern im Ausland ihnen sagt: ›Sie können jetzt gehen, wir werden zurückkommen und Ihren Platz einnehmen.‹ Ich glaube schon, daß die Kirche im Ausland einmal ihre *raison d'être* hatte. Aber jetzt doch nicht mehr.«

Wenn das Thema der Spaltung in der Romanow-Familie aufkommt, wird Maria unruhig und gereizt. »Wenn sie den Gesetzen der Familie treu bleiben wollen, dann wird niemand leugnen, daß sie Romanows sind«, sagt sie über ihre Vettern. »Das sind sie. Etwas anderes ist, ob sie einen Titel haben oder nicht. Wenn sie Romanows sein und den Namen mit Würde tragen wollen, dann ist das in Ordnung, aber dazu braucht man keinen Titel. Dafür reicht der Familienname aus. Ich verstehe ja, daß sie sich in einer unglücklichen Situation befinden, weil ihre Eltern nicht richtig gehandelt haben. Ihre Eltern haben sich gesagt, sie pfeifen auf die Familiengesetze, sie haben einfach drauflos gelebt und diese unstandesgemäßen Ehen geschlossen. Damit wurden ihre Frauen Frau Romanow und ihre Kinder Herr und Fräulein Romanow, und das war's dann. Ich kann unsere Gesetze nicht ändern. Ich habe bei ihnen das Gefühl, daß sie jetzt, wo in Rußland etwas Wichtiges geschieht, plötzlich wach geworden sind und sich sagen: Aha! Da könnte etwas für uns zu holen sein!«

Während wir uns unterhielten, saßen Miß Kirby und Großfürst Georgi dabei und hörten stumm zu. Dann trank Georgi seinen Tee, aß ein Stück Kuchen, entschuldigte sich höflich und ging. Von der Veranda aus konnte ich ihn im Garten Fahrrad fahren sehen. Ich fragte nach seiner Zukunft. »Er weiß sehr wohl, daß er der Zarewitsch ist«, sagte seine Mutter. »Er redet oft mit

Großfürstin Maria, die derzeitige Anwärterin, und ihr Sohn, Großfürst Georgi

mir darüber. Zur Zeit geht er auf eine englische Schule hier in Madrid, wo seine Klassenkameraden Kinder von Diplomaten und Geschäftsleuten sind. Ich habe sie gebeten, ihn wie einen normalen Jungen zu behandeln, sie nennen ihn Georgi. Eines Tages wird er hoffentlich seinen Militärdienst in Rußland absolvieren.« In einer überraschenden Wendung sagt Maria jedoch, daß Georgi vielleicht noch warten muß, bis es an ihm ist, den russischen Thron zu besteigen. »Wie Sie wissen, bin ich das Oberhaupt der Familie. Wir werden abwarten müssen, was unser Land wünscht. Zur Zeit wäre derjenige, dem der Posten zusteht, ich. Mein Land müßte [ehe Georgi die Thronfolge antreten könnte] sagen: ›Wir wollen keine Frau.‹«

* * *

Fürst Nikolai Romanow, von allen in der Familie außer Maria und Leonida als Chef des kaiserlichen Hauses anerkannt, steht an einem warmen Vorfrühlingstag auf dem Bahnhof in Gstaad, Schweiz, und streckt die Hand aus. Er ist groß, untersetzt und lächelt. »Wir brauchen ein Taxi, um zu meinem Haus zu kommen«, sagt er. »Da ist es schon: das Taxi Romanow.« Wir steigen in ein zerbeultes, altes rotes Auto, so klein, daß Nikolai die beiden Vordersitze fast ganz ausfüllt, und fahren zu der kleinen Landhauswohnung, in die er und seine Frau sich aus Italien zurückgezogen haben. Beim Umzug entdeckte er, daß diese Wohnung nicht genügend Raum für seine Bibliothek bot, weshalb er noch eine Einzimmerwohnung eine Etage tiefer dazukaufte, die jetzt mit Stapeln von Büchern vollgestellt ist, meistens Arbeiten zur russischen Geschichte.

Wenn Großfürstin Maria nicht die legitime Anwärterin auf den russischen Thron ist, dann hat der heute dreiundsiebzigjährige Nikolai Romanow diese Position. Seine Eltern lebten in unstandesgemäßer Ehe; genauso wie seiner Ansicht nach Marias Eltern. Wenn man sie also in dieser Beziehung als gleichrangig betrachtet, dann gebührt Nikolai zweifellos der Vorrang, weil er ein Mann ist. Die Ironie der Geschichte will, daß Nikolai weder Thronprätendent sein möchte noch glaubt, daß die Monarchie eine für Rußlands gegenwärtige Bedürfnisse geeignete Institution ist. Ein Fernseh-Interviewer aus St. Petersburg fragte ihn kürzlich, was für einen Zaren er seiner Ansicht nach abgeben würde. »Mein Lieber«, antwortete Nikolai, »wissen Sie denn nicht, daß ich Republikaner bin?«

Er wurde 1922 in Südfrankreich geboren, nicht weit von dem Hause seines Großonkels, des hochgewachsenen Soldaten Großfürst Nikolai Nikolajewitsch. Der Großfürst hatte keine Kinder, und Nikolai und sein vier Jahre jüngerer Bruder Dmitri waren die einzigen männlichen Nachkommen ihrer Generation der *Nikolajewitschi* der Familie Romanow. 1936 zog seine Familie nach Rom: die Schwester seiner Großmutter war Königin von Italien. Nikolai war achtzehn, als Italien 1940 in den Krieg eintrat, doch da er den Paß eines Staatenlosen hatte, wurde er nicht eingezogen. 1944, nachdem die Alliierten in Rom einmarschiert waren, schloß sich Nikolas einer englisch-amerikanischen Einheit für psychologische Kriegsführung an. »So Romanow, jetzt lernen Sie bitte Englisch«, sagte sein englischer Oberst. Nikolai, der bereits Russisch, Französisch und Italienisch sprach, gab sich alle Mühe.

1946, unmittelbar vor dem Referendum, das Italien aus einem Königreich zu einer Republik machte, zog Nikolai mit seinen

Eltern und seinem Bruder nach Ägypten. Dort verliebte er sich in eine Ägypterin, deren Sprache Englisch war. »Mein Englisch verbesserte sich ungeheuer«, erinnert er sich. 1950, unterwegs nach Genf, wo er bei einer der neuen Behörden der Vereinten Nationen nach Arbeit suchen wollte, kam er durch Rom und lernte Gräfin Sveva della Gherardesca kennen. Innerhalb eines Monats machte er ihr einen Heiratsantrag. Sie nahm ihn an, aber ihr Vater sagte ihm: »Such Dir erst einen Job.« Nikolai begann, in Rom Austins zu verkaufen. Drei Jahre später starben sein Schwiegervater und der Zwillingsbruder seiner Frau fast zur selben Zeit und hinterließen ihre Weinberge in der Toskana ohne Verwaltung. »Nicht sehr groß, aber recht guter Wein«, sagt Nikolai. »Also übernahm ich das und ging aufs Land, lernte Landwirtschaft. Und das habe ich die meiste Zeit meines Lebens getan.«

Neben der Landwirtschaft hat Nikolai Romanow sein Leben der Lektüre historischer Literatur gewidmet. Rückblickend hat er viel Verständnis für seinen Namensvetter Nikolai II. »Er war ein charmanter, äußerst rücksichtsvoller, sehr unglücklicher Mann«, sagt Fürst Nikolai. »Er hatte den Ruf, unentschlossen zu sein, allzu leicht seine Meinung zu ändern und nie sein Wort zu halten. Zum Teil lag das an seinem Charakter, aber ein Teil war auch das System. Nehmen wir einmal an, Sie sind der Erziehungsminister und kommen zum Zaren. ›Majestät‹, sagen Sie zu ihm, ›wir müssen ein Dutzend russische Sprachschulen in Tadschikistan bauen, sonst hören die Jungen nur auf die Mullahs.‹ Und Nikolai würde antworten: ›Eine hervorragende Idee. Gut, das wollen wir machen.‹ Als nächstes empfängt der Zar den Finanzminister und sagt ihm: ›Übrigens, ich habe zwölf neue Schulen für Tadschikistan angeordnet‹, worauf der Finanzminister entgegnet: ›Gute Idee. Aber woher das Geld nehmen?‹ – ›Ach, das können wir doch regeln‹, meint der Zar. ›Das ist nicht so einfach, Majestät‹, wendet der Minister ein. ›Wissen Sie, die französischen Anleihen werden fällig. Und vergessen Sie nicht, daß wir beschlossen haben, die Artillerie neu auszurüsten. Offen gesagt, wir haben kein Geld.‹ Der Zar ist bedrückt. ›Sie meinen, wir können es nicht machen?‹ – ›Nicht gleich‹, sagt der Finanzminister. ›Vielleicht später. Es ist eine hervorragende Idee.‹ Wenn dann der Zar den Erziehungsminister das nächste Mal sieht, sagt er: ›Ach, übrigens, eine hervorragende Idee, Ihre Schulen, aber wir können sie jetzt noch nicht gleich bauen.‹ Und der Erziehungsminister geht weg und schreibt in sein Tagebuch und später in seine Memoiren, daß der Zar wieder einmal nicht zu seinem Wort gestanden hat.«

»Das Problem«, fährt der Nikolai Romanow der neunziger Jahre fort, »war das System. Wenn Nikolai II. Vorsitzender eines Ministerrats gewesen wäre, hätte er bei ein und derselben Sitzung von dem Bedarf an Schulen erfahren und davon, daß kein Geld zur Verfügung stand. Vielleicht hätte er dann gesagt: ›Also wollen wir erst einmal mit drei Schulen anfangen und später versuchen, noch weitere zu bauen.‹ Doch in einer Autokratie hatte Nikolai alles zu wissen und jede Entscheidung zu treffen. Die Autokratie in Rußland mag zu Zeiten Peters des Großen logisch gewesen sein, aber in der Zeit von Nikolai II. war sie nicht mehr durchführbar.«

Das bringt Nikolai Romanow auf die Frage der Monarchie heute. »Ich weiß nur das eine: Wer auch immer von Monarchie im Rußland von heute spricht, der weiß nicht, wovon er redet. Daran ist nicht einmal zu denken. Erstens steht sie nicht im Einklang mit der Zeit. Die Vorstellung, die Monarchie könnte ein Symbol sein, das alle Russen eint, ist doch Unsinn. Eine Zeitlang wird sie die Russen einen, doch sowie es das erste Problem gibt, wird alles zusammenbrechen. Wer auch immer an der Spitze des Staates steht, die Leute werden ihm die Schuld geben, und dann gibt es keine Möglichkeit, ihn loszuwerden. Das ist der Grund, weshalb ich persönlich heute für Rußland das präsidiale System einer Republik vorziehe. Denn wir müssen in der Lage sein, den Mann an der Spitze periodisch auszuwechseln. Das ist mit Gorbatschow geschehen und wird auch mit Jelzin passieren. Das wichtigste ist, daß die Machtwechsel ohne Trauma für das Land geschehen, ohne Blutvergießen.«

Wie steht es mit einer konstitutionellen Monarchie? »Nein, ich glaube nicht, daß es mit einem konstitutionellen Monarchen, der ein bloßes Symbol für die Einheit der Nation ist, gutgehen kann, denn Rußland hat keine konstitutionelle Tradition. Wir Romanows haben das zu unserer Zeit verhindert, und nachdem wir weg waren, haben sich auch unsere kommunistischen Nachfolger dagegen abgesichert. Die konstitutionelle Tradition ist erst

CAMERA PRESS

Fürst Nikolai Romanow

jetzt entstanden und kämpft ums Überleben. Es gibt Wahlen, ein Geben und Nehmen im Parlament. Ja, manchmal werden die falschen Leute gewählt. Das ist eben Demokratie. Alle Welt ist bestürzt, weil ein Verrückter namens Schirinowski plötzlich fünfundzwanzig Prozent der Wählerstimmen bekommt und beginnt, schockierende Ankündigungen zu machen. Ob wohl irgend jemand im Westen versteht, warum ihn seine Anhänger gewählt haben? Das ist ganz banal: Nehmen Sie einen Russen meines Alters, dreiundsiebzig. Als Soldat war er zweiundzwanzig oder dreiundzwanzig, als er die größte Armee der Welt, die deutsche Wehrmacht, geschlagen hat. Er hat sich seinen Weg von Moskau bis nach Berlin erkämpft, ist auf den Reichstag geklettert und hat die rote Fahne gehißt. Sein ganzes Leben ist er darauf stolz gewesen. Heute, fünfzig Jahre später, wo ist da dieser alte Soldat? Er lebt von einer Rente, die ihm seinen Lebensunterhalt für ganze zwei bis drei Tage im Monat sichert. Glauben Sie, er ist glücklich, wenn er sieht, wie Rußland um Deutsche Mark bettelt und wie Ausländer und russische Kriminelle im Mercedes und BMW durch die Straßen rasen?

Was ich wirklich wünschte, wäre, daß mein Land diese historische Phase endlich hinter sich ließe und aufhörte, darüber nachzudenken. Ich würde sogar sagen, daß es mir verdammt egal ist, ob Lenin, Swerdlow, Schmidt oder Schulz es war, der die Ermordung meiner Verwandten angeordnet hat. Jemand hat es getan. Das Stigma trägt der Mann jener Zeit. Aber um Himmels willen, wir leben doch heute, nach fünfundsiebzig Jahren, in einem neuen Rußland. Wir stehen vor kolossalen Problemen. Da sollten wir doch den politischen Aspekt der Vergangenheit vergessen. Überlassen wir das den Historikern. Ob Lenin verantwortlich war oder nicht, ist außerordentlich interessant, und ich bin keineswegs dafür, es zu verdrängen, aber wir sollten das nicht für wichtiger halten als das, was heute und morgen passiert.«

Und wie steht es mit der Beisetzung der Gebeine von Jekaterinburg? »Ich glaube, daß es die echten sind, aber wichtiger ist, daß wir heute, alle Menschen in Rußland, uns zu einer Geste der Reue für dieses Verbrechen aufschwingen, daß wir dieses Gefühl der Reue am Grab der Opfer ausdrücken. Wenn jemand sagt: ›Sie zeigen Ihre Reue aber bei den falschen Gebeinen und am falschen Grab‹ – mindert das etwa den Wert meiner Reue? Wichtig ist doch die Reue, nicht das Grab. Dann ist dieses Kapitel zu Ende. Abgeschlossen. Rußland kann nach vorne blicken.«

Bei der Erwähnung der Spaltung der Romanows schüttelt Nikolai den Kopf. »Sehen Sie, Wladimir hat nicht standesgemäß geheiratet. Leonida kommt aus einer Familie der kaukasischen Hocharistokratie, einer bedeutenden, angesehenen Familie des russischen Adels, aber sie war nicht königlichen Geblüts. Was macht das? Unsere Eltern haben Bürgerliche geheiratet. Was soll's? Wir haben Bürgerliche geheiratet. Und wieder: was soll's? Es gab niemanden, der uns aufgefordert hätte, auf unsere Rechte zu verzichten, also haben wir geheiratet, ohne zu verzichten, und so haben wir und unsere Kinder immer noch Rechte auf den Thron von Rußland. Das ist unser Standpunkt. Kirill wollte das nicht zugeben; Wladimir wollte es nicht, und auch Maria will es nicht. Uns ist das verdammt egal, weil wir nicht in Rußland regieren wollen. Wir wehren uns jedoch dagegen, daß Maria uns in ihrer Jagd nach dem Thron zu nehmen versucht, wer wir sind und was wir sind. Sie kann nicht sich selbst über uns alle stellen. Wenn sie darauf besteht, anders behandelt zu werden als wir, wenn die Gebeine der kaiserlichen Familie bestattet werden, dann ist mein Rat an den Rest der Familie, fernzubleiben. Denn dann würde das, was als eine religiöse Feier der Reue und Versöhnung gedacht ist, zu einem politischen Ereignis.

Wissen Sie, es entbehrt nicht der Ironie, dieses unser russisches Gesetz über unstandesgemäße Ehen. Unsere Familie im Exil ist in dieser Sache noch restriktiver als die regierenden Königsfamilien. In England, Schweden, Belgien, den Niederlanden und Dänemark halten es die meisten Menschen für politisch gesund, wenn der Monarch oder Thronerbe eine Bürgerliche heiratet.« Schließlich akzeptiert Nikolai die von Kaiserinwitwe Maria und Großfürst Nikolai Nikolajewitsch vertretene Ansicht, daß nur das russische Volk entscheiden könne. »Es ist an ihnen, ob sie einen Monarchen wollen oder nicht, und wenn sie ihn wollen, wer dieser Monarch sein sollte. Wenn es ein Romanow sein soll, sollten sie wählen, wen sie gern hätten. Wenn sie jemanden aus einer anderen Familie wollen, sollten sie diese andere Person wählen. Es ist nicht an uns, zu entscheiden.«

Nikolai versteht sich selbst als Fürst Nikolai Romanow, Chef der Familie, Präsident der Romanow-Stiftung, Historiker und Landwirt im Ruhestand. Daß er etwas mehr sein könnte, wurde erst vor kurzem durch das Verhalten eines Experten für königliche Genealogie und Protokoll deutlich gemacht. Gewöhnlich erhebt sich die Königin von England nur vor anderen Monarchen oder Staatsoberhäuptern. Vor noch nicht langer Zeit, anläßlich einer Ausstellung von Juwelen von Fabergé, ging Nikolai Romanow auf Elisabeth II. zu, um sich ihr vorstellen zu lassen. Als die Königin ihn kommen sah, erhob sie sich.

* * *

Im Rußland von heute tauchen immer häufiger die Symbole des Zaren wieder auf. Die Flagge Rußlands ist die von Peter dem Großen. Der Doppeladler der Romanows erscheint auf den Visa, die die russische Regierung erteilt, und auf den Mützen der russischen Generäle. In Kopenhagen warf der russische Botschafter, ein früherer Sowjetdiplomat, die Arme hoch bei einem Gespräch mit einem Romanow-Fürsten und sagte: »Stellen Sie sich vor! Sie haben nicht bloß den Zaren und die Zarin umgebracht, sondern auch die Kinder! Sie haben sie alle ermordet! Schrecklich!« Bei einem Diner in Chicago sagte Anatoli Sobtschak, der Oberbürgermeister von St. Petersburg, zu seinem Tischnachbarn, daß er den Anspruch von Großfürstin Maria unterstütze und daß es nur noch eine Frage der Zeit sei, wann in Rußland eine konstitutionelle Monarchie unter Großfürst Georgi errichtet würde.

Trotz aller Wiederbelebung von Symbolen und Interessen kommt die Zeit, von der Sobtschak spricht, doch wohl nicht so bald. Die meisten Russen wollen keine Restauration der Romanows. »Die Romanows interessieren hier keinen«, sagt Geli Rjabow, der Filmemacher, der das Grab der kaiserlichen Familie mit aufgefunden hat. »Warum? Die Leute sind müde. Einfach müde. Sie wollen in Frieden leben, essen, trinken, sich kleiden und in Ruhe schlafen können, ohne sich darüber Gedanken machen zu müssen, ob nicht wieder jemand auf Regierungsgebäude schießen wird.« Pawel Iwanow, der DNS-Experte, der die Romanow-Gebeine in England identifizieren half, ist derselben Meinung wie Rjabow. »Wenn ich denke, wie heutzutage das Leben in Rußland ist, kann ich nur lachen«, sagt er über eine Wiedereinsetzung der Romanows. »Das russische Volk hat andere Sorgen, andere Probleme. Heute ist es gefährlich, in Moskau zu leben; was zur Zeit am meisten Profit bringt in dieser Stadt ist der Verkauf von Stahltüren. Ein Leben in Rußland ist heute fünftausend Dollar wert; so viel kostet nämlich ein Mordauftrag. Das Gerede über Königsfamilien und Throne ist lächerlich.« Irina Posdejewa, Professorin für Religionsgeschichte an der Universität Moskau äußert sich ähnlich, nur etwas philosophischer:

»Glauben Sie mir, für die Menschen im heutigen Rußland existiert die Idee des Zarentums überhaupt nicht. Diese Menschen wissen nichts mehr von *Väterchen Zar*. Drei, sogar vier Generationen sind ohne dieses Bild aufgewachsen, es existiert nur noch im Märchen und im historischen Gedächtnis. Nur für die Intelligenzia, bestimmte Kreise von Intellektuellen, hat sich diese Idee erhalten, besitzt sie strahlenden Glanz, aber das ist eine kleine Gruppe. Eine Wiederkehr der Romanows? Nein. Das wäre der Versuch, den Lauf der Geschichte umzukehren, in die entgegengesetzte Richtung.«

Praktisch gesehen, machte eine Restauration der russischen Monarchie es erforderlich, daß sich der russische Präsident und das Parlament – zwei Institutionen, die zur Zeit kaum je in irgendeiner Sache einer Meinung sind – zusammentun, um die heikle Operation durchzuführen, eine dritte Institution, die Monarchie, auf eine bereits geschwächte Regierungsstruktur aufzupfropfen. Ein Diktator, ein russischer Francisco Franco, könnte das schaffen, aber Franco hatte in Spanien vierzig Jahre lang die absolute Macht, und er bereitete sein Land darauf vor, indem er seine Absicht, den König zurückzuholen, schon jahrelang ankündigte, ehe es geschah. Rußland hat keinen Franco und will auch keinen haben; sein Experiment mit der Demokratie ist noch nicht abgeschlossen. Aber die Demokratie hat Rußland eine schwache und uneinige Regierung gegeben, die so unsicher balanciert, daß keiner dieses heikle Gleichgewicht zu stören wagt. Leichen und Gebeine bleiben unbestattet, weil man befürchtet, daß der Begräbnisakt politische Antagonismen anheizen könnte; Lenins Leiche liegt nach wie vor einbalsamiert im Mausoleum auf dem Roten Platz, damit bloß nicht die Kommunisten in Rage gebracht werden; die Gebeine der kaiserlichen Familie sind auf den Stahltischen im Leichenschauhaus von Jekaterinburg ausgebreitet, damit sich die orthodoxe Kirche bloß nicht verletzt fühlt. Eine Regierung, die nicht einmal die Macht hat, auch nur diese Überreste des Sturzes der Monarchie zur Ruhe zu betten, kann nicht erwarten – oder man kann es von ihr nicht erwarten –, daß sie die Kraft findet, sie wiederherzustellen.

TEIL 4

Das Ipatjew-Haus

ZWANZIGSTES KAPITEL
ACHTUNDSIEBZIG TAGE

Achtundsiebzig Tage lang waren der Zar, seine Familie und die Mitglieder ihres Haushalts auf fünf Räume des Ipatjew-Hauses beschränkt. Nikolai und Alexandra hatten das vordere Eckzimmer, das blaßgelb tapeziert und mit zwei Betten, einer Couch, zwei Tischen, einer Lampe, einem Bücherregal und einem einzigen Spind möbliert war, der ihre gesamte Kleidung zu fassen hatte. Die vier Töchter und der dreizehnjährige Sohn teilten sich ein weiteres Zimmer mit einer rosa- und grüngeblümten Tapete (doch bald wurde Alexejs Bett ins Zimmer seiner Eltern geräumt). Die Zofe, Anna Demidowa, schlief in einer Kammer im hinteren Teil des Hauses, Dr. Botkin im Salon, Trupp und Charitonow blieben in der großen Diele. Zwei bis drei bewaff-

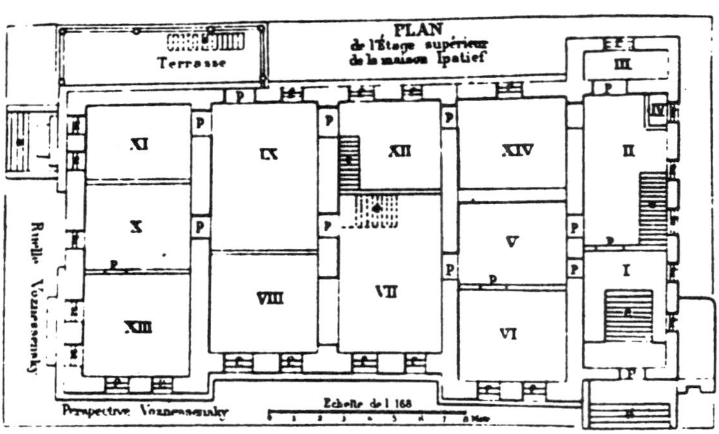

nete Wachposten hielten sich ständig in dem Hauptflur bei der Familie auf, und die Gefangenen mußten, um ins Badezimmer oder auf die Toilette zu gehen, immer an diesen Männern vorbei. Ein vier Meter hoher Latten- oder Palisadenzaun verdeckte Haus und Fenster gegen die Straße. Die Gefangenen konnten, wenn sie aus ihren Zimmern blickten, nur die Baumwipfel sehen.

Die Familie gewöhnte sich an einen monotonen Tagesablauf. Sie standen um neun Uhr auf und nahmen um zehn ihr Frühstück, Tee und Schwarzbrot, ein. Jeden Morgen und Abend sprachen sie Gebete und lasen einander aus dem Evangelium vor. Eine Zwischenmahlzeit war um eins, Mittagessen zwischen vier und fünf, Tee um sieben, Abendbrot um neun. Gewöhnlich las Nikolai der Familie nach dem Tee und am Abend vor; an den Tagen unmittelbar nach ihrer Ankunft in Jekaterinburg hatte er dafür das Buch Hiob gewählt. Wer wollte, durfte zweimal täglich draußen spazierengehen, dreißig Minuten morgens und dreißig Minuten am Nachmittag.

* * *

In Sibirien war Frühling. Als Nikolai, Alexandra und Maria, die vor den anderen von Tobolsk hergereist waren, in Jekaterinburg ankamen, freute sich Alexandra, daß der lange Winter vorbei schien. »Das Wetter war wunderbar, so warm und sonnig«, schrieb sie am 30. April, dem Tag, an dem sie das Ipatjew-Haus betraten. Danach waren die meisten Tage freundlich: »Schön, warm, sonnig, aber windig, wunderbarer heller Sonnenschein. Sonnenschein und wechselnde Wolken. Wunderbarer warmer Morgen, saß im Garten, warmer Wind, schöner strahlender Morgen.« Am 25. Mai jedoch notierte sie, daß es »stark schneit«, und am nächsten Tag: »alles ist schneebedeckt«.

* * *

Nach dem 15. Mai war es nicht mehr so einfach für sie, draußen Sonne, Wolken oder Schnee zu sehen. »Ein alter Mann hat alle Fenster von außen mit weißer Farbe zugemalt«, schrieb Alexandra an diesem Tag in ihr Tagebuch, »so daß man nur ganz oben ein bißchen Himmel sehen kann, es sieht aus, als herrsche draußen dichter Nebel.« Am nächsten Tag übermalte ein anderer Mann das Außenthermometer, so daß sie die Temperatur nicht

Das Ipatjew-Haus hinter dem Palisadenzaun mit Wachposten

mehr ablesen konnten. Doch vier Tage später kratzte der Kommandant der Wache »die Farbe von dem Thermometer ab, so daß man jetzt die Temperatur wieder ablesen kann«, heißt es im Tagebuch.

* * *

Am 23. Mai kamen Olga, Tatjana, Anastasia, Alexej und der Matrose Nagorny (der fünf Jahre lang den Zarewitsch getragen hatte, wenn er nicht laufen konnte) aus Tobolsk an. »Welch eine Freude, sie wiederzuhaben«, schrieb Alexandra. In dieser Nacht gab es nicht genügend Betten, und die vier Großfürstinnen schliefen mit Decken und Kissen auf dem Boden. Die Freude der Familie, daß sie wieder vereint war, wurde bald durch die Krankheit des Zarewitsch überschattet. »Baby ist alle Stunde aufgewacht vor Schmerzen im Knie, er ist ausgerutscht und hat sich verletzt, als er zu Bett ging«, schrieb die Kaiserin. »Kann noch nicht gehen. Er wird getragen. [Er hat] vierzehn Pfund abgenommen, seit er krank ist.« Von diesem Tag bis zum Ende beherrschte Alexejs Krankheit die Gedanken seiner Mutter.

24. Mai: »Baby und ich aßen in unserem Schlafzimmer; seine Schmerzen sind wechselnd. Wladimir Nikolajewitsch [der Arzt des Zarewitsch, Dr. Derewenko, dem man erlaubt hatte, in der Stadt zu wohnen und seinen Patienten gelegentlich zu besuchen]

kam, um Baby zu untersuchen und die Kompressen zu wechseln. Baby hat bei Nagorny geschlafen. Baby hatte wieder eine schlechte Nacht. Die Schwellung hat ein kleines bißchen nachgelassen, schmerzt aber hin und wieder sehr stark.

27. Mai: Baby hatte wieder keine gute Nacht. Jewgeni Sergejewitsch [Dr. Botkin] hat einen Teil der Nacht [bei ihm] gewacht, damit Nagorny schlafen konnte. Im ganzen besser, wenn auch sehr starke Schmerzen. Um 6.30 wurden Sednew [ein Koch] und Nagorny weggeholt; weiß den Grund nicht[24]. [Dr. Botkin] verbrachte die Nacht bei Baby.

28. Mai: Baby schlief im ganzen gut, obgleich er jede Stunde aufwachte – Schmerzen weniger stark. Ich fragte, wann Nagorny wieder zu ihm gelassen wird, weiß nicht, wie wir ohne ihn auskommen können. Ohne ihn hat Baby eine Zeitlang sehr gelitten. Nach dem Abendessen wurde Baby in sein Zimmer getragen. Schmerzen schlimmer.

30. Mai: Baby hatte eine bessere Nacht, verbrachte den Tag in unserem Zimmer. Schmerzen nur in großen Abständen. [Dr. Derewenko] meinte, daß die Schwellung im Knie einen Zentimeter geringer sei. Vor dem Essen wurden die Schmerzen stärker, brachten ihn in sein Zimmer zurück.

2. Juni: Baby schlief eine Zeitlang – ich spielte Karten mit ihm. Nach dem Essen wurde er von Trupp und Charitonow in sein Zimmer zurückgetragen.

4. Juni: Knie viel weniger geschwollen. Er kann morgen nach draußen getragen werden.

5. Juni: Strahlender Morgen. Baby hat nicht gut geschlafen, das Bein schmerzte, weil [Dr. Derewenko] gestern den Gips abgenommen hat, der das Knie sicher hielt. [Dr. Botkin] hat ihn getragen und in meinen Rollstuhl gesetzt, Tatjana und ich gingen mit ihm in die Sonne. Mußte zurück ins Bett, weil Bein vom Ankleiden und Herumtragen wieder schmerzte. 6 Uhr nachmittags kam [Dr. Derewenko] und machte ihm wieder einen Gipsverband, weil das Knie wieder stärker geschwollen ist und erneut so sehr schmerzt.«

Danach, als die Blutung zum Stillstand kam und die Flüssigkeiten in Alexejs Knie absorbiert waren, klangen die Schmerzen ab, und sein Bein ließ sich allmählich wieder strecken. Wenn das Wetter gut war, wurde er nach draußen getragen, um in der

Sonne zu sitzen. »Saß mit Baby, Olga und Anastasia vor dem Haus«, schrieb Alexandra. »Ging mit Baby, Tatjana und Maria hinaus, fuhr Baby im Rollstuhl in den Garten, und wir saßen dort alle eine Stunde lang. Sehr heiß, hübsche Fliederbüsche und kleines Geißblatt.«

* * *

Die meiste Zeit waren Alexandra wie Alexej bewegungsunfähig. Wegen ihres Ischias konnte sie nicht laufen und lag auf ihrem Bett oder saß in ihrem Rollstuhl im blaßgelben Schlafzimmer. Die weißgestrichenen Fenster vor Augen, stickte sie, zeichnete, las in ihrer Bibel, ihren Gebetbüchern oder dem *Leben des Heiligen Serafim von Sarow*. Am 28. Mai schrieb sie auf: »Habe zum erstenmal Nikolais Haar geschnitten«, und am 20. Juni: »Habe wieder N.s Haar geschnitten.« Die Töchter kümmerten sich um Alexandra: »Maria las mir nach dem Tee vor. Maria wusch mir die Haare. Tatjana las mir vor. Anastasia las mir vor, die anderen gingen raus, Olga blieb bei mir.« Die Kaiserin litt häufig an Migräne: »Ich blieb im Bett, weil mir sehr schwindelig war und die Augen so schmerzten. Lag mit geschlossenen Augen, weil der Kopf immer noch schmerzte. Blieb den ganzen Tag mit geschlossenen Augen, Kopf wurde gegen Abend schlimmer.«

Nikolai war in ständiger Anspannung wie ein wildes Tier, das man in einen Käfig gesperrt hat. Da er nicht hinausgehen konnte, wann er wollte, lief er in seinem Zimmer hin und her, hin und her. Eines warmen Abends im Juni schrieb er in sein Tagebuch: »Es ist unerträglich, so dazusitzen, eingesperrt und nicht in der Lage zu sein, in den Garten zu gehen, wann man will, und den Abend angenehm im Freien zu verbringen.« Er war müde, und die Ringe unter seinen Augen wurden dunkler. »Die Langeweile ist unglaublich«, schrieb er. Er litt an Hämorrhoiden und hütete drei Tage das Bett, »weil es so bequemer ist, die Kompressen zu machen«. Alexandra und Alexej saßen beim Mittagessen, Tee und Abendessen an seinem Bett. Nach zwei Tagen und Nächten konnte er wieder sitzen, und am dritten Tag stand er auf und ging nach draußen. »Das Grün ist wunderschön und saftig«, schrieb er.

* * *

In der Eintönigkeit der Tage, isoliert von der Außenwelt, in Unkenntnis selbst von Ereignissen wie Nagornys Tod, fanden die Gefangenen hauptsächlich im Auf und Ab von Krankheiten und den Kapricen des Wetters Abwechslung. Von Geburtstagen wurde kaum Notiz genommen, obgleich es vier gab, solange die Familie im Ipatjew-Haus war: am 19. Mai wurde Nikolai fünfzig; am 6. Juni Alexandra sechsundvierzig; am 18. Juni, notierte Nikolai, »ist die liebe Anastasia schon siebzehn geworden«, am 27. Juni »wurde unsere liebe Maria neunzehn«. Gelegentlich gab es Unterbrechungen in der Routine. Anfang Mai kam ein Paket an. »Erhielt Schokolade und Kaffee von Ella [ihrer Schwester, Großfürstin Jelisaweta]«, schrieb Alexandra auf. »Sie ist aus Moskau ausgewiesen worden und hält sich in Perm auf.« Am nächsten Morgen schrieb die Kaiserin: »Großer Genuß, eine Tasse Kaffee.« Manchmal fiel der Strom aus. »Abendbrot, 3 Kerzen in Gläsern; Kartenspiel beim Schein einer Kerze«, schrieb sie. Am 4. Juni notierte sie, daß der neue Herrscher über Rußland seine Gewalt sogar auf die Uhren ausgedehnt habe. »Lenin gab den Befehl, daß die Uhren um zwei Stunden vorgestellt werden müssen (um Elektrizität zu sparen), um zehn sagten sie uns, es sei zwölf.«

* * *

Wie die Tage so dahingingen, verschmolzen die Gefangenen, vom Kaiser bis zum Koch, mehr und mehr zu einer Großfamilie. Botkin, eher ein alter Freund als ein Diener, saß häufig nach dem Abendbrot mit Nikolai und seiner Frau zusammen, um zu reden und Karten zu spielen. An Tagen, wenn Alexandra und Alexej das Haus nicht verlassen konnten, blieb Botkin bei ihnen und spielte Karten mit ihnen. Nachdem Nagorny weggeholt worden war, schlief Botkin manchmal beim Zarewitsch und teilte sich mit Nikolai, Trupp und Charitonow in die Aufgabe, ihn nach draußen zu tragen. Am 23. Juni wurde Botkin selbst schwerkrank, er hatte eine Nierenkolik, die eine Morphiumspritze nötig machte. Er blieb fünf Tage krank; als er wieder in einem Sessel sitzen konnte, setzte sich Alexandra zu ihm. Dann wurde Sednew, der Koch, krank, und Alexandra überwachte sein Fieber und später seine Genesung.

Die vier Großfürstinnen, nunmehr junge Frauen, taten, was sie konnten. Tatjana und Maria lasen ihrer Mutter vor und spielten Bridge mit ihr. Tatjana spielte auch mit Alexej Karten, und auf dem Höhepunkt seiner Krankheit schlief sie nachts bei ihm. Olga, die Nikolai am nächsten stand, ging zweimal täglich mit ihrem Vater spazieren. Alle vier halfen Demidowa Strümpfe stopfen und Wäsche flicken. Ende Juni schlug Charitonow, der Koch, vor, die fünf Kinder sollten ihm Brot backen helfen. »Die Mädchen kneteten den Brotteig«, wie Alexandra notierte. »Die Kinder rollten und formten weiter Brote, jetzt wird es gebacken ... wir hatten Lunch: hervorragendes Brot. Die Kinder helfen jeden Tag in der Küche.«

* * *

Im Juni waren sie dem Sommer mit seiner Hitze ausgesetzt. Es war die Zeit der Sommergewitter mit Blitz und Donner, Regenschauern, die rasch wieder mit hellem Sonnenschein und noch stärkerer Hitze wechselten. Am 6. Juni schrieb Alexandra in ihr Tagebuch: »Sehr heiß, furchtbar stickig in den Zimmern.« Die Hitze aus der Küche machte es noch schlimmer. »Charitonow muß jetzt unser Essen kochen«, notierte sie am 18. Juni. »Sehr heiß, stickig, da keine Fenster geöffnet werden dürfen und überall starke Küchengerüche sind.« Am 21. Juni berichtete sie: »War draußen im Garten, fürchterlich heiß, saß unter den Sträuchern. Sie haben uns eine halbe Stunde länger draußen zugestanden. So eine Hitze, in den Räumen ist es furchtbar stickig.«

Die geschlossenen Fenster machten die Zimmer stickig. Damit die Gefangenen nicht entkommen oder nach draußen Zeichen geben konnten, mußten die weißgestrichenen Doppelfenster in den Zimmern der Familie auf Anordnung des Ural-Sowjets alle geschlossen bleiben. Nikolai bemühte sich darum, daß diese Anordnung aufgehoben wurde. »Heute während des Tees kamen sechs Männer herein, vermutlich vom Gebietssowjet, sie wollten nachsehen, welche Fenster geöffnet werden können«, schrieb er am 22. Juni in sein Tagebuch. »Die Entscheidung in dieser Frage zieht sich nun schon beinahe zwei Wochen hin! Immer wieder tauchen andere Leute auf und prüfen, ohne in unserer Gegenwart ein Wort zu sprechen, die Fenster.« In diesem Punkt siegte der Zar. »Zwei Soldaten kamen und nahmen ein Fenster in unserem Zimmer heraus«, schrieb Alexandra am 23. Juni. »So eine Freude, endlich köstlich frische Luft, und das eine Fenster nicht länger weiß bemalt.« – »Der Duft von all den Gärten in der Stadt ist wunderbar«, schrieb Nikolai.

* * *

Im Sonnenlicht saß Alexej still da, während der Zar und seine Töchter unter den Augen der Wache auf und ab liefen. Mit der Zeit änderte sich die Einstellung eines Teils der Bewacher zu ihnen. »Der Eindruck, den ich von ihnen gewonnen habe, wird für immer in meinem Herzen bleiben«, sagte Anatoli Jakimow, ein Mitglied der Wache, der von den Weißen gefangengenommen wurde.

»Der Zar war nicht länger jung, sein Bart wurde grau. [Er trug] ein Militärhemd und eine Offizierskoppel. Das Koppelschloß war gelb, das Hemd khakifarben, dieselbe Farbe wie die Hosen und seine alten abgetragenen Stiefel. Seine Augen waren freundlich, und ich hatte den Eindruck, daß er ein freundlicher, einfacher, offener und gesprächiger Mensch war. Manchmal hatte ich das Gefühl, er wollte mir etwas sagen. Er sah aus, als ob er gerne mit uns reden würde. Die Zarin war kein bißchen so wie er. Sie sah streng aus und hatte das Auftreten und die Manieren einer hochmütigen, herrischen Frau. Manchmal redeten wir untereinander über die Familie, wir fanden, daß sie anders war und genau wie eine Zarin aussah. Sie schien älter als der Zar. An ihren Schläfen konnte man graue Haare sehen, und ihr Gesicht war nicht wie das Gesicht einer jungen Frau.

All meine schlechten Gedanken über den Zaren gab ich nach einer gewissen Zeit bei der Wache auf. Nachdem ich sie mehrmals gesehen hatte, änderten sich meine Gefühle ihnen gegenüber vollständig; ich begann, sie zu bemitleiden. Ich hatte Mitleid mit ihnen als Menschen. Ich sage Ihnen die volle Wahrheit. Ob Sie es glauben oder nicht, ich sagte mir immer wieder: ›Laß sie entkommen … tu etwas, damit sie entkommen können.‹«

* * *

Am 4. Juli, einem »wunderschönen Morgen, frische Luft, nicht zu heiß«, tauchte ein Mann auf, den Nikolai »der dunkle Mann« nannte, und übernahm die Kontrolle über das Ipatjew-Haus. Dieser Mann, der schwarze Augen, schwarzes Haar und einen schwarzen Bart hatte und eine schwarze Lederjacke trug, war der Tschekist Jakow Jurowski. Das Schicksal wollte es, daß Alexandra von ebendiesem Tag berichtete, daß es Alexej besser ginge: »Baby ißt gut und wird zu schwer zum Tragen für die anderen. Er kann sein Bein besser bewegen. Es ist grausam, daß sie Nagorny nicht wieder zu uns zurücklassen.«

Jurowskis Ankunft kündigte kleinere Verbesserungen in der Situation der Gefangenen an. Die neuen Wachen, die er mit brachte, waren disziplinierter; die kleinen Belästigungen der jungen Großfürstinnen auf ihrem Weg zur Toilette hörten auf. Alexandras Tagebucheintrag vom 13. Juli endet mit einer optimistischen Notiz über Alexej: »Ein wunderschöner Morgen. Ich verbrachte den Tag wie gestern auf dem Bett liegend, weil der Rücken beim Herumgehen schmerzte. Die anderen gingen zweimal nach draußen. Anastasia blieb am Nachmittag bei mir. Es heißt, sie hätten Nagorny dieses [Gebiets] verwiesen, anstatt [ihn] zu uns zurückzulassen. Um 6.30 hatte Baby sein erstes Bad seit Tobolsk. Er schaffte es, allein ein- und auszusteigen, kletterte auch ins Bett, kann aber bisher nur auf einem Bein stehen.«

Am Sonntag, dem 14. Juli, berichtete Alexandra: »Die Freude einer Vesper – zum zweitenmal der junge Priester.« Vater Storoschew war schon früher einmal dagewesen, im Mai, und Jurowski hatte sein Einverständnis gegeben und ihn wiederkommen lassen. Der Priester fand die Familie gemeinsam wartend vor: Alexej saß im Rollstuhl seiner Mutter; Alexandra, die ein lila Kleid trug, saß neben ihm; Nikolai in khakifarbenem Militärhemd, Hosen und Stiefeln, stand mit seinen Töchtern, die in weiße Blusen und dunkle Röcke gekleidet waren. Als der Gottesdienst begann, kniete Nikolai nieder.

* * *

Ein Gedicht, Olga und Tatjana gewidmet, war von einem Freund Alexandras nach Tobolsk geschickt worden. Im Ipatjew-Haus schrieb Olga es ab und legte es in eines ihrer Bücher. Dort wurde es von den Weißen gefunden:

> Herr, gib Geduld uns, deinen Kindern,
> In diesen stürmisch dunklen Tagen,
> Daß wir Verfolgung, Not und Qualen,
> Die uns und unser Land bedroh'n, ertragen.

Gerechter Gott, die Stärke, die wir brauchen,
Gib uns, daß wir den Peinigern verzeih'n,
Die schwere Last des Kreuzes auf uns nehmen,
Nacheifern der großen Demut dein.

Wenn sie uns plündern und beleidigen,
In Meuterei und Aufruhr gegen uns gehen,
Dann rufen wir dich, Christus, unser Heiland,
Hilf uns, die bittre Prüfung zu bestehen.

Herr dieser Welt, Gott aller Schöpfung,
Gib deinen Segen uns auf unser Flehen,
Verleih uns Seelenfrieden, o Meister,
Daß wir die Furcht vorm Tode überstehen.
Und an der Schwelle unseres Grabes
Hauch deine göttliche Kraft uns ein,
Daß wir, deine Kinder, die Stärke finden,
In Demut beten, auch für unseren Feind.

* * *

Am Dienstag, dem 16. Juli, kam nach einem grauen Morgen die Sonne heraus. Die Familie versammelte sich, betete gemeinsam und trank Tee. Jurowski erschien, um alles zu inspizieren, und brachte als Sonderbewirtung frische Eier und Milch mit. Alexej hatte eine leichte Erkältung. Nikolai, Olga, Maria und Anastasia gingen am Vormittag eine halbe Stunde spazieren, während Tatjana zurückblieb, um ihrer Mutter aus den Propheten Amos und Obadja vorzulesen. Um vier Uhr nachmittags machten Nikolai und seine vier Töchter erneut einen Spaziergang im Garten. Um acht aß die Familie zu Abend, betete und trennte sich dann zur Nacht; Olga, Tatjana, Maria und Anastasia gingen in ihr Zimmer; Alexej hatte sein Bett im Zimmer der Eltern. Alexandra blieb noch auf, um Bésigue mit Nikolai zu spielen. Um 22.30 Uhr machte sie einen Eintrag in ihr Tagebuch. Es war kühl, sie schrieb: »15 Grad«. Dann löschte sie das Licht, legte sich neben ihren Mann und schlief ein.

Anhang

ANMERKUNGEN

1 Obgleich *Die Akte des Zaren* weithin Aufmerksamkeit erregte, zog das Buch auch strenge Kritik auf sich und seine Autoren. Das lag teilweise daran, daß ständig die Rede war von der Entdeckung »neuen Beweismaterials ... das damals bewußt unterdrückt wurde ... [und das] nahezu sechzig Jahre im verborgenen ruhte«. Der Bösewicht bei dieser These war Sokolow, dem die Autoren vorwarfen, daß er »akribisch alle Beweise zur Stützung seiner These aufführte, daß die gesamte Familie im Ipatjew-Haus umgebracht worden sei, hingegen alles wegließ, was darauf hinwies oder gar mit Bestimmtheit nachwies, daß da etwas anderes geschehen war«. Dieses »etwas andere« bestand darin, daß die Kaiserin und ihre Töchter nach Perm gebracht und dort von Juli bis November in Haft gehalten worden, danach aber verschwunden seien. Als Beleg dafür gab es die Aussage einer Frau in Perm, die erzählt hatte: »Ich konnte im schwachen Kerzenschein die frühere Kaiserin Alexandra Fjodorowna und ihre vier Töchter erkennen ... Sie schliefen auf Pritschen auf dem Boden, ohne Bettzeug. Das trübe Licht einer Talgkerze war die einzige Beleuchtung.« Sokolow hatte diese Aussage während seiner Ermittlungen gelesen, neben zahlreichen anderen Berichten von Menschen, die die Romanows gesehen haben wollten. Er nahm sie nicht in seine Schlußfolgerungen auf, weil er sie für falsch hielt, verwahrte sie aber bei seinen Unterlagen. Summers und Mangold fanden sie, weder verborgen noch unterdrückt, in der Houghton Library in Harvard.

Als das Buch erschien, wurde Außenminister Henry Kissinger gefragt: »Was halten Sie von der Rettung der Romanows und diesen sensationellen Dokumenten?« Er antwortete unnachahmlich: »Die ganze Story ist große Scheiße.« Professor Richard Pipes von Harvard, der das Buch in der *New York Times* besprach, war so empört über Summers und Mangolds Behauptung, sie hätten neues Beweismaterial entdeckt, und so voller Spott über die vorgebliche Identifizierung in Perm »beim trüben Licht einer Talgkerze«, daß er Kissingers Feststellung auf das Buch insgesamt übertrug.

Doch hatten die Autoren der Sache durch ihre Fragen an Professor Camp vom Innenministerium und Dr. Rich von West Point einen Dienst erwiesen. Man brauchte weder Sokolow für unredlich zu halten noch der Frau in Perm Glauben zu schenken, um sich zu fragen, was mit den Knochen und Zähnen passiert war, die doch mit Säure oder Feuer so schwer zu zerstören sind.

2 Die Figur, die von einem riesigen Felsen aufragt und heroisch wirken soll, zeigt einen bebrillten, zornigen, kleinen Mann in zu langem Mantel. Er schreitet in die Zukunft, der ausgestreckte Arm weist den Weg. Eine Taube sitzt ihm auf dem Kopf. Die dortigen Monarchisten haben vergeblich versucht, die Statue zu entfernen; jetzt kritzeln sie immer wieder Graffiti auf den Sockel.

3 Filiptschuks Ergebnisse entsprachen, was die jüngeren Großfürstinnen anbelangt, eher denen von Maples als denen von Abramow. Er hielt Skelett Nr. 5 für das der größten Tochter, sie sei im Alter von zwanzig Jahren ermordet worden. Dieses Skelett hatte Maples als das Marias und Abramow als das Tatjanas identifiziert. Skelett Nr. 6 ordnete Filiptschuk der nächstgrößeren Zarentochter zu, die im Alter etwa zwischen zwanzig und vierundzwanzig umgekommen sei. Maples hatte Nr. 6 mit Tatjana identifiziert, Abramow mit Anastasia.

4 Diese öffentliche Zurückweisung von Swjagins Untersuchungen müssen Abramow, der unter den Zuhörern war, mit persönlicher Befriedigung erfüllt haben. Vor allem an Swjagin hatte er gedacht, als er über »die Idioten« schimpfte, die seine Arbeit in Jekaterinburg kritisiert hatten und ihm im Herbst, Winter und Frühjahr zuvor arrogant gekommen waren.

5 McCrery, ein temperamentvoller kräftiger Mann, der Polizist war, ehe er nach Cambridge ging, um russische Geschichte zu studieren, hat wesentlichen Anteil daran, daß das gemeinsame britisch-russische Unternehmen in die Wege geleitet wurde. Als er von der Entdeckung der Gebeine hörte, habe er, wie er erzählt, Awdonin in Jekaterinburg angerufen. Awdonin verband ihn mit Pawel Iwanow. Iwanow sagte ihm, daß der beste Ort auf der Welt für DNS-Tests Aldermaston sei, und nannte ihm den Namen von Peter Gill. McCrery rief Gill an, der »ziemlich begeistert war, aber nicht sicher, ob das Innenministerium zustimmen würde. Na ja, Kenneth Clark, der damalige Innenminister, wohnt bei mir um die Ecke, ich kenne ihn seit Jahren. Er ist mein M. P. Ich setzte mich also mit ihm in Verbindung und machte ihm klar, wie sehr es das Renommee des FSS heben würde, wenn er beteiligt wäre. ›Werden Sie die Erlaubnis geben?‹ Clark sagte: ›Eine tolle Idee.‹ Ich rief wieder Iwanow an, und der sagte: ›Wie komme ich da hin? Ich habe kein Geld.‹ Also sagte ich: ›Ich werde es bezahlen.‹ Dann hat jemand in Rußland Iwanows Reise bezahlt, während ich mich an Applied Biosystems wandte, die Gen-Scanner und andere Maschinen herstellen, die man bei DNS-Arbeiten benutzt, und anfragte, ob sie Iwanows Auslagen in England übernehmen würden. Sie sagten ja und stellten drei- bis fünftausend Pfund zur Verfügung, von denen er zehn Monate lang leben konnte. So kam er her und brachte die Gebeine mit.«

6 Tatsächlich hatten damals die Sicherheitsbeamten beider Monarchen aus großer Sorge wegen möglicher Terroranschläge erreicht, daß König Eduard seine Yacht keinmal verließ und seinen Fuß nie auf den Boden des russischen Kaiserreichs setzte.

7 Dr. Walter Rowe, Professor für Geschichtsmedizin an der George-Washington-Universität in Washington, D. C., arbeitet eng mit DNS-Identifizierungsteams beim AFIP, dem FBI und den Cellmark Diagnostics in Bethesda, Maryland, dem größten kommerziellen DNS-Identifizierungslabor in den Vereinigten Staaten, zusammen und tritt häufig im Namen der einen oder anderen dieser Organisationen als Zeuge vor Gericht auf. Er bewundert die Arbeiten von William Maples zur forensischen Anthropologie und ist voller Hochachtung für Peter Gills Reputation als DNS-Wissenschaftler. Seine Kritik im Zusammenhang mit den Romanow-Gebeinen betrifft Lowell Levines Behauptung, daß 98,5 Prozent Wahrscheinlichkeit »bei Gericht nicht bestehen können. Ich würde Dr. Levine sagen, daß sie bei Gericht immer Bestand hätten. Wir gehen häufig mit wesentlich geringerem Wahrscheinlichkeitsgrad vor Gericht. Sicher kennt sich Dr. Levine auf manchen Gebieten der Gerichtsmedizin gut aus, aber vielleicht nicht ganz so gut, wie er glauben möchte. Mir ist schon oft aufgefallen, daß er gerne Behauptungen aufstellt, die meinen eigenen Erfahrungen bei Gericht glatt widersprechen. Die meisten Chemiker [Rowe wurde in Chemie promoviert] sind schon glücklich, wenn sie in einem Großteil ihrer Arbeiten auf einem Niveau von 95 Prozent Sicherheit operieren können, wen sollten da schon 98,5 Prozent stören?«

8 Die eingesetzte Kommission war, was man in Amerika eine »Blue Ribbon Commission« nennt: die zweiundzwanzig Mitglieder repräsentierten ein breites Spektrum der politischen, wissenschaftlichen, historischen und kulturellen Institutionen Rußlands. Vorsitzender war Juri Jarow, russischer Vizepremier, und die Treffen wurden in seinem Büro im Moskauer Weißen Haus abgehalten. Stellvertretender Vorsitzender war Anatoli Sobtschak, Bürgermeister von Rußlands zweitgrößter Stadt St. Petersburg. Die russisch-orthodoxe Kirche wurde durch Metropolit Juwenali repräsentiert. Auch ein stellvertretender Außenminister, ein stellvertretender Kultusminister, ein stellvertretender Gesundheitsminister und Wladislaw Plaxin, der oberste Gerichtsmediziner, gehörten dazu. Außerdem ein Historiker, ein Maler, der Präsident der Moskauer Adelsgesellschaft sowie der Dramatiker und Biograph Edward Radsinski. Aus Jekaterinburg standen ursprünglich drei Vertreter auf der Liste: Edward Rossel, der damalige Gouverneur, Wenjamin Alexejew, Direktor des Instituts für Geschichte und Archäologie in Jekaterinburg, und Alexander Awdonin.

9 Dr. Wiener ist vor vielen Jahren gestorben, seine Unterlagen sind verschwunden. Einer seiner Kollegen, Dr. Richard Rosenfield, sagt: »Ich bin alles andere als überzeugt, daß Al Wiener die Qualifikation für so eine Diagnose hatte. Es war ja gar nicht sein Fachgebiet. Er wollte immer mit allem auch in klinischer Medizin zurechtkommen, war aber mehr oder weniger unqualifiziert, abgesehen von der Bluttypisierung, da war er natürlich exzeptionell gut.«

10 Tatsächlich war Eugenia Smith 1995 immer noch am Leben und wohnte als Dauergast auf einem großen Besitz in Newport, Rhode Island.

11 Die wenigen Personen, die später diesen Fragebogen gesehen haben, lehnten es stets ab, sich dazu zu äußern.

12 Fallows forschte auch sonst in Europa nach Geld und Beweisen, daß die jüngste Zarentochter entkommen war. Am 7. Oktober 1935 schrieb er an den deutschen Reichskanzler Adolf Hitler: »durch ein Wunder ist sie Jurowski und den anderen Juden entkommen, die ihre Familie ermordet haben«, und fragte an, ob sich nicht in Hitlers Innenministerium unter den Akten ein »Geständnis des Juden Jurowski, der der Anführer der jüdischen Mörder war«, befinde. Hitler, den Fallows mit »Sehr geehrter Herr« und »Sehr verehrter Herr« anredete, hat nie geantwortet.

13 Baring Brothers leugnet nicht, daß sie siebzig Jahre lang viele Millionen Pfund an russischem Geld gelagert hatten. Am 7. November 1917, dem Tag der bolschewistischen Machtergreifung, fror die britische Regierung vier Millionen Pfund, die von der kaiserlichen Regierung bei der Baring Bank deponiert waren, ein. Im Laufe der Jahre blähten Zinsen diese Summe auf zweiundsechzig Millionen Pfund auf. Im Juli 1986, in der Ära von *Glasnost* und *Perestroika*, beschlossen die Regierungen von Michail Gorbatschow und Margaret Thatcher, reinen Tisch zu machen und diese Summe zu benutzen, um britische Besitzer von russischen kaiserlichen Papieren und Antragsteller aus Großbritannien und dem Commonwealth, die Eigentum oder andere Werte durch die Revolution in Rußland verloren hatten, auszuzahlen. Die Liste der Antragsteller war sehr lang: siebenunddreißigtausend. Noch länger war die Liste der Objekte verlorenen Eigentums: sechzigtausend, und zwar ging es von Ölquellen, Banken, Fabriken, Versicherungsgesellschaften, Schiffen, Gold-, Kupfer- und Kohlegruben bis zu Juwelen, Möbeln, Autos und Bankguthaben. Ein Antragsteller verlangte Entschädigung für fünf Dutzend Paar Strümpfe, die er zurückgelassen habe; ein anderer für Abonnementskarten für zehn Opernvorstellungen, die er wegen der Revolution nicht mehr besuchen konnte. Ein Brite, der in Rußland einen Obstgarten besessen hatte, behauptete, er sei eines Morgens aufgewacht und habe seinen Obstgarten voller Soldaten vorgefunden; sein Vermögen sei, wie die Akte vermerkt, »aufgegessen worden«. Ein anderer Brite verlangte Entschädigung, weil er seinen Papagei verloren habe.
Zwischen 1987 und 1990 wurden diese Forderungen überprüft, geschätzt und Wechselkurse kalkuliert. Schließlich wurden Besitzer von Wertpapieren und Grundbesitz mit einer Rate von 54,78 Prozent ihres ursprünglichen Werts entschädigt.
Die Existenz dieser Riesensumme »Geldes der zaristischen Regierung« war möglicherweise die Quelle für Gerüchte über »Geld der Romanow-Familie«. Selbst heute noch gibt es Leute, die behaupten, der Zar sei durch den Titel »Selbstherrscher aller Reussen« persönlich Eigentümer von Rußland gewesen: von Land, Grundbesitz, Bankvermögen – allem. Die Depots bei Baring Brothers gehörten daher ihm oder seinen Erben. Russisches Verfassungsrecht stützt diese Ansicht nicht.

14 Ein Zeuge, der Großfürstin Anastasia besser gekannt hatte als Lili Dehn, Baronin Buxhöwden, Pierre Gilliard oder Sidney Gibbes und vielleicht ge-

nausogut wie Großfürstin Olga oder Schura Tegljowa, wurde nie um eine Zeugenaussage gebeten, weder von den Anhängern der Prätendentin noch von ihren Gegnern. Das war die engste Freundin der Kaiserin Anna Wyrubowa, die für Alexandra etwas zwischen einer jüngeren Schwester und einem ältesten Kind war. Anna hatte in einem kleinen Haus gegenüber vom Alexanderpalast in Zarskoje Selo, auf der anderen Straßenseite, gewohnt und ihre Tage mit der Kaiserin, die Abende mit der Familie verbracht. Sie hatte sie in die Ferien auf der Krim und auf der kaiserlichen Yacht auf die Ostsee begleitet. Sie hätte die Familie auch nach Sibirien begleitet, wäre sie nicht als erste durch Alexander Kerenski verhaftet und fünf Monate lang in der Peter-Pauls-Festung inhaftiert gewesen.
Anna Wyrubowa wurde freigelassen, verließ Rußland und lebte bis zu ihrem Tod 1964 im Alter von achtzig Jahren in Finnland. Ihr Zeugnis war nie in der Anna-Anderson-Auseinandersetzung gefragt, denn sie war eine Freundin und Schülerin Grigori Rasputins, dessen Benehmen die Gesellschaft im vorrevolutionären Rußland schockiert hatte. »Es war unsere Überzeugung«, sagt Tatiana Botkin, »daß die Einbeziehung von Madame Wyrubowa der Sache Anastasias in den Augen der russischen Emigranten, von denen die meisten Rasputin zutiefst verachteten, nur schaden konnte.«

15 Tatsächlich waren, wie Schweitzer vermutete, weder die Mitglieder noch sonst einer der Offiziellen der Russischen Adelsgesellschaft im Bilde über die Aktion ihres Präsidenten. Und wie Schweitzer ebenfalls vermutete, kam die Gesellschaft nicht selbst für ihre Gerichtskosten auf. Im November 1994 gab Alexis Scherbatow zu, daß die acht Monate Gerichtsverfahren, in dem die Russische Adelsgesellschaft nominell Mandant war, die Organisation nichts gekostet hätten. »Nicht einen Cent! Nicht einen Cent! Nicht einen Cent!« gluckste er.

16 Zweifellos meint Dr. King »Verwandte« des Zaren und seiner Frau; denn all ihre Nachkommen waren ja im Keller des Ipatjew-Hauses bei ihnen.

17 Später machte Dr. Kevin Davies, Chefredakteur von *Nature Genetics* und Ivinsons Vorgesetzter, eine noch eindeutigere Aussage: »Gills Labor ist offensichtlich weltweit führend in diesen Dingen.« Er erklärte auch, daß Andrews & Kurth sich auf Mary-Claire Kings Vorschlag hin um seine Teilnahme als Experte bemüht hatten. Weil er an diesem Tag verhindert war, hatte Ivinson an seiner Stelle die Reise nach Charlottesville übernommen. Davies war verwundert, daß Andrews & Kurth seinem Kollegen nicht nur das übliche Expertenhonorar, sondern »selbst das Mittagessen vorenthalten« hatte.

18 Dieses Engagement für die russische Geschichte konnte Crawfords Position leider nicht stärken, als sie in ihrem Memorandum an das Gericht schrieb, Anastasia Manahan habe vorgegeben, »sie und ihr Bruder Nikolai [sic] hätten die Morde im Keller überlebt«. Tatsächlich hatte Anastasia Manahan nie behauptet, daß ein anderes Mitglied der kaiserlichen Familie überlebt habe. Und der Bruder von Großfürstin Anastasia hieß Alexej.

19 Obgleich nichts in Maples' Übereinkunft mit Korte stand, was ihn hätte hindern können, ihre berufliche Beziehung offenzulegen, wollte er sie aus irgendeinem Grund unbedingt geheimhalten. Ich hörte von Korte erstmals durch Michael Baden bei einem der ersten Interviews für dieses Buch. »Sie sollten mit Willi Korte sprechen«, sagte mir Baden freundlich. »Er weiß alles, was vorgeht.« Als ich im Januar 1994 Maples nach Korte fragte, schien er plötzlich alarmiert: »Korte kennt sich außerordentlich gut aus, aber er wird nicht mit Ihnen reden. Er wäre wütend, wenn er erführe, daß Michael mit Ihnen gesprochen hat. Er und der deutsche Verein, für den er arbeitet, sind extrem verschwiegen.« Nachdem das Gerichtsverfahren beendet war und ich von Maples' Übereinkunft mit Korte erfuhr, fragte ich Maples danach. Er leugnete, daß es je eine Übereinkunft gegeben habe.

20 Wissenschaftler formulieren gern vorsichtig und mit zusätzlichen Präzisierungen und bewegen sich oft rückwärts auf ihr Ziel zu. Tatsächlich sagte Gill: »Die Wahrscheinlichkeit, passende Profile zu finden, wenn Anna Anderson und Karl Maucher nicht verwandt sind, liegt bei weniger als eins zu dreihundert.« Später, in seiner Publikation, drückte er sich direkter aus: »Dieser Befund stützt die Hypothese, daß Anna Anderson und Franziska Schanzkowska ein und dieselbe Person war.«

21 Mark Stoneking nahm keine Tests an den Gewebeproben aus Charlottesville vor, die man ihm gebracht hatte. Er gab Richard Schweitzer zu verstehen, daß ein dritter Test mit demselben Gewebe, nachdem Peter Gill und das AFIP zu ähnlichen Resultaten gekommen waren, wohl kaum zu anderen Ergebnissen führen konnte. Dieses Gewebe verbleibt in Dr. Stonekings Labor, konserviert und tiefgefroren, zu künftigem Gebrauch.

22 Die Zweige der *Pawlowitschi* und *Konstantinowitschi* der Romanow-Dynastie waren in der männlichen Linie ausgestorben.

23 Es gibt natürlich viel mehr als drei Romanows. Einer, dessen Existenz einigen anderen Romanows zu schaffen macht, ist Paul R.-Ilyinsky, amerikanischer Staatsbürger, Oberst a. D. des US-Marine Corps und derzeit Oberbürgermeister von Palm Beach, Florida.
Ilyinsky, siebenundachtzig Jahre alt, ist der Sohn von Großfürst Dmitri und der Cincinnati-Erbin Audrey Emery. Er kam in England zur Welt: als Kind wurde ihm vom Thronprätendenten Kirill, dem Vetter seines Vaters, der Titel Fürst Paul Romanovsky-Ilyinsky verliehen. Weil seine Eltern sich scheiden ließen, als er neun, und sein Vater starb, als er vierzehn Jahre alt war, verbrachte Paul Kindheit und Jugend bei seiner amerikanischen Mutter. Er ging in Virginia zur Schule und besuchte auch die Universität von Virginia. Dann entschloß er sich, den Namen Paul R. Ilyinsky anzunehmen, trat als Unteroffizier beim US-Marine Corps ein (und wurde damit amerikanischer Staatsbürger, was zur Folge hatte, daß er auf alle ausländischen Titel verzichtete), wurde zum Offizier befördert, diente in Korea und verließ die Armee schließlich im Rang eines Obersten der Reserve. Er ist verheiratet, hat vier Kinder und zahlreiche Enkel und lebt in Palm Beach, wo er als

Grundstücksmakler und als Berufsfotograf gearbeitet hat. Eine Sammlung Bleisoldaten, vom Vater geerbt, hat Ilyinsky zu einer riesigen Armee ausgebaut, außerdem beherbergt er in einem Seitenflügel seines Hauses eine der größten Privatsammlungen von elektrischen Eisenbahnen weltweit. Paul Ilyinsky war mit seinem Vetter Wladimir befreundet, der ihn in Palm Beach besuchte, und versteht sich ebenso gut mit den anderen Romanow-Fürsten, denen er begegnet ist. Er selbst ist am russischen Thron nicht interessiert. Und doch ist er ein Romanow, wie immer er sich nennt. Und wenn er die altrussischen Thronfolgegesetze zu seinen Gunsten auslegte – wie es auch die anderen zeitgenössischen Romanows tun –, könnte er beanspruchen, der Thronprätendent zu sein. Als Mann käme er vor Wladimirs Tochter Maria. Ilyinsky ist in der männlichen Linie Großenkel eines Zaren (Alexander II.), während Fürst Nikolai Romanow Urgroßenkel eines Zaren (Nikolai I.) ist. Ilyinskys Vater war vor der Revolution ein Großfürst; das trifft auf keinen der anderen lebenden männlichen Romanows zu. Einen Makel hätte sein Anspruch: Er entstammt einer unstandesgemäßen Ehe. Aber das ist bei den übrigen heute lebenden Romanows nicht anders. Paul Ilyinsky lächelt, während er darüber sinniert, und sagt: »Ich bin ein Amerikaner und habe bereits ein öffentliches Amt, in das ich gewählt wurde. Ich bin Oberbürgermeister.«

24 Vier Tage später wurden Nagorny und Sednew erschossen. Die Familie hat es nie erfahren.

ABKÜRZUNGSVERZEICHNIS

AFIP	(Armed Forces Institute of Pathology) Pathologisches Institut der amerikanischen Armee
CIA	(Central Intelligence Agency) Zentrale Organisation des amerikanischen Geheimdienstes
DNS	Desoxyribonucleinsäure
FBI	(Federal Bureau of Investigation) Bundeskriminalamt der Vereinigten Staaten
FSS	(Forensic Science Service) Britischer Gerichtsmedizinischer Dienst
KGB	(Komitet Gosudarstwennoj Besopasnosti) Sowjetischer bzw. Russischer Geheimdienst
MWD	(Ministerstwo Wnutrennych Del) Sowjetisches bzw. Russisches Innenministerium
PCR	Polymerase Chain Reaction (vgl. S. 111)
STR	Short Tandem Repeat (vgl. S. 112)
WZIK	(Wserossijskij Zentralny Ispolnitelny Komitet 1917–1936) Allrussisches Zentrales Exekutivkomitee

ZU DIESEM BUCH
QUELLEN UND DANKSAGUNGEN

Die meisten schriftlichen Quellen, auf denen mein Verständnis von Nikolai II. und seiner Familie beruht, sind in der Biographie meines früheren Buches *Nikolai und Alexandra* angegeben. Für dieses neue Buch habe ich Nikolai Sokolows *Enquête Judiciaire sur l'Assassinat de la Famille Impériale Russe* (D: Die Ermordung der Zarenfamilie. Berlin 1925) und Pawel M. Bykows *The Last Days of Tsardom* (Die letzten Tage der Romanows. Swerdlowsk 1926) erneut sorgfältig gelesen. Als mein erstes Buch erschien, stand der Bericht Jurowskis noch nicht zur Verfügung, so daß ich damals wie viele andere auch Sokolowskis Schlußfolgerung, die Leichen seien alle vernichtet worden, zuviel Glauben schenkte. In Jurowskis Bericht über die Morde, der erstmals 1989 von Edward Radsinski bekanntgemacht und später in sein Buch *The Last Tsar* aufgenommen wurde, wird beschrieben, was tatsächlich geschehen ist. Das verhalf Alexander Awdonin und Geli Rjabow zu ihrer Entdeckung der sterblichen Überreste der Zarenfamilie.

Im wesentlichen handelt es sich bei dem Quellenmaterial für dieses Buch jedoch nicht um schriftlich Fixiertes, sondern um über einhundert Interviews mit Personen in Jekaterinburg, Moskau, London, Birmingham, Paris, Kopenhagen, Madrid, Gstaad, Ulm, New York City, Albany, Hartford, Boston, Washington, Charlottesville, Durham, Gainesville, Palm Beach, Austin, Phoenix, Berkeley und Jordanville, New York. Beim ersten Teil des Buches, „Die Gebeine", halfen mir viele Russen, darunter Dr. Sergej Abramow, Alexander und Galina Awdonin, Dr. Pawel Iwanow, Nikolai Newolin, Geli Rjabow, Wladimir Solowjow, Sergej Mironenko, Fürst Alexis Scherbatow, Metropolit Vitaly, Erzbischof Laurus, Bischof Hilarion, Bischof Basil Rodzianko und Vater Vladimir Shishkoff. Ihnen allen bin ich zu großem Dank verpflichtet. Außerdem möchte ich Dr. Peter Gill, Karen Pearson, Fürst Rostislaw Romanow, Michael Thornton, Julian Nott, Nigel McCrery und Barbara Whittal für ihre Hilfe in England danken. In den Vereinigten Staaten erfuhr ich Unterstützung durch James A. Baker III., Margaret Tutwiler, Grace und Ron Moe, Bill Dabney, Mike Murrow, Dr. William Maples, Dr. Michael Baden, Dr. Lowell Levine, Dr. William Hamilton, William Goza, Cathryn Oakes, Dr. Charles Ginther, Dr. Alka Mansukhani, Dr. Walter Rowe, Dr. Richard Froede, Dr. Bill Rodriguez, Matt Clark, Mark Stolorow, Marilyn Swezey und Robert Atchison.

Interessante Geschichten über Romanow-Hochstapler generell erzählten mir Alexander Awdonin, Edward Radsinski, Wladimir Solowjow, Fürst Nikolai Romanow, Ricardo Mateos Sainz de Medrano, Pawel Iwanow, Bischof Basil Rodzianko, Marilyn Swezey und Victor Dricks. Michael Occleshaw hat in *The Romanow Conspiracies* die Flucht und das weitere Leben von Larissa Feodorovna Tudor beschrieben.

Wertvolle Hilfe bei meinen Recherchen zu Michał Goleniewski und Eugenia Smith leisteten Gräfin Dagmar de Brantes, Brien Horan, Bischof Gregory (vormals Vater George Grabbe), Vater Vladimir Shishkoff, Dr. Richard Rosenfield, David Martin, David Gries, Leroy A. Dysick und Denis B. Gredlein. Daneben enthielten auch David Martins *Wilderness of Mirrors* und Guy Richards *The Hunt for the Tsar* nützliche Informationen über diesen falschen Zarewitsch.

Die Literatur über Anna Anderson ist umfangreich und wird sicherlich weiter anwachsen. Dazu gehört auch die vorgebliche Autobiographie *I am Anastasia* (oder in England *I, Anastasia*), von der Anna Anderson erstmals erfuhr, als man ihr ein fertiges Exemplar des Buches schenkte. Die meisten der frühen Zeugen und Gegner brachten ihre Aussagen in schriftliche Form; von diesen Arbeiten las ich *Anastasia* von Harriet Rathlef-Keilman, *La Fausse Anastasie* von Pierre Gilliard, *The Real Romanovs* von Constantin Savitch, *The Woman who Rose Again* von Gleb Botkin, *The Last Grand Duchess* (nämlich Olga, die Schwester Nikolais II.) von Ian Vorres, sowie *Anastasia, Qui êtes Vous?* von Dominique Auclères und *The House of Special Purpose* von J. C. Trewin (der es aus den Unterlagen von Charles Sidney Gibbes, dem Englischlehrer der Zarenkinder, kompiliert hat). Es gibt zwei relativ neue Biographien von Anna Anderson – *Anastasia: The Riddle of Anna Anderson* von Peter Kurth und *Anastasia: The lost Princess* von James Blair Lovell. Dabei ist Kurths Buch, was die Sorgfalt der Recherchen, den Stil und die Seriosität der Zielsetzung anbelangt, unbedingt der Vorzug zu geben. Brian Horan hat mir freundlicherweise ein Exemplar seines unveröffentlichten Manuskripts über das Beweismaterial beider Seiten im Fall Anna Anderson zur Verfügung gestellt. Danken möchte ich auch Dr. Günther von Berenberg-Gossler, daß er mich ein Kapitel seiner unveröffentlichten Arbeit über Franziska Schanzkowska einsehen ließ.

Michael Thornton ließ mich großzügig nicht nur seine umfangreiche Sammlung von Anna-Anderson-Korrespondenz und -Denkwürdigkeiten benutzen, sondern schenkte mir auch Zeit und wertvollen Rat. Ähnlich hilfreich für mich war Brian Horan mit seinem Wissen über Anna Anderson und das Schisma in der Familie Romanow. John Orbell von Baring Brothers, William Clarke, Autor von *Lost Treasures of the Tsar* und H. Leslie Cousins von Price Waterhouse, unterstützten mich, als ich mich durch die umstrittenen Geschichten über Romanow-Gelder auf englischen Banken durcharbeitete.

Der Bericht über die Gerichtsverfahren in Charlottesville bezieht sich ausschließlich auf Interviews und Gespräche. In dieser Hinsicht waren Richard und Marina Schweitzer für mich unentbehrlich, deren Integrität und redliche Bemühungen ich stets bewundert habe, auch wenn ich ihre Überzeugung nie zu teilen vermochte. Daneben gilt mein Dank auch Susan Burkhart, Mary DeWitt, Mildred Ewell, Baron Eduard von Falz-Fein, Dr. Peter Gill, Dr. Charles Ginther, Vladimir Galitzine, Ron Hansen, Penny Jenkins, Dr. Willi Korte, Peter Kurth, Syd Mandelbaum, Matthew Murray, Ann Nickels, Julian Nott, Maurice Philip Remy, Dean Robinson, Rhonda Roby, Fürst Alexis Scherbatov und Michael Thornton.

Das Kapitel über die überlebenden Romanows und die Möglichkeiten einer Restauration dieser Dynastie in Rußland profitierte von Unterhaltungen mit Maria Beadleston, Fürst Dmitri und Fürstin Dorit Romanow, Großfürst Georgi, Großfürstin Leonida, Großfürstin Maria, Fürst Michail Romanow, Fürst Nikolai und Fürstin Sveva Romanow, Fürst Rotislaw Romanow, Paul R. und Angelica Ilyinski, Xenia Sfiris, Prinz Franz von Preußen, Fürst Giovanni di Bourbon Sicilies, Fürst George Vassiltchikov, Professor Irina Posdejewa, Dr. Pawel Iwanow, Geli Rjabow, José Luis Lampredo Escolar, Ricardo Mateos Sainz de Medrano und Albert Bartridge.

Edward Kasinec, Chef der Slavisch-Baltischen Abteilung der Public Library in New York, gab mir wertvolle Unterstützung, ebenso sein Kollege, Sergej Gleboff. Deborah Baker hat als erste mir gegenüber den Zusammenhang von DNS-Fingerabdrücken und den Romanow-Gebeinen erwähnt. Edmund und Sylvia Morris in Washington nahmen mich freundschaftlich auf und stellten die Arbeit an ihren eigenen Büchern hintan, um mich bei meinem zu beraten. Hannah Pakula lieh mir ein seltenes Buch aus ihrer Privatbibliothek. Ian Lilburne erlaubte mir, seine Fotos zu benutzen. Howard Ross ließ einige Tage alles stehen und liegen, um mir mit weiteren Fotos behilflich zu sein. Annick Mesko, Jacques Ferrand, Julia Kort, Victoria Lewis und Petra Henttonen unterstützten mich mit Kritik, Fragen und Übersetzungen aus mehreren Sprachen. Bei zeitweiligen Schwierigkeiten setzten sich Ken Burrows, Jeremy Nussbaum und Nanca Feltsen für mich ein. Zu großem Dank verpflichtet bin ich Dolores Karl, die Tonbandkassetten mit einigen hundert Stunden Interviews abhörte und sie in mehrere tausend Seiten sauberer, bearbeitungsfähiger Transkriptionen verwandelte. Zudem half sie mir, wann immer ich im Kampf mit meinem neuen (und ersten) Computer zu unterliegen drohte.

Ich kannte Masha Tolstoya Sarandinaki und Peter Sarandinaki noch nicht wirklich, bevor ich an diesem Buch zu arbeiten begann. Peter und ich fuhren zusammen nach Jekaterinburg, wo wir bei Alexander und Galina Awdonin wohnten, in den herrlichen Birken- und Kiefernwäldern spazierengingen, die Orte, wo das Unsagbare geschehen war, besichtigten und uns die immer noch nicht bestatteten Gebeine der russischen kaiserlichen Familie ansahen. Als wir wieder zu Hause waren, übersetzte Masha die russischen Tonbänder ins Englische, beantwortete Fragen, gab Anregungen und telefonierte wiederholt mit Rußland, um mich auf dem laufenden zu halten. Ihnen und Olga Tolstoya gilt mein herzlicher Dank.

Ich bin Harry Evans von Random House dankbar, der diese Geschichte mit Begeisterung aufgriff, und Robert Loomis, dessen Geduld, Geschick und untrüglicher Blick für das Mögliche nahezu vierzig Jahre lang Autoren geleitet haben. Deborah Aiges, Susan M. S. Brown, Sharon Delano, Benjamin Dreyer, Barbé Hammer, Ivan Held, Jim Lambert, Tom Perry, Kathy Rosenbloom und Walter Wentz halfen mir, aus meinem Manuskript ein Buch zu machen und es den Lesern zu übergeben. Von Anfang an haben Dan Franklin, Caroline Michel, Arnulf Conradi und Elisabeth Ruge an dieses Buch geglaubt.

Viele Freunde haben mich beim Schreiben dieses Buches ermutigt, darunter möchte ich besonders Kim und Lorna Massie, Art und Françoise Spiegelman, Harold Brodkey und Ellen Schwamm, Melanie Jackson und Thomas Pynchon, Fred Karl, Sheldon und Helen Atlas, Elsa Jobity, Janet Byrne, Ivan Salataroff, Jeff Seroy, Doug Stumpf, Peg Determann, Lance Balk, Jan und Carl Ramirez, Christina und Paolo Alimonti, Steve und Ann Halliwell und Giovanni und

Cornelia Bagarotti erwähnen. Wie gut erinnere ich mich noch an einen Abend im November 1993, als meine Freunde in Nashville sich geduldig anhörten, was für Argumente pro und contra das Schreiben dieses Buches ich ihnen vortrug. Mit einer einzigen Ausnahme ermutigten sie mich alle dazu. Für diesen Rat danke ich Jack und Lynn May, Herb und May Shayne, Gil und Robin Merritt, George und Ophelia Payne und Henry Walker.

Vor allem aber meine Frau Deborah Karl, zugleich meine literarische Agentin, hat dafür gesorgt, daß dieses Buch geschrieben wurde. Anfangs bestärkte sie mich in diesem Plan und handelte den Vertrag aus. Dann las sie jedes Kapitel, ehe ich zum nächsten überging. Als ich mich mit dem Manuskript verspätete und der Druck wuchs, schirmte sie mich ab. Doch natürlich gibt es nicht nur Erfreuliches im Leben – als ich fast fertig war mit Schreiben, traf uns ein schwerer Schlag durch einen Berufskollegen. Nach Tagen, an denen ich voller Empörung war und mir nichts als Rache in hunderterlei Formen im Kopf herumging, stellte sie meine Denkfähigkeit und die innere Ruhe wieder her, die ich brauchte, um das Manuskript abzuschließen.

PERSONENREGISTER